대한민국을 세운
위대한
감리교인

대한민국을 세운 위대한 감리교인

kmc

__ 머리말

대한민국의
역사 세우기

전용재 감독

하나님께서 이 민족을 사랑하셔서 선교사들을 이 땅에 보내신 후, 지난 132년간 민족수난과 분열의 뼈아픈 역사 속에서도 괄목할만한 성장과 발전을 이루었습니다. 19세기 말 가장 늦게 개화의 빗장을 열었고, 열강의 희생물이 되고 남북분열이라는 아픔 속에서도 한강의 기적을 이루고 오늘날 세계가 주목하는 나라가 되었습니다. 이 모든 일의 원동력은 한국교회였고 감리교회였습니다. 근대 교육, 의료 시설, 여성의 인권 함양, 한글의 한글되게 함, 문화와 예술, 독립운동, 대한민국의 건국 등 그 어느 분야에서도 한국교회, 특별히 감리교회의 역할을 빼놓을 수가 없습니다.

대한민국의 성장과 더불어 한국교회도 세계교회가 놀라는 경이로운 성장을 이루었습니다. 이러한 자랑스러운 역사와 전통을 가진 한국교회이지만 믿는 사람들조차도 자랑스러운 역사유산을 인식하지 못하고 있으며, 세상 사람들은 이 민족의 개화기에 많은 영향을 미쳤던 한국교회에 부정적인 모습을 보이고 있습니다. 이러한 일련의 상황에서 한국교회가 먼저 자성하고 변화하는 개혁의 계기들이 일어나야 하는 것은 분명합니다.

그러나 무엇보다도 우리 자신의 정체성을 확립하는 일이 중요합니다. 사사기에 보면 전쟁을 알지 못하던 시대들이 등장하면서 이스라엘은 여호와 하나님을 잃어버리고 비극이 시작되었습니다. 지금 대한민국이나 한국교회는 지난 날 가난했던 역사, 일제 36년의 잔혹한 역사, 6·25의 피비린내 나는 역사, 열강의 희생이 될 수밖에 없었던 나약했던 역사를 다 잊어버리고 있습니다. 그러므로 우리가 역사로 돌아가 그 역사를 통해서 답을 얻고 역사를 통해서 한국교회뿐만 아니라 대한민국이 가야 할 길을 찾아가야 합니다.

기독교대한감리회 감독회장이 되면서 '역사 세우기'가 우리의 정체성을 확립하는 데 얼마나 중요하고 필요한 일임을 절감하였습니다. 그동안 뿔뿔이 흩어져 있던 역사의 흔적들을 하나의 책으로 엮어 알려주고 싶었습니다.

이 책이 감리교회의 정체성을 확립해서 특별히 오늘의 젊은이들에게 감리교회 선배들의 희생을 새롭게 새기는 나침반이 되기를 간절히 바랍니다. 이들 선각자들의 희생과 눈물이 있도록 그들을 감동하시고 그들을 보내시고 그들을 통해서 민족을 일깨우신 하나님의 역사하심과 그 깊은 섭리하심을 망각해서는 안 될 것입니다. 이 책을 읽는 모든 독자들을 통해서 하나님의 영광이 다시 한 번 높이 들리기를 간절히 바랍니다.

이 책이 오랜 산고를 겪고 출판될 수 있도록 함께해 주신 모든 분들에게 감사를 드립니다.

20명의 우리 선배들의 면모를 저술해 주신 20명의 저자들, 교육국의 김낙환 총무, 교정을 위해 수고해 준 김광균 기획홍보부장, 기꺼이 출판에 임해 준 한만철 출판국 총무에게 심심한 감사를 드립니다. 앞으로도 이와 같은 책들이 계속해서 발간되기를 바랍니다.

2016년 4월
전용재 감독(제27대 감독회장)

발간사

대한민국의
뿌리 찾기

김낙환 목사

    1885년 부활절 아침에 조선에 도착한 아펜젤러 선교사는 본국 선교본부에 보내는 편지에서 이렇게 기록하고 있습니다. "우리는 부활절에 이 곳에 왔습니다. 그 날 죽음의 장벽을 깨뜨리신 주님께서 이 백성을 얽매고 있는 굴레를 깨뜨리시기를 원합니다."

    그가 드린 간절한 기도는 하늘에 상달되었습니다. 130년이 지난 지금 한국인들은 그분이 전해 준 복음으로 인해 놀라운 변화를 경험하게 되었습니다. 조선인들은 복음의 밝은 빛 아래서 죽음의 장벽을 뛰어넘었고, 그들을 얽어 맨 관습의 굴레들은 하나둘씩 벗겨지게 되었습니다. 과거의 잘못된 사고(思考)들, 유교와 불교가 전해 준 굴레들, 여성을 노예화하였던 과거의 잘못된 가르침들, 조선인들을 얽어 맨 모든 어둠의 세력은 복음의 능력과 밝은 빛 아래서 물러가게 되었습니다.

    복음이 조선에 전래된 이후로 감리교회는 조선의 역사를 새롭게 쓰게 되었습니다. 처음에 세운 근대식 남학교, 처음으로 세운 근대식 여학교, 처음 세운 병원들, 처음으로 세운 여성들을 위한 여성병원, 처음 유치원, 처음 조선인 여자의사, 처음으로 서양에서 받은 여성 철학박사 등 조선시대가 막을 내리고 대한민국이 건국되는 과정의 모든 분야 바로 그 곳에 감리교인들이 있었습니다. 조선을 찾아 온 처음 선교사들과 그 선교사들의 삶과, 복음의 정신을 받아들이고 활동하던 처음 감리교인들이 대한민국을 건국하고 새롭게 하는 데에 크게 기여하고 있음을 알 수 있습니다. 정치, 교육, 의료, 예술, 경제, 문화 등 모든 분야에 감리교 지도자들이 있었고 그들은 대한민국을 건국하고 나라를 새로운 모습으로 만들어 가고 있었던 것입니다.

특별히 전용재 감독의 뛰어난 역사인식으로 인해 감리교회 뿌리를 찾는 운동을 교육국이 주관하여 시작하게 된 것을 영광으로 생각합니다. 우리는 이 책에서 대한민국을 건국하고 변화, 발전시키는 일에 앞장선 감리교회 인물 가운데 20명을 선정하였습니다. 그리고 그분들의 진지한 신앙과 삶의 모습을 이 책에 담았습니다.

이 글에 담지 못한 더 많은 분들의 이야기도 있습니다. 김활란, 백사겸, 김상옥, 신흥우, 조병옥, 문창모 등 수없이 많은 분들의 이야기가 아직 갖추어져 있습니다. 아쉽기는 하지만 그분들의 이야기는 다음으로 미루기로 하겠습니다. 이 글을 집필하신 한분 한분에게 진심으로 감사를 드립니다. 이 글을 통하여 감리교회의 정체성을 되찾고 아름다운 신앙의 전통을 계승해 가는 감리교인들이 되시기를 소망합니다. 이 책을 통하여 자신이 감리교인이 된 것이 이처럼 자랑스러운 것임을 깨닫기를 바랍니다.

2016년 4월
교육국 총무 김낙환 목사

차례

10	서론_ 대한민국을 세운 위대한 **감리교인들**	전용재
29	조선 선교의 아버지, 세계의 시민 **가우처**	장춘식
45	은둔의 나라에 온 선교사 **매클레이**	염창선
63	한국 근대교육과 선교의 선구자 **아펜젤러**	이성덕
81	선한 사마리아인 **스크랜턴·메리 스크랜턴**	황병준
101	한국인보다 한국을 더 사랑한, 참 기독교인 **헐버트**	김동진
123	대한민국의 근대의료 초석을 놓다 **홀 가족**	홍성아
145	원산대부흥의 도구로 사용하다 **하디**	김칠성
165	조선인의 진정한 친구 **윌리엄스**	전용재
185	민족의 정화(精華) **이준**	이주익
205	나라 사랑, 하나님 사랑 **남궁억**	김진형

225	한국 근대사의 거목, 기독교 지도자 **윤치호**	김소윤
251	건국 대통령 **이승만**	김낙환
273	한국교회의 새 날을 연 **전덕기**	조이제
293	한 알의 밀알, 거룩한 순교자 **신석구**	유은식
313	겨레의 스승 **주시경**	백낙천
329	최초의 여의사 **박에스더**	박대성
353	신앙과 민족 사랑의 일치, 겨레의 철학자 **손정도**	오영교
375	한국 여성교육에 헌신한 교육 선교사 **앨리스 아펜젤러**	김성은
397	대한독립만세 애국소녀 **유관순**	이종용
417	농촌사업가 **최용신**	홍석창

▶ 이 책의 표지사진은 한서박물관(현재호 목사)이 소장한 무궁화 자수 지도입니다.
▶ 이 책의 인물은 출생연도 순으로 게재하였습니다.

서론

대한민국을 세운
위대한 감리교인들

전용재 감독

하나님이 조선을 이처럼 사랑하사

올해로 선교 132년을 맞는 한국은 OECD 10대 경제국가에 올라섰고, 미국에 이어 두 번째로 해외 선교사 파송을 많이 한 나라가 되었다. 한국 내뿐 아니라 해외에서도 각계 각 분야를 선도하는 한국 기독교인들의 기사가 우리를 자랑스럽게 한다. 그러나 한편으로는 이러한 발전의 그늘 아래 심화되는 빈부격차, 청년실업률, 자살률 등의 문제들은 대한민국의 미래가 밝지만은 않다는 것을 암시한다. 무엇부터 바로잡아야 하는지, 그러한 가운데 교회는 어떤 역할을 해야 하고 또 무엇을 모색해야 하는지 매우 중대한 기로에 있다.

그 해답을 얻기 위해 필자는 한국 개신교 역사의 처음으로 돌아가 볼 것을 제의한다. 모세오경을 보면 "여호와를 잊지 말고 그의 말씀을 지켜 순행하라."는 말씀이 여러 차례 강조 반복된다. 필자는 하나님께서 우리 한국 기독교인들에게도 같은 것을 요구하신다고 믿는다.

한국 개신교 선교 역사는 대한민국 오천 년 역사 가운데 가장 어둡고 절망적이었던 조선 말기에 시작되었다. 그때만 해도 조선인들은 조선 땅에 들어온 복음의 빛이 얼마나 강력하고 은혜로운 손길인지 알지 못하였다. 그러나 얼마 후 일제강점기에 들어가면서, 아무도 조선 민족을 알아주지 않던 시절, 선교사들은 하나님의 사랑이 조선을 향하고 있음을 선포하며 강도 만난 사람처럼 무기력하던 우리 민족을 위해 선한 사마리아인과 같이 고통을 함께하며 대변자 역할을 감당해 주었다.

바로 이것이 하나님의 대한민국을 향한 특별한 사랑이었으며, 섭리하심이다. 하나님께서 **조선 백성을 이처럼 사랑하사** 우리의 고난을 돌아보시고 선교사들을 보내시고, 그들을 통해 희망의 길, 구원의 길로 이 민족을 인도하셨던 것이다. 역사를 돌이켜보면 조선은 선교사들이 처음부터 주목했던 나라는 아니었다. 이미 많은 선교사들이 중국과 인도, 일본에 들어가 있었다. 이들 나라들은 조선에 비해 이미 40~50년 전에 복음과 함께 서양 문물이 들어갔으며, 복음 선교에도 훨씬 유리한 조건들을 가지고 있었다.

그에 비해 조선은 오랜 쇄국정책으로 서양문물과 종교에 대하여 매우 적대적이었고, 일본을 비롯한 당시 세계 열강정책의 와중에서 정치적으로 혼돈과 위협이 복잡한 양상으로 전개되고 있었다. 정치 경제 문화 모든 면에서 일제는 표면적으로는 근대화를 표방했지만 이면으로는 계획적인 수탈 정책으로 조선의 자주 근대화 길은 막히고 곪아가고 있었다. 그런데도 조선을 선교 임지로 마다하지 않고 온 선교사들은 조선 백성들에게 복음을 교리로서 전파하는 것뿐 아니라 복음의 정신을 가지고, 복음의 삶을 실행하며 함께 닥친 고난을 헤쳐가야 함을 인식하였다. 선교사들은 헌신적으로 조선의 근대화와 독립운동에 앞장서거나 조력을 아끼지 않았고, 그 과정에서 많은 신자들이 생기고 교회가 세워졌으며, 그 결과 오늘날 우리보다 앞서 복음을 받아들였던 일본, 인도, 중국보다도 훨씬 높은 복음화율을 가지고 오히려 이들 나라에 선교사를 파송하는 나라가 되었다. 시편 119편 71절에 "고난 당한 것이 내게 유익이라."는 말씀처럼 우리 민족이 약소국으로 겪었던 고난은 오히려 하나님의 복음이 전파되고 복음의 정신으로 대한민국 정부가 세워지고 발전하는 발판이 되었다.

초기 개신교 선교사를 보면 여러 나라 여러 교단의 선교사들이 조선에 와서 대한민국의 근대화와 독립에 공헌하였지만, 특별히 감리교회 선교사들의 공헌과 그 뒤를 이은 한국 감리교회 지도자들의 공헌은 괄목할만하다. 너무나 숭고하고 훌륭한 그들의 업적에 비하여 그간 제대로 조명되지 않은 부분들이 많고, 정확히 밝혀지지 않은 부분들이 있었음을 안타까이 여겨왔다.

역사를 제대로 아는 민족에게 미래가 있다. 역사를 통해 우리의 신앙을 점검하고 앞으로 나아갈 길을 찾을 수 있기 때문이다. 감리교회를 이끄는 감독회장으로서 이번에 발행되는 본서가 대외적으로는 한국 근대사에서 감리교회의 위상을 제대로 자리매김하고, 감리교회 내적으로는 감리교도로서의 정체성을 갖는 데 도움이 되고, 성도들은 사명감과 비전을 품을 수 있게 되기를 바란다.

복음의 전래

1830년대 귀츨라프에 의해서 또 1860년대 토마스 선교사에 의한 성경 전래가 있었지만, 이를 선교의 직접적인 시작으로 보기는 어렵다.

귀츨라프는 네덜란드선교회 소속의 선교사로서 영국 동인도회사의 배에 통역사 겸 의사로 동승하여 1832년 7월 황해도의 서해안, 충청도의 고대도에 상륙하여 잠깐씩 머물면서 성서와 약품들을 나누어주며 전도의 기회를 살폈다. 그러나 쇄국정책이 한창이던 무렵이라 조정에서는 통역관을 보내어 중국 황제의 허락이 없이는 외국과 통상할 수 없음을 통고하였다. 이것으로 보아 그의 조선 상륙의 동기가 복음 선교를 위한 것이기보다는 오히려 통상 판로를 돕는 성격이 강했음을 알 수 있다. 그의 일행은 한국 해안에 한 달 남짓 머물다가 떠났다.

토마스는 런던선교회 소속으로 중국 파송 선교사였다. 1866년 한국으로 선교여행을 왔는데 9월 한국 서해안에 도착하여 2개월간 머물며 성서를 나누어주고 복음을 전하고 떠났다. 이듬해 미국 상선 제너럴셔먼호가 한국을 향해 떠난다는 것을 알고 복음을 전하려는 동기에서 이 배에 편승하였다. 그러나 조선의 쇄국정책과 셔먼호의 오만한 접근방식이 충돌하여 대동강에서 전투가 일어나고, 이 와중에 토마스 선교사는 최후의 순간까지 성서를 전하다가 순교하였다고 기록하고 있다.

이 외에도 1883년 중국 내지선교회 소속의 의료선교사 다우드웨이트(Arthur Douthwaite)가 한국을 방문하여 성서를 나누어주며 선교활동을 하였지만 곧 조선 정부에 의해서 금지당하고 출국해야 했다.

이들 외에도 몇몇 선교사들의 접촉과 선교 노력이 있었지만, 아직 조선에 복음의 토양이 형성될 만큼 영향력 있는 활동이 되지 못하였다. 또 통상이나 중국 선교 등 다른 목적이 주된 선교사들이 일시적인 방문을 통해 선교의 가능성을 모색하는 수준이었다. 이렇게 1883년 초만 하여도 선교사들의 선교 활동은 물론이고 입국 체류조차 막았던 조선 정부가 1885년 개신교 선교사로 감리교회의 아펜젤러와 장로교의 언더우드 선교사를 맞이하기까지 어떤 일이 있었던 것일까? 이제껏 이 부분에 있어서 일본의 이수정과 1884년 미국 공사관 주치의였던 알렌을 대표하는 장로교의 선교가 조선 선교의 시작으로 부각되는 경향이 있었다. 그러나 이 시기 조선 선교의 봇물이 터지기까지 하나님께서 섭리하신 선교의 강물은 감리교회의 가우처와 매클레이를 통해서 열리고 아펜젤러, 스크랜턴, 메리 스크랜턴, 헐버트를 중심으로 뻗어나간 하나의 물줄기와, 이수정, 알렌이 산파하여 언더우드 선교사를 중심으로 뻗어나간 또 다른 물줄기를 통해 이루어졌다. 하나님께서는 이렇게 감리교회와 장로교를 조선 선교의 두 축으로 하나님의 계획을 이루시는 데 사용하셨다.

이수정은 온건 개화파 양반학자였는데, 1882년 9월 개화된 선진문물을 시찰하고자 박영효가 수신사로 일본에 갈 때, 그의 비공식 수행원이 되어 따라갔다. 일본 츠다센 농업학교를 방문했을 때 교장의 전도를 받아 성서를 읽게 되고 마침내 세례교인이 되기로 결심하였다. 1883년 4월 일본에서 미국인 장로교 선교사 녹스(G.W. Knox) 목사에게 세례를 받고 한국인으로서 일본에서 세례받은 첫 개신교 신자가 되었다. 개종 직후 이수정은 마가복음 번역 작업에 착수하였고, 유학생들을 전도하는 한편, 녹스 목사에게 한국에 선교사를 파송해 줄 것을 요청하였다. 녹스는 이 요청을 미국교회에 전하였고, 그의 요청은 같은 해 12월 미셔너리 리포트지에 실렸다. 이수정의 요청은 "한국의 마게도니아인의 부름"으로 불렸고, 한국 선교에 대한 관심이 고조되었다.

한편 한국에 선교사를 보내달라고 요청하는 이수정의 편지는 1883년 12월 미국 미셔너리 리포트지에 실렸지만, 이미 이 일이 있기 전부터 미감리회 내에서는 한국 선교를 시작하려는 준비가 진행되고 있었다.

조미수호조약이 체결된 후 1883년 3월, 조선은 민영익을 단장으로 하는 보빙사절단(견미 사절단)을 구성하여 미국으로 보냈다. 같은 해 9월 샌프란시스코에서 시카고에 이르는 대륙횡단열차 안에서 사절단 일행은, 가우처(John F. Goucher) 박사를 만났다. 그는 미국 감리교회 목사였고, 평소 '땅 끝까지 전도해야 한다'는 하나님의 사명을 품고 살았을 뿐만 아니라 당시에 이미 인도와 일본 등에 학교를 세우는 등 아시아선교를 하고 있었다. 하나님께서는 그를 사용하셔서 한국 선교에 지대한 공헌을 남기게 하셨다. 열차 안에서 그는 난생 처음 갓을 쓰고 도포를 입은 조선인들을 보고 전도해야겠다는 생각을 하였고, 그들과 동석하며 많은 이야기를 나누고 집으로 초청하여 더 깊은 대화를 하면서 조선의 정치 경제적 상황을 알게 되었다.

가우처 목사는 조선의 복음화를 위하여 1883년 11월에 미감리회 해외선교위원회에 조선 선교를 시작해 달라고 강력하게 요청하는 편지와 함께 개척선교비로 2천 달러를 약속한다. 그리하여 조선선교회를 조직했지만 조선 선교가 빨리 진척되지 않자, 가우처는 일본에서 활동하고 있는 감리교회 선교사였던 매클레이(R.S. Maclay)에게 한국을 방문하여 선교의 길을 열어달라고 부탁한다. 수십 년간 중국과 일본 선교에 힘써왔던 매클레이는 조선 선교에 대한 소원도 갖고 있었으므로 가우처의 부탁을 계기로 조선을 방문하여 선교 방도를 모색하였고 결국 조선 선교의 길이 열린 것이다.

이런 점에서 볼 때, 1883년 12월 이수정의 선교요청 편지보다 먼저 감리교회의 가우처 목사가 하나님의 섭리 가운데 대륙횡단열차에서 보빙사절단을 만나서 이렇게 세밀하게 준비하는 과정이 있었다는 것을 잊어서는 안 될 것이다.

당시 외무부 대신이었던 김옥균은 일본에 보낸 외무부 유학생들이 매클레이의 부인에게 영어를 배우는 것을 알고는 일본을 방문했을 때 답례인사 차 매클레이를 만난 적이 있었다. 매클레이는 한국을 방문하여 김옥균의 중개로 국왕으로부터 직접 조선에서 교육과 의료사업을 해도 좋다는 윤허를 받았다. 그것이 1884년 7월 2일 밤이었는데, 7월 3일 매클레이에게 전달되어서 간혹 고종의 윤허 날짜가 차이가 있다. 이렇게 매클레이를 통한 고종의 선교 윤허는 지난 50여 년간 조선의 문을 두드렸던 여러 나라 선교사들의 수고와 기도가 결실을 거두는 순간이었다. 즉 그것은 이제부터 감리교회를 포함한 개신교회가 선교사의 체류를 보장받고 선교활동을 공식적으로 하게 되었음을 의미하는 역사적인 일이었다.

여기에서 고종의 선교 윤허와 그의 고뇌, 그리고 선교 초창기에 그의 역할을 언급하지 않을 수 없다. 1860년대부터 해외시장 개척을 위하여 자본주의 나라들이 아시아 진출 목적을 가지고 조선의 문을 두드리기 시작했다. 고종의 아버지 대원군은 1860년대 중반부터 조선에 본격적으로 접촉해 오던 서양 세력을 몰아내고 서양과의 교류를 봉쇄하는 쇄국정책을 펴왔지만, 고종은 개화를 하고 서양문물을 받아들여야 조선이 산다는 생각이 있었다. 그러나 개화파와 수구파의 갈등 속에서 얼른 개화파의 손을 들어주지를 못한다.

1882년 임오군란 이후 대원군을 중심으로 하는 수구파가 몰락하고 박영효, 김옥균을 중심으로 하는 개혁파가 정부를 주도하게 된다. 1883년 미국을 다녀온 보빙사절단도 서양문물을 받아들여야 한다는 보고서를 제출하며 개혁파가 더욱 힘을 얻게 되는데, 여전히 수적으로 우세했던 보수파의 저항과 방해도 만만치 않았다. 개혁과 보수 사이의 정치적 갈등과 충돌 사이에서, 거기다가 아버지가 20년 넘게 강력하게 펴왔던 쇄국정책에 반하는 서양문물을 받아들이는 정책 사이에서 고민하던 고종은 드디어 선교 윤허를 했던 것이다. '조선 내에서 학교와 병원은 해도 좋다'는 윤허를 내리면서 전도는 금지하는 제한을 두었다.

그 후 정치적으로, 명성황후의 시해 사건에서도 선교사들의 도움을 많이 받았던 고종은 조선에 교회를 세우고 전도활동을 하는 일을 묵인하였다. 사실 1885년부터 고종이 승하하는 1919년까지 많은 교회가 설립되었던 것은 고종의 '암묵적 묵인'이 조선 선교에 커다란 영향을 미친 것이다.

매클레이는 1884년 6월 24일 입국하여, 29일(주일)과 7월 6일(주일)에 정동 체류지에서 예배를 드림으로써 조선에서 개신교 주일예배를 드린 최초의 선교사(목사)가 되었다. 혹자는 매클레이 선교사를 최초의 선교사로 보기 어렵다고 하지만, 매클레이는 조선에 최초로 공식적인 미국 감리교회 목사 자격으로 들어와서 최초로 개신교 주일예배를 2회 드렸으며, 푸트 공사에게 감리교 선교부 주택을 구입해 달라고 돈을 맡기는 등 조선 선교 개시를 준비했다. 또한 일본으로 귀임하는 즉시 일본 연회에 참석하여 조선전도위원회를 조직하게 했으며, 일본과 조선을 하나의 선교교구로 확정하고 일본과 조선 선교교구를 관할하는 선교감리사로 활동을 시작하여 일본을 떠날 때까지 그 일을 감당했다.

1885년 4월, 아펜젤러, 스크랜턴, 언더우드가 일본에 도착했을 때, 물론 일본에 장로교 선교사가 있었지만, 매클레이는 조선 선교의 윤허를 받았고 조선 입국 경험이 있는 등의 이유로 두 교파 선교사들의 조선 입국 준비, 현지 적응훈련, 입국날짜를 정하는 일에도 결정적 역할을 하였다. 아펜젤러의 감리사로서 아펜젤러 부부와 언더우드를 먼저 조선으로 입국시켰으나, 조선의 불안한 국내정세로 인하여 부인을 대동한 아펜젤러는 경성에 가지 못하고 일주일 만에 일본으로 돌아왔다. 결국 매클레이와 선교사 일행은 한 달 후 스크랜턴을 단신으로 조선에 입국시켰다. 매클레이는 당시 조선을 향하는 모든 선교사는 일본을 꼭 거쳐야 하는 상황에서 이후에 조선으로 들어오는 초기 선교사들에게 많은 영향을 미쳤다. 당시 모든 감리교 선교사들은 일본에서 현지 훈련을 하면서 매클레이의 지도를 따라 조선 입국을 결정하고 조선 선교 정책에 대해 그의 결정과 조언을 따랐다. 이렇게 매클레이는 조선 선교의 베이스캠프 관리자로서 중요한 선교 정책을 결정하였다. 뿐만 아니라 일본과 조선을 아우르는 '동양선교의 선구자요 개척자'로서 자신을 스스로 중국 선교사, 일본 선교사, 그리고 조선의 선교사라고 정의하였다. 묘비에도 1884년 조선 선교사라고 기록된 것을 볼 때 그를 조선 최초의 선교사로 보는 것도 큰 무리는 없다고 본다.

덧붙여서 매클레이 선교사가 입국하여 선교 윤허를 받고 본격적으로 조선 선교가 시작되었다고 보고, 미 감리교회는 조선 선교 개시일을 1884년 6월로 정하였다. 그리하여 그로부터 50년이 되는 1934년 6월 미 감리교회와 조선 감리교회는 대대적인 '조선 선교 50주년' 기념행사를 거행하였다. 그러므로 2016년 올해는 '조선 감리교 선교 132년'이 되는 해이며 아펜젤러 스크랜턴 등 대한 주재 선교사가 내한한 지 131주년이 되는 것이다.

복음의 정착

매클레이가 고종에게 허락받은 선교사업은 '학교와 병원사업'이었다. 따라서 미국의 선교부도 선교사를 선발함에 있어 두 가지 사업을 염두에 두고 선발했다. 그 결과 1884년 10월 미감리회에서는 의료선교사로 스크랜턴(W.B. Scranton)을, 1885년 2월 교육선교사로 아펜젤러(H.G. Appenzeller)와 1884년 11월 스크랜턴(M.F. Scranton) 대부인을 선발하였고, 미국 북장로회에서는 교육선교사로 언더우드(H.G. Underwood)를 선발하였다. 알렌의 경우

의사로서 중국 선교를 지망했으나 현지에 정착하지 못하다가 조선으로 임지를 바꾸어 1884년 9월 한국에 들어왔다. 그는 당시 조선의 정세 때문에 선교사 신분으로가 아니라 미공사관의 의사 자격으로 입국하였다. 그해 12월 갑신정변 때 민영익을 치료한 것을 계기로 왕실과 좋은 관계를 맺어 그로 인해 최초의 서양식 병원의 모체인 제중원이 1885년 2월 세워졌다. 알렌은 후에 미국 공사의 권유로 선교사직을 사임, 주미 한국공사관 공의가 되었다. 그렇기에 안수받은 목사이자 선교사로서 한국에 입국한 사람들은 몇 달 후인 1885년 4월 5일에 복음을 전할 선교사로 최초이자 공식적으로 입국한 두 목사인 감리교회의 아펜젤러와 장로교의 언더우드였다.

　매클레이에게 허락한 고종의 개신교 선교 윤허는 공식적으로 학교와 병원사업이었으므로 초기 선교사들은 의료와 교육을 통한 간접선교부터 착수하였다. 장로교는 정부가 운영하던 제중원을 중심으로 의료선교에 힘쓸 때, 감리교회는 윌리엄 스크랜턴이 시병원을 세워 최초의 민간병원으로 발전시켰는데 이 병원은 특히 병들고 가난한 민중들을 데려와 진료하는 데 주력하였다. 스크랜턴은 이들을 무료로 치료해 줌으로써 일반 백성들로부터 큰 호응을 받았을 뿐 아니라 기독교에 대한 우호적 이미지를 심어주었다. 이는 앞으로도 감리교회 선교의 성격과 방향이 어떠할 것을 잘 암시한다고 볼 수 있다. 감리교회의 스크랜턴은 최초의 여성전용병원 보구여관도 설립하였다. 1887년에 내한한 메타 하워드가 최초의 여성 의료선교사로서 그 역할을 충실히 감당하다가 2년 만에 과로로 더 이상의 사역을 이어가지 못하고 미국으로 돌아가자 로제타 홀이 그 임무를 대신하게 되었다. 이것은 조선의 봉건주의 사회체제 안에서 약자이자 소외 계층이었던 여성들에게도 의료혜택을 받을 수 있게 하기 위함이었다. 아울러 이 여성전용병원에서 조선 최초의 여의사 박에스더가 배출되었고, 조선 최초의 간호학교를 세운 것은 조선 여성들에게 엄청난 사건이다.

　교육사업에 있어서는 우리나라 최초의 근대적 교육기관이 감리교회 선교사인 아펜젤러에 의하여 설립되었다. 아펜젤러는 이미 1885년 11월에 고종으로부터 학교 설립 허가를 얻어 놓았고 1886년 6월 한국 근대교육의 효시인 배재학당의 문을 열었다. 한편 최초의 여성교육기관도 감리교회 선교사에 의해서 세워졌는데, 윌리엄 스크랜턴의 어머니 메리 스크랜턴 부인이 정동에 세운 여학당으로 1887년 명성황후가 '이화학당'이라고 이름을 지어주었다.

복음의 계보가 시작되다

이처럼 교육기관, 의료기관을 통해 기독교가 알려지고, 기독교로 귀의하는 조선인들이 생겨나자 선교사들은 교회들을 세웠다. 감리교회에서는 아펜젤러가 정동교회와 내리교회를 세우고 스크랜턴은 상동교회와 동대문교회, 아현교회 등을 세우며 직접적인 선교사업을 시작하였다. 이로써 복음이 교회를 통하여 정착되어 간 것이다. 그런데 만약 선교사들이 조선인들을 뒤떨어진 문명을 사는 사람들로 깔보고, 하디 선교사가 회심하기까지 그랬던 것처럼 일방적으로 기독교 복음과 문화를 전파하며 따라오라고 했다면 오늘날과 같은 한국의 기독교는 태동할 수 없었을지도 모른다. 그러나 한국 감리교회 선교 역사의 자랑스러운 특징은 초기 선교사들은 조선인을 깨울 뿐 아니라, 그들로 지도자가 되게 하고, 자주 독립 민족으로, 민족종교가 되도록 도와주었다는 것이다. 이는 감리교회의 복음관, 인간관, 선교관과 관련이 있으며, 여타 교단에 비해 한국 초기 감리교회 선교사들의 선교는 다음과 같은 면에서 일관된 모습을 보여준다.

첫째, 먼저 살리고, 필요를 채워주며 복음을 전했다.

이러한 예를 상동교회가 잘 보여준다. 1886년 정동에 최초의 민간 병원 시병원을 세웠던 윌리엄 스크랜턴은 3년 후 엘리트 양반층보다 가난한 사람들을 더 많이 접하고 돕고자 남대문 안 이른바 상민들의 동네, 상동으로 이

전하고 병원 겸 교회를 세웠다. 이곳에서 상동교회가 시작되었다.

이렇게 신분이 비천하고 병든 자들을 데려와 무료로 치료하여 살리고 그들에게 복음을 전함으로 시작한 이 교회는, 세월이 흐름에 따라 한국 독립운동의 발원지 역할을 하였다. 1904년 이 교회 내의 청년 신앙단체가 후에 이 교회의 담임목사가 된 전덕기를 중심으로 상동청년회라는 이름으로 재조직되었는데, 을사조약 시 구국기도회 개최는 물론이고 덕수궁 앞 조약무효상소운동을 시작으로 항일투쟁에 앞장섰다. 1906년 미국에서 돌아온 안창호는 상동교회의 민족운동가들과 손을 잡고 우리나라 최초의 비밀결사단체인 신민회를 조직하였다. 즉 신민회 조직의 대부분이 상동교회 교인들이었으며 그렇기에 3·1운동 후 조선 총독부에서 나온 보고서는 상동교회 및 상동청년회를 "조선 독립운동의 근원"으로까지 지목하였다.

헐버트 선교사의 경우도 조선인에게 시급한 필요 두 가지를 채우는 데 평생을 헌신하였는데, 하나는 평민들에게도 교육의 기회를 하루 빨리 보편적으로 주어야 한다는 것이었다.

헐버트의 제자 가운데 주시경은 당시 영어를 잘하는 것이 관직에 오르는 지름길임을 알고 헐버트를 찾아왔다가 '왜 자네는 훌륭한 한글은 배우지 않고 영어를 배우느냐?'는 말에 자극을 받아 한글을 연구하게 되었고 세종대왕이 반포한 한글을 체계화하는 데 주력한 것이다.

대한민국이 오늘의 대한민국이 된 것은 한글의 힘이다. 한글을 업신여기던, 그래시 백성의 80~90%가 문맹이던 시절이 있었다. 세종대왕이 한글을 제정 반포하고 주시경에 이르러 오늘날 우리가 사용하는 한글로 다시 태어났다. 주시경의 뜻을 이어받은 많은 제자들은 겨레의 얼을 지키기 위하여 노력하면서 한글 사전을 만들었고, 한글이 우리 삶의 바탕으로 자리매김하는 데 많은 노력을 기울였다. 지금 한글은 유엔이 '인류가 만든 가장 위대한 언어'로 제정하여 아프리카나 미종족 중에 말은 있으나 문자가 없는 나라에 제공하게 되었다.

헐버트는 1890년에 한국 최초의 한글 교과서인 「사민필지」도 출간하였는데, 그 머리말에는 "내가 일본어도 중국어도 알고 영어도 안다. 그런데 그 어떤 언어보다도 한글이 과학적이고 체계적인 최고의 언어인데, 조선인들이 훌륭한 한글을 사용하지 않는 것도 참을 수 있지만 그 한글을 업신여기기까지 하는 것을 어찌 통탄하지 않겠느냐."고 기록되어 있다. 그는 이렇게 한글의 우수성을 알리며, 한글로 된 최초의 근대식 교과서를 만들고 한글로 된 출판물들을 제작 인쇄하며 국민 계몽에 힘썼다.

아펜젤러가 성경을 번역과 출판 인쇄를 하고, 이를 보급 전도하여 한글을 쓰게 하는 데 헌신했다면, 헐버트는 한글이 한글 되게 하는 데 큰 영향을 끼친 분이다. 그래서 "한글과 견줄 문자는 세상 어디에도 없다"고 역설하지 않았던가?

헐버트는 '한글의 아버지' 주시경의 스승이면서 언어학의 동지였다. 주시경이 영문학 문법을 배우면서 한글 문법을 세워가게 한 사람도 헐버트였다. 한글 연구에 첫 발을 디딘 주시경을 끌어주고 자극하고 끊임없이 도전하게 하였다. 한글 연구에 깊은 교감을 나눈 멘토였고, 언어학의 지대한 영향을 미쳤던 원조라 할 수 있다.

또한 헐버트는 일제의 강점으로 나라를 잃은 고통을 보고 무엇보다 조선인들의 간절한 소원이 독립임을 알고, 적극적으로 독립운동에 힘쓰다 고종의 부탁으로 헤이그 밀사 역할까지 감당했다. 이로 인해 일본에 의해 추방당하여 미국으로 돌아간 후에도 신문 기고와 수천 번이 넘는 연설을 통해 세계에 일본 침략의 부당함과 한국의 독립을 주장하며 대변하는 일을 평생토록 하였던 것이다. 이러한 그의 공로를 인정받아 그는 대한민국 초대정부로부터 건국공로훈장과 금관문화훈장을 수여받았고, '한국인보다 더 한국을 사랑한 선교사'라는 별명을 얻었다.

윌리엄스 선교사의 경우는 또 어떠한가? 1927년 그가 제출한 감리회 선교보고서에 "지금의 한국을 생각할 때 이 사회에 가장 필요한 것은 진정 농촌

을 돕는 것이다. 총인구의 85%가 한글을 읽을 줄도 쓸 줄도 모른다. … 이들
이 교육을 받은 후 자기 마을로 돌아가서 그의 동료들에게 도움을 주고 많은
대중을 성장시키는 데 기여를 할 사람들이다."라고 기록하며 농민 계몽과 농
촌경제 진흥이 당면한 필요임을 파악하였다. 그는 복음전파와 함께 실제적
인 농업교육을 통해 농촌 지도자 배출과 직업훈련에 힘썼는데, 1907년에 공
주에 파송되어 1940년 일제에 의해 강제추방될 때까지 한 지방에서 33년간
근속하는 동안 계속하였던 것이다.

이 외에도 로제타 홀 의료선교사는 바쁜 의료선교 중에 자신이 평양에서
만난 단 한 명의 가난한 맹인소녀를 가르치기 위하여, 본국인 미국의 맹인
연구소에 가서 점자를 배워가면서 한글 점자 사용법을 고안해냈다. 그녀는
조선에 돌아와 이 소녀에게 점자를 가르쳤고, 이 일이 확대되면서 한국 최초
의 맹아학교가 탄생하였다.

둘째, 한국인 지도자를 적극적으로 양성하였다.

초기 감리교회 선교사들은 당시 발달된 서양문명의 기준에서 보면 헐벗
고 비참한 데다가 일본의 침략을 방어하지 못하고 나라마저 잃은 조선인들
을 당장 도움과 계도가 필요한 대상으로만 보지 않고, 장점을 찾아 가능성
을 인정해 주며 선교하였다. 이러한 시각은 당시 조선에 관하여 어느 외국인
보다 많은 연구를 하여 방대한 분량의 「한국사」와 「대한제국 멸망사」를 저
술한 헐버트 선교사의 글에 잘 드러나 있는데, 그는 조선이 중국과 분명하게
구별되는 주체적인 역사와 전통을 발전시켜 왔다고 거듭 주장하였고, 그러
한 저술과 연설을 통하여 세계에 한국의 역사, 문화의 정체성을 제대로 알리
려고 노력하였다. 그는 항상 애정이 넘치며 긍정적인 눈으로 한국인들을 바
라보았는데, "나는 천팔백만 한국인들의 권리와 자유를 위해 싸웠다. 한국인
들에 대한 사랑은 내 인생의 가장 소중한 가치이다."라고 당당하게 고백하였
다.

다른 감리교회 선교사들도 이와 비슷한 시각으로 자신들이 복음전도한 조

선인들을 동역자로 격상시키기를 주저하지 않았고, 신분이나 환경적 제약에 관계없이 그들의 잠재력을 최대한 끌어내어 주려고 지원을 아끼지 않았다.

이는 조선 최초의 목사가 감리교회에서 배출되었다는 사실에서도 잘 알 수 있다. 그는 '한국의 사도 바울'이라 불리는 김창식으로 1901년 상동교회에서 아펜젤러 선교사로부터 안수받았다. 이는 개신교의 조선 선교 17년 만의 일이었고, 장로교가 최초로 조선인 목사들을 배출한 연도인 1907년보다 6년이나 앞선다. 김창식은 전국을 막노동과 머슴일 등을 하며 방랑하던 사람으로, 올링거 선교사와 아펜젤러 선교사로부터 교리를 배운 후 세례받고 기독교인이 되었고, 제임스 홀 선교사의 조사가 되어 그와 함께 평양 선교지 개척과정에서 생사고락을 함께하였다. 제임스 홀 선교사가 순직한 후에 전도인으로 평양지방에 정식으로 파송되어 순회전도를 시작, 서북지방의 소외당하고 버림받은 사람들을 찾아다니며 전도하였다. 목사직에 이어 1904년 조선인 최초로 감리사가 된 후에도 평생을 산골과 농촌에 흩어져 있는 교회를 방문하고 거리 전도하는 등 전국을 누비며 125개 교회를 개척하고 48개 예배당을 건축했다.

조선의 개신교 선교사를 보면 이와 비슷하게 신분이 비천한 조선인이 목사나 교회 지도자가 되었을 때, 교회 안의 양반 출신 성도들이 이를 받아들이지 못하고 반발하여 교회가 분열되기까지 하였다. 그러나 감리교회의 경우 이런 마찰이 상대적으로 적었는데 이는 감리교가 배출한 목회자와 지도자들이 교회 내에 머물지 않고, 김창식 목사와 같이 적극적으로 외부 개척 선교를 하거나, 독립운동, 교육활동 등 다방면에서 활동하며 선교 영역을 넓혔던 데 기인했다.

대한민국 초대 대통령 이승만도 감리교회가 배출한 인물이다. 아펜젤러 선교사가 설립한 배재학당에서 아펜젤러와 헐버트 선교사 등은 구국의 방법을 구하며 모여든 학생들에게 기독교와 민주주의 정치사상을 비롯한 신문명에 대하여 가르쳤다. 이때 배웠거나 관계있었던 학생들이 이승만, 김구, 주시경 등이었다. 기독교 사상은 김구가 끝까지 항일독립투쟁을 하는 원동력이 되었고, 이승만은 기독교만이 나라를 바르게 세울 수 있고 구할 수 있다는 신념을 갖고 항일독립운동을 하였다.

이승만은 한국인으로서 선교사에게 전도를 받고 항일운동을 하면서 대한민국 건국의 아버지로 대한민국의 초대 대통령이 되었다. 그가 비록 독재자라는 오명으로 남겨지게 되면서 그의 업적까지 가리게 된 것이 안타깝지만, 그는 여전히 독립투사였고 오늘의 대한민국을 세운 건국의 아버지로 인정해야 할 것이다.

앞서 상동교회의 예에서 언급한 대로 스크랜턴은 상동청년회를 주도한 전덕기를 지도자로 키웠다. 전덕기는 부모를 여의고 숯장수 숙부 밑에서 자라다가 상동에 찾아와 스크랜턴의 조사가 되었다. 그는 신분이 다른 그를 평등하게 대해줄 뿐 아니라 가난한 백성들을 품는 스크랜턴의 목회에 감화를 받아 독실한 신자가 되었고, 스크랜턴은 그를 교회 청년 지도자로, 전도사로, 마침내 자신의 후임 목사로 성장하도록 지지를 아끼지 않았다. 전덕기 목사는 항일운동뿐 아니라 남대문시장 바닥을 다니며 가장 낮은 백성들을 위한 복음전도와 구제에도 힘쓰는 목회자였으며, 이는 그를 키운 스크랜턴 선교사의 목회를 따른 결과였다. 전덕기가 세상을 떠났을 때 그의 운구를 따르는 행렬이 십 리가 넘었다고 하니 그가 얼마나 희생적인 지도자였는지 짐작하게 된다.

윌리엄스(한국명 우리암) 선교사는 공주 한 지방에서 33년간 우직하게 사역을 감당하였는데, 흔히 농촌지역 선교는 인재를 키우기 어렵다는 상식을 깨고, 그의 뒤를 잇는 복음의 계보에는 대한민국에 길이 영감을 줄 놀라운 지도자들이 나왔다. 윌리엄스는 영명학교를 세워 신앙과 애국심을 고취시키는 교육을 하였는데 많은 제자들이 그의 선교 조력자가 되었고 나아가 항일독립운동가가 되었다. 1919년 독립만세운동의 주도자로 체포되어 유죄선고 받은 10명 중 9명이 영명학교와 관련이 있었고, 이 학교 출신 독립유공자를 살펴보면 영명학교를 다니다가 이화학당에 간 유관순을 포함하여 조병옥, 유우석, 윤창석, 노명우, 안창호 등 모두 19명이나 된다. 이는 조선과 조선인에게 가장 필요한 것이 무엇인지를 고민하며, 개화의 혜택에서 소외되었던 농촌을 껴안으려 했던 윌리엄스를 보면서 애국심과 민족의식이 자연스럽게 학생들의 마음에 심어졌기 때문일 것이다.

윌리엄스를 잇는 복음의 계보는 공주 한 지방을 넘어 북쪽 원산까지 미쳤다. 바로 나의 조부 전희균 목사인데, 윌리엄스의 전도를 받아 예수님을 영접하고, 영명학교에서 공부한 후 배재학당에서 공부하고, 원산에 올라가서 루씨기독여학교 교목으로 20년간 학원선교를 감당하였다. 일제강점기 동안 탄압 속에서도 신앙과 함께 민족의식을 고취하는 교육을 포기하지 않다가 남궁억 선생의 무궁화 사건에 동참하여 옥고를 치렀고, 6·25전쟁 당시 인민군에게 피랍되어 대전형무소 뒤뜰에 있는 우물에 산채로 수장되어 순직하였다. 생전에 전희균 목사가 루씨 교목 사역을 할 때 신앙지도를 하여 배출한 여성 지도자 중에는 '상록수의 주인공'으로 알려진 최용신도 있다.

한국 최초의 의학박사이며, 최초의 여의사였던 박에스더는 감리교회 의료선교사였던 로제타 홀을 통하여 배출되었다. 로제타 홀은 조선 사람들을 치료의 대상으로만 보지 않았고, 조선의 여성들을 깨워서 그녀들이 선교사들의 동역자가 되며 조국을 위하여 봉사하는 의료인이 되길 바랐다. 박에스더는 그녀가 보구여관 내에 만든 의학훈련반 제자 중 하나였으며, 미국에 데려가 의학공부를 하도록 주선하였다. 박에스더는 의사가 된 후, 평양에 돌아와서 세상을 떠날 때까지 10여 년간 닥터 로제타 홀의 의료선교사업에 헌신직으로 함께 한 동역지기 되었다.

윤치호는 국가개혁운동을 하다가 그 일이 좌절되어 낙심하고 타락의 길을 가다가 선교사를 만나 예수 믿고 감리회 최초의 세례교인이 되었다. 미남감리회가 한국 선교를 시작하는 데 지대한 공헌을 하였고, 종교교회를 세우고 배화학교를 건립하고 독립협회에서 활동하였다. 1905년에 윤치호는 최초의 한글 번역 찬송가집인 〈찬미가〉를 만들었는데, 이는 기독교가 민족적 위기를 자각하고 민족의 자주와 독립을 신학화하려는 역사의식을 가졌음을 잘 보여준다. 1906년에 자신이 개성에 설립한 '한영서원'(현 송도고등학교)에서 '찬미가'의 애국찬송을 가르치며 애국찬송 운동을 벌여 전국적인 호응을 받았는데, 〈찬미가〉의 14장이 바로 우리가 부르는 애국가 가사와 일치한다. 윤치호가 오늘의 애국가 작사자임은 주지하는 사실인데 그의 후반기 친일행적에 가려 빛을 보지 못하는 것은 안타깝다. 그가 훗날 친일을 했다는 이유로 그의 모든 업적까지 제외해서는 안 될 것이다.

남궁억은 고종 당시 양양현감을 지내다가 나라를 잃은 절망감에 관직을 사직하고, 고향인 홍천으로 돌아갔다. 그는 하나님만이 조선을 독립시켜주실 수 있다고 여기고 예수를 믿고 후에 감리교회 전도사가 되었다. 1931년 일본이 내선일체라는 정책으로 조선을 억압했는데, 하나는 창씨개명이요 또 하나는 조선 반도에 일본의 꽃 벚꽃을 심는 것이었다. 남궁억은 "일본의 꽃이 벚꽃이라면 조선의 꽃은 무궁화다. 왜 조선반도에 일본의 꽃 벚꽃을 심어야 하느냐, 조선에는 무궁화꽃을 심어야 한다."면서 전국에 있는 감리교회와 병원과 학교에 무궁화 묘목을 보내어 무궁화 심기운동을 전개하였다. 우리가 애창하는 찬송가 580장 '삼천리 반도 금수강산 하나님 주신 동산'은 남궁억이 작사한 곡이다. 지금도 홍천 한서교회 교인들은 애국가의 후렴에 나오는 '무궁화 삼천리 화려강산'이라는 가사를 남궁억의 작사 내지는 윤치호가 남궁억의 작품에서 분명히 영향을 받았던 것이라고 믿고 있다.

이런 맥락에서 남궁억과 윤치호는 충분한 교분이 있었으며, 서로에게 선한 영향력을 끼쳤음을 미루어 짐작케 하는 대목이다. 흥미로운 것은 남궁억과 윤치호가 사돈 간이었다는 점이다. 애국가에 나오는 '하나님이 보우하사 우리나라 만세 무궁화 삼천리 화려강산'이라는 가사만 보아도 하나님만이 이 나라를 지키실 분이요, 하나님께서 이 나라 이 민족을 얼마나 사랑하고, 보호해주시기를 원하는지 알 수 있다. 또한 조선 삼천리 반도가 하나님의 도

우심 가운데 무궁화동산으로 가득차기를 갈구했는지, 얼마나 이 나라 이 민족의 독립을 갈구했는지 알 수 있다.

경건, 전도, 사회 구원

이 민족의 가장 어렵고 비참한 시기에 하나님은 조선을 사랑하사 선교사들을 보내시고, 그들을 통하여 복음의 빛을 비춰주며 이 민족을 영적인 구원의 길, 일제강점에서 해방의 길로 인도하셨다. 그 길은 또한 무지와 편견과 가난에서 해방되는 길이었으며, 신분과 빈부, 남녀의 구별 없이 평등한 사회를 이루고, 우리 모두는 이웃을 섬기기 위해서 희생으로 앞장서는 지도자가 되라고 부르는 길이었다. 아펜젤러가 세운 배재학당의 당훈 "크게 되려는 사람은 마땅히 남에게 봉사하는 사람이 되어야 한다."는 감리교회 선교회가 어떠한 정신으로 복음을 전하고, 이 땅에 복음을 뿌리 내리게 했는지 잘 보여준다. 감리교회 선교정신은 경건, 전도, 사회 구원으로 요약되는 존 웨슬리 정신에서 나왔다.

경건에 관해서는 로버트 하디 선교사의 원산 영적각성과 부흥, 뒤이은 평양대부흥에서 보여준 것처럼 개인의 회개와 경건의 영성을 중요시하는 면모를 잘 보여주었고, 전도에 관해서는, "세계는 나의 교구다!"라고 외쳤던 웨슬리의 선교정신을 계승하여 지역과 계층을 가리지 않고 전도에 힘썼으며, 구원받은 성도들은 반드시 사회 구원에 기여해야 한다는 웨슬리 정신을 잘 드러내었다. 특히 사회 구원의 면모는 초기 감리교 선교사들이 선교지 국민들이 필요를 채우는 것과 특별히 소외된 계층을 돌보는 것을 선교의 부차적인 일이나 도구 정도로 생각하지 않고, 직접적인 복음 선교와 마찬가지로 중요한 일로 여겼던 것에서 잘 드러난다. 또한 이렇게 예수 그리스도를 주로 고백하는 믿음을 이웃 사랑으로 보여주는 선교사들을 통해서 한국의 감리교회 성도들은 섬김과 리더십에 대하여 자연스럽게 배우고 행하며 믿음의 계보를 계승하였다.

　이로 인해 개화와 독립운동과 대한민국 건국으로 이루어지는 험난한 과정 동안 유독 빛나는 한국 기독교 지도자들이 감리교회 출신이었던 것은 어찌 보면 당연한 결과이고 하나님의 크신 은혜일 것이다.

　아무쪼록 본서를 읽는 성도들이 웨슬리 정신을 되새기고, 한국 감리교회가 다시 한 번 겉보기에는 화려하고 잘사는 나라가 된 것 같지만 내면적으로는 혼란하고 어두운 오늘 우리 세대에 선교 초창기처럼 참 빛과 사랑을 비출 수 있게 되길 간절히 소망한다.

가우처

John Franklin Goucher

가우처
John Franklin Goucher

오늘날 한국의 근대화와 세계적으로 발전한 한국 감리교회의 현재 모습은 가우처 부부의 기도와 선교적 열정과 헌신에 힘입은 것이다. 가우처 목사 부부는 특별히 동양 선교의 개척자였을 뿐만 아니라 한국 개신교 선교의 대부로서 동아시아 지역 여러 고등교육 기관과 교회 설립에 있어서 큰 업적을 남겼고 사표가 되었다. 가우처 목사는 어떻게 이러한 사람이 될 수 있었을까? 기우처는 어떻게 그러한 사업들을 할 수 있었을까? 가우처를 세계적 선교의 대부로 만든 진정한 이유는 그가 14살 때 경험했던 하나님과의 만남이었다. 가우처는 그때 하나님께서 요청하시는 것은 무엇이든지 기꺼이 행하겠다고 다짐하고 그 약속을 실천했던 것이다.

조선 선교의 아버지, 세계의 시민
가우처

장춘식 박사_ 전 배재대학교 교수, 원로목사

존 프랭클린 가우처 박사(Dr. John Franklin Goucher)는 한국 감리교회와 개신교 선교역사에 있어서 잊을 수 없는 인물이다. 그렇지만 그가 누구였으며, 무슨 일을 했으며, 한국 감리교회와는 어떤 관계를 갖고 있었는지 알고 있는 사람은 그리 많지 않다. 필자는 이 글에서 가우처 박사가 누구였는지 알아보며 그의 선교정신을 기리려고 한다.

존 프랭클린 가우처 박사는 미연합감리교회 목사로서 우리나라 개신교 선교의 문을 연 인물 가운데 한 사람이다. 그는 고요한 아침의 나라 조선에 대한 관심과 선교적 열정을 갖고 당시 일본에 주재하고 있던 매클레이 선교사를 통해 마침내 고종으로부터 교육과 의료분야에 한정해 선교 윤허를 받아냈다. 가우처 박사는 원래 교회 건축가였고, 미연합감리교회 동양 선교의 개척자였으며, 대학 총장이었고, 미국 중국 일본 등지에 대학들을 설립한 공로자였다. 가우처 박사는 평생 우리나라를 비롯해서 미국, 독일, 인도, 중국, 일본 등 지역에 교회 개척과 학원선교를 위해 모두 수백만 달러가 넘는 금액을 헌금하며 선교를 지원했다.

1. 가우처의 소명과 목회

가우처는 1845년 6월 7일 펜실베이니아 웨인스보로에서 신앙이 돈독한 감리교인 가정에서 출생했으며 어린 시절은 피츠버그에서 보냈다. 아버지는 의사였다. 청소년 시절 결정적으로 영향을 준 가장 중요한 사건은 그가 14세 되었을 때 체험했던 하나님과의 만남이었다. 가우처는 그때 하나님의 부름에 응답하여 하나님이 장차 그에게 요청하는 것은 무엇이든지 기꺼이 행하겠다고 약속했다. 가우처는 가족과 그리스도감리교회의 입교인이 되었고 그 후 목회자가 되기 위해 1868년 펜실베이니아 컬라일의 디킨슨 대학을 졸업하고, 1869년 3월부터 미연합감리교회 볼티모어 연회에 허입해서 목회자의 길을 걸었다. 순회전도사로서 말을 타고 다니며 볼티모어 지역 9곳의 교회와 14곳의 교회학교를 돌보기 시작했다. 볼티모어는 그 후 가우처의 제2의 고향이 되었다.

메리 세실리아 피셔
Mary Cecilia Fisher

가우처의 인생에 있어서 두 번째로 중요했던 사건은 1869년 3월 22일 그가 목회를 시작한 첫 해에 장차 그의 신부가 될 메리 세실리아 피셔(Mary Cecilia Fisher, 1850~1902)를 만난 것이다. 그날은 마침 메리 피셔의 19번째 생일이었다. 메리 피셔는 당시 교회학교 교사로 교회의 모든 프로그램에 열성적으로 참여하고 있었다. 두 사람은 그 후 8년 동안 교제한 끝에 드디어 1877년 12월 24일 결혼했다. 메리 피셔는 볼티모어 명문가의 상속녀였다. 아버지는 볼티모어에서 유명한 내과 의사였고 부호였다. 그 때문에 그는 청혼하러 온 가우처에게 "우리 딸의 재물을 보고 결혼하려는 것이냐?"라고 물었다는데 그때 가우처는 "모든 재물은 선하게 사용하겠습니다."라고 대답했다고 한다. 메리 피셔는 일평생 가우처의 진정한 친구였으며 선교 동역자였다. 두 사람은 한마음으로 물질을 어떻게 사용할 것인가 계획을 세우고 가장 필요한 지역과 사람들에게 아낌없이 도와주었다. 기도와 믿음으로 계획을 세우고 여러 대륙에 믿음의 씨앗을 심었던 것이다.

가우처는 1871년 목사 안수를 받았으며, 디킨슨 대학에서 1871년 석사학위, 1885년 명예신학박사, 그리고 1899년 명예법학박사 학위를 수여받았다. 가우처는 볼티모어 지역의 길모어교회와 스트로브리지교회, 그리고 러블리레인교회 등 여러 교회에서 22년간 목회를 하며 15교회를 설립했고, 미서부 지역에 175교회의 건축을 위해 재정 지원을 했다.

가우처가 목회자로서 가장 오래 머물러 있었으며 또한 마지막으로 목회했던 교회는 볼티모어제일감리교회로도 불렸던 러블리레인교회였다. 가우처는 볼티모어의 러블리레인교회에서 1883년부터 1891년까지 목회했다. 러블리레인교회는 또한 가우처에게 교회 건축가로서의 명성도 가져다준 교회였다. 미연합감리교회는 원래 1784년 러블리레인교회에서 개최되었던 소위 "크리스마스 연회"에서 조직되고 시작되었다. 독립전쟁 이후 미국의 순회전도자들로 구성된 "크리스마스 연회"에서 프랑시스 에즈베리는 연회기간 3일 동안에 준회원, 정회원, 그리고 감리사(감독)로 안수 받고 영국교회로부터 독립된 미연합감리교회를 발족시켰던 것이다. 그러므로 러블리레인교회는 미연합감리교회의 모교회였다. 그렇지만 가우처 목사가 1883년 이 교회로 파송 받았을 무렵의 러블리레인교회는 너무나 낡아서 폐쇄될 수밖에 없는 상황이었다. 따라서 가우처 목사는 미연합감리교회 100주년을 맞이하여 러블리레인교회를 현재의 새로운 장소로 이전해서 신축했다. 가우처 목사는 새로운 러블리레인교회의 건축을 위해 당대 미국의 최고 건축사였던 스탠포드 화이트(1853~1906)에게 설계를 의뢰했고 외양은 이탈리아 라벤나 지역의 교회들과 바실리카를 모방해 로마네스크 리바이벌 양식으로 건축했다. 또한 내부의 강대상은 라벤나의 성 아폴리나리스의 것을 복사했고, 종탑은 라벤나 인근 12세기 폼포사 사원의 산타마리아교회의 사각형 종탑을 본떠 만들었다. 이 교회는 1884년 완공되어 "미감리교회 100주년 기념교회"가 되었고 현재는 국가 사적지로 등재되어 보존되고 있다.

한편 가우처 목사 부부는 사람은 교육을 통해서 세계시민으로 성장해야 하며 그러한 기회는 특별히 사회에서 소외된 계층에게도 골고루 부여되어야 한다는 믿음을 갖고 있었다. 또한 선교는 기독교 교육을 통해 전인적으로 활성화되며 그 책임과 의무를 감당할 수 있다고 보았다. 따라서 미국의 경우에 있어서 가우처 목사 부부는 우선 흑인 목회자 양성과 지도력 개발을 위해 1880년 볼티모어 지역에 학교 부지를 매입하고 기금을 출연해서 100주년 성서학원(Centenary Biblical Institute)을 설립했다. 이 대학은 오늘날 메릴랜드 주의 모르건 주립대학교(Morgan State University)로 발전했다. 가우처 부부는 또한 미연합감리교회 100주년을 기념하는 여성고등교육기관으로 러블리레인교회 옆에 대지를 매입하고 기금을 후원해 1885년 볼티모어 여자대학(Woman's College of Baltimore)을 창립했다. 당시만 하더라도 여성들은 제대로 교육을 받지도 못했고 참정권도 없던 시대였다. 가우처 목사는 그 후 1891년 러블리레인교회를 사임하고 1907년까지 볼티모어 여자대학 제2대 총장으로 활동했다. 볼티모어 여자대학 이사회는 1910년 가우처와는 상의도 없이 교명을 가우처 대학(Goucher College)으로 개명했다. 가우처 대학은 오늘날까지 볼티모어 지역의 명문 사립대학교로 존속하고 있다. 가우처 부부가 살아생전에 가우처 대학에 기부한 금액은 총 100만 달러가 넘었다. 가우처 부부는 그 밖에도 미국의 여러 감리교 계통대학을 재정적으로 지원했다.

가우처 목사는 미국뿐만 아니라 인도, 중국, 일본, 한국 등지에서 수많은 초중고등학교와 4년제 대학들을 설립했고, 재정직으로 지원하며 이러한 학교들을 통해 인재들을 양성하고 학원선교를 훌륭하게 이루었다.

가우처 목사는 또한 세계여행을 7번씩이나 했으며 여행에서 얻은 지식과 경험을 교회교육이나 선교에 활용했으며 때로는 선교지들을 둘러보고 문제점들을 발굴함으로써 선교현장을 더욱 밝게 개선해 나가는 기회로 삼기도 했다.

러블리레인교회

2. 동양 선교의 개척자

가우처 목사 부부는 미연합감리교회 동양 선교의 개척자들이었고 후원자들이었다. 가우처의 아내 메리 피셔는 특별히 인도에 관심이 많았다. 원래 미감리회 해외여선교회가 태동되었던 것은 1869년 봄에 보스턴 지역에 살고 있던 8명의 교회 여성들이, 인도 여성들은 여의사가 한 명도 없는 열악한 보건 상황에 놓여 있다는 사실에 충격을 받고 선교회를 조직하면서부터였다. 당시 회원들은 독신여성을 선교사로 파송하기로 하고 교육자로는 이사벨라 토번(Isabella Thoburn)을 그리고 여성의사로는 클라라 스웨인(Clara Swain)을 선발해서 1869년 11월 인도에 파송했다. 토번 박사와 친분이 있었던 가우처 부부는 그녀가 인도에 최초로 설립한 이사벨라 토번대학을 재정적으로 지원했을 뿐 아니라 1880년도부터는 인도 북부지역에 남녀 초등학교들을 설립해서 최하위 계층인 천민 아동들에게 교육의 혜택을 주기도 했다. 따라서 어느 마을은 가우처 목사 부부에게 감사해서 마을이름을 "가우처"라고 할 정도였다. 가우처 목사 부부는 인도 북부지역에서 모두 120학교를 설립해서 20년 동안 재정적인 지원을 했다. 가우처 목사는 1897~98년 그리고 1906~07년 두 차례에 걸쳐서 인도를 방문했고, 인도의 우수한 학생들에게는 장학금을 수여해서 계속해서 공부시키거나 아니면 미국에 유학시켜 인재를 양성하기도 했다. 그 밖에 버려진 아동들을 위해 학교 외에 고아원이나 병원을 설립한 경우들도 많이 있었다.

가우처 목사는 세계적인 여행가로서 중국의 여러 지역도 방문했고, 중국 선교에도 관심이 많았다. 당시 중국에는 매클레이(1824~1907)가 미연합감리교회의 선교사로 활동하고 있었다. 매클레이는 1845년 디킨슨 대학을 졸업하고, 1846년 볼티모어 연회에서 목사 안수를 받은 후, 다음 해 10월에 중국 선교사로 파송 받고, 1848년 4월부터 1871년 12월까지 푸저우(福州) 지역을 중심으로 선교활동을 시작해서 1856년에 진신당(眞神堂)과 천안당(天安堂) 두

예배당을 건축했으며, 1857년 7월 14일 중국선교 개시 10년 만에 비로소 첫 세례교인을 얻는 감격을 누렸던 미연합감리교회 중국 선교의 개척자였다.

따라서 매클레이와 디킨슨 대학 동문이었고 그와 같은 볼티모어 연회 소속이었던 가우처 목사는 매클레이와 협력해서 1880년대 초기에 천진에 여성병원을 세웠고, 1881년에는 중경에 화서지역 선교부를 수립했다. 또한 사천대학과 복주사범대학의 설립을 지원했고, 그가 세운 여러 초중고등학교 학생들에게 장학금을 수여해서 대학에서 공부할 기회들을 제공해 주기도 했다. 가우처 목사는 북경대학과 복주사범대학의 이사로도 활약했다.

매클레이는 그 후 1873년 일본 선교지의 감리사로 임명받고 6월 11일 일본에 도착해서 요코하마를 중심으로 일본 선교활동을 개시했다. 그는 중국에서처럼 학원과 문서 선교에 관심을 갖고 있었다. 따라서 그는 일본에서도 가우처 목사 부부의 재정적 후원에 힘입어 기독교 서적과 일어성경번역 등 문서 선교에도 힘을 썼다. 가우처 목사는 또한 학원선교에 있어서도 매클레이와 협력해서 1879년 10월 감리교 신학원을 시작했고 이어서 1881년 동경 영어학원과 1882년 청산학원 설립에 있어서도 중요한 역할을 감당했다. 가우처 목사 부부는 청산학원의 새 캠퍼스 조성을 위해 동경 황실궁터에 인접한 25에이커의 부동산을 매입해 주었고, 본관을 비롯한 교사 건축을 위해서도 기금을 헌납했다. 청산학원은 가우처를 기념해서 1887년 가우처 관을 건축했지만 지진으로 유실되자 2001년 다시 캠퍼스에 가우처 관과 가우처 기념교회를 건립해서 그의 신앙적 유산을 기리고 있다.

가우처 목사는 그 밖에도 세계 여러 나라 교육기관과 감리교회를 후원하였다. 예를 들어, 가우처 목사는 1889년 7월 독일 감리교 신학교육 기관인 마틴 선교연구소에 5천 달러를 후원해서 도서관 개선에 사용하도록 했고, 메리 피셔는 채플에 오르간을 기증했다. 가우처는 1884년도에도 채무금 상환을 위해 다시 5천 달러를 기부했다. 가우처 부부는 이탈리아, 아프리카, 말레이시아, 멕시코, 남미 등 지역에도 연합감리교회 설립을 지원하고 교육기관을 후원했다.

3. 우리나라 개신교 선교의 대부

우리나라는 1882년 5월 22일 인천의 화도진에서 미국과 조미수호통상조약을 체결했다. 이 조약은 우리나라가 구미 국가와 맺은 최초의 수호통상조약이었다. 미국은 그 이듬해 5월 13일 푸트(L.H. Foote)를 초대 공사로 파견해서 서울 정동에 공사관을 개설했다. 그러자 고종도 이에 대한 답례와 양국 간의 친선도모를 위해 그해 7월에 민영익을 단장으로 홍영식, 서광범 등을 보빙사로 미국에 파견했다. 1882년 7월 26일 인천항을 출발해서 일본을 거쳐 9월 2일 샌프란시스코에 도착한 11명의 친선사절단은 워싱턴을 거쳐 뉴욕에서 미국의 대통령 아더와 면담하기 위해 대륙 횡단열차를 타고 여행을 시작했다. 우연이라 하기에 놀라운 일은 보빙사 일행이 이 열차여행에서 가우처 목사와 조우했던 것이다.

존스 선교사는 1888년 내한해서 배재학당 교사로 근무하며 최병헌을 전도해서 세례 주었고 후에 인천 내리교회 제2대 담임자로 목회하며 인천 강화 남양지역 감리교 선교의 아버지로 불렸던 인물이다. 그는 훗날 저술한 「한국교회형성사」에서 가우처와 보빙사 일행의 만남을 "전능자의 시간표에 따라 역사한 사건이었다."라고 고백했다. 그것은 결코 우연이라고는 할 수 없었기 때문이었다. 당시 상황은 이러했다. 가우처 목사는 미주리 주 카르타고에 살고 있던 아버지와 동생들을 만나보고 볼티모어로 돌아오며 시카고에서 평소 습관대로 기차의 침대칸 티켓을 사려고 했다. 그렇지만 그는 그날따라 표를 구할 수 없어 할 수 없이 특별차량의 2등칸을 타게 되었다. 조선인 친선사절단이 타고 있던 차량이었다. 가우처는 그렇게 해서 다음 날 아침에 기이한 옷을 입고 낯선 방언으로 말하고 있는 한 무리의 젊은 사람들, 즉 보빙사 일행과 만나게 되었고, 조선에 대한 미감리회의 선교는 이 만남을 통해 더욱 구체적으로 실현되기 시작했던 것이다.

가우처 목사는 그 후 기차에서 만났던 사절단들을 볼티모어 집으로 초청해서 한국에 대한 자세한 정보를 얻고, 그해 11월 선교사를 파송하기 위해 1차적으로 2,000달러를 감리교 총회선교위원회에 헌금했다. 기부조건은 결혼한 젊은 선교사 부부를 한국에 파송하는 것이었다. 사실, 가우처가 한국에 대해 관심을 갖기 시작한 것은 한국이 문호를 개방한 1882년부터였다. 매클레이는 이 조약의 체결 소식은 미국교회들에게 "한국을 복음화시키기 위하여 즉각 나서라는 나팔소리"와 같았다고 했다. 가우처는 조약이 체결된 직후 당시 일본에 파송되어 있던 감리교 선교사를 통해 이미 조선 방문과 선교에 대한 요청과 부탁을 받은 터였다. 따라서 보빙사 일행과의 만남은 가우처로 하여금 조선 선교에 대한 관심과 열정을 더욱 확실하게 매듭짓는 결과를 초래하게 만들었다.

그렇지만 조선에 선교사를 파송하는 일은 총회선교위원회가 조선 선교를 기정사실화하고 실행하기로 가결한 것 외에 진척된 것이 아무것도 없었다. 미연합감리교회의 윌리 감독은 일본에 주재하고 있던 매클레이에게 한국을 직접 방문해서 선교의 타당성을 알아보도록 했다. 그러나 매클레이는 한국의 불안한 국내정세 때문에 한국에 대한 선교가 시기상조임을 충고하던 미국 관리들의 입장에 동조하고 있었다. 매클레이는 따라서 1884년 3월 윌리 감독에게 조선에 대한 선교를 연기하는 것이 불가피하다고 역설했다. 가우처는 상황이 호전되기만을 마냥 기다리고 있을 수는 없었다. 가우처는 매클레이 부부의 조선 방문 여행경비 일체를 부담하고 그들의 조선 방문을 독려했다. 매클레이는 가우처의 편지를 받고 1884년 6월 8일 일본을 출발해서 6월 24일부터 7월 8일까지 단 2주간 서울을 공식적으로 방문했다. 매클레이는 이 기간에 자신의 외교능력을 충분히 발휘해서 고종 황제에게 선교 청원서를 올렸고 마침내 7월 3일 의료와 교육 분야에 한정해서 선교를 허락한다는 허락을 받아냈다. 그렇게 해서 매클레이는 조선에 대한 개신교 선교의 물꼬를 트는 한편 미감리회 선교부지로 정동 일대를 매입하여 그 후에 입국할 미감리회 선교사들의 선교 발판을 마련했다.

미연합감리교회와 개신교의 조선 선교를 성사시키기 위해 내국인으로는 김옥균과 윤치호가 수고했고 본국에서는 가우처 목사가 재정적 후원을 아끼지 않았다. 김옥균과 윤치호는 1881년 일본에 파견되었던 신사유람단의 수행원으로 서구에 대한 국가적 개방과 개혁에 뜻을 세웠던 젊은이들이었다. 매클레이가 1882년부터 일본에서 교류하여 알고 있었던 김옥균은 당시에 오늘날의 외교통상부 차관(次官)에 해당되는 교섭통상사무아문 협판이었고, 윤치호는 미국 공사 푸트의 통역관인 동시에 교섭통상사무아문의 주사로 김옥균의 외교업무를 보필하고 있었다. 한편 매클레이와 펜실베이니아 주 디킨슨 대학 동문이었고 그와 같은 볼티모어 연회 소속이었던 가우처는 매클레이가 중국, 일본 그리고 한국에서 실행한 모든 선교활동에 있어서 언제나 그의 든든한 동역자요, 재정적 후원자였다.

가우처 목사는 그 후 그가 약속했던 2,000달러 외에 2차적으로 3,000달러의 선교기금을 더 헌금해서 능력 있는 선교사들을 확보하는 대로 가장 빠른 시간 안에 한국에 선교사들을 파송할 것을 촉구했다. 그러자 미연합감리교회 총회 선교위원회는 이에 고무되어 모두 8,100달러의 예산을 배정하고 선교사 선발작업에 돌입했다.

윌리 감독은 1884년 10월에 한국의 첫 번째 개척선교사로 윌리엄 스크랜턴을 의료선교사로 선발했다. 스크랜턴은 1878년 예일대학, 그리고 1882년 콜롬비아 의과대학을 졸업한 후 오하이오 주 클리블랜드에서 진료 활동을 하고 있던 개업의로서 당시에 조선 선교에는 관심이 없던 인물이었다. 그렇지만 그는 열병에 걸려 투병생활을 하면서 얻은 신앙적 체험과 오래전부터 선교에 꿈을 갖고 있던 어머니의 권면에 순종해서 아내와 더불어 선교사직을 받아들이기로 결심하고 1884년 10월 미감리회 해외선교부로부터 선교사로 임명 받은 후 12월 4일 뉴욕에서 파울러 감독에게 목사 안수를 받았다.

그러자 미연합감리교회 해외여선교회도 아들 윌리엄을 따라 나선 어머니 메리 스크랜턴을 여선교회의 첫 파송선교사로 인준했다. 조선 선교 개척팀 구성은 미연합감리교회 선교본부가 마지막으로 그해 12월 헨리 아펜젤러를 교육선교사로 선발함으로써 일단락되었다. 미연합감리교회의 조선 선교에 있어서 안수 받은 목사와 젊고 유능한 의사 그리고 그들을 포함한 선교사 가족으로 팀을 이루겠다는 것은 원래 가우처 박사의 구상이었다. 그것은 한국 선교에 있어서 선교사들이 겪게 될 가장 큰 어려움은 외로움일 것으로 전망한 매클레이가 그러한 사실을 가우처에게 통보해 주었기 때문이었다. 개척선교사들을 선발함에 있어서 가우처가 특별히 기혼자들을 조건으로 내걸고 또한 어린이들이 있는 가정을 선호했던 이유는 이 때문이었다. 동시에 그것은 이미 중국과 일본 선교를 통해 얻은 최상의 선택으로서 오늘날 한국 감리교회의 모습과 발전을 가져온 조합이었다.

가우처 목사는 배재학당의 창립자 아펜젤러와는 이미 1882년부터 만나고 있었을 뿐만 아니라, 최종적으로 아펜젤러를 개척선교사로 선발한 사람도 가우처 목사였다. 또한 아펜젤러가 1885년 선교지에 부임해 정동 일대에 선교부지를 매입하고 배재학당을 창설하게 되었던 일에도 가우처 목사의 절대적인 후원이 있었던 것은 모두 잘 아는 사실이다. 가우처 목사는 미국, 중국, 일본 등지에서 4년제 대학 설립을 통한 학원선교에 많은 지식과 경험을 갖고 있었다. 따라서 그는 배재학당도 한국에서 4년제 대학으로 발전할 수 있도록 협력했던 것이다.

아펜젤러가 순직한 후에도 배재학당장들은 계속해서 미연합감리교회 총회선교위원회 위원으로 활동하고 있던 가우처 목사와 학교의 발전에 대하여 상의하고 그의 도움을 받았다. 특별히 1911년 미국 유학을 마치고 귀국해 그 다음 해 배재학당장에 선출된 신흥우는 가우처의 후원 약속에 따라서 새 교사, 즉 동관 신축과 기숙사와 운동장 확장 및 교사 보강을 위한 발전 프로젝트를 미선교부에 제출했다. 그 당시 시설 확충 총공사비 58,000달러 가운데

40,000달러는 미선교부 부담이었다. 가우처 목사는 미전역에서 교회와 기관들을 방문하며 책임을 지고 모금활동을 했다. 가우처는 1915년 4월 22일 정오에 거행된 신축 건물 기공식에 참석해서 첫 삽을 떴다. 뿐만 아니라 5대 교장 헨리 닷지 아펜젤러도 또한 아펜젤러 기념관 건축에 가우처의 재정 지원을 받았다. 가우처 목사는 헨리 닷지가 추진한 아펜젤러 기념관 소위 서관 신축에도 기여했다. 그는 1920년 2월 19일 서관 기공식에 참석했고, 같은 해 10월에는 50여 명의 교회학교 대표단을 인솔해 배재학당을 방문했으며 25일에는 배재학당 아펜젤러 홀에서 거행된 헨리 아펜젤러 동상 제막식에 참여했고, 배재학당 운동장 확장사업을 위한 미선교연회의 재정 지원을 승인하기도 했다.

가우처 목사는 그 밖에 메리 스크랜턴과 협력해서 이화학당을 발전시켰으며 앨리스 아펜젤러가 신촌에 캠퍼스 부지를 매입해서 이화대학을 설립하는 과정에 있어서도 조력하고 협력했다. 가우처 박사는 또한 연세대학교 전신인 조선기독교대학이 연합대학이 되도록 힘썼으며 원산으로 가지 않고 서울에 남아 있도록 주도적 역할을 했다. 가우처 부부는 자신들이 설립하고 지원한 미국과 동아시아 지역 대학의 우수한 학생들이 계속해서 공부할 수 있도록 장학금이나 유학자금을 수여하기도 했다. 따라서 초기 배재학당과 이화학당 졸업생들에게 미국이나 일본 청산학원에서 계속해서 공부할 수 있도록 유학의 기회를 주기도 했다.

가우처 박사는 1907년부터 1920년 사이에 6번에 걸쳐 한국을 방문했다. 대부분의 방문 목적은 선교연회에 참석하기 위한 것이었다. 그렇지만 그는 한국을 방문할 때마다 선교사들이 설립한 서울, 송도, 원산 등지의 학교들을 방문했고, 학원선교를 위해 상의하고 재정 지원을 약속했으며 실천했다. 특별히 배재학당의 새 교사(동관) 건축을 위해서는 앞에서도 언급한 바와 같이 1913년과 1915년에 공사비 모금 결의와 동관 기공식 참석차 한국을 방문했고, 1920년에도 서관 건축을 위해 같은 해 겨울과 가을에 75세의 노구를 이끌고 두 번씩이나 방문해서 교육시설 확장과 기금 확보에 심혈을 기울였다. 가우처는 1920년 늦가을 귀국한 후 여독을 이기지 못해 자리에 누웠다가 1922년 7월 19일 향년 77세로 하나님의 품에 안겼다. 한편 그가 사랑했던 메리 피셔는 원래 몸이 약했던 여성이었다. 그래서 주로 볼티모어 파이크스빌 인근의 고향집 알토 데일(Alto Dale)에 조용히 머물러 있는 시간이 많았는데 메리는 그곳에서 1902년 12월 19일 하나님의 부르심을 받았다. 두 사람은 열심히 성실하게 그리고 검소한 삶을 살며 선교적 책임을 힘껏 감당했던 하나님의 사람들이었다.

가우처는 1919년에는 일본 천황으로부터 일본국 육일삼등장, 그리고 1921년에는 중국의 손문으로부터 중화민국 치아호장의 명예 훈장을 받았다. 인도는 젊은 남녀학생들에 대한 그의 교육공로를 인정해서 지금까지 "가우처"라는 명칭의 마을을 두고 있다. 한국에서도 배재학당은 1919년 학생들에게 가우처의 신앙과 비전을 기리고 계승시키기 위해 교내에 그의 흉상을 세웠다. 가우처가 목회하고 건축한 볼티모어 러블리레인교회는 가우처의 업적을 기려 1921년 2월에 교회 내벽에 가우처 목사 기념동판 현판식을 가졌다. 그것은 원래 가우처의 75세 생일을 맞이해서 볼티모어 지역의 예술가였던 한스 슐러가 제작한 것이었다. 한스 슐러는 또한 현재까지 가우처 대학에 전시되어 있는 가우처 흉상도 제작했다. 가우처 목사는 그렇지만 평소에 사람들이 자신의 이름과 입적을 드러내는 것을 반겨하지 않았다. 그래서 러블리레인교회의 가우처 기념동판은 그 다음 해에 가까스로 교회 벽에 부착되었는데 거기에는 가우처를 가리켜 "그는 그리스도의 친구, 교회 건축가, 선교개척자, 전문대학과 4년제 대학의 아버지, 사나이 가운데 사나이 그리고 모든 사람의 형제였다."고 기록되어 있다. 서울 종로에 있는 중앙감리교회는 아펜젤러가 1890년 설립한 교회 가운데 하나다. 미연합감리교회는 기금을 모금해서 1926년에 이 교회를 가우처 기념교회로 만들었다. 그리고 중앙감리교회는 2015년 10월 11일 교회 창립 125주년을 맞이해서 가우처 기념 예배당 헌정식과 가우처 흉상 제막식을 거행했다. 가우처 흉상은 볼티모어의 데이빗 와샤프스키가 제작했다. 또한 충청연회의 서천 아펜젤러 순직 기념 박물관도 2015년 6월 가우처 홀을 개관했다.

오늘날 한국의 근대화와 세계적으로 발전한 한국 감리교회의 현재 모습은 가우처 부부의 기도와 선교적 열정과 헌신에 힘입은 것이다. 가우처 목사 부부는 특별히 동양 선교의 개척자였을 뿐만 아니라 한국 개신교 선교의 대부로서 동아시아 지역 여러 고등교육기관과 교회 설립에 있어서 큰 업적을 남겼고 사표가 되었다. 가우처 목사는 어떻게 이러한 사람이 될 수 있었을까? 가우처는 어떻게 지금까지 열거한 그러한 사업들을 할 수 있었을까? 어떤 사람들은 그가 부유한 가문의 상속녀와 결혼했기 때문이었을 것으로 보기도 한다. 그렇지만 가우처를 세계적 선교의 대부로 만든 것은 그가 14세 때 경험했던 하나님과의 만남이었다. 가우처는 그때 하나님께서 요청하시는 것은 무엇이든지 기꺼이 행하겠다고 다짐하고 그 약속을 실천했던 것이다.

참고문헌

이덕주 외, 「한국 선교의 개척자: 가우처, 매클레이, 아펜젤러」, 한들출판사, 2015.
「배재학당 창립 125주년 기념 국제학술포럼 자료집」, 배재대학, 2010.
Marilyn S. Warshawsky, *John Franklin Goucher* : Citizen of the World

매클레이

Robert Samuel Maclay

매클레이
Robert Samuel Maclay

조선 선교는 가우처 박사와 매클레이 선교사의 주도하에 이루어졌다. 특히 마가복음과 감리교 교리문답을 번역했던 이수정이 이미 일본에서 조선 선교를 미국 감리교회에 적극적으로 요청했던 것을 감안하면, 그 실행은 가우처 박사와 매클레이 선교사에 의해 이루어졌다고 볼 수 있다. 매클레이 선교사가 조선에서 선교를 시작하도록 결정적인 역할을 했던 것은 김옥균이었다. 미국 감리교회의 전적인 후원 아래 가우처, 매클레이와 더불어 김옥균, 이수정은 한국 개신교 역사에 길이 남을 발자취를 남기게 되었다.

은둔의 나라에 온 선교사

매클레이*

염창선 박사_ 호서대학교 교수

로버트 새뮤엘 매클레이(Robert Samuel Maclay, 麥利加. 1824. 2. 7 ~ 1907. 8. 18) 선교사는 선교 불모지였던 조선에서 1884년 고종 황제로부터 공식적으로 윤허를 받고 활동했던 최초의 개신교 선교사였다는 평가를 받는다.[1] 그가 직접 쓴 "1884년 서울에서 2주간"(A Fortnight in Seoul Korea in 1884)이라는 글을 보면, 그가 누구였는지 가장 잘 드러난다.

… 조선 선교가 역사적으로 문이 열린 것은 미감리교회의 역사적인 100주년과 같은 해였다. 미감리교회가 조직된 것은 1784년이었고, 조선에 감리교회 선교의 빗장이 열린 것도 1884년이었다. (중략) 볼티모어의 가우처 박사가 재빠르게 선교에 필요한 자금을 자발적으로 헌금하면서 조선 선교를 제안했던 것은 우리 교단에 의해서 진지하게 토의되었고 수락되었으며, 나의 서울 방문도 이 제안에 따른 것이었다. 따라서 그것이 조선에서 기독교 선교의 첫 관문을 열고 주춧돌을 놓는 귀중한 특전이었는데, 그 특전을 내가 받게 된 것이었다. 그로 인해서 1885년에 서울로 선교사를 파송해서 선교 조직이 구성되었고, 거룩한 선교사역이 시작되었던 것이다.[2]

이 기록에 따르면, 우리는 적어도 두 가지 정보를 얻을 수 있다. 하나는 이미 잘 알려진 대로 매클레이 선교사가 조선을 향하게 되기까지 볼티모어의 가우처(John Franklin Goucher) 박사가 결정적인 역할을 하게 되었다는 점이고, 다른 하나는 공교롭게도 미국 감리교회가 설립된 지 꼭 100주년이 되던 해(1884)에 조선에서 비로소 기독교 선교가 시작되었다는 점이다. 그런 의미에서 훗날 매클레이 선교사는 "84년은 경이로운 해"(annus mirabilis)라고 표현했다.3)

이 "경이로운 해"를 중심으로 19세기 후반 은둔의 나라 조선에 과연 어떤 일들이 벌어지고 있었는지, 선교사들의 사역은 어떠했는지를 살펴보면서 매클레이 선교사를 소개한다.

1. 조선 선교 이전의 생애와 동아시아 선교사역

1) 출생과 교육

매클레이는 1824년 2월 7일 미국 동북부의 펜실베이니아 프랭클린 카운티 콩코드(Concord)에서 태어났다. 아버지 로버트(Robert Maclay, 1782~1850)는 장로교에서 감리교로 이적한 스코틀랜드계 이주민으로 가죽 세공업자였고, 어머니 아라벨라(Arabella Erwin Maclay, 1786~1862)는 신앙심이 돈독한 아일랜드계 이주민이었다. 6남 3녀 중 여덟 번째로 태어난 매클레이는 어려서부터 신앙적인 가정 분위기에서 자랐고, 초등교육을 마쳤다.

이어서 독립선언서에 서명했던 벤자민 러시(Benjamin Rush)가 설립한 감리교학교 디킨슨 대학(Dickinson College)에 입학했으며(1840. 9), 설립자의 이념과 스승 맥클린톡 교수의 영향으로 경건한 신앙과 학문적 자유와 실천을 강조했던 학풍 속에서 성장했다. 그리고 졸업식에서 "삶의 규칙과 목적"(the Rule and End of Life)이라는 주제로 학생들을 대표해서 강연을 했을 정도로 두각을 나타낸 학생이었다. (1845. 7)4)

2) 게티스버그 목회자

당시 흑인 노예문제가 극심한 사회적 갈등을 불러일으켰으며, 급기야 미국 감리교회조차 남북으로 갈리고 말았다(1845). 이런 상황에서 매클레이는 게티스버그에서 첫 목회를 시작하면서 올곧게 목회에 전념하고자 노력했다.

나는 천막집회와 부흥회에 몇 번 참석하면서 죽어가는 영혼들을 살리는 사역을 하겠다는 열정 속에서 목회자의 의무가 무엇인지 깨닫게 되었다. 비록 젊고 미약하나 하나님의 섭리 가운데 보이지 않는 손길이 목자와 양을 연결시켜주는 증거들을 보면서 어디든지 교단이 파송하는 국내 사역지에서 전 생애를 바치겠노라고 결심했다.[5]

게티스버그에서 청년목회를 담당하면서, 1년 사이에 백 명 이상의 새로운 신자들이 등록하는 경험도 했다. 그러던 중 디킨슨 대학의 에모리(Robert Emory, 1814~1848) 학장으로부터 한 통의 편지를 받게 되었던 것이 선교사로서의 길을 가는 결정적인 계기가 되었다.

당시 폐쇄정책을 고집하던 중국은 아편전쟁(1840)이 끝나면서 문호를 개방하게 되었고, 때맞추어 미국감리회선교회(Missionary Society of the Methodist Episcopal Church)도 중국선교를 결정했으며,[6] 2년 후 1847년에 화이트(Meses C. White) 선교사와 콜린스(Judson D. Collins) 선교사를 파송하고, 추가로 두 명을 더 파송하려고 지원자를 물색하고 있었다. 그러던 차에 에모리대학의 학장은 기존 선교의 결과가 미미한 것도 안타까웠지만, 볼티모어 연회에서 파송한 선교사가 한 명도 없으며, 디킨슨 대학 졸업생 중에서도 한 명도 없다는 사실에 자극을 받아 매클레이 목사에게 의사를 타진하게 되었던 것이다. (1847. 6. 20)

3) 중국 선교사

매클레이는 에모리대학 학장의 추천으로 뉴욕의 감독 햄린(Leonidas L. Hamline)에 의해서 23세의 젊은 나이로 중국 선교사에 임명되었다(1847. 8. 30).[7] 그해 10월 8일 뉴욕 세븐쓰 스트리트 교회(Seventh Street Church)에서 장로목사 안수를 받았고, 13일 중국행 배에 몸을 실었다. 선교사로 지원한 지 4개월도 채 안 되는 단기간에 이루어진 일이지만, 홍콩으로 가는 선상에서 선교사 교육도 받게 되었다. 선상에서 속회와 성경공부와 기도와 독서에 전념하여 뜨거운 성령 체험과 선교 열정에 불타고 있었다. 첫 사역지였던 푸저우에서 언어장벽과 생경한 문화를 극복하며 천신만고 끝에 교회도 세우고, 남학교와 여학교를 설립하면서 개종자도 얻었다.

1857년 7월 14일 주일 예배에서 중국 선교 10년 만에 얻은 첫 신자 첸안(陳安)이 세례를 받았던 것을 필두로 더 많은 중국인들이 기독교를 받아들이게 되었으며,[8] 그 후 그의 선교사역은 "감리교 전통 위에 중국교회 세우기"로 이어졌고, 중국 선교의 큰 획을 긋게 되었다.[9] 1861년에 이어 1872년에 두 번째 안식년을 얻어 가족과 재회하고 다시 중국 선교를 준비하던 중에 일본으로 선교지가 바뀌게 되었다.

4) 일본 선교사

1853년 7월 페리(M.C. Perry) 제독이 이끄는 동인도 함대의 강압 끝에 화친을 맺은 일본 막부 안에서 개방 여부를 놓고 개화파와 수구파 사이에서 극심한 대립을 하다가 결국 수구파가 몰락하면서 1858년 7월에 미일수호통상조약을 체결하게 되었다. 드디어 중국에 이어 일본에도 선교의 문이 열리게 된 것이다. 그 후 미국 성공회, 미국 북장로교회, 미국 개혁교회 같은 교단들은 일본 선교를 이미 진행하고 있었지만, 미국 감리교회는 1872년 가을 연회에서 비로소 일본 선교를 결정했고, 그 책임자로 당시 중국 선교사였던 매클레이를 일본 선교사로 보내기로 결정했다.

드디어 1873년 5월 20일 샌프란시스코에서 제팬(Japan)호를 타고 6월 11일 요코하마에 도착했다. 사실 1873년은 일본 개혁의 기념비적인 해였다. 개혁에 저항하던 쇼군 정치가 끝나면서 교토에서 에도(현 도쿄)로 천도하고 개혁정치를 추진하던 시기에 매클레이 선교사가 사역을 시작하게 된 것이다.

이미 25년 경력을 쌓았던 매클레이 선교사는 중국 선교와는 달리 요코하마를 중심으로 일본 선교를 조직적으로 잘 이끌었으며, 중국 선교사들과도 긴밀한 교류 속에 중국 선교에도 힘을 보탰다. 그러나 1879년 7월 28일 요코하마 천안당 교회에서 주일예배 때 반주를 하던 아내가 오르간 위에 그대로 쓰러지면서 끝내 눈을 뜨지 못했다.[10] 그는 이미 네 아이들을 잃었던 차에 아내마저 잃은 슬픔으로 건강도 쇠약해졌고, 선교사역도 잠시 주춤했지만, 1880년 예전 선교지 푸저우에서 했던 강연("the Course of the Educational Work in Japan")에 감화된 중국교회 지도자들의 모금으로 1881년 2월 영화서원(英華書院, Anglo-Chinese College)이 설립된 것이 계기가 되어 재기할 수 있었다.

1881년 9월 세계감리교대회에 참석했으며, 이듬해인 1882년 6월 6일 11살 아래인 새라 앤 바(Sara Ann Barr)와 결혼하고 그날 샌프란시스코를 출발해서 6월 25일 요코하마에 도착했다. 그녀는 전 부인의 뒤를 이어 일본 여성 교육에 앞장서는 사역을 담당하게 되었다. 일본에서 야오야마 학원을 설립하고 연회를 조직하는 등 일본 선교에 혼신을 쏟았다. 25년간 중국 선교에 헌신했고, 지난 10년간 일본 선교사역을 이끌었던 매클레이 선교사는 벌써 60세가 되었다. 당시 중국에서 신자수가 1,000명이 되기까지 40년이 걸렸지만, 일본에서는 단 10년 만에 이루어졌다. 1884년 9월 3일 일본 연회에서 매클레이 선교사의 공로를 치하하는 결의문이 채택되었다.[11]

2. 조선 최초의 개신교 선교사

1) 선교 준비

조선 선교는 일찍이 푸저우 앞바다에 난파당한 조선인들을 처음 보았을 때, 저들의 나라에서도 선교를 해야겠다는 생각을 했던 적이 있었으나, 기회가 없었다. 조선은 1882년 3월 한미수호통상조약을 체결하면서 문호를 개방할 수밖에 없었다. 그해 8월 요코하마에서 매클레이 부인이 조선 정부의 유학생들에게 영어를 가르치다가 조선 개혁을 주도했던 김옥균(갑신정변 주도세력)을 알게 되었고, 뒤이어 9월에 근대 농업기술을 배우고자 했던 이수정(성서를 한글로 처음 번역한 사람)도 만났다. 특히 이수정은 이듬해인 1884년 4월 녹스(G.W. Knox) 선교사에게 세례를 받음으로써 일본에 있었던 선교사들에게 큰 감동을 안겨주었고, 미국 성서공회 총무 루미스(H. Loomis)의 후원으로 성경을 한글로 번역하기 시작했다. 또한 미국교회에 한국에도 선교사를 파송해 달라는 편지를 보냄으로써 "조선의 마케도니아인"(the Macedonian of Korea)이라는 별칭이 붙게 되었다.[12]

이렇게 해서 매클레이 선교사는 이미 일본에서 조선정부 인사들과 접촉함으로써 조선에 대한 상황을 알아볼 수 있었다. 그런데 직접적인 계기는 전혀 예상하지 못했던 곳에서 촉발되었다.

2) 가우치 박사

한편 1883년 5월 주한 미국 공사 푸트(L.H. Foote)가 정동에서 외교업무를 시작하자 조선정부는 보빙사절단(報聘使節團)을 미국에 보내어 답방하도록 했다. 단장으로는 명성황후의 조카 민영익을 비롯하여 홍영식, 서광범, 유길준, 변수, 고영철, 최경석, 현흥택 등 개화파가 주축이 된 11명의 사절단이 1883년 7월 제물포를 출발해서 9월 2일 샌프란시스코에 도착했다. 거기서 다시 워싱턴 행 기차 안에서 러블리레인교회 목사였던 가우처 박사를 만났다.

가우처 박사는 이미 중국, 인도, 일본 등 아시아 선교에 적극적으로 후원했고, 매클레이 선교사에게 후원금을 보내서 일본 아오야마 학원 설립에도 관여해왔던 터라, 낯선 조선인들에게 관심을 갖게 되었으며, 그들이 정부에서 파견한 고위 관리인 것도 알게 되었다. 게다가 단장 민영익이 근대식 교육과 의료시설에 관심을 가지고 있음을 확인했다.

그해 11월 6일 가우처 박사는 미국 감리교회 해외선교국에 조선 선교비로 2,000달러를 약속하며, 재일본 선교사들이 지장이 없는 한 '은둔의 나라' 조선에서도 선교사업이 진행되길 바라는 편지를 보냈고, 미국 감리교회에서 발간하는 *The Christian Advocate*에 조선 선교를 촉구하는 논설을 연재하게 하여 관심을 불러일으키면서 2,000달러를 모금할 수 있었다.[13] 결국 선교위원회는 가우처 박사의 특별기금 2,000달러를 포함해서 총 5,000달러를 조선 선교비로 책정하고 일본 선교회를 통해서 지출할 것을 결의하기에 이르렀다.[14]

이렇게 되니, 일본에서는 이수정에 의해서 성서가 한글로 번역되었고, 미국에서 선교비도 책정되었으니, 직접 조선 땅에 들어갈 선교사를 선정하는 일만 남게 되었다.

3) 조선에 '공개적으로' 들어온 최초의 개신교 선교사

1884년 1월 31일에 가우처 박사는 당시 도쿄에 있는 매클레이 선교사에게 은둔의 나라 조선에 선교비 2,000달러를 후원한 사실과 조선선교회를 조직하기로 했다는 것을 알리면서 조선 선교에 대한 의사를 타진하게 되었다.

선교사님이 한번 시간을 내서 조선에 들어가서 사정을 살피고 선교회 부지를 확보해 보시지 않겠습니까? 그렇게 된다면, 우리가 이교도 지역에 들어가는 첫 번째 프로테스탄트 교회가 될 것입니다. 그것은 일본선교회로서도 영광스런 일이지만, 이미 여러 분야에서 개척사역을 담당해 오신 선교사님

에게도 또 다른 영예가 될 것입니다.15)

이 편지를 받았던 매클레이 선교사는 그때의 심정을 훗날 다음과 같이 기록했다.

가우처 박사는 오랫동안 내 마음속에 잠재해 있던 의욕을 일깨웠다. 나는 그 것을 조선에서 기독교를 선교하라는 하나님의 명령으로 즉각 이해했다. 재 일본 선교사들도 가우처 박사의 제안을 적극 지지하여 나를 조선에 보내기 로 했다.16)

따라서 그는 부인과 일본인 요리사와 함께 6월 8일 영국 상선 테헤란호를 타고 요코하마를 출발, 나가사키에서 조선어 통역사를 구한 다음에 6월 20일 난징호를 타고 부산에 도착해서 일본 매서인 나가사카(長板)를 만나 기도와 대화를 나누었다. 다시 23일 오후 1시 제물포에 도착했고, 작은 배를 타고 한강을 거슬러 목적지인 서울에 도착한 것은 24일 오후 6시였다. 이로써 매클레이는 공개적으로 서울에 온 최초의 개신교 선교사가 되었다.17)

4) 고종의 '선교 윤허'

서울에 도착한 매클레이 부부는 푸트 공사 부부의 접대를 받으며 정동 공사관에 딸린 기와집에서 2주간 머물면서 국왕으로부터 선교허락을 받아낼 요량이었다. 당시 1882년 임오군란으로 인해서 대원군 중심의 수구파가 몰락의 길로 접어들었고, 1883년 미국과 유럽을 순방한 보빙사절단도 "개방"을 촉구하는 보고서를 제출했던 터라 점차 개화파가 득세하던 시절이었다. 이렇게 정국이 어수선하니 매클레이 선교사는 선교의향서를 제출할 기회를 찾지 못하고 있었다. 공사를 통해서 접촉했던 애스턴(영국 공사), 묄렌도르프(조선 정부 외교고문)뿐만 아니라, 동대문 외곽에 주둔하던 중국군 사령관도 만나 보았으나, 진보와 수구의 갈등 와중에 그 누구도 섣불리 개입하려 들지 않았다. 하긴 푸트 공사도 이런 태도에서 그리 멀지 않았으니, 매클레이 선교사는 그저 발만 동동 구르는 꼴이었다.

그러나 뜻밖에 미국 공사관에 속한 통역관 윤치호와 교섭통상사무아문 협판 김옥균의 도움을 얻게 되었다. 특히 김옥균은 국왕의 신임 속에서 개혁정책을 펴가던 외교 실무자였다. 아마도 매클레이와 김옥균 사이를 연결한 인물은 미국 공사관과 조선 외교부 (통상교섭사무아문)에 직책을 가지고 있었던 윤치호가 유력하지만, 푸트 공사도 모종의 역할을 했을 수 있다. 물론 김옥균은 2년 전에 일본에서 매클레이 부인에게 영어를 배운 적이 있기 때문에 아주 생면부지라고 단정하기는 어렵다. 아마도 언급된 5명의 인물들이 크든 작든 모종의 연결고리를 형성했을 가능성이 크다.18) 아무튼 김옥균이라는 인물은 매클레이의 선교사역에 결정적인 도움의 손길을 주었다.

매클레이 선교사는 서울에 도착한 지 일주일이 지난 6월 30일 김옥균을 만났고, 의향서를 국왕에게 전달해줄 것을 당부했다. 7월 3일 매클레이 선교사는 원하던 학교와 병원 설립이 곧 가납될 것 같다는 반가운 소식을 김옥균으로부터 직접 들었다.

> 국왕이 우리 제안에 호의를 보이셨다는 사실을 분명하게 확인하는 순간 그것은 곧 주님께서 하신 일이라는 것을 확신할 수 있었다. 나는 김옥균에게 이 일을 위해서 최선을 다해 준 것에 깊은 감사를 표했다 19)

그날 저녁 미국 공사관에서 김옥균은 매클레이 선교사의 의향서가 가납되었음을 공식적으로 확인해 주었고, 자신도 최선을 다해서 돕겠으니, 즉시 사업을 시작해도 된다고 하였다.20) 이때 푸트 공사는 물론이고 윤치호도 배석했었다.[21] 이것이 후대 역사가들이 이름 붙인 "선교 윤허"이며, 학교 설립과 병원사업을 해도 좋다는 국왕의 허락을 받았으니, 매클레이 선교사는 사역을 위한 모든 예비과정을 마친 셈이었다.

그는 서울에 머무는 2주간 일기가 불순한 날 하루를 빼고는 매일 거리에 나가 사람들을 만났다. 나가사키에서 데려온 통역이 제대로 일을 못해서 조선인들과의 대화가 수월치 않아 곤란하기도 했지만, 어느 양반집에서 양화진 망원정에서 연 잔치에 초청을 받아 참석했을 때, 자기가 조선에 온 이유를 설명할 기회를 얻기도 했다. 그가 훗날 회상하기를 2주간 서울 체류 중에 특히 기억에 남는 것은 매일 드렸던 가족기도회와 두 번의 주일예배(1884. 6. 29, 7. 6)였다고 했다. 매클레이 부부는 그렇게 서울 일정을 마치고 7월 8일(수요일) 통역인(나가사카) 없이 서울을 출발해서 제물포, 부산, 나가사키를 거쳐 7월 28일에야 요코하마에 도착했다. 그가 서두른 이유는 8월에 열리는 일본연회 일정 때문이었다.

일본에 있던 선교사들은 조선에서도 선교가 가능해졌다는 매클레이 선교사의 보고를 받고 매우 기뻐했으며, 1884년 8월에 처음 열린 일본연회에서는 조선 선교를 공식적으로 결의했고, 이를 위해 특별위원회도 조직했다.

5) 조선 선교 지원

매클레이 선교사는 조선에서 선교사역을 해도 좋다는 허락을 받아냈으니, 향후 진척사항은 미국 감리교 선교부가 맡아서 해줄 것을 믿고 일본으로 되돌아갔다. 그러나 서울의 정국은 예측하기 어려운 불안정한 상태여서 선교에 대한 전망도 불투명했다. 9월 8일자 푸트 공사의 서신에는 고종의 선교 윤허와 김옥균 외에도 몇몇의 지원을 언급하면서 적극적으로 지원할 의사가 담겨 있었으나, 얼마 후 포크(George C. Foulk) 영사로부터 서울의 정치상황 때문에 곧바로 일을 착수하기 어려울 것 같다는 연락이 왔고, 푸트 공사로부터도 전에 머물렀던 집을 약속대로 줄 수 없게 되었으니, 다른 집을 구해주

겠노라는 편지를 받았다. 그 집은 미국 공사관 의사 자격으로 서울에 온 알렌(H.N. Allen)에게 주었던 것이다.[22] 이런 불안정한 상황은 11월에도 계속되고 있었다. 11월 8일자 푸트 공사의 편지에는 정치세력 간 충돌 분위기를 전하면서 외국인 신변보장 및 선교 가능성에 대한 예상 등이 담겨 있었다.

결국 1884년 12월 3일 극도로 긴장된 서울에서 김옥균, 박영효, 서광범, 홍영식, 서재필 등이 주도하는 급진 개화파가 정치변란을 일으켰다(갑신정변). 정변은 3일 만에 역전되어 홍영식은 죽고, 나머지는 일본 공사관의 도움으로 서울을 탈출하여 일본으로 망명하게 되었다. 그러나 막 불붙으려는 조선 선교에 찬물을 끼얹은 이 사건은 오히려 급전환되어 호재로 작용하게 되었다. 당시 의술로는 전혀 손을 쓸 수 없을 정도로 자상을 입은 민영익을 서양의사 알렌이 살려냄으로써 고종의 신임을 얻었고, 서양의술, 문명 및 종교에까지 우호적인 분위기가 형성되었으며, 1885년 2월 사망한 홍영식의 집을 하사받아 최초 근대식 병원인 광혜원(제중원)이 탄생하게 되었다. 훗날 이 병원은 선교사들의 합법적인 활동공간이 되었다.

한편 아펜젤러와 스크랜턴 모자가 조선 선교를 위해 요코하마에 도착했다(1885. 2. 27). 그 다음 주에 도쿄 아오야마에 있는 조선선교회 관리자였던 매클레이 선교사 사택에서 미감리회 조선선교회 첫 모임을 가졌다(1885. 3. 5). 그러나 언제 조선에 들어갈 수 있을지 알 수 없는 상황에서 하나님께 기도하며 기다리기로 했다.

그러자 망명 중이던 김옥균이 매클레이 선교사를 찾아와 조선 근대화를 위해 노력해 달라는 부탁을 했고(1885. 3. 14), 박영효도 영어를 배우고자 스크랜턴 선교사를 만났다. 이에 고무되어 매클레이 선교사 사택에서 조선 선교사 환송회를 열고(1885. 3. 21), 선발대로 아펜젤러 부부가 먼저 들어가고, 자리를 잡으면 나중에 어머니와 어린 딸이 있는 스크랜턴 가족이 들어가기로 했다. 아펜젤러 부부는 3월 23일 요코하마를 출발해서 4월 5일 부활절 오후에 제물포에 도착했다. 그러나 대리공사 포크와 군함 오씨피호 함장 글랜

시가 정변 이후에 서양여자가 입경하는 것은 신변보장을 예측할 수 없다고 만류하여, 아펜젤러 선교사 부부는 다시 나가사키로 되돌아갔고(1885. 4. 15), 이를 감안한 매클레이 선교사는 스크랜턴 선교사 홀로 조선에 보내니 그해 5월 3일에야 제물포에 도착하게 되었다.

그러나 그 한 달 사이에 상황이 호전되어, 일본에 남아 있던 선교사 가족이 모두 제물포로 입국했다(1885. 6. 20). 이때 매클레이 선교사는 조선선교회 관리권을 아펜젤러에게 넘겨주고, 일본에서 조선 선교를 간접적으로 지원하고 조언하게 되었다.[23] 매클레이 선교사의 전폭적인 지원하에 선교는 순조롭게 이루어졌다. 1년 만에 정동 선교부에서 아펜젤러 선교사가 배재학당을, 스크랜턴 대부인이 이화학당을, 스크랜턴은 시병원을 설립하고 본격적으로 교육 및 의료사업에 뛰어들었다.

그 후에도 매클레이 선교사는 일본 선교가 미국감리회와 캐나다감리회로 나누어져 불필요한 갈등과 소모적인 선교를 없애고자 일본선교회 통합을 위해 꾸준히 노력한 결과 20년이 지난 다음에 이루어지게 되었다. 또한 중국, 일본, 조선 등 아시아 선교 40년을 마감하고 형 찰스가 제공한 10에이커 땅에 샌 페르디난도 신학교를 세우고 학장으로 새로운 사역을 시작했다(1889. 6. 9). 그러나 설립자였던 찰스가 이듬해 별세하자, 매클레이 신학교로 명칭을 바꾸었다. 다시 이듬해 학장직을 사임하고(1901) 은퇴했다. 1882년 재혼하여 동역한 아내 새라 앤 바(Sara Ann Maclay)는 1904년 8월 24일에, 매클레이 선교사는 1907년 8월 18일 주일에 소천했다(83세). 지금도 부인과 나란히 로스앤젤레스 로즈데일(Rosedale) 공동묘지에 안장되어 있다.

매클레이 묘비

6) 조선 복음화와 근대화의 주춧돌

되짚어보면, 조선 선교는 1884년 디킨슨 대학 출신으로 볼티모어 연회에 속한 가우처 박사와 매클레이 선교사의 주도하에 이루어졌다. 특히 마가복음과 감리교 교리문답을 번역했던 이수정이 이미 일본에서 조선 선교를 미국 감리교회에 적극적으로 요청했던 것을 감안하면, 그 실행은 가우처 박사와 매클레이 선교사에 의해 이루어졌다고 볼 수 있다. 매클레이 선교사가 조선에서 선교를 시작하도록 결정적인 역할을 했던 것은 개화파로 외무부 고위 관리였던 김옥균이었다. 김옥균은 당시 정부를 주도하던 개화파에 속해 있었고, 자신은 불교인이었으나 조선의 미래를 위하여 매클레이 선교사의 사역을 돕게 되었다. 그러니 미국 감리교회의 전적인 후원 아래 가우처, 매클레이와 더불어 김옥균, 이수정은 한국 개신교 역사에 길이 남을 발자취를 남기게 되었다.[24]

은둔의 나라 조선은 물론, 아시아의 근대화와 복음화를 위해 평생을 바친 이 위대한 믿음의 일꾼은 자기에게 맡겨진 사명들을 모두 다 이루고 잠들었다.

참고문헌

김병태, "가우처의 한국 교육선교", 배재학당 창립 125주년 기념 국제학술포럼: 가우처 박사의 생애와 업적 – 아시아 지역 고등교육기관 설립을 중심으로(자료집), 2015.
유동식, 「한국 감리교의 역사, 1884-1992」, 기독교대한감리회, 1994.
이덕주 외 3명, 「한국 선교의 개척자 – 가우처, 매클레이, 아펜젤러」, 한들출판사, 2015.
「윤치호 일기」, 1권, 국사편찬위원회, 1973.
「한국 감리교 인물사전」, 역사위원회 편, 기독교대한감리회, 2002.
J.S. Ryang, "The First Protestant Missionary to Korea", *The Korea Mission Field*, Jul. 1934.
R.S. Maclay, "A Fortnight in Seoul Korea in 1884", *GAL*, Aug. 1896.
R.S. Maclay, "Commencement of the Korean Methodist Episcopal Mission", *GAL*, Nov. 1896.

R.S. Maclay, "Death of Mrs. Mary".
R.S. Maclay, "Korea's Permit to Christianity", *The Missionary View of the World*, Vol. 9, No. 8, 1885.
R.S. Maclay, "Korea's Permit to Christianity", *The Missionary View of the World*, Apr. 1896.
R.S. Maclay, "Life among the Chinese: with Characteristic Sketches and Incidents of Missionary Operation and Prospects in China", *GAL*, Sep. 1900.
R.S. Maclay, "My Call to China", *GAL*, Sep. 1897.
W.E. Griffins, *A Modern Pioneer in Korea*, 52f.; *Annual Report of the Missionary Society of the Methodist Episcopal Church*, 1884.
Minutes of the Japan Conference of the Methodist Episcopal Church, 1884.

---

* 이 글은 이덕주, 김병태, 조선혜 및 하희정의 연구결과에 많은 빚을 지고 있다(이덕주 외 3명, 「한국선교의 개척자 – 가우처, 매클레이, 아펜젤러」, 한들출판사, 2015).

1. 1934년 7월 당시 감리교회 수장이었던 양주삼 총리사가 초교파 영문 잡지 *The Korean Mission Field*에 기고한 글에서 매클레이(1824. 2. 7~1907. 8. 18)를 조선에서 "최초의 개신교 선교사"(the first protestant missionary to Korea)라고 분명하게 표현했던 것이 많은 논란을 불러일으켰다. 핵심은 "최초"를 어떤 것으로 볼 것이냐는 문제인데, 그가 고종 황제로부터 최초로 구두 윤허를 받았던 점으로 볼 것인지, 일본에 거주했던 매클레이가 과연 조선 선교사라고 부를 수 있는지의 문제, 선교사역의 다리를 놓고 나서 다시 일본으로 되돌아갔던 일로 인해서 사역의 지속성 여부 등이 논란거리이다. 더 자세한 것은 이덕주 외 3명, 「한국 선교의 개척자 – 가우처, 매클레이, 아펜젤러」, 한들출판사, 2015. 10, 135~139 참조.
2. R.S. Maclay, "A Fortnight in Seoul Korea in 1884", *Gospel in All Lands*, Aug. 1896, 354f.
3. R.S. Maclay, "Commencement of the Korean Methodist Episcopal Mission", *GAL*, Nov. 1896, 500.
4. 19년 후인 1864년 동아시아 선교에 지대한 헌신과 공로가 인정되어 모교에서 명예신학박사(Honorary Doctor of Divinity) 학위를 받음("Robert Samuel Maclay, Missionary in Japan", *GAL*, May, 1886, 211).
5. R.S. Maclay, "My Call to China", *GAL*, Sep. 1897, 416.
6. 1845년 5월 뉴욕에서 열린 미국 감리회 선교회 제26차 연회에서.
7. R.S. Maclay, "My Call to China", *GAL*, Sep. 1897, 416.
8. 1859년 선교보고서에는 1년 동안 성인 38명, 어린이 9명 등 총 47명이 세례를 받았고, 학습인 2명도 포함하면, 49명으로 1년 사이에 36명이 증가했다고 한다. R.S. Maclay, "Life among the Chinese: with Characteristic Sketches and Incidents of Missionary Operation and Prospects in China", *GAL*, Sep. 1900, 219~222.
9. 이덕주 외 3명, 「한국 선교의 개척자 – 가우처, 매클레이, 아펜젤러」, 한들출판사, 2015. 10, 174~181 참조.
10. 지금도 요코하마 외국인 묘지에 안장되어 있다. R.S. Maclay, "Death of Mrs. Mary", *GAL*, Apr. 1896. 188.

11. *Minutes of the Japan Conference of the Methodist Episcopal Church*, 1884, 16: "Robert Samuel Maclay, Missionary in Japan", *GAL*, May 1886, 213.
12. "The Gospel of Corea", *GAL*, Aug. 1883, 56f.
13. W.E. Griffins, *A Modern Pioneer in Korea*, 52f.; *Annual Report of the Missionary Society of the Methodist Episcopal Church*, 1884, 20~21, 29.
14. R.S. Maclay, "Korea's Permit to Christianity", *The Missionary View of the World*, Vol. 9, No. 8, 1885, 287.
15. R.S. Maclay, "Korea's Permit to Christianity", *The Missionary View of the World*, Apr. 1896, 287~288; 김병태, "가우처의 한국 교육선교", 배재학당 창립 125주년 기념 국제학술포럼: 가우처 박사의 생애와 업적-아시아 지역 고등교육기관 설립을 중심으로(자료집), 2015, 95 참고; 이덕주 외 3명, 「한국 선교의 개척자-가우처, 매클레이, 아펜젤러」, 한들출판사, 2015, 90~91, 209.
16. R.S. Maclay, "Korea's Permit to Christianity", *The Missionary View of the World*, Apr. 1896, 288; 이덕주 외 3명, 「한국 선교의 개척자-가우처, 매클레이, 아펜젤러」, 한들출판사, 2015, 90~91, 209~210.
17. J.S. Ryang, "The First Protestant Missionary to Korea", *The Korea Mission Field*, Jul. 1934, 154~155.
18. 이덕주 외 3명, 「한국 선교의 개척자-가우처, 매클레이, 아펜젤러」, 한들출판사, 2015, 90~91, 212. 한편 유동식(유동식, 「한국 감리교의 역사, 1884-1992」, 기독교대한감리회, 1994, 41)은 이수정이 매클레이와 김옥균을 연결한 것으로 보지만, 일본에서 매클레이 부인에게 영어를 배웠던 것과 윤치호의 직책을 감안하면, 윤치호의 역할을 더 유력하게 보는 이덕주의 주장이 개연성이 더 높다(윤치호 일기 참조).
19. R.S. Maclay, "Korea's Permit to Christianity", *The Missionary View of the World*, Apr. 1896, 287; 이덕주 외 3명, 「한국 선교의 개척자-가우처, 매클레이, 아펜젤러」, 한들출판사, 2015, 90~91, 213.
20. R.S. Maclay, "Korea's Permit to Christianity", *The Missionary View of the World*, Apr. 1896, 289~290.
21. 윤치호의 1884년 7월 4일자 일기가 이를 뒷받침하고 있다. 「윤치호 일기」, 1권, 국사편찬위원회, 1973, 81.
22. 이 내용은 알렌이 보낸 편지에도 들어 있었다. R.S. Maclay, "Commencement of the Korean Methodist Episcopal Mission", *GAL*, Nov. 1896, 500.
23. 상세한 설명은 이덕주 외 3명, 「한국 선교의 개척자-가우처, 매클레이, 아펜젤러」, 한들출판사, 2015, 90~91, 218~223을 참고하라.
24. 유동식, 「한국 감리교의 역사, 1884-1992」, 기독교대한감리회, 1994, 41.

아펜젤러

Henry Gerhard Appenzeller

아펜젤러
Henry Gerhard Appenzeller

아펜젤러(Henry Gerhard Appenzeller, 1858~1902)는 한국에 상주한 감리교 첫 번째 선교사로 한국에서 삶을 마칠 때까지 선교, 교육, 성서 번역, 교회 설립 등 다방면에 걸쳐 많은 활동을 했다. 그는 단지 기독교뿐만이 아니라, 한국 사회 전반의 근대화에 큰 영향을 끼친 인물이다. 그가 한 많은 일 가운데 배재학당을 설립하여 이 땅의 젊은이들에게 최초로 근대교육을 실시한 것이 우리 민족사에 끼친 가장 위대한 공헌이라 할 것이다. 그는 교육을 통해 침몰해 가는 조선의 운명을 구원할 희망을 찾고자 했다.

한국 근대교육과 선교의 선구자

아펜젤러

이성덕 박사_ 배재대학교 교목실장

1. 한국 감리교회와 근대교육의 기초자

초기 감리교 한국 선교는 교육과 의료선교를 통한 간접적인 방식을 취했다. 이는 유교를 국기(國基)로 삼고 있던 조선 정부가 선교를 금지시킨 것이 주원인이긴 했지만 복음과 전인적인 삶의 변화와 사회개혁이 분리될 수 없는 일임을 확신한 미선교부가 취한 선교전략의 일환이기도 했다.

아펜젤러(Henry Gerhard Appenzeller, 1858~1902)는 한국에 상주한 감리교 첫 번째 선교사로 한국에서 삶을 마칠 때까지 선교, 교육, 성서 번역, 교회 설립 등 다방면에 걸쳐 많은 활동을 했다. 그는 단지 기독교뿐만이 아니라, 한국 사회 전반의 근대화에 큰 영향을 끼친 인물이다. 그가 한 많은 일 가운데 배재학당을 설립하여 이 땅의 젊은이들에게 최초로 근대교육을 실시한 것이 우리 민족사에 끼친 가장 위대한 공헌이라 할 것이다. 그는 교육을 통해 침몰해 가는 조선의 운명을 구원할 희망을 찾고자 했다. 선교사들 중에서 아펜젤러나 헐버트만큼 한국이라는 나라의 운명에 대해 깊은 관심을 가지고 적극적으로 한국을 변호한 사람은 없었다.[1] 아펜젤러의 사역은 여러 측면에서 고찰할 수 있지만, 여기에서는 그가 근대교육과 한국의 자주와 독립을 위해 어떤 일을 하였는가에 초점을 맞추어 기술하고자 한다.

2. 아펜젤러의 성장배경과 선교사의 길

아펜젤러는 1858년 미국 펜실베이니아 서더튼이라는 작은 마을에서 태어났다. 그의 조상은 120여 년 전에 미국으로 이민 온 경건한 독일계 스위스인이었다. 그는 공립학교 교육을 마친 후, 웨스트체스터 사범학교에 진학했다. 그 당시 가정 형편이 어려워 그는 랭커스터의 엘리자베스 타운에서 교사로 일하면서 학비를 벌었다. 그는 이 시기에 복음전도자 풀턴의 설교를 듣고 감동을 받아 진실로 자신의 죄를 회개하는 회심 체험을 했다. 사범학교를 졸업한 후, 1878년 랭커스터에 있는 프랭클린 마샬 대학에 진학했다. 그는 본래 개혁교회 출신이었으나, 보다 자유롭고 영적인 체험을 활발하게 표현하는 감리교회가 자신에게 더 적합하다고 생각하여 랭커스터 제일감리교회 교인이 되었다. 그는 그리스도를 위해 온전히 헌신할 것을 다짐하면서 1881년 2월 26일자 일기에 다음과 같은 글을 남겼다. "나에게 야망이 있다면, 그것은 주님께 봉사하는 데 나 자신을 온전히 바치는 것이다."[2] 그는 이러한 결심을 행동으로 옮겨 다음 해에 뉴저지 메디슨에 있는 드류신학교에 입학하였다. 감리교 계통의 이 신학교는 학문적인 훈련과 개인적인 경건을 동시에 강조하며 유능한 복음전도자를 양성하는 것을 목표로 하였다. 드류 시절 스승들은 "아펜젤러가 판단력이 뛰어나고 부지런한 학생이며, 교수로서의 삶에 기쁨을 주는 사람"[3]이라고 생각했다.

아펜젤러는 드류 시절 친구 워즈워드와 해외 선교에 대해 관심을 갖고 함께 책을 읽으며 비전을 나누었다. 아펜셀러는 일본 선교에 관심을 가졌다. 워즈워드는 조선에 관심을 가지고 선교사 청원을 하여 미선교부로부터 허락 받기까지 했다. 하지만 워즈워드는 개인적인 사정으로 조선 선교사로 가려는 계획을 포기하지 않으면 안 되었다. 그는 아펜젤러에게 자기 대신 조선으로 가면 어떻겠냐는 제안을 했다. 아펜젤러는 이것을 하나님의 부르심으로 믿고, 그 부름에 응답하기로 결심했다. 1883년 10월, 아펜젤러는 드류신학교

대표로 코네티커트 하트포드에서 개최된 전국 신학교 동맹집회에 참가했다. 여기에서 그는 같은 선교사의 꿈을 가지고 있던 열정적인 장로교회 신학생 호레이스 그랜트 언더우드를 만났다. 두 사람은 서로 가까운 친구가 되었고, 이후 조선의 선교사로 함께 사역하게 되었다.

아펜젤러가 드류신학교에 입학하던 1882년 초에 조선의 강화도에서는 조미수호조약이 체결되었다. 다음 해 4월 10일에 미국초대공사로 푸트가 조선에 왔다. 이에 대한 답례로 조선 정부는 민영익을 전권대사로 하는 보빙사절단을 미국에 파견하였다. 이들은 샌프란시스코에 도착하여 대륙횡단 열차를 타고 워싱턴으로 향하였다. 이 열차에 볼티모어에 있는 가우처대학총장이자 감리교 목사였던 가우처(John F. Goucher) 박사가 동승하고 있었다. 그는 조선에서 온 이상한 차림의 낯선 사람들에게 호기심을 가졌다. 그는 이들과의 대화를 통해 조선에는 아직 복음이 전파되지 않았음을 알고, 이곳에 선교의 필요성을 절감했다. 그는 집으로 돌아와 뉴욕에 있는 감리교 선교부에 2,000 달러를 기부하면서 조선에 선교사를 파송해 줄 것을 요청했다. 미선교부는 즉시 당시 일본에 주재하던 매클레이 선교사에게 조선을 방문하여 선교 가능성을 타진하도록 했다. 1883년 6월 24일부터 7월 8일까지 서울에 체류하면서 매클레이 선교사는 개화파 인사였던 김옥균의 도움으로 고종에게 선교 의향서를 제출하고, 교육과 의료분야의 선교를 윤허 받게 되었다. 아펜젤러가 미국을 떠나기 전 이미 이러한 일이 예비된 것이었다.

아펜젤러는 드류를 졸업하기 전인 1884년 12월 17일에 엘라 닷지와 랭커스터 제일감리교회에서 결혼했다. 1885년 1월 14일, 드류신학교 교수들과 학생들은 아펜젤러 부부를 위해 파송예배를 드리고, 기차역까지 따라 나와 전송했다. 그들은 아펜젤러 부부가 낯설고 위험한 먼 나라 조선에서 자신들을 대신하여 그리스도의 일꾼으로서 사명을 다하도록 기도했다. 1885년 2월 2일, 그는 조선으로 출발하기에 앞서, 샌프란시스코에서 파울러 감독에 의해 목사 안수를 받았다. 그 다음날 아펜젤러 부부는 의료선교사로서 함께 조선으로 떠나는 스크랜턴 가정과 배를 타고 일본으로 향했다.

긴 항해 끝에 그들은 2월 27일 요코하마에 도착하여 일본 주재 선교사 매클레이의 영접을 받았다. 매클레이의 집이 있는 동경에서 한 달 가까이 체류한 후, 일행은 일본기선을 타고 요코하마를 출항하여 3월 28일 나가사키에 도착했다. 이곳에서 며칠 쉬고 일행은 이미 이곳에 도착해 있던 언더우드 선교사와 함께 조선으로 향했다. 이 기선은 부산에서 일박한 후, 출항하여 마침내 4월 5일 부활주일 오후 3시경에 제물포에 도착하였다. 아펜젤러는 도착 후 다음과 같은 기도를 드렸다.

> 사망의 빗장을 산산이 깨뜨리시고 부활하신 주님께서 이 나라의 백성들이 얽매여 있는 굴레를 끊으사 그들에게 하나님의 자녀가 누리는 빛과 자유를 허락해 주옵소서!4)

이 기도에서 보듯이 아펜젤러는 복음을 전파하는 것은 물론이고, 조선 사회를 억압하는 모든 사상과 제도를 개선하여 하나님의 자녀로서의 참된 인간의 권리를 회복시키려는 의지를 보여주고 있다.

그들은 지난해 12월 4일에 있었던 갑신정변의 여파로 인한 정치적인 혼란 때문에 곧바로 서울(한성)로 들어가지 못하고 제물포에 일주일간 머물렀다. 아펜젤러의 부인인 닷지는 임신 중이었기 때문에 건강상의 안전을 위하여 아펜젤러와 함께 나가사키로 돌아간 후, 6월 20일에 다시 제물포에 돌아올 수 있었다. 그는 한 달여 동안 제물포에 머물나 마침내 1885년 7월 29일 꿈에 그리던 서울에 입성했다.

3. 배재학당의 설립과 근대교육의 시작

아펜젤러가 오기 전에 매클레이가 고종으로부터 허락받은 것은 의료와 교육선교였기 때문에 의료사업은 함께 온 스크랜턴이 담당하고 자신은 교육사업에 전념하고자 했다. 그는 도착한 지 한 달도 채 되지 않아 버려진 아이들 몇 명을 놓고 '하우스 스쿨'로 시작하였다. 이렇게 빨리 학교를

배재학당 신축공사를 감독하는 아펜젤러

시작할 수 있었던 것은 교육에 대한 조선인의 관심과 조선 정부의 적극적인 지원 덕분이었다. 그는 다음 해 6월 8일에 정식으로 학교를 개교할 수 있었다.

조선인의 교육에 대한 관심과 아펜젤러의 열정과 헌신으로 인해 아펜젤러가 시작한 학교는 큰 호응을 얻었다. 당시 문호를 개방한 조선은 영어를 할 수 있는 사람이 필요했다. 아펜젤러가 세운 학교에서 영어를 배운 지 채 1년도 안 된 학생이 관리로 채용되자 소문을 듣고 많은 사람들이 몰려들기 시작했다. 이들의 관심은 영어를 배워 관직에 나가는 것이었다. 당시 조선은 백성들을 억압하고 착취하는 타락한 관리들이 많았다. 아펜젤러는 자신의 학교 학생들은 이러한 관리들과는 다른 섬기는 지도자가 되어야 한다고 생각하였다. 그래서 그는 "너희 가운데 크고자 하는 사람은 섬기는 사람이 되어야 한다."(마태복음 20장 26절)는 예수님의 말씀을 학교의 교훈으로 삼았다.

1887년 2월 21일 고종도 아펜젤러의 학교를 인정하여 "배재학당"(培材學堂)이라는 이름을 직접 지어 하사했다. 이 이름은 "유용한 인재를 양성하는 학교"라는 뜻이며, 영어로는 "A school for rearing useful men"이라고 하였다. 이 해 배재학당은 정동 언덕에 새로운 교사를 짓기 시작하였다. 벽돌로 지은 르네상스식 1층 건물로 4개의 교실과 강당과 도서실, 그리고 반 지하에 출판사도 두었다. 이 출판사의 이름은 삼문(三文)출판사였는데, 삼문이란 영

어, 한문, 한글을 뜻했다. 아펜젤러는 학생들이 공부하면서 일을 하는 장소로 이 출판사를 활용하였다. 이 건물은 최초의 서양식 근대 건물로 곧 장안의 명물이 되었다. 배재학당은 조선인들에게 서구의 학문과 문명을 소개하는 창구가 되었으며, 한국 근대문명의 발상지가 되었다.

그 후 많은 굴곡을 겪었지만 1895년 2월 16일 한국 정부와 배재학당 간에 200여 명의 정부 위탁생을 파견하는 협정을 체결함으로써 배재학당은 명실상부한 조선의 대표적인 교육기관으로 인정받게 되었다. 이 협정은 조선 정부를 대표한 외부 서기관 현채와 미감리회 선교부를 대표한 배재학당 교장 아펜젤러 사이에 체결되었다.

아펜젤러와 배재학당은 이후 아관파천, 대한제국 수립이라는 숨 가쁘게 전개된 정치적인 소용돌이 속에서 충군애국적인 입장을 보임과 동시에 자주독립과 민족의식을 고취시키는 일에 앞장섰다. 이 운동의 핵이 된 것이 바로 배재학당 내의 학생회로 출발한 협성회였다. 협성회는 교장이었던 아펜젤러 목사의 요청을 받고 배재학당에서 특별 연속강의를 실시하던 서재필에 의해 조직되었다. 또한 이 협성회는 독립협회의 자매단체로서 독립협회 활동에 적극적인 동반자 역할을 감당하였다. 협성회는 최초로 토론회를 개최하여 민주적인 토론의 방법을 훈련하고 사회의식, 민족의식을 함양한 학생 청년조직이었다.

아펜젤러의 요청을 받고 협성회 창립을 주도한 사람은 서재필이었다. 그는 갑신정변이 실패한 후 일본을 거쳐 미국으로 망명하였고, 1895년 12월 말 박영효의 권유로 12년 만에 미국 시민의 자격으로 귀국하였다. 그는 귀국 후 실권이 없는 중추원 고문으로 임명되었으며 정부의 보조로 1896년 4월 7일에 「독립신문」을 간행하였다. 아펜젤러는 서재필에게 배재학당에서 특별 연속강연을 부탁했다. 이때는 배재학당에 영문학부, 한문학부, 신학부가 설치되어 학교로서의 체계가 강화된 해였다. 아펜젤러는 1896년 연례보고서에서 다음과 같이 보고했다.

나는 특별히 몇 달 전에 서재필 박사(Dr. Jaison)가 학생들 앞에서 시작한 연속 강연을 언급하여야겠다. 강연은 채플에서 자리를 꽉 메운 가운데 이루어졌다. 강연은 한국어로 이루어졌으며, 학생들에게 대단한 도움이 되었다. 지도상에 지구의 지리적인 구분이 상세하게 그려진 후, 유럽이 주제로 채택되어 그것의 세속사와 교회사에 대한 생생한 묘사가 주어졌다. 우리는 서 박사가 계속해서 이 일을 할 수 있는 시간을 내고, 또 시작했던 그 방향과 동일한 노선을 따라 완전한 과정이 될 때까지 학생들을 이끌고 갈 것으로 확신한다.[5]

협성회가 창립된 것은 서재필이 이 연속 특별강연을 한 지 6개월이 지난 11월 30일이었다. 협성회는 회원들 간의 친목과 권학(勸學)뿐만 아니라, 애국애족하는 데 그 목적이 있었다. 협성회가 처음 창립되었을 때 회원은 10여 명에 불과했으나, 「협성회 회보」가 창간된 1898년 초에는 이미 회원이 200여 명으로 늘었다. 협성회는 학생 회원들에 의하여 운영되었으며, 이들 회원 중에는 독립협회에 가담하여 상당한 활동을 하던 자들도 있었다. 남궁혁, 노병선, 이승만, 신흥우, 오긍선, 양흥묵, 윤창렬이 그들이다.

협성회의 활동 중 가장 중요한 것이 토론회였다. 토론회는 매주 토요일 하오 2시에 배재학당에서 열렸으며, 토론 외에 회무도 의논하였고 특별한 의제가 있을 때에는 특별회를 개최했다. 토론 주제는 처음에는 국한문 혼용, 학생복장의 착용, 여성교육, 체육교육, 남녀교제의 자유 여부 등 교육과 학생활동과 관련된 주제들이 채택되었다. 그러나 점차 토론의 주제가 정치, 경제, 사회, 문화 전반으로 확대되어 갔다. 주제의 내용은 주로 자유민권, 민족의 자주독립, 개혁자강에 관한 것이었다. 한마디로 유교적 봉건사회를 개혁하여 서구적 민주사회 건설을 지향하는 것이었다. 이것은 아펜젤러의 지도로 기독교의 이념을 바탕으로 서구 민주주의를 교육 받는 배재학당의 학생들에겐 당연한 것이었다.

토론회는 협성회 창립에서부터 「협성회 회보」가 간행된 기간에 가장 왕성하게 이루어졌다. 협성회의 토론회는 최초로 학생들에게 민주적인 회의와 토론을 훈련하고, 사회와 민족의 문제를 공론화하고 해결방안을 모색하는 장이었다. 협성회의 다른 애국계몽단체, 청년단체들이 스스로 당면한 사회 민족 문제를 제기, 토론하고 해결하는 과정과 참석자들의 근대의식과 민족독립의식 함양에 적지 않은 영향력을 끼쳤다.

4. 아펜젤러의 자주독립운동 지원

독립협회에서 세운 독립문(1896년)

1894년 이후 조선은 동학혁명, 청일전쟁, 그리고 을미사변으로 정치적 혼란 속으로 빠져 들어갔다. 아펜젤러가 복잡한 조선의 정치적인 사건에 개입하여 조선의 왕실을 보호하고 조선 민족의 자주와 독립을 위해 적극적으로 나선 것은 을미사변 이후라고 할 수 있다.[6] 1896년 2월 11일 일본 세력에 신변의 불안을 느낀 고종은 친러파의 도움으로 러시아 공사관으로 피신하였다. 이후 열강의 이권다툼은 더욱 치열해졌다. 그해 7월 1일에 독립협회가 창립되었다. 독립협회는 정부의 외세의존정책에 반대하는 개화 지식층이 한국의 자주독립과 내정개혁을 표방하고 활동했다. 「독립신문」을 발간하여 민중계몽에 나선 서재필을 중심으로 이상재, 이승만, 윤치호 등이 적극 참여했으며, 이완용, 안경수 등 정부 요인들도 다수 참가했다. 1896년 11월 모화관을 독립관으로 개칭하여 집회장으로 사용하였으며, 영은문 자리에 독립문을 세워 독립정신의 상징으로 삼았다. 1897년 2월에는 러시아 공사관에 머물러 있던 고종에게 환궁할 것을 호소하여 이를 결행하게 하였다.

아펜젤러는 배재학당에 관한 한 보고서에서 배재학당 학생들이 독립문 정초식에 참석한 사실과 이것이 가능했던 배경을 다음과 같이 보고하고 있다.

11월 21일 독립문 정초식 때 우리 학생들이 행사를 위한 음악-합창을 제공하기 위해 참석했는데 눈에 두드러졌다. 만일 그때 드러난 열심이 진정한 내적 정신의 표시라고 한다면, 한국의 독립은 현재 목숨을 다해서 한국을 지키려고 교육받고 있는 200명이 넘는 청년들을 가지고 있는 것이 된다. 국왕이 지난 2월 러시아 공사관에서의 일시적인 피난을 마치고 돌아올 때, 우리 학생들은 한 몸이 되는 것을 느꼈다. 그들은 손에 손에 태극기를 들고 길을 따라 늘어서서 금방 눈에 띄었으며, 꽃을 사서 곳곳에 장식해 놓고 왕과 세자를 위하여 만세 삼창을 하였다. 일 년 동안 「독립신문」의 서재필 박사는 매주 한 번씩 학생들을 만나 세계 각국의 역사지리, 종교 및 정치에 대해 강연했다. 이 강연들은 한국어로 전달되었으며 매우 인기가 있었다. 학교는 자기 백성들의 교육에 기울이는 서재필 박사의 관심에 축하를 보낸다. 11월 그의 지도 아래 학교에 토론회가 조직되었다. 이 모임에 외부대신, 학부대신, 그리고 여러 교관들이 자주 참관했다. 이 회는 아마도 국내 최초의 진정한 토론회일 것이다. 모임은 매주 토요일 오후 부속 예배당인 정동감리교회에서 열렸는데, 다른 나라의 정치적, 경제적, 종교적인 문제들이 학생들의 깊은 열기 속에서 토론되었다. 희망은 있다. 그러나 '우호적인' 강대국의 엄중한 감시의 눈은 벌써부터 청년들을 의회법으로 교육시키고 시사적인 주제에 관심을 가지는 이런 새로운 운동에 내심 주목하고 있는 것이다.7)

아펜젤러는 1897년 8월 13일 조선 개국 505주년 기념일에 독립협회에서 "한국에 대한 주한 외국인의 의무"(The Obligation of Foreign Residents to Korea)라는 연설을 하면서 그 말미에 독립협회에 대해 다음과 같이 말했다.

이 협회가 목적하는 지식의 보급, 애국심의 보존, 그리고 국가의 독립 등은 우리들의 강한 공감을 불러일으킵니다. 그것은 개국일을 준수하는 것과 함께 현명하게 시작하고 있습니다. 저기 보이는 아름다운 문은 이 협회의 외적인 상징물입니다. 자치와 고상한 인류애의 정신을 도모하기 위해 우리가 생각하는 가장 현명하고 좋은 방법으로 진지하고 성실한 모든 노력을 다하는 것이 주한 외국인들의 의무가 아니겠습니까? 지난 3년간의 소요와 격동을 거친 후 평화가 회복되었고, 이 나라의 독립이 만방에 알려졌으며, 인쇄의 도입으로 책과 학교가 증가하고 그들 자신의 역사에 대한 관심이 고조되어, 그 결과 충성심과 애국심이 고양되는 등 우리 주한 외국인들은 한국이 진보와 발전, 그리고 힘의 신기원을 이룩하는 시대에 들어섰다는 희망에 부풀어 있습니다. 아니 우리는 보다 자신있게 그것을 믿고 있습니다. 우리는 이 협회가 기울이고 있는 한국의 복지와 독립을 고양하고자 하는 장한 노력이 대성공을 거둘 것을 바라며, 그들의 노력이 마침내는 면류관으로 장식될 것을 믿습니다.8)

1897년 8월 23일 아펜젤러의 주도로 기독교인들과 독립협회 회원들과 정부 관원이 함께 '대군주 폐하 탄일 경축회'를 개최하였는데, 이는 단순한 경축식이 아니라 위국위민(爲國爲民)의 대규모 집회의 성격을 띠게 되었다. 아마도 이러한 교회적인 조직력을 통하여 성숙된 민중대회가 후에 독립협회 주도하에 열린 만민공동회 같은 대중집회를 가능하게 했을 것이다.

1898년 5월 14일 독립협회를 이끌던 서재필이 정부의 탄압으로 인해 미국으로 되돌아간 후 아펜젤러는 잠시 「독립신문」의 편집을 맡았으나, 미선교부의 반대로 윤치호에게 물려주었다. 아펜젤러는 「독립신문」이 지속되기를 희망하였고, 이를 위해 뒤에서 많은 협조를 아끼지 않았다. 그는 독립협회가 주도해서 열린 만민공동회의 활동과 그 여파에 대해 서재필에게 보낸 편지에서 다음과 같이 말하고 있다.

친애하는 서재필 씨, 당신은 여기 없지만 그러나 만일 당신이 여기에 있지 않았더라면 이런 일은 일어날 수가 없었을 것입니다. 백성들은 그들이 했던 모든 것을 아주 기꺼이 견뎌내었겠지만, 그러나 당신의 가르침이 그들로 하여금 일을 착수하는 방법을 알도록 해준 것입니다. 다른 사람들은 당신이 시작한 것을 기초로 하여 그 위에 계속 건물을 지을 것입니다. 만일 한국이 한 나라로 온전히 보전된다면, 그것은 당신이 배재학당과 독립협회, 그리고 출판이라는 세발 솥(tripod)에서 시작했던 여러 종류의 일들 덕분일 것입니다. 나는 이런 것들에 대해 더할 수 없는 존경을 보냅니다.9)

독립협회의 후반기는 만민공동회를 조직하고 투쟁을 하던 시기였다. 만민공동회는 점점 노골화되는 러시아의 한반도에 대한 침략 기도를 사전에 분쇄하고 국권을 수호하고 자주독립을 유지하기 위해 열렸다. 1898년 3월 종로 광장에서 부산의 절영도를 함대를 위한 석탄 저장고 기지로 사용하기를 원하는 러시아의 요구를 거부하고, 러시아인 탁지부 고문과 군부 교련사관의 해고를 요구했다. 이러한 결의문을 통과시키기 위해 많은 연사들이 나와 열띤 연설을 하였는데, 연사들은 배재학당 협성회 회원들이 중심이 되었다. 이승만, 문경호, 현공렴 등이 바로 그들이다. 만여 명의 민중이 자발적으로 참여하여 질서정연하게 주권과 자주독립을 주장하는 모습은 정부 관리뿐만 아니라 서울 주재의 각국 외교관들에게도 큰 충격을 주었다. 그 결과 러시아의 기도는 좌절되었다.

1898년 5월 14일 서재필이 미국으로 돌아간 이후에도 이 집회는 계속되어 10월에는 윤치호를 회장으로 선출, 정부의 매국적인 행위를 공격하고 시국에 대한 개혁안 6개조인 헌의육조를 결의하고 그 실행을 고종에게 주청하였다. 개혁안 6개조의 내용을 요약해 보면 1) 외국인에게 아부하지 말며, 2) 외국과의 이권계약을 대신이 단독으로 하지 말며, 3) 재정을 공정히 하고 예산을 공표하며, 4) 중대범인의 공판과 언론 집회의 자유를 보장하며, 5) 칙임관의 임명은 중의에 좇으며, 6) 장정을 실천할 것 등이다.

고종은 처음에 6개조의 실행을 약속하였으나 정부 대신들이 이권에만 눈이 어두워 약속한 지 며칠이 지나도 아무런 실행을 보이지 않았다. 그리하여 독립협회에서는 정부 탄핵의 외침이 점점 드높아 갔고, 정부 관리들은 불안을 느끼기에 이르렀다. 이에 정부는 '독립협회가 황제를 폐하고 공화제를 실시하려 한다'고 무고함으로써 이상재 이하 17명의 독립협회 간부를 체포하게 하였다. 윤치호는 다행히도 자기 집을 포위하고 있는 것을 피해 아펜젤러의 집에 숨어 있다가, 다시 남감리교 선교사인 리드(Rev. V.F. Reid)의 집에 숨어 체포를 면할 수 있었다.

이 소식을 들은 배재 협성회의 초대회장이었던 양흥목이 이승만과 함께 아펜젤러의 집에 숨어 있던 윤치호를 찾아가서 투쟁방법을 협의하였다. 여기서 가능한 많은 군중을 동원하여 투쟁할 것을 결정하였다. 이들의 투쟁은 성공을 거두어 17명의 지도자들이 석방되었다. 만민공동회의 승리는 배재학생들에게 민족독립운동의 전통을 그들의 가슴속에 깊이 심어주는 기회가 되었다.

그러나 정부 내의 수구파는 어용단체인 황국협회를 시켜 보부상 수천 명을 서울에 불러들여 독립협회 회원들에게 테러를 가하게 하여 유혈사태를 빚었다. 이에 흥분한 민중은 고관의 집을 습격하는 등 소란을 일으키게 되었다. 11월 고종은 부득이 내각을 개편하고 양 협회 대표자에게 그들의 요구를 모두 수용할 것을 약속하고 해산을 명하였다. 그러나 고종과 수구파들은 약속을 이행하지 않고 또다시 만민공동회의 지도자들을 체포하기 시작하였고, 마침내 12월 25일 고종은 만민공동회를 불법화하여 완전히 해산시켰다.

위에서 언급한 대로 이 만민공동회 운동에 아펜젤러와 배재학당 학생들이 깊이 개입되었다. 특별히 독립협회가 해산당하고 정부가 보부상을 동원하여 만민공동회가 대대적인 탄압을 가할 때, 배재학당 학생들은 이에 저항했다. 서재필에게 보내는 편지에서 아펜젤러는 만민공동회의 활동과 탄압

받은 사실을 자세히 보고하면서 「독립신문」의 기사를 빌려 배재학당 학생들의 투쟁에 대해 다음과 같이 밝히고 있다.

「독립신문」의 월요일자 신문을 보면 사건의 전모와 올바른 설명을 알 수 있을 것입니다. 배재학교 남학생들도 부패와 의도적인 살인에 대한 이 명예로운 싸움에 많이 참석하여 훌륭한 몫을 담당하였습니다.10)

미국 공사 알렌도 만민공동회와 관련하여 배재학당이 '독립군'의 도피처 내지는 모이는 장소가 되고 있다는 사실을 아펜젤러에게 주지시키고, 정치에 개입하지 말 것을 권고하였다.

나는 방금 외부의 외교국장의 방문을 받고 당신의 학교인 배재와 당신의 여러 교회들과 관련되어 있는 어떤 사람들의 모임을 막아달라고 하는 중재 요청을 부탁 받았습니다. 그 모임은 당신의 배재인 가운데 한 사람인 송기용에 의해 소집되었다고 하며, 그 목적은 보부상의 어떤 대표가 당신에게 보낸 편지를 토론하는 것이었다고 합니다. 우리 선교부의 기독교 신자들이 이 도시를 몹시도 괴롭히고 있는 정치운동에 현저하게 참여해야 한다는 것은 매우 불행한 일이며, 다른 선교부에는 불만이 없는 반면 유독 당신 감리교의 선교부 추종자들, 특히 당신의 배재학교와 관련된 사람들에 대해서 계속 정부의 불평을 듣는 것이 유감입니다. 이것은 틀림없이 선교부 사업에도 해로울 것입니다. [...] 나는 당신이 당신 학교나 교회 출신의 사람들을 통제할 힘이 전혀 없다는 것을 그 관리에게 보여주려고 평소처럼 애썼지만, 만일 당신이 여러 가지 선동과 함께 동정하는 방법으로 큰 도움을 주지 않는다면 그들이 그렇게 대담할 수 없다는 그 관리의 주장에 수긍이 갔습니다.11)

우리는 이 편지에서 송기용이 배재학당과 깊은 관련이 있으며 만민공동회에서 주도적인 역할을 하고 있음을 알 수 있다. 또한 한국 정부뿐만이 아니라 미국 공사 알렌 역시 배후에서 아펜젤러가 그 운동을 돕고 있다고 생각하는 것을 볼 수 있다. 이 당시 선교사 중에서 한국의 정치문제에 관여하고 있는 사람은 아펜젤러 한 사람뿐이었다고 할 수 있다. 그는 거의 고립무원의 상태에서 만민공동회를 돕고 있었다. 이만열 교수는 아펜젤러가 한국에 들어온 이후 왕실과의 관계가 장로교 선교사들보다 덜 밀접했기 때문에 민간 운동에 더 적극적으로 참여할 수 있었을 것이라고 본다.

배재학당 학생으로 만민공동회에 적극적으로 가담하였던 이승만도 아펜젤러가 아끼는 학생이었다. 이승만이 만민공동회 사건으로 체포되어 종신형으로 옥살이를 할 때, 아펜젤러는 그와 그의 가족을 돌보았다. 아펜젤러는 이승만이 보낸 편지를 자신의 일기에 그대로 적어놓았다.

저에게 값진 담요를 보내주시고 제 가족에게 쌀과 연료를 보내주신 데 대하여 뭐라고 감사의 말씀을 드려야 할지 모르겠습니다. 동시에 저처럼 보잘것없는 죄 많은 사람을, 예측 못할 감옥생활의 상황에서 구원해 주시고, 도움 받을 길 없는 제 가족들에게 살 소망을 주시는 데 대해 하나님께 감사드립니다. 얼마나 기적적으로 하나님께서 저를 도와주시는지요! 저의 아버지께서는 편지 가운데 정말 꼭 필요할 때 당신이 큰 도움을 주신 데 대해 깊은 감사의 말을 썼습니다.[12]

5. 아펜젤러의 죽음과 그 영향

아펜젤러의 전기를 쓴 그리피스는 아펜젤러가 "한국인의 절실한 필요를 채워주고 한국의 정신적, 사회적, 정치적 질병을 치료하기 시작"했다고 평가하였다. 이러한 그의 활동이 그의 이른 죽음으로 인해 온전히 꽃피우지 못한 것은 애석한 일이다. 그는 마지막 목숨도 그가 사랑했던 한국인을 위해 아낌없이 내어놓았다. 1902년 6월 11일, 그는 목포에서 있었던 성서번역자 회의에 참석하기 위해 배를 타고 가고 있었다. 한글 성서번역은 복음을 전하는 데 가장 중요한 일일 뿐 아니라, 한글을 한국인의 언어로 보급시키고 정착시키는 데 결정적인 역할을 하였다. 그는 이 일의 중요성을 알고 매진했다. 그는 성서번역자로 수고하고 있던 조한규와 정신여학교를 다니고 있던 한 여학생과 동행했다. 그날 밤바다는 안개로 자욱하였다. 군산 앞바다 어청도 근처에서 그 일행이 타고 가던 배가 맞은편에서 오던 기선에 부딪혀 침몰하게 되었다. 이때 일등석에 있던 아펜젤러는 금방 구조될 수 있었으나, 동행했던 여학생을 찾기 위해 갑판 아래 3등실로 내려가는 바람에 배와 함께 침몰했다. 그는 "사람이 친구를 위하여 자기 목숨을 버리면 이보다 더 큰 사랑이 없다."(요한복음 15:13)는 말씀을 그대로 실행했던 것이다.

아펜젤러는 조선에 와서 한 알의 밀알처럼 썩어졌지만 많은 열매를 맺었다. 그가 사망할 때까지 배재학당의 매년 등록생수를 산술적으로 합하면 약 1,564명에 이르렀다. 이들이 평균 3년을 재학하였다고 가정하면, 아펜젤러는 생전에 500여 명 이상을 가르쳐 한국 사회에 배출했다. 그리고 그는 최초의 감리교회인 정동제일교회를 비롯한 교회를 통하여 수많은 감리교인을 양육했다. 아펜젤러는 배재학당의 교장으로서 협성회의 창립과 활동에 직간접적으로 후원함으로써 학생들에게 기독교 신앙과 근대의식, 그리고 자주독립 사상을 고취시켰을 뿐만 아니라, 독립협회와 만민공동회에서 배재학생들이 주도적인 역할을 하는 데 아낌없는 후원을 다하였다. 이러한 아펜젤러의 정신은 일제 치하에서도 살아남아 의식 있는 감리교인들이 독립운동에 나서는 데 밑거름이 되었다.

참고문헌

이만열, 「아펜젤러-한국에 온 첫 선교사」, 연세대학교 출판부, 1985.
_____, 「한국기독교 수용사 연구」, 두레시대, 1998.
_____, "한말 구미 제국의 대한 선교정책에 관한 연구-선교사들의 한국정치 상황에 대한 자세와 관련하여", 「한국기독교와 민족통일운동」, 한국기독교역사연구소, 2001.
아펜젤러, 노종해 옮김, 「자유와 빛을 주소서-H.G. 아펜젤러의 일기(1886-1902)」, 대한기독교서회, 1988.
류대영, 「초기 미국선교사 연구, 1884-1910」, 한국기독교역사연구소, 2001.
김석영, 「처음 선교사, 아펜젤러」, 도서출판 KMC, 2011.
김낙환, 「아펜젤라 행전 1882-1920」, 청미디어, 2014.
이성덕, 「소설 아펜젤러」, KMC, 2015.

---

1. 류대영, 「초기 미국선교사 연구, 1884-1910」, 한국기독교역사연구소, 2001, 179.
2. 이만열 편, 「아펜젤러- 한국에 온 첫 선교사」, 연세대학교 출판부, 1985, 73.
3. 이만열 편, 「아펜젤러- 한국에 온 첫 선교사」, 68.
4. 1885년 4월 9일자 아펜젤러 편지, 이만열 편, 「아펜젤러」, 270.
5. 이만열 편, 「아펜젤러」, 377.
6. 이만열, "한말 구미 제국의 대한선교정책에 관한 연구-선교사들의 한국정치상황에 대한 자세와 관련하여," 「한국기독교와 민족통일운동」, 한국기독교역사연구소, 2001, 71.
7. 1897년 연례보고서, 이만열 편, 「아펜젤러」, 399~389.
8. 이만열 편, 「아펜젤러」, 387.
9. 이만열 편, 「아펜젤러」, 407.
10. 1898년 11월 23일 아펜젤러가 서재필에게 보낸 편지, 이만열 편, 「아펜젤러」, 404.
11. 1898년 12월 8일 알렌이 아펜젤러에게 보낸 편지, 이만열 편, 「아펜젤러」, 408~409.
12. 1900년 2월 6일 아펜젤러가 이승만으로부터 받은 편지, 헨리 G. 아펜젤러, 노종해 옮김, 「자유와 빛을 주소서-H. G. 아펜젤러 일기(1886-1902)」, 대한기독교서회, 1988, 143.

스크랜턴
William Benton Scranton

메리 스크랜턴
Mary Fletcher Scranton

스크랜턴
William Benton Scranton

메리 스크랜턴
Mary Fletcher Scranton

130년 전 조선 땅은 강도 만난 사람처럼 나라가 위태롭고 관료들은 부패했으며 가난하고 소외된 백성들은 그 누구에게도 기댈 곳이 없었다. 바로 그들 곁에 한 선교사가 있었다. 그가 바로 윌리엄 스크랜턴 선교사이다. 전심을 다해 조선 백성을 사랑했던 사람, 그 사랑 때문에 선교사라는 신분까지도 버렸던 사람, 그러나 100년이 넘는 역사 속에서 까마득히 잊혀졌던 사람, 우리의 은인이자 진정한 친구였던 분이 윌리엄 스크랜턴과 그의 어머니 메리 스크랜턴 대부인이다.

선한 사마리아인
스크랜턴
메리 스크랜턴

황병준 박사 _ 호서대학교 교수

윌리엄 벤턴 스크랜턴(William Benton Scranton, 1856~1922)과 그의 어머니 메리 플레처 스크랜턴(Mary Fletcher Scranton, 1832~1909)은 1884년 아펜젤러 선교사와 함께 미국을 떠나 일본을 거쳐 조선 땅에 들어왔다. 스크랜턴 선교사는 미국 북감리교회에서 한국에 파송한 선교사로 서울 정동 시병원과 상동 시병원, 아현교회, 상동교회, 동대문교회 등을 설립하였고, 전덕기 목사를 비롯한 수많은 독립운동 지도자들을 길러낸 조선의 선한 사마리아인이었으며, 한국 파송 감리사였다. 그의 어머니 메리 스크랜턴 대부인은 여성 차별이 심했던 조선 땅에 여성을 위한 교육과 의료사업을 통해 이화학당과 보구여관을 설립하였다. 또한 전도부인 양성과 여성 진료가 어려웠던 조선 땅에 최초의 여성전용병원을 설립하였으며 한국 최초의 여성의사 박에스더를 배출해 냈다. 본 장에서는 어머니와 아들 스크랜턴 선교사의 일생을 통해 한국 초기 선교의 역사와 의미를 살펴보고자 한다.

1. 윌리엄 스크랜턴과 메리 스크랜턴 대부인은 누구인가

윌리엄 스크랜턴 선교사[1]는 1856년 5월 29일 미국 코네티컷 주 뉴헤이븐(New Haven)에서 제조업을 하던 평범한 아버지와 감리교회 목사 집안의 딸인 어머니 밑에서 외아들로 출생했다. 그의 아버지는 그가 열여섯 되던 해에 별세하였다. 그러나 뿌리 깊은 감리교 가정 출신의 어머니에게서 신앙적 사상적 영향을 받으며 자랐다. 1878년 예일대를 졸업한 윌리엄 스크랜턴은 의사가 되기로 결심하고 1882년 뉴욕으로 가 뉴욕의과대학을 졸업하고 의학박사 학위(M.D.)를 받았다.2) 스크랜턴은 그해 롤리 암즈(Loulie Wyeth Arms)와 결혼하고 미국 중북부 오하이오 주 클리브랜드에서 병원을 개업했으며 1년 후엔 첫째 딸 오거스타(Augusta)를 얻었다.

어머니 메리 플레처 스크랜턴(Mary Fletcher Scranton) 대부인은 1832년 미국 매사추세츠 벨처타운에서 태어났고 1853년 부친이 목회하던 뉴헤이븐에서 24세 청년 실업가와 결혼해 1856년 아들 윌리엄 벤턴 스크랜턴을 얻었다. 41세의 나이로 홀몸이 된 메리 스크랜턴은 이후 아들의 학업을 뒷바라지하면서 교회 봉사와 선교활동에 많은 시간과 관심, 노력을 기울였다. 그즈음 메리는 미국 감리교회 여성해외선교단체인 '해외여선교회' 조직 활동에 참여하기 시작했다.3)

2. 윌리엄 스크랜턴의 신앙 체험과 어머니 메리 스크랜턴 대부인의 역할

스크랜턴 가족이 선교사로 지원하고 한국으로 오게 된 계기는 무엇일까. 스크랜턴 아내인 롤리(루이자)의 증언에 의하면, 1884년 여름, 일본에 있던 감리교 선교사 매클레이(R. Maclay)를 통해 한국 정부가 병원과 학교 설립을 허락했다는 소식이 미국에 알려졌다. 이것이 계기가 되어 미국 감리교회에서는 한국 선교를 적극적으로 검토하게 되었고 선교사 물색에 나섰다. 그때 누군가가 클리블랜드로 스크랜턴 가족을 만나러 왔다.4) 당시 상황을 스크랜턴 박사의 부인은 다음과 같이 증언하였다.

1884년쯤인가 내(롤리 스크랜턴) 생각으로는 매클레이 박사인 것 같은데 한

분이 클리블랜드로 어머님을 뵈러 왔습니다. 그분은 홀에서 나를 만나서 한국에 선교사로 가는 게 어떻겠느냐고 물어보았습니다. 나는 놀라서 그를 쳐다보았지요. 나는 해외 선교에 대해 아는 것이 전혀 없었습니다. 국내 전도나 인디언 선교에 대해 조금 돕고 있을 뿐이고 국내 전도자를 재정 지원하는 정도였지요. 나는 '어머나! 그건 안 됩니다.'라고 대답하였습니다. 그러자 그분은 '그럼 할 수 없군요.' 하더군요. 나는 '선교사로 가는 것은 생각해 본 적도 없습니다.' 하였고 더 이상 대화는 없었습니다. 그분은 떠나갔고 나도 그 일을 더는 생각하지 않았습니다.5)

하지만 결과는 달랐다. 스크랜턴 아내의 계속된 증언이다.

[그해] 초여름, 스크랜턴 박사가 지독한 장티푸스에 걸렸습니다. 그때 아이까지 심하게 앓고 있어 남편을 돌볼 틈이 없었고 어머님이 그를 간호하였지요. 남편이 회복되고 나서 우리는 자동차로 드라이브를 나갔습니다. 그때 남편은 내게 놀라지 말라고 당부하면서 자신은 중앙아프리카를 제외한 곳이라면 어느 곳이든 선교사로 나가 자신을 헌신하기로 작정했다고 밝혔지요. 얼마의 시간이 흐른 뒤 나도, "당신이 가는 곳이라면 어디든 저도 가겠습니다." 했어요. 그리고 또 한참 지난 후, "거기에 제 뼈도 묻겠습니다." 했어요. 결혼하던 날 결심한 것 중의 하나가 무슨 일이 있어도 남편을 거역하지 않겠다는 것이었어요. 청천벽력 같은 일이었으나 그처럼 고귀한 이상을 추구하려는 남편의 말을 따르기로 작정하였습니다.6)

장티푸스에 걸려 투병 생활을 하는 동안 스크랜턴은 선교사로 여생을 헌신할 것을 결심한 것이다. 그 과정에서 간호를 맡았던 어머니 메리 스크랜턴 대부인이 결정적인 역할을 하였다. 어머니와 아들이 함께 선교사로 헌신할 결심은 미감리회 해외선교부와 해외여선교회에 통보되었다. 그에 따라 윌리엄 스크랜턴은 1884년 10월 한국에 파송되는 첫 번째 선교사로 인준을 받았고 두 달 후인 12월 4일 목사 안수를 받았다.7) 어머니 스크랜턴 대부인은 1884년 11월에 볼티모어 메디슨 에비뉴 교회에서 개최된 미감리회 해외여선교회 중앙실행위원회 제15회 총회에서 조선 선교사로 파송을 받았다.

3. 두려움과 기대감으로 떠나는 스크랜턴가家 4명의 조선 선교 여정

1885년 2월 3일 스크랜턴은 아내와 두 살 된 딸, 그리고 어머니를 데리고 조선으로 떠났다. 편안하고 익숙했던 생활을 등지고 두려움과 기대감이 섞인 '조선의 땅'으로 출발했다. 그때 어머니 메리 스크랜턴의 나이는 53세, 아들 윌리엄 스크랜턴은 29세. 아내 롤리는 25세였고 두 살짜리 딸이 품에 안겨 있었다.

일본 도쿄 아오야마 매클레이 집에 도착한 이들은 조선 선교를 위해 간절히 기도했다. 1885년 4월 5일 제물포에 도착한 아펜젤러 부부가 갑신정변의 여파로 서울로 못 들어가고 일본으로 돌아왔다. 스크랜턴은 이에 5월 30일 단신으로 제물포에 도착해 서울로 곧장 들어갔다. 처음에는 제중원에서 알렌을 도와 의사로 활동하다가, 1885년 9월 10일부터 정동에 새로 마련한 집에서 진료활동을 시작하였다. 진료소가 개설되자 많은 사람들이 몰려들어 1886년 6월 15일 정동에 새 병원8) 건물을 마련하기까지 522명의 환자를 진료하였다. 1887년 정부는 '시병원'(施病院)이라는 이름을 하사하여 공인하였다.9)

4. 선한 사마리아인 윌리엄 스크랜턴 선교사의 선교사역

윌리엄 스크랜턴은 정동 시병원을 중심으로 의료사역을 본격적으로 추진했다. 그는 의술을 전할 뿐 아니라 복음전도에도 힘을 써, 병원 안에 전도지와 전도인을 항시 배치해 환자들이 치료를 받으면서 복음을 접하도록 했다. 제중원[10]과 달리 순수 선교사들의 투자로 설립된 스크랜턴 진료소에는 돈 없고 가난한 민중 계층들이 몰려들었다. 그들은 대부분 극빈층에 속해 있었고 버려진 사람도 있었다.[11] 병원 이름은 '미국인 의사 시약소'였다. 시약소 간판은 한쪽 기둥에 걸었고 다른 기둥에는 경고문처럼 "남녀노소 누구든지 어떤 병에 걸렸든지 아무 날이나 열 시에 빈 병을 가지고 와서 미국 의사를 만나시오."라고 써 붙였다.[12]

1886년 정동병원 건물을 구입하여 6월 15일에 문을 연 이 병원의 첫 번째 환자는 열병에 걸려 길바닥에 버려진 여인이었다. 당시 서울 시내에 콜레라가 유행하여 병에 걸린 사람을 거리에 내다 버리는 경우가 많았다. 스크랜턴은 그녀가 서대문 성벽 근처에 내팽겨진 채로 버려져 있는 것을 발견했다. 환자 옆에는 어린 딸까지 있었는데 먹을 것을 구걸하고 있었다. 스크랜턴은 그날 밤 선교부에서 일하는 사람들을 데리고 나가 그 환자를 병원으로 데려왔다. 스크랜턴의 증언이다.[13]

밤이 되자 기온이 떨어져 쌀쌀했습니다. 나는 일꾼들을 데리고 다시 가서 그녀를 병원으로 데려왔습니다. 일꾼들도 그녀를 전에 본 적이 없었는데 이처럼 곤경에 처한 사람을 도와주는 내게 감사를 표하면서 환자 운반비도 받지 않으려 했습니다. 그로부터 3주가 지났는데 그 여인은 하루가 다르게 나아졌습니다. 지금 그 여인은 여러분처럼 밝고 행복하게 지내고 있고 이처럼 불행했던 사람이 회복되는 것을 보는 것은 참으로 값어치 있는 일입니다.[14]

환자를 들것에 실어 데려왔던 일꾼들은 스크랜턴의 '착한 일'을 소문냈고 그 후 찾아오는 환자는 더 늘었다. 그리고 이 여인은 살아났다. 이 여인의 딸은 '간난이'로 이화학당의 두 번째 영구학생이 되었다. 스크랜턴이 정동 집 한쪽에 진료실을 마련하고 9개월 동안 치료한 환자는 522명에 달하였다. 앞

서 집에서 치료한 환자까지 포함하면 1년 동안 1천여 명에 육박하는 환자를 치료한 셈이다.15)

이후 스크랜턴은 '선한 사마리아인 병원' 계획을 추진했다. 이 계획의 병원 후보지는 대부분 소외계층과 하층민이 있는 곳, 또 버려진 민중들이 있는 곳이었다. 그곳은 서대문 밖 애오개, 남대문시장의 상동, 동대문 성벽 안쪽 언덕 등 세 곳으로, 서울 중심지보다는 변두리로 빈민층들이 사는 지역이었다. 스크랜턴은 이곳에 '시약소' 형태로 병원을 운영하려 했다. 애오개 언덕은 조선시대에 어려서 죽은 아이나 연고 없는 시체를 묻는 공동묘지가 있었고 골짜기 입구에 전염병 환자를 수용하던 정부 기관인 활인서(活人署)가 있어 일반인들이 접근을 꺼려하는 곳이었다. 스크랜턴은 거기에 작은 한옥을 구입해 시약소로 꾸민 후 1888년 12월부터 진료를 시작했다.16)

서울 남대문 거리(1880년대)

남대문 시약소는 윌리엄 스크랜턴이 가장 심혈을 기울였던 곳이었다. 그는 1890년 10월 남대문 시약소를 개설할 때부터, 장차 종합병원과 의학교를 설립해 '감리교 의료선교 기지'로 육성하려 계획했다. 그만큼 주변의 조건이 월등히 좋았다. 서울 시민들이 가장 많이 모이는 남대문 시장 한복판이라는 위치 때문이었다. 주변에서는 안전한 '외국인 거주지'인 정동을 포기하고 치안이 불안한 남대문 시장거리로 병원을 이전하려는 그를 이해하지 못했다. 하지만 스크랜턴의 의지는 분명했다. '민중이 있는 곳'으로 가야 한다고 생각했다. 왕궁(경운궁)과 외국 공사관, 양반 저택들로 둘러싸인 정동을 떠나 '여리고 골짜기'를 택했다. 이런 스크랜턴의 계획을 선교본부도 승인했다. 그는 1893년 봄부터 남대문 시약소 안에 있던 한옥 건물을 병원 시설로 수리하고 정동에 있던 시설과 장비를 옮겨 1895년 봄부터 상동에서 본격적

인 진료를 시작했다.[17] 이후 정동의 '시병원'은 상동으로 옮겨졌다.[18]

스크랜턴은 이곳에서 주일 집회도 시작했다. 남대문 시약소 부지 안에 있던 한옥 한 채를 예배실로 꾸몄으며 거기서 '목사'로서의 사역을 시작했다. 그러나 목회는 쉽지 않았다. 이에 어머니에게 도움을 요청했고 메리 스크랜턴은 아들의 상동 목회에 동참했다. 그녀는 1894년 봄, 남대문 안에 집을 한 채 마련해 아예 거처를 옮겼다. 그러자 한국인 여성들이 낯선 외국인을 보기 위해 찾아왔고 여성들은 차츰 교회에 나와 신앙을 갖게 되었다. 후배 선교사 힐먼은 "남자 5명으로 출발한 교회에 부인들이 오려 하지 않았다. 그러나 스크랜턴 부인이 머문 뒤 오기 시작했다. 교회는 여성 교인들로 차고 넘쳤다." 고 증언했다.[19]

스크랜턴은 한국 선교부의 의료책임자로서 정동병원에서 주로 일하고 있었으나 상동병원까지도 책임을 지고 있었기에 항상 정동과 상동을 오가며 활동했다. 또한 스크랜턴은 성서번역위원까지 겸하고 있었고 우리말로 주기도문, 십계명, 사도신경을 번역하고 때때로 아펜젤러와 함께 지방선교지역을 선정하기 위해 지방순회 전도여행도 같이 다녔다. 이때 아펜젤러는 성경책을 반포하였고 스크랜턴은 약을 나누어 주었다.[20]

스크랜턴 모자의 '합작 선교'가 빛을 발한 또 다른 곳은 동대문이었다. 메리 스크랜턴은 이곳에 예배당과 시약소 건물을 지었다.[21] 아들 스크랜턴은 여기서 남성 교인을 대상으로 교리 공부를 시작했다. 볼드윈 예배당과 볼드윈 시약소는 지방에서 올라온 사람들이 동대문을 통과해 제일 먼저 보게 되는 '명물'이 됐다. 오래지 않아 그곳에서 이루어지는 생명치료와 영혼 구원 사역의 혜택을 받은 사람들이 동대문 밖으로 나가 자기 고향에 복음을 전했다.

스크랜턴을 통해 치료를 받고 건강을 되찾은 조선인들은 병원을 안 떠나고 주변에 계속해서 머물렀다. 이들을 위해 스크랜턴은 예배를 인도하고 설교하였다. 양반의 나라 조선에서 존재감 없이 살아가던 평민과 천민들은 스크랜턴 선교사를 통해 자신의 존재감과 삶의 이유를 찾게 되었다.

1901년 초부터 어머니 메리 스크랜턴 대부인은 병이 악화되어 자리에 눕게 됐다. 기력이 쇠해 겨우 침대 밖으로 나올 정도였고 주위에선 '봄을 넘기지 못할 것 같다'는 말도 들렸다. 결국 아들 스크랜턴은 그해 7월 어머니를 모시고 미국으로 들어가야 했다. 이듬해인 1902년 5월 연회 직후 한국 감리교회는 충격적인 사건을 접해야 했다. 스크랜턴과 함께 한국 선교를 개척했던 아펜젤러가 해상 조난사고로 희생된 것이다. 목포에서 열리는 성서번역자 회의에 참석하기 위해 6월 11일 인천에서 배를 타고 내려가던 아펜젤러는 어청도 앞바다에서 선박충돌로 순직했던 것이다. 선교회는 이 같은 비보를 접하고 충격에 빠졌고 스크랜턴까지 부재한 가운데 선교사들의 공허감과 상실감은 커졌다.

스크랜턴은 이 기간 안식년으로 미국에 있었다. 안식년 이전까지 가급적 설교와 집회 인도, 성례 같은 종교 사역은 아펜젤러에게 양보하고 자신은 아펜젤러의 복음전도 사역을 지원하고 후원하는 데 만족했다. 그러나 안식년 이후 스크랜턴은 아펜젤러 선교사의 조선감리회 감리사직을 이어받게 된다. 병원에서 매일 열리는 기도회와 설교를 인도했다. 의사로서 진료활동에 집중했던 사역의 경계를 넘어 '목사'로서의 사역에도 적극 가담했다.

스크랜턴은 연회에 참석한 동료 선교사들에게 복음의 씨를 뿌리기 위한 것이 아니라 '이미' 뿌려진 씨의 열매를 추수하기 위해 "서울에 앉아만 있지 말고 이제 일어나 지방으로 흩어져 나가자."고 호소했다.22) 그는 서울에 국한됐던 선교 영역을 지방으로 확장하겠다는 의지를 표명했다. 그리하여 선교회는 1892년 인천에 존스, 평양에 홀, 원산에 맥길을 각각 개척 선교사로 파송했고 청주와 공주, 수원, 대구, 의주 등을 선교 후보지로 정하고 준비에 들어갔다. 이후 남으로는 공주, 수원, 인천, 북으로는 해주, 평양, 연변까지 이 지역을 오가며 조선 감리교회 선교활동을 지휘하게 된다.

5. 메리 스크랜턴 대부인의 여성 신앙교육과 의료선교

메리 스크랜턴 대부인은 여성들의 교육과 여성 빈민층 진료와 함께 선교 사역을 시작했다. 서대문 성벽 안쪽 언덕 위에 여선교사 생활공간과 여학교 설립을 위해 19,800㎡(6,000평) 부지를 마련했고 1888년 스크랜턴 모자는 한국 최초의 부인병원을 설립하였다. 보구여관은 여성간호사 학교와 우리나라 최초의 여의사 박에스더를 배출하는 씨앗이 되었다. '여자도 인간이다. 여자도 하나님의 사랑받는 자녀'라는 인식을 여성들에게 심어주었다. 여자도 하나님 앞에서는 남자와 같다는 남녀평등사상을 심어주고 그것을 통한 기독교 선교와 여성의 인간화의 문을 열어놓았다.

당시 조선 봉건시대에 기관이나 건물이 국가로부터 가장 확실하게 '인증'을 받는 방법은 국왕이 이름을 지어 내려 보내는 '작명하사'(作名下賜)였다. 나라에서 내린 '사액현판'(賜額懸板)이 걸린 건물은 존경의 대상이었다. 이런 작명하사가 아펜젤러의 남자학교에 1887년 2월 '배재학당'이란 교명으로 내려 보내진 것이다. 작명하사는 스크랜턴 모자의 여학교와 병원에도 내려왔다.23) 여학교 이름으로 '이화학당'이 하사됐다.24) 뜻은 '배꽃 학교 터'였으며 '기수'라는 호위 무사도 보냈다. 기수는 일반 병사보다 약간 높은 계급으로 외교사절을 보호하기 위해 선발된 병사였다.

초기 이화학당 학생들

다음 과제는 학생 확보였다. 여학교에는 찾아오는 학생이 없었다. 봉건적 사회 분위기 속에서 여성 교육은 부정적이었고 그것도 서양 여성이 하는 학교에 선뜻 자녀를 보내려는 부모는 없었다. 아이들에게 다가가려고 하면 재빨리 문을 닫거나 휘장 속으로 숨어버렸고 아이들은 목청껏 소리를 지르며 도망쳤다. 당시는 죄의식 없이 인신매매가 이루어지던 시대라 여성의 경우 과부나 고아, 가난한 집 아이는 곧 매매 대상이었다. 이런 여자 고아들을 데려다 먹이고 입히고 가르치는 교육 공간으로서 여학교 설립은 더욱 필요한 과제였다. 그런데 찾아오는 학생이 있었다. 첫 학생에 대한 메리 스크랜턴 대부인의 증언(1896)이다.

> 학생 한 명으로 시작했는데 그 여인은 한 관리의 첩으로서 남편은 이 여인이 영어를 배워 후에 왕비의 통역이 되기를 바랐다. 그러나 여인은 세 달 만에 우리를 떠났다. 한 달 뒤에 소녀가 왔다. 가난 때문이었는데 며칠 후 어머니가 와서 차라리 굶을지언정 외국인에게 딸을 맡길 수는 없다고 했다. 동네 사람들도 미국으로 데려갈 거란 소문을 냈다. 결국 딸을 나라 밖으로 데려가지 않겠다는 서약서를 써준 후에야 그 어머니는 마음을 놓았다.[25]

메리 스크랜턴은 1887년 3월 21일자 편지에서 자신이 가르치고 있던 여학생들을 자세히 소개했다. 학생들은 해외여선교회 회원들이 보내오는 후원비로 양육되고 있었기 때문이다. 특히 뉴잉글랜드지부에서 후원하는 학생 3명에 대해 자세히 기록했다.[26] 거의 굶어 죽어가는 어머니와 딸, 이런 사람들을 데려다가 고쳐주고 나자 딸이 학교에 들어와 교육을 받게 되었다. 시작은 힘들었지만 학교를 다니며 여자도 남자와 동등해질 수 있다는 소문이 나면서 사람들이 몰려오기 시작했다.

메리 스크랜턴의 여성사역은 체계적인 신앙교육과 전도부인 양성, 교리와 전도문서 번역에 초점을 맞췄다. 이화학당은 여성선교의 거점이 됐다. 학생 '순이'는 스스로 임명한 전도부인이 되어 자기 부모는 물론 병원(보구여관) 직원과 환자들에게 복음을 전했다.[27] 이를 본 선교사들은

정동 이화학당 평양 감리교 선교부

본격적으로 병원전도 사역을 시작하기로 했다. 그래서 메리 스크랜턴과 셔우드는 이화학당 학생 가운데 간호사 후보생을 선발해 간호지식과 전도 교육을 실시한 후 보구여관(保救女館)에 투입했다.28)

'점동이' 에스더의 경우는 스크랜턴에게 영어와 성경을 배웠고 셔우드(나중에 홀 부인이 됨)에게 기초 의학을 배운 후 보구여관에서 간호사로 일했다. 에스더는 1893년 홀 부부가 평양 선교사를 떠나면서 전도인으로 동행하게 된다. 이후 한국 최초의 여성의사가 됐다. 이화학당의 영구학생 '꽃님이' 애니도 전도사와 결혼해 남편과 함께 목회사역을 했다. 이들은 선교사에게 배운 지식과 신앙을 이웃 여성들에게 전하고 나눴다.29)

한편 미감리회 해외여선교회는 메리 스크랜턴이 확보한 정동 여선교부 부지 안에 독자적 여성 병원을 설립하기로 하고 이화학당 언덕 아래, 시병원과 담 하나 사이로 붙어 있는 기와집 한 채를 병원으로 개조해 1888년 10월 문을 열었다. 한국 최초의 여성병원이었다. 이 병원에도 국왕의 '사액 현판'이 내려왔으니 이름은 '보구여관'(保救女館)이었다. '병든 여인들을 구하는 집'이란 뜻이다.30)

메리 스크랜턴은 1893년 9월 이화학당 교장직을 24세인 페인에게 넘겨주고 자신은 새로 개척한 남대문과 동대문 지역 선교, 전도부인 양성에 전념키로 했다. 개척 7년 만에 안정적 환경과 기반을 구축한 그는 여생을 후배들의 도움을 받아가며 지낼 수 있었음에도 개척을 위해 자리를 옮긴 것이다. 부인의 나이 61세였다. 상동으로 시병원이 옮겨진 후에 메리 스크랜턴은 진명여학교, 상동지역 달성매일학교, 또 수원과 인천에도 학교를 세웠다.

메리 스크랜턴은 집에 찾아오는 손님만 맞이한 것은 아니었다. 전도부인을 대동하고 남대문 시장 주변 부인들을 찾아다녔다. 1901년 초부터 메리 스크랜턴 대부인은 병이 악화되었고, 결국 아들 스크랜턴은 7월 어머니를 모시고 미국으로 가야 했다. 그러나 스크랜턴 대부인은 1904년 다시 한국으로 귀환하였다.31)

메리 스크랜턴 대부인은 '은퇴 정년' 3년을 넘긴 73세에 선교 사역을 재개했다. 서울 상동교회와 전도부인 신학교육, 그리고 경기 남부지역 선교사역을 감당했다. 내한 2년차였던 손녀뻘 되는 구타펠 선교사와 선교여행을 시도했다. 1905년 10월 25일 서울을 출발해 32일간 총 143마일(228.8km)을 여행했다. 경기도 광주와 이천, 여주 지방 16개 도시와 마을에서 총 91차 집회를 인도했다. 마침내 스크랜턴 대부인은 1909년 10월 8일 금요일 아침, 조용히 숨을 거뒀다. 향년 77세였다.

6. 상동청년회와 을사조약 반대투쟁

1905년 11월 17일 일본군대가 서울에서 왕궁을 포위하고 시위하는 가운데 일제의 강압에 의한 소위 을사조약이 체결되었다. 일제 침략을 거부하고 항일민족운동을 전개하는 기독교인들도 적지 않았다. 이런 기독교 민족저항 운동의 중심에 상동청년회가 있었다. 지금의 감리교 청년회의 전신인 엡윗청년회(Epworth League)가 1898년에 전덕기 속장 등의 노력으로 조직되었는데 청년회원수는 40명이었고 이 청년회야말로 후에 상동교회로 하여금 한국민족운동의 요람이 되게 한 모체였다.32) 이승만과 김구, 이회영, 주시경, 이동휘 등 기라성 같은 인물들이 모여 있었고 역사가들은 이들을 '상동파'라 불렀다. 상동파는 구국기도회부터 무장테러운동에 이르기까지 다양한 형태의 항일민족운동을 전개했고 도산 안창호를 중심한 서북지역 민족운동 세력들과 연대해 항일비밀결사인 '신민회' 조직에 참여했다.

상동파 민족운동은 모두 상동교회 부속 기관과 단체에서 비롯됐다는 점에서 상동교회를 실질적으로 담임하던 전덕기 목사의 역할이 결정적 기반이 됐다.33) 바로 이 대목에서 상동교회 담임이자 한국교회 총리사로서 스크랜턴의 고민이 시작됐다. 스크랜턴은 조선은 독립국가이며 하나님은 아무에게도 억압받기를 원하지 않으시며 조선은 독립적으로 살 수 있어야 한다고 보았다. 그러나 스크랜턴은 사태의 심각성을 인정하고 이 엡윗청년회와 지방 내에 있는 모든 교회의 청년회를 해산시키게 된다. 청년회가 본래의 사명을 저버리고 정치적 활동만 할 뿐만 아니라 교회 밖의 세력과 결탁함으로 교회의 지시대로 움직이지 않기 때문이라는 것이 청년회 해산 이유였다.[34]

청년회는 굴하지 않았다. 상동청년회원들의 '을사5적 척결운동'은 한말 기독교인들이 전개한 민족운동 중 가장 급진적인 운동으로 기록됐다. 이들은 특히 연합구국기도회와 '도끼상소' 운동을 전개시켰다. 이렇게 되자 일본 경찰이 상동청년회를 주시하게 됐고 그들에 대한 감시와 탄압을 지속했다. 1905~1906년 겨울은 한민족뿐 아니라 스크랜턴에게도 춥고 우울한 계절이었다. 스크랜턴과 함께 했던 상동청년회는 신앙과 애국이라는 역사관을 하나로 엮을 수 있는 사상을 그로부터 받은 것이다. 이러한 공동체가 출발하도록 단초를 제공한 데에는 스크랜턴이 있었다. 비록 나라는 잃어버렸지만 다시 되찾을 수 있다는 미래에 대한 희망을 그에게서 받았던 것이다.

7. 스크랜턴 선교사의 한국 선교 의의

윌리엄 스크랜턴은 서울 정동 시병원, 애오개 시약소와 아현교회, 상동 시약소와 상동교회, 동대문 시약소와 동대문교회를 설립하였다. 어머니 메리 스크랜턴 대부인은 53세에 조선 땅에 와서 77세 별세할 때까지 이화학당을 설립하고 체계적인 신앙교육과 전도부인 양성, 교리와 전도문서 번역을 하였으며 보구여관을 통해 간호사 및 최초의 여의사를 배출했다. 스크랜턴 모자(母子)는 서울지역에서는 물론이고 수원과 평양, 원산 지방을 여행하며 복음을 전하고 교인들을 지도하는 모습을 보여줬다. 주변 선교사나 한국인 교인들은 하나님의 말씀을 듣고 행하는 어머니와 아들의 모습에서 은혜를 받았다.

가난하고 헐벗은 소외된 이웃을 찾아오신 예수님께서 선한 사마리아인의 비유를 통해 이웃을 내 몸과 같이 사랑하라고 가르쳐주신 내용은 유명한 이야기이다. 윌리엄 스크랜턴과 어머니 메리 스크랜턴 대부인은 130년 전 이 땅에 가난하고 소외된 사람들을 찾아와 선한 사마리아인과 같이 전심을 다해 조선 백성을 사랑했다. 130년 전 조선 땅은 강도 만난 사람처럼 나라가 위태롭고 관료들은 부패했으며 가난하고 소외된 백성들은 그 누구에게도 기댈 곳이 없었다. 바로 그들 곁에 한 선교사가 있었다. 그가 바로 윌리엄 스크랜턴 선교사이다. 전심을 다해 조선 백성을 사랑했던 사람, 그 사랑 때문에 선교사라는 신분까지도 버렸던 사람, 그러나 100년이 넘는 역사 속에서 까마득히 잊혀졌던 사람, 우리의 은인이자 진정한 친구였던 분이 윌리엄 스크랜턴과 메리 스크랜턴 대부인이다.

참고문헌

기독교대한감리회 상동교회, 「상동교회구십년사」, 상동교회, 1980.
_____, 「상동교회 백십일년사」, 상동교회, 1999.
서정민, "로코산의 무지개-스크랜턴 묘지 답사기", 「빛과소금」, 1992.
이덕주, "스크랜턴 가족의 선교활동", 「상동교회를 중심으로 활동한 나라와 교회를 빛낸 이들」, 기독교대한감리회 상동교회, 1988.
_____, 「개화와 선교의 요람 정동 이야기」, 대한기독교서회, 2002.
_____, 「스크랜턴: 어머니와 아들의 조선 선교 이야기」, 공옥출판사, 2014.
_____, "母子가 함께 한국 선교 문 연 스크랜턴⑴ 선한 사마리아인 꿈을 안고 오다", 「국민일보」, 2015. 4. 7.
_____, "母子가 함께 한국 선교 문 연 스크랜턴⑵ 한국에 선교사로 나오기까지", 「국민일보」, 2015. 4. 14.
_____, "母子가 함께 한국 선교 문 연 스크랜턴⑶ 한국의 첫 감리교 선교사로 인준", 「국민일보」, 2015. 4. 21.
_____, "母子가 함께 한국 선교 문 연 스크랜턴⑷ 감리교 정동 선교부지 확보", 「국민일보」, 2015. 4. 28.
_____, "母子가 함께 한국 선교 문 연 스크랜턴⑸ 정동여학교·정동병원 설립", 「국민일보」, 2015. 5. 5.

_____, "母子가 함께 한국 선교 문 연 스크랜턴(6) 정동 선교부 안정과 사역 확장", 「국민일보」, 2012. 5. 12.

_____, "母子가 함께 한국 선교 문 연 스크랜턴(7) 시련 딛고 선교 거점 된 정동", 「국민일보」, 2015. 5. 19.

_____, "母子가 함께 한국 선교 문 연 스크랜턴(8) 복음전도와 의료선교의 확장", 「국민일보」, 2015. 5. 26.

_____, "母子가 함께 한국 선교 문 연 스크랜턴(9) 제2기 선교 사역의 확장", 「국민일보」, 2015. 6. 2.

_____, "母子가 함께 한국 선교 문 연 스크랜턴(10) 母子의 남대문·동대문 사역", 「국민일보」, 2015. 6. 9.

_____, "母子가 함께 한국 선교 문 연 스크랜턴(11) 스크랜턴의 지방 선교여행", 「국민일보」, 2015. 6. 16.

_____, "母子가 함께 한국 선교 문 연 스크랜턴(12) 선교 10년, '우리는 무익한 종일 뿐'", 「국민일보」, 2015. 6. 23.

_____, "母子가 함께 한국 선교 문 연 스크랜턴(13) 감리교 최초 한국인 목사", 「국민일보」, 2015. 6. 30.

_____, "母子가 함께 한국 선교 문 연 스크랜턴(14) 스크랜턴 모자 복귀, 선교 사역 재개", 「국민일보」, 2015. 7. 7.

_____, "母子가 함께 한국 선교 문 연 스크랜턴(15) 선교현장에 드리우는 일본의 그림자", 「국민일보」, 2015. 7. 14.

_____, "母子가 함께 한국 선교 문 연 스크랜턴(16) 혼돈 속 새 질서 모색", 「국민일보」, 2015. 7. 21.

_____, "母子가 함께 한국 선교 문 연 스크랜턴(19) 어머니의 마지막 사역과 별세", 「국민일보」, 2015. 8. 11.

이배용·이현진, 「이화역사의 뿌리를 찾아서1: 스크랜턴」, 이화여자대학교 출판부, 2008.

이후천, "하나님의 여행의 동행자들 – 스크랜튼 모자의 선교동기, 목적 그리고 방법에 대한 선교학적 성찰", 「선교신학」 제31집 Vol.3., 한국 선교학회, 2012.

이화여자대학교, "스크랜턴 선생님 서거 100주년 기념 학술심포지엄 자료집: 메리 F 스크랜턴 선생님의 여정과 여성교육정신", 이화여자대학교, 2009.

전택부, 「양화진 선교사 열전」, 홍성사, 2008.

http://home.jtbc.joins.com/Vod/VodView.aspx?epis_id=EP10026555

1. 한국어로 시란돈으로 표기되는 스크랜턴의 이름은 윌리엄 벤턴 스크랜턴(William Benton Scranton, 1856~1922)이다.
2. 뉴욕 의과대학을 졸업하고 의학박사(M.D.) 학위를 받은 1882년, 스크랜턴은 결혼과 함께 병원을 개업하였다. 1882년 6월 6일 26세의 나이에 코네티컷 주 노리치에서 22세 루이자 암즈와 결혼했는데 루이자는 영국에서 뉴잉글랜드로 이민한 초기 청교도의 후예이자 코네티컷 지역의 종교·언론계를 대표하는 집안이었다. 결혼한 이들 부부는 어머니 메리 스크랜턴과 미국 중북부 오하이오 주 클리블랜드로 가 정착했으며 1년 후엔 첫째 딸 오거스타를 얻었다. 가족은 클리블랜드 제일교회를 다녔는데, 당시 메리 스크랜턴은 청년회 지도교사 외에 주일학교 부교장과 속장으로 활동했으며 교회 여성 선교단체인 부인조력회와 해외여선교회, 국내외선교회 회원 및 임원으로도 활동했다. 이덕주, 「스크랜턴: 어머니와 아들의 조선 선교 이야기」, 공옥출판사, 2014, 57~68.
3. 뉴헤이븐의 해외여선교회는 뉴헤이븐 제일교회 여성 교인들이 주도했는데, 메리 스크랜턴은 뉴헤이븐 지회 회원으로 활동했다. 1874년 지회 부회장으로 선출돼 지방 해외여선교회 활동에도 참여했는데 메리 스크랜턴이 지회 임원으로 활동하던 이 시기에 바로 로버트 매클레이 박사가 뉴헤이븐 제일교회 강단에서 설교를 했다. 이덕주, 「스크랜턴: 어머니와 아들의 조선 선교 이야기」, 공옥출판사, 2014, 68~78.
4. 정황상 이 남성은 일본 선교사였던 해리스였다. 안식년차 미국에 머물던 그는 매클레이로부터 한국 선교가 가능해졌다는 소식을 듣고 스크랜턴 가족을 찾아 의향을 물었던 것이다. 이덕주, "母子가 함께 한국 선교 문 연 스크랜턴⑶ 한국의 첫 감리교 선교사로 인준", 「국민일보」, 2015. 4. 21.
5. 매클레이는 1884년 서울을 방문해 한국 선교의 문을 여는 데 결정적 역할을 했던 감리교 선교사로, 그에겐 '극동아시아 감리교 선교의 개척자'란 칭호가 있었다. 매클레이는 1848년 중국 선교사로 파송 받아 23년간 활동 후 1871년 안식년 휴가를 얻어 뉴헤이븐에 와 있었다. 이 시기에 메리 스크랜턴은 매클레이를 통해 극동아시아 선교에 관한 정보와 소식을 접하고 관심을 갖게 되었을 것이다. 그리고 12년 후인 1885년 매클레이와 스크랜턴, 두 가족은 일본에서 다시 만나 한국 선교 개척을 추진했다. 이덕주, "母子가 함께 한국 선교 문 연 스크랜턴⑵ 한국에 선교사로 나오기까지", 「국민일보」, 2015. 4. 14; 이덕주, 「스크랜턴: 어머니와 아들의 조선 선교 이야기」, 공옥출판사, 2014, 90~91.
6. 이덕주, 「스크랜턴: 어머니와 아들의 조선 선교 이야기」, 공옥출판사, 2014, 92.
7. 윌리엄 스크랜턴은 1884년 10월 한국에 파송되는 첫 번째 선교사로 인준을 받았고 두 달 후인 12월 4일 목사 안수를 받았다. 참고로 아펜젤러는 이듬해인 1885년 1월에 정식 선교사 인준을 받는다. 그는 신학 교육을 받지 않았지만 선교사 지원자는 감독이 그 성품과 자격을 심사해 안수를 줄 수 있다는 미감리회 규정에 따른 것이었다. 메리 스크랜턴은 처음엔 나이도 많아 직접 나설 생각은 없었고 아들 내외의 선교를 지원할 생각이었다. 그러나 해외여선교회 지도자들은 독자적인 선교사역을 펼칠 것을 강력하게 요구했고 마침내 끈질긴 설득을 받아들인 메리 스크랜턴은 1884년 11월 5일부터 10일까지 볼티모어 메디슨 에비뉴 교회에서 개최된 미감리회 해외여선교회 중앙실행위원회 제15회 총회에서 한국 선교사로 파송을 받았다. 이덕주, 「스크랜턴: 어머니와 아들의 조선 선교 이야기」, 공옥출판사, 2014, 95.
8. 스크랜턴에게는 독자적인 병원 부지와 건물 마련이 시급했고 다행히 그는 기대했던 대로 병원 부지를 매입하는 데 성공했다. 새로 마련한 부지는 정동 사택 바로 아래(정동 34번지) 지금의 정동제일교회 문화재 예배당이 자리 잡은 곳이었다. 'ㄷ'자 형태의 한옥 기와집이 있었는데 내부를 개조해 수술실과 환자 대기실, 사무실, 약제실을 갖춘 병원으로 만들었다. 그리고 1886년 6월 중순 정식으로 병원 문을 열었다. 이덕주, "母子가 함께 한국 선교 문 연 스크랜턴⑸ 정동여학교·정동병원 설립", 「국민일보」, 2015. 5. 5.
9. 스크랜턴의 풀이대로 "은덕을 널리 베풀라"는 뜻에서 '베풀 시'(施) 자를 붙인 것으로 볼 수 있다. 시병원의 '시'(施)가 스크랜턴의 시란돈(施蘭敦)을 뜻할 수도 있지만, 스크랜턴 본인은 시병원의 뜻을 'Universal Hospital'로 보았다. 곧 "모든 종류의 혜택을 널리 퍼뜨린다"는 '시혜'(施惠) 병원의 뜻으로 풀이했다. 병원 앞에는 간판이 내걸렸다. 이덕주, 「스크랜턴: 어머니와 아들의 조선 선교 이야기」, 공옥출판사, 2014, 168~171.

10. 알렌은 빈사 상태에 있던 민영익을 회복시켰다. 죽지 않고 살아나게 된 민영익은 기쁨과 고마움에 알렌에게 만 냥의 거금을 선사했고 고종에게 천거하여 국립병원 곧 '광혜원'을 세우게 되었다. 이것이 곧 우리나라 역사상 최초의 서양식 병원이자 세브란스병원의 전신이며, 이 병원으로 인해 우리나라에 복음선교의 문이 열리게 되었다. 이후 헤론은 광혜원이라 이름한 이 병원을 제중원으로 바꾸고 정릉 외국인 거주지에서 구리개로 이사를 갔다. 전택부, 「양화진 선교사 열전」, 홍성사, 2008, 42~44.
11. 스크랜턴이 이 병원에서 1886년 7월 1일부터 1887년 7월 1일까지의 1년간만 해도 무려 2,000명의 환자를 혼자서 치료한 것이다. 기독교대한감리회 상동교회, 「상동교회구십년사」, 상동교회, 1980, 35.
12. 빈병 안내문은 물약을 타갈 때 필요했기 때문이다. 처음엔 약을 병에 넣어주었는데 유리병이 귀한 때라 약을 먹은 후 빈 병을 가져오라고 했던 것이다.
13. 이덕주, 「스크랜턴: 어머니와 아들의 조선 선교 이야기」, 공옥출판사, 2014, 153.
14. 이덕주, 「스크랜턴: 어머니와 아들의 조선 선교 이야기」, 공옥출판사, 2014, 154.
15. 구체적으로는 한국인 남성 371명(성인 284명, 아동 87명), 한국인 여성 105명(성인 77명, 아동 28명), 일본인 46명이었다. Annual Report of Board of Foreign Missions of the Methodist EpiscopalChurch(1884-1907), 1886, 268, 272쪽, 이덕주, 「스크랜턴: 어머니와 아들의 조선 선교 이야기」, 공옥출판사, 2014, 151. 재인용.
16. 이덕주, "母子가 함께 한국 선교 문 연 스크랜턴(8) 복음전도와 의료선교의 확장", 「국민일보」, 2015. 5. 26.
17. 그가 정동에서 상동으로 병원을 옮긴 것은 상동의 지역적인 특성 때문이었는데 정동이 외국 공사관들이 즐비하고 주로 양반계층이 사는 지역이었던 데 반해 상동은 시장지역으로 상인과 하층 노동 계층 사람들이 주로 왕래하는 곳이었다. 스크랜턴의 사역은 이후 직접적인 복음전도의 영역으로 확장되었다. 이덕주, 「스크랜턴: 어머니와 아들의 조선 선교 이야기」, 공옥출판사, 2014, 237.
18. 시병원 안에 환자와 스태프들을 위한 다양한 예배 프로그램을 마련하였고 아펜젤러에게서 세례 받은 배재학당 출신 한용경이 병원 내의 예배 프로그램을 주관하였다. 처음에는 오전 9시 아침 기도 예배와 오후 2시 성경·교리공부로 진행되다가 나중에는 11시 설교예배로 묶여져서 상동교회에서 드렸다. 설교예배는 한국인 설교자들의 훈련장으로 활용되었으며 병원 건물을 빌려 예배처소를 만들어 교회로 발전시켜 나갔다. 어머니 스크랜턴 대부인은 상동교회가 성장하는 과정에서 큰 역할을 하였는데 그녀의 노력으로 한 사람도 없던 여성 교인들의 숫자가 채 1년도 안 되어 40명까지 늘어났다. 이덕주, 「스크랜턴: 어머니와 아들의 조선 선교 이야기」, 공옥출판사, 2014, 239.
19. 이덕주, "母子가 함께 한국 선교 문 연 스크랜턴(10) 母子의 남대문·동대문 사역", 「국민일보」, 2015. 6. 9.
20. 기독교대한감리회 상동교회, 「상동교회구십년사」, 상동교회, 1980, 47.
21. 두 건물은 모두 '볼드윈'이란 이름이 붙여졌다. 선교부지 매입 자금과 건축비를 후원한 오하이오의 볼드윈 부인을 기념하기 위한 것이었다. 새로 지은 볼드윈 예배당은 벽체는 벽돌로 쌓고 지붕은 조선식 기와로 올린 동서양 절충식이었고 설교 강단을 제외하고 모든 공간을 반으로 나누어 칸막이를 쳐서 남녀 자리를 구분한 것이다. 이로써 남녀가 '한 지붕 아래서' 예배를 드리는 첫 예배당이 마련됐다. 이덕주, "母子가 함께 한국 선교 문 연 스크랜턴(10) 母子의 남대문·동대문 사역", 「국민일보」, 2015. 6. 9.
22. 1년 후 스크랜턴은 매년회 장로사 보고에서 다시 한 번 의료사역이 "사람들의 편견을 허물어뜨리고 인습을 깨뜨리는 가장 효과적인 도구"라고 강조했다. 그러면서 자신의 선교이론으로서 복음사역의 전제로 의료와 교육이 서로 협력해야 한다는 '쟁기와 써레 이론'을 제시했다. 병원이 사람들의 편견을 허무는 쟁기라면 학교는 땅을 부드럽게 만드는 써레였다. 씨를 뿌리기 위해 땅을 골고루 부드럽게 만드는 써레보다 굳은 땅을 갈아엎는 쟁기가 먼저 필요했다. 그는 의료→교육→목회로 이어지는 선교의 '삼각구조' 안에서 세 분야 선교사들이 유기적 관계를 맺으며 상호 협력하기를 기대했다. 이덕주, "母子가 함께 한국 선교 문 연 스크랜턴(9) 제2기 선교 사역의 확장", 「국민일보」, 2015. 6. 2.
23. 시기로 보면 아펜젤러보다 메리 스크랜턴의 여학교가 먼저 이름을 하사받았다. 이덕주, "母子가 함께 한국 선교 문 연 스크랜턴(6) 정동 선교부 안정과 사역 확장", 「국민일보」, 2012. 5. 12.
24. 이렇게 해서 '이화학당'이란 교명이 탄생했다. 꽃 이름을 학교 명칭으로 사용하는 것이 서양인에게는 약간 생소한 것으로 보였을지 몰라도 동양에서는 달랐다. 특히 배꽃(梨花)은 조선시대 왕족(전주 이씨)을 상

징하는 '오얏꽃'(李花)과 모양이 같아 흔히 왕실을 상징하는 문양으로 사용되곤 했다. 그 결과 사액현판을 내건 직후인 1887년 여름에는 학생수가 11명으로 늘었고 45명을 수용할 수 있는 기숙사와 교무실까지 완성한 그해 말에는 학생 18명이 기숙생활을 하면서 교육을 받았다. 이덕주, 「스크랜턴: 어머니와 아들의 조선 선교 이야기」, 공옥출판사, 2014, 165.

25. 이덕주, 「스크랜턴: 어머니와 아들의 조선 선교 이야기」, 공옥출판사, 2014, 144.
26. '꽃님이', '음전이', '간난이'였다. 꽃님이는 메리 스크랜턴이 얻은 첫 영구 학생으로, 어머니에게 외국에 데리고 나가지 않겠다며 서약서까지 써주고 받았던 학생이었다. 처음엔 대책 없는 학생이었으나 1년 만에 통역을 돕는 유능한 학생이 됐다. 12세 음전이는 고아였지만 놀라운 학업 성취도를 보여줬다. 메리 스크랜턴의 며느리 루이자는 "미국 학생들에게도 뒤지지 않는다."고 평했다. 간난이는 윌리엄 스크랜턴 박사가 병원 건물을 짓고 처음 받아들인 환자의 딸이었다. 이덕주, 「스크랜턴: 어머니와 아들의 조선 선교 이야기」, 공옥출판사, 2014, 171~180.
27. 이덕주, 「스크랜턴: 어머니와 아들의 조선 선교 이야기」, 공옥출판사, 2014, 226.
28. 이덕주, "母子가 함께 한국 선교 문 연 스크랜턴(8) 복음전도와 의료선교의 확장", 「국민일보」, 2015. 5. 26.
29. 이덕주, "母子가 함께 한국 선교 문 연 스크랜턴(9) 제2기 선교 사역의 확장", 「국민일보」, 2015. 6. 2.
30. 이덕주, "母子가 함께 한국 선교 문 연 스크랜턴(7) 시련 딛고 선교 거점 된 정동", 「국민일보」, 2015. 5. 19.
31. 그녀는 이미 한국에서 뼈를 묻을 것을 결심했다. 친정 부모와 남편이 묻혀 있는 미국 하트포드나 뉴헤이븐보다 동료 선교사 존 헤론과 윌리엄 홀이 묻혀 있는 서울 양화진 외국인 묘지를 자신의 '영원한 안식처'로 삼았던 것이다. 이덕주, "母子가 함께 한국 선교 문 연 스크랜턴(19) 어머니의 마지막 사역과 별세", 「국민일보」, 2015. 8. 11.
32. 기독교대한감리회 상동교회, 「상동교회구십년사」, 상동교회, 1980, 56.
33. 전덕기 목사는 남대문 시장 숯장수 집안 출신으로 스크랜턴의 요리사로 들어와 어엿한 목사가 되어 교회 지도자 반열에 올랐다. 그의 지도력은 교회 안뿐 아니라 교회 밖에서도 인정받았다. 민족주의자들에게 전덕기 목사가 이끄는 상동교회 청년회는 민족운동의 구심점이 되었다. 이덕주, "母子가 함께 한국 선교 문 연 스크랜턴(16) 혼돈 속 새 질서 모색", 「국민일보」, 2015. 7. 21.
34. 기독교대한감리회 상동교회, 「상동교회구십년사」, 상동교회, 1980, 87.

헐버트

Homer B. Hulbert

헐버트
Homer B. Hulbert

헐버트는 23세의 청년으로 조선 땅을 밟아 86세로 생을 마감할 때까지 인종과 국경을 넘어 이 땅에 정의, 평화, 인간애, 애국심의 가치를 구현하였다. 헐버트는 기독교 정신을 온전히 실천한 진정한 기독교인이었다. 진정한 기독교인이란 선교를 넘어선 가치이다. 선교는 지엄한 기독교 정신인 정의와 인간애의 가치 구현과 병존할 때 더욱 빛을 발한다. 한국 문명화의 선구자로서, 한국 독립의 숨은 영웅으로서 한민족과 슬픔을 공유하며 오로지 한국을 위해 일생을 산 헐버트의 진면복을 조금이라도 아는 사람은 그를 '한국인보다 한국을 더 사랑한' 사람으로 부르는 데 전혀 주저하지 않을 것이다.

한국인보다 한국을 더 사랑한, 참 기독교인
헐버트

김동진 _ 헐버트기념사업회 회장

한민족은 조선 말기와 대한제국에 걸쳐 두 가지 세기적 격변을 겪었다. 하나는 나라의 문을 꼭꼭 걸어 잠그다가 끝내 서양 문물과 제도를 받아들이는 개화(開化)라는 문명적 변천이다. 또 하나는 한반도를 손아귀에 넣으려는 중국, 일본, 러시아의 아귀다툼 끝에 마침내 일본의 식민지로 전락하는 치욕의 망국 역사이다. 이 두 격변에서 상당수의 외국인들은 한국1)의 근대화와 주권수호를 위해 커다란 족적을 남겼다. 이들이 기여한 공로는 우리 역사에서 평가받아야 마땅하나 제대로 평가받지 못하고 있는 것이 현실이다.

필자는 이 외국인들 중 특히 눈에 띄는 한 인물을 소개하고자 한다. 그는 감리교 선교사였던 헐버트(Homer B. Hulbert)이다. 헐버트는 1886년 '육영공원'(育英公院) 교사로 조선 땅을 밟아 생을 마감할 때까지 교육자, 한글운동가, 언론인, 저술가, 선교사, 독립운동가로 활동하며 이 땅에 문명과 정의라는 대의의 거대한 성을 쌓았다. 그러나 그는 국민들에게 참으로 낯선 인물이다. 개신교 전체는 물론 심지어 감리교회에서도 그의 이름은 방황하고 있다.

헐버트가 한민족에게 어떤 인물인가를 웅변하는 분명하고도 객관적인 증언이 있다. 1909년 조선 총독 이토 히로부미를 저격하고 뤼순 감옥에서 취조를 받던 안중근 의사는 "헐버트는 한국인이라면 하루도 잊어서는 안 될 인물"이라고 일본 경찰에 공술했다. 안중근 의사가 왜 이런 평가를 했을까? 헐버트의 업적을 올바로 안다면 안중근 의사의 숨은 뜻을 헤아리고도 남을 것이다. 헐버트는 23세의 청년으로 조선 땅을 밟아 86세로 생을 마감할 때까지 인종과 국경을 넘어 이 땅에 정의, 평화, 인간애, 애국심의 가치를 구현하였다. 헐버트는 기독교 정신을 온전히 실천한 진정한 기독교인이었다. 진정한 기독교인이란 선교를 넘어선 가치이다. 선교는 지엄한 기독교 정신인 정의와 인간애의 가치 구현과 병존할 때 더욱 빛을 발한다. 한국 문명화의 선구자로서, 한국 독립의 숨은 영웅으로서 한민족과 슬픔을 공유하며 오로지 한국을 위해 일생을 산 헐버트의 진면목을 조금이라도 아는 사람은 그를 '한국인보다 한국을 더 사랑한' 사람으로 부르는 데 전혀 주저하지 않을 것이다.

헐버트를 온전히 조명하기에는 지면이 턱없이 부족하다. 헐버트의 삶이 너무도 넓고 깊기 때문이다. 헐버트의 기독교적 가치에 중점을 두면서 그의 생애를 응축하여 소개하고자 한다.

1. 헐버트의 출생과 성장배경

헐버트는 1863년 1월 26일 미국 동북부 버몬트(Vermont) 주 뉴헤이븐(New Haven) 시에서 아버지 칼빈 헐버트(Calvin B. Hulbert)와 어머니 매리(Mary E. Woodward)의 3남 1녀 중 둘째 아들로 태어났다. 헐버트의 아버지는 당시 미국 사회의 주류를 이루었던 청교도의 후예로서 회중교회 목사이자 대학 총장을 지냈다. 헐버트의 어머니는 미국 동북부의 명문 다트머스(Dartmouth) 대학 창립자의 증손녀이며, 그녀의 아버지는 인도에서 복음을 전한 선교사였다. 부계, 모계 모두 그리스도 정신이 흐르는 가문이었다. 헐버트는 칼빈주의의 엄격한 도덕성, 인간중심 사상, 그리고 충실한 기독교 정신 아래 '원칙이 승리보다 중요하다'(Character is more fundamental than victory)라는 가훈 속에서 성장하였다. 헐버트의 아버지는 자녀들에게 감상적인 기독교관보다 진실한 믿음을 요구하였고, 교육의 중요성을 강조하였다. 헐버트가 한국에 사는 동안 내내 교육만이 인간을 깨우치며, 교육만이

나라를 문명화할 수 있다는 교육철학을 주창한 배경에는 항상 교육에 철저했던 아버지와 명문 대학 창립자의 후손인 어머니의 영향이 컸을 것이다.

헐버트는 1880년 아이비리그의 하나인 다트머스 대학에 입학하였다. 헐버트는 대학에서 지성인이 반드시 갖춰야 할 지식기반을 튼튼하게 다졌다. 그는 분초가 아까울 정도로 공부에 열중하며 대학생활 내내 향학열에 불탔다. 헐버트는 특히 문학과 역사에 관심이 깊어 그리스 신화, 셰익스피어 등 대문호의 고전을 섭렵했다. 그는 운동도 좋아했으며, 방학 중에는 아이들을 가르치고 목장에서 아르바이트를 하는 등 일찍부터 사회를 경험했다. 대학은 헐버트를 전인격의 인간으로 성장시킨 참교육의 산실이었다. 헐버트는 졸업식에서 졸업생 대표 연설을 했다. 다트머스 대학을 졸업한 헐버트는 1884년 가을, 뉴욕에 있는 유니언 신학대학(Union Theological Seminary)에 입학하였으나 1886년 여름, 조선에 가기 위해 중도에 학교를 그만두었다.

2. 한민족과의 인연

1884년 초가을 조선 정부는 조선의 젊은이들에게 영어와 신학문을 가르치기 위해 근대식 학교를 설립하기로 결의했다. 이어서 미국 국무부에 세 명의 교사 파견을 요청했다. 미국 국무부는 교육위원장 이튼(John Eaton)에게 세 명의 교사를 구하는 일을 맡겼다. 교육위원장은 자신의 대학 동창인 헐버트의 아버지에게 아들 중 한 사람을 보낼 것을 제안했다. 큰아들은 이미 다른 계획이 있다면서 반응을 보이지 않았다. 그러나 대학을 갓 졸업한 둘째 아들 헐버트는 즉석에서 조선에 가겠다고 동의했다. 그는 "그 소식을 처음 들었을 때 새로움에 대한 기대에 흥분을 가눌 수 없었으며, 마치 꿈속을 걷는 기분이었고, 그 도전은 놀랍고도 매력적인 기회라고 확신했다."라고 회고록에서 밝혔다.

교육위원장은 헐버트가 쾌히 승낙하자 다른 두 명을 별도로 선발했고 헐버트를 포함한 3인은 곧 조선으로 떠날 준비를 했다. 그러나 1884년 말에 조선에 정변이 발생하여 학교 설립을 계획대로 진행할 수 없다는 소식이 전해졌다. 헐버트는 이 소식에 너무나 실망했다. 애초 선발된 다른 두 명은 조선에 갈 계획을 취소했다. 그러나 헐버트는 기회가 꼭 다시 찾아올 것이라는 기대를 버리지 않았다. 조선에 갈 꿈이 좌절된 상태에서 헐버트는 유니언 신학대학에 입학하여 학업에 열중하였다. 학교에 다니면서도 틈틈이 'Korea' 즉 조선이라는 나라와 동아시아에 대해 공부하였다. 그러던 중 1886년 봄 학교 설립을 다시 추진한다는 소식이 왔다. 헐버트의 조선에 대한 갈망이 현실로 나타난 것이다. 그의 2년의 기다림은 그 스스로를 한민족과 옭아매는 숙명의 단초였다. 교육위원장은 헐버트의 의사를 확인하고 그로 하여금 같이 갈 다른 두 명의 교사를 선발토록 위임했다. 헐버트는 원래 가기로 했던 길모어(George W. Gilmore)와 새로운 지원자 벙커(Dalzell A. Bunker)를 선정했다. 세 사람 모두 미국의 명문대학을 나온 엘리트 청년들이었다. 헐버트는 1886년 5월 6일 뉴욕을 출발하여 샌프란시스코로 향했다. 낯선 세계로 떠나면서도 어떤 불안감도 느끼지 못했다. 오히려 "시작은 미약하나 나중은 심히 창대하리라."라는 성경 구절이 떠오르며 무엇인가 좋은 결실이 있을 것이라는 희망이 샘솟았다. 헐버트 일행은 5월 22일 샌프란시스코에서 증기선에 몸을 싣고 태평양을 건너 일본의 요코하마, 나가사키를 거쳐 7월 5일 조선의 제물포에 첫발을 내딛었다.

3. 근대교육의 아버지

헐버트가 교사로 온 '육영공원'은 조선 최초의 관립 근대식 학교이다. 육영공원은 조선과 미국이 최초로 합작한 근대화 사업이자, 조선의 상징적 근대식 교육기관이며, 우리가 오늘날 세계적으로 자랑하는 교육열의 원천이기도 하다. 헐버트 일행은 내한하자마자 곧바로 학교 설립에 몰두하였다. 교사들은 학교운영, 교육과목, 교육방법 등에 관한 기본 원칙을 제시하였다. 조선 정부는 이를 바탕으로 18개 조항의 '육영공원설학절목'(育英公院設學節目)을 확정하여 학교운영에 관한 제반 규칙을 발표하였다. 조선 최초로 근대식 학교운영지침을 마련한 것이다.

학생들을 가르치는 헐버트

육영공원은 1886년 9월 23일 35명의 학생으로 개교하였다. 학교의 설립 목적은 조선의 청년들에게 신학문을 가르쳐 장차 외국과의 교류에 크게 역량을 발휘할 인재를 육성하기 위함이었다. 교육 방식은 완전한 미국식이었다. 고종은 육영공원에 큰 기대를 걸면서 학교를 전폭 지원하였다. 심지어 학생들을 궁궐로 불러 직접 영어시험을 치르기까지 했다. 시험과정에서 문제의 답안을 두고 고종과 헐버트 간에 에피소드도 있었다. 이때부터 고종은 남의 나라에서 열정적으로 일하는 청년 헐버트에 호감을 갖게 되고, 이는 고종의 헐버트에 대한 신뢰로 발전하여 후일 헐버트는 고종의 밀사 역할을 세 번이나 맡는다. 육영공원의 위상은 지금의 대학 이상이라고 볼 수 있다. 영어 이름도 'Royal College'라 했다. 교과과목은 영어에 치중하면서 역사, 지리, 사회, 자연과학 및 대산법도 가르쳤다. 서양 교육을 처음 접한 학생들은 처음에는 어리둥절했으나 헐버트가 오대양 육대주를 재미있게 소개하자 공부에 열의를 보이기 시작했다. 이때 헐버트는 조선에서 가장 시급한 것이 교육이라는 사실을 깨달았다. 헐버트는 1891년 말 5년 반 동안이 육영공원 생활을 마치고 미국으로 떠난다. 미국과의 교류를 반대한 친청파들의 견제가 큰 원인이었다.

헐버트는 1893년 감리교 선교사 자격으로 다시 조선 땅을 밟고 감리교 배재학당 삼문출판사(The Trilingual Press) 책임자가 되었다. 이어서 1897년 여름 우리나라 최초의 사범학교인 한성사범학교 교장이 되며, 동시에 대한제국의 교육 고문 역할을 맡았다. 그는 1900년 새롭게 출발한 관립중학교(현 경기고등학교)로 자리를 옮겨 1905년 10월 고종 황제의 밀사로 미국을 방문하기 직전까지 재직하였다. 그는 조선과 대한제국에서 14년을 봉직한 것이다. 더욱이 배재학당 시절까지 합하면 18년을 교육에 헌신하였다. 1907년에 한국을 떠나기까지 조선에 살았던 내내 한국의 교육을 위해 일한 것이다. 그는 1904년 「한국평론」(The Korea Review)에 "한국 교육은 혁명적 변화를 요구한다"(The Educational Needs of Korea)라는 논문을 발표하여 한국 교육이 나아갈 현실적 대안을 제시하기도 했다. 그는 또 우리나라 최초의 교과서를 저술했을 뿐만 아니라 '헐버트 시리즈'(Hulbert Series)라는 프로젝트 하에 한국에 교과서 시스템을 정착시켰다. 헐버트는 근대 교육의 초석을 놓은 한국 교육의 선구자였다.

4. 한글사의 금자탑 「사민필지」

육영공원에서 헐버트의 가장 빛나는 업적은 우리나라 최초의 한글 교과서 「사민필지」를 저술하여 출판한 일이다. 헐버트는 학생들을 잘 가르치기 위해서는 그 스스로 한국의 말글을 배워야 한다고 생각했다. 그는 한글을 배운 지 4일 만에 읽고 썼으며, 일주일 만에 조선인들이 한글을 무시하고 있다는 사실을 발견했다고 후일 회고했다. 헐버트는 학생들을 가르치기 위해 세계 지리, 각 나라의 제도, 천체에 대한 총서를 만들어 교재로 쓰다가, 이를 바탕으로 1890년 161쪽의 「사민필지」를 출간하였다. 그는 선비와 백성 모두가 반드시 알아야 할 지식이라는 뜻으로 책 이름을 "사민필지"(士民必知)라 했다. 헐버트가 순 한글로 「사민필지」를 저술한 업적이야말로 세종대왕의 한글 창제 이래 가장 빛나는 한글사의 금자탑이라 아니할 수 없다. 「사민필지」의 역사적 의미는 대단하다.

첫째, 역사상 최초로 한글 사용을 호소하여 한글 범용의 지평을 열었다. 둘째, 책 이름이 말해 주고 서문에서 밝혔듯이 양반, 상놈을 구별하지 않고, 남녀를 따지지 않는 평등, 자주, 민주 사상을 심어주었다. 셋째, 쓰기 쉽고 배우기 쉬운 한글을

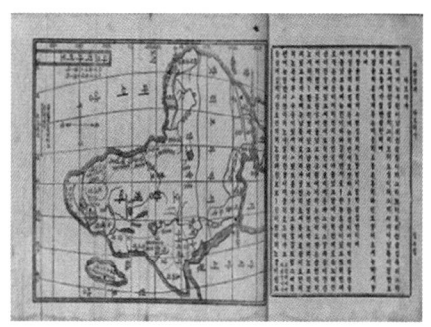

최초의 한글 지리 교과서 「사민필지」

통해 교육을 넓혀 한민족의 문명 진화를 이뤄야 한다는 교육철학이 담겨 있다. 넷째, 학생들에게 서양에 대한 크나큰 관심을 불러일으키면서 이 땅에 많은 선각자를 배출하였다. 다섯째, 헐버트는 이 책에서 도량형 단위 등을 전부 조선의 방식인 리, 척, 석 등을 써 한민족이 쉽게 이해하도록 배려하였다.

1909년 일제는 「사민필지」가 국민들의 사상 교육과정에 너무 자극적이라는 이유로 출판과 판매를 금지하였다. 따라서 일제의 한국어 말살 운동의 첫 번째 피해자는 헐버트이다. 「사민필지」가 일반 대중에게 잘 알려지지 않은 이유도 바로 일제가 판매를 금지했기 때문이다.

5. 개신교 초기의 중심인물 헐버트

1886년 여름 서울에 도착한 헐버트는 장로교 초대 선교사 언더우드(Horace G. Underwood)와 1년여를 한 집에서 살았다. 기독교 정신을 바탕으로 가치관이 형성된 헐버트는 곧바로 언더우드, 아펜젤러(Henry G. Appenzeller)를 비롯한 당시 조선에서 활동하던 모든 선교사들과 두터운 교분을 이어갔다. 그는 한편으로 한민족이 타고난 합리성으로 볼 때 어느 민족보다도 기독교를 빠르게, 그리고 크게 받아들일 수 있다고 보았다. 조선에서

기독교의 희망을 발견한 것이다. 따라서 헐버트는 자연스럽게 선교사들의 선교활동을 도왔다. 그는 교사 신분이었지만 초교파적으로 활동하며, 선교사들이 휴가 등으로 목회를 할 수 없을 때에는 그들을 대신해서 목회자 역할도 했다.

헐버트는 조선이 국법으로 기독교를 금하고 있을 때 언더우드를 도와 우리나라 최초로 조선인에게 세례를 행하였다.2) 그는 또 게일(James S. Gale)과 함께 언더우드를 도와 1890년에 우리나라 최초의 사전인 「한영자전」(A Concise Dictionary of the Korean Language)을 출판하였다.3) 이 사전은 한영부와 영한부로 나눠지며, 영한부는 헐버트가 맡았다. 헐버트는 또 성서번역위원회(Committee for Translating the Bible into the Korean Language) 및 개신교쇄신위원회(Protestant Revising Committee)에도 참여하였다. 그는 제중원에서도 학생들을 가르쳤다. 헐버트의 내한 초기 개신교에 대한 공헌은, 무엇보다도 감리교와 장로교의 이해관계를 조정하고 언더우드와 아펜젤러의 진실한 조언자로 활동한 점이다.

헐버트는 1891년 말 미국으로 돌아간 뒤 1893년 10월 감리교 선교사 자격으로 다시 조선에 온다. 이때 다시 조선에 오지 않았다면 헐버트의 이후 한민족에 대한 헌신과 사랑은 존재할 수 없었을 것이다. 이때 헐버트를 조선에 오게 만든 사람이 바로 아펜젤러이다. 아펜젤러가 헐버트를 미국 감리교 본부에 조선 선교사로 추천하고 본부가 이를 받아들였다. 그렇다면 왜 아펜젤러가 헐버트를 간절히 원했을까? 개인적인 친분에서만은 절대 아니었을 것이다. 아펜젤러가 헐버트를 무한하게 신뢰하였으며, 감리교 전체가 헐버트의 특출한 능력을 높이 샀기 때문이었다고 본다. 헐버트가 1891년 말 미국으로 돌아갈 때 감리교 주최 송별연에서 헐버트가 꼭 다시 조선에 와야 한다는 논의가 있기도 했다. 아펜젤러는 추천서에서 "헐버트는 조선말이 유창하며 조선의 감리교에 꼭 필요한 인물이다."라고 했다.4) 이는 두 사람의 돈독한 우정과 두터운 신뢰를 방증하는 대목이다.

아펜젤러가 1902년 6월 목포에서 개최되는 회의에 참석하러 가던 도중 배의 충돌로 서거하자 헐버트는 영결식에서 눈물로 조사를 읽으며 "아펜젤러의 죽음은 우리 모두에게 치유할 수 없는 마음의 상처를 남겼다."라고 비통해 했다. 우연인가? 헐버트가 1949년 86세의 나이로 40년 만에 한국에 환국하여 청량리 위생병원에서 일주일 만에 세상을 하직할 때 아펜젤러의 딸이 헐버트의 마지막 가는 길을 지켜봤다.

헐버트는 1893년 다시 내한하여 감리교 배재학당 출판기관인 '삼문출판사'(The Trilingual Press)를 책임 맡는 동시에 볼드윈 예배소(Baldwin Chapel, 현 동대문교회)를 책임 맡았다. 그는 볼드윈 예배소에서 한국어로 설교를 할 때 가장 즐거웠다고 회고했다. 삼문출판사는 기독교 서적의 중심지로서 개신교 발전을 크게 도왔을 뿐만 아니라, 일반 서적은 물론 우리나라 개화에 지대한 영향을 끼친 각종 신문들도 인쇄했다. 헐버트는 삼문출판사의 인쇄의 질을 높였을 뿐만 아니라 경영수완도 발휘하여 경영을 대폭 개선시켰다.

헐버트는 삼문출판사 운영에 전력을 쏟으면서도 배재학당에서 틈틈이 학생들을 가르쳤다. 이때 학생들은 삼문출판사에서 실습을 하였다. 따라서 배재학당 학생들은 헐버트와 깊은 교류를 가질 수밖에 없었다. 주시경은 1894년에, 이승만은 1895년에 배재학당에 입학하였다. 학생들은 당시 유일한 교과서인 「사민필지」로 공부를 하면서 헐버트와 많은 의견을 나눴다. 이승만은 특히 한국 역사에 대해 헐버트로부터 많은 영향을 받았다.[5] 후일 이승만이 대통령이 되어 일본에 대마도를 돌려달라고 70여 차례 성명서를 발표한 것은 「사민필지」가 대마도를 조선 땅이라고 표시한 영향이라고 여겨진다. 한편 이승만이 독립협회 활동과 관련하여 옥중에 있을 때 헐버트는 아펜젤러 등과 함께 탄원서를 내는 등 이승만의 석방을 위해 노력했다. 이승만이 결국 수감된 지 5년 7개월 만인 1904년 8월 7일에 석방되자 국내 신문은 조용했으나 헐버트는 자신이 주필로 있던 「한국평론」에 환영의 글을 실었다.

이 시기 헐버트는 또 감리교가 발행하던 영문 월간지 「한국소식」(The

Korean Repository)의 운영 책임자이자 아펜젤러 등과 함께 공동편집인 역할을 했다. 「한국소식」은 한국의 역사, 문화, 전통 등에 대한 글을 실어 지식인들의 지식 교환의 장이자 한국의 소식을 국제적으로 알리는 언론 역할을 했다. 「한국소식」은 1898년 말을 끝으로 폐간되었다. 그러나 헐버트는 1901년 다시 「한국평론」을 창간하여 「한국소식」의 정신과 가치를 이어갔다.

헐버트는 YMCA 창립준비위원장, YMCA 창립총회 의장으로서 1903년 YMCA를 탄생시켰다. 그는 선교와 함께 교육, 계몽을 YMCA의 목표로 설정함으로써 YMCA를 통해 선교를 넘어 국민교육을 실현하려 노력했다. 그는 또 1906년에 노량진교회 설립예배를 인도하였다.

헐버트는 「한국소식」 1895년 1월호에 "갑오개혁"(Korean Reform)이라는 글을 발표하여 갑오개혁에 종교의 자유를 선언하는 조항을 포함시키자고 주장하였다. 그가 얼마나 간절하게 조선이 기독교 국가로 거듭나기를 바랐는가를 말해 주고 있다.

1898년 감리교 연례회 후 기념사진. 가장 뒷줄 중앙이 아펜젤러 선교사이고 바로 왼쪽이 헐버트이다. 앞에서 두 번째 줄 중앙의 모자 쓴 이가 헐버트 부인이고 그 왼쪽이 스크랜턴(Mary F. Scranton) 부인이다.

6. 한글 사랑의 표상이자 언어학자

헐버트는 우리나라 최초로 한글에 관한 논문을 발표한 한글학자이다. 감리교에서 창간한 「한국소식」은 1892년 1월 창간호 첫 번째 글로 헐버트의 "한글"(The Korean Alphabet)이라는 논문을 실었다. 이때 헐버트는 육영공원을 떠나 조선을 출발하여 미국으로 가고 있었다. 헐버트가 서울에 없는데도 그의 글을 「한국소식」에서 첫 번째 글로 실었다는 것은 헐버트의 한글 연구에 대해 아펜젤러와 감리교가 크게 감동하고 있었다는 증거이다. 헐버트는 이 논문에서 "한글이 그 어떤 문자보다도 간단하고 과학적인 방법으로 발명되었음을 인정해야 한다. 왜냐하면 완벽한 문자란 최대한 단순하면서도 광범위한 표음 능력을 지닌 글자이기 때문이다."라며 한글의 문자적 우수성을 갈파했다. 이어서 그는 세종의 민본주의 사상을 설명하면서 "세종의 한글 창제 목적은 백성의 삶을 개선하기 위함이라는 것을 명백히 알 수 있다. 세종은 백성의 임금이었다."라고 세종 임금을 극찬했다.

위대한 한글학자 주시경과 헐버트의 만남은 우리 한글사에 참으로 중요한 사건이다. 주시경은 헐버트가 책임을 맡고 있던 삼문출판사에서 실습을 하였다. 아펜젤러는 학생들이 삼문출판사에서 문선, 조판, 인쇄, 제본 등의 잡역을 담당하여 학업과 실습을 병행할

서울 종로구 주시경 마당의 헐버트 부조

것을 주문했다. 더 나아가 가정 형편이 변변치 못한 학생들은 삼문출판사에서 아르바이트를 하도록 하여 재정적 어려움을 해결할 기회를 주었다. 집안

형편이 넉넉지 못한 주시경도 삼문출판사에서 아르바이트를 하였다. 헐버트의 한글연구는 주시경을 자극했고 도전이 되었다. 이후 헐버트와 주시경은 한글 발전에 지대한 공을 세웠다. 두 사람은 띄어쓰기, 맞춤법 연구, 국문연구소 설치 등에서 한글사의 새로운 이정표를 제시했다. 헐버트와 주시경은 또 1904년에 설립된 감리교 상동교회의 상동청년학원에서도 같이 활동하며 학생들을 가르쳤다.

1896년 4월 7일 서재필의 주도로 우리나라 최초의 순 한글 신문인 「독립신문」이 탄생하였다. 1895년 12월 미국에서 조선에 돌아온 서재필이 미국에서 귀국한 지 불과 3개월여 만에 쉽게 신문을 발행할 수 있기까지에는 헐버트의 협조가 절대적이었다. 헐버트는 회고록에서 신문 발행을 위해 사무실, 기계 및 설비를 제공하고, 직공, 편집(editorial work), 교정(proof-reading)을 맡을 사람도 추천하였다고 밝혔다. 주시경이 독립신문사에서 회계 겸 교보원으로 일하게 된 것은 헐버트의 추천 때문이었다고 여기지 않을 수 없다. 헐버트는 또 「독립신문」 영문판은 자신이 직접 책임을 맡았다고 했다.[6]

헐버트는 한국의 말글과 관련하여 수많은 저서와 글을 남겼다. 그는 1896년 6월 「한국소식」에 발표한 "한글"(The Korean Alphabet)이라는 논문에서 "만약 한민족이 한자를 내던져 버리고 한글 창제 직후부터 자신들의 새로운 소리글자 체계인 한글을 받아들였다면 무한한 축복이 있었을 것이다. 하지만 허물을 고치는 데 너무 늦었다는 법은 없다."라고 외쳤다. 그는 또 1905년 출간한 불후의 역작 「한국사」(The History of Korea)에서 "한글과 견줄 문자는 세상 어디에도 없다."(Korean alphabet scarcely has its equal in the world for Simplicity and Phonetic Power)라고 한글을 평가하면서, 세종대왕은 기원 전 2000년경에 그리스에 맨 처음 페니키아(Phoenicia) 문자를 전한 인물로 알려진 카드머스(Cadmus) 못지않은 인류사에 빛나는 업적을 남겼다고 했다. 헐버트야말로 우리나라 최초로 한글의 우수성과 세종대왕의 위대성을 학술적으로 증명한 한글학자이자 언어학자이며, 한글 사용을 최초로 주창한 한글자강운동의 선구자이다.

7. 한국학의 개척자 헐버트

헐버트는 한국의 말글 관련 외에도 한민족의 기원, 역사, 설화, 시, 소설, 예술, 음악, 전통, 풍속 등에 대해 많은 글을 남겼다. 이 글들의 특징은 한민족의 독창성과 자주성을 매우 높이 산 점이다. 헐버트는 15년에 걸쳐 자료를 모으고 연구하여 역사상 최초로 한국 역사를 체계적으로 정리한 「한국사」(The History of Korea)를 1905년에 출간하고, 1906년에는 한민족의 기질, 한국의 문화, 전통, 풍속, 산업, 사회제도 등을 집대성한 「대한제국멸망사」(The Passing of Korea)를 출간했다. 헐버트는 이 책에서 한민족은 참으로 머리가 우수하고, 이상적인 합리주의자라고 정의하였다. 그는 이 책에서 한국의 나라를 잃은 처지를 애처로워하면서도 다음과 같은 헌사를 써 한국인들은 꼭 나라를 되찾을 것이라며 희망을 불어 넣었다.

> 비방이 극에 이르고 정의가 사라지는 때에 나의 지극한 존경의 표시와 흔들리지 않는 충성의 맹세로서 대한제국 황제 폐하에게, 그리고 지금은 역사가 종말을 고하는 모습을 목격하고 있지만 장차 이 민족의 정기가 어둠에서 깨어나면 잠이란 죽음의 가상이기는 하나 죽음 자체는 아니라는 것을 증명할 한민족에게 이 책을 바칩니다.

헐버트는 1899년 미국의 「하퍼스」(Harper's Monthly)지에 한국이 자랑하는 세계적 발명품 다섯 가지(거북선, 금속활자, 박격포, 현수교, 한글)를 소개하였다. 그러나 한민족은 세계적 발명품들을 실생활에 활용하지 못하고 사장시켰다며 한민족을 칭찬만 할 수는 없다고 했다.

헐버트는 오늘날 세계의 노래가 된 우리 민족의 정신적 혼인 아리랑을 최초로 채보한 사람이다. 1896년 "한국의 소리 음악"(Korean Vocal Music)이라는 제목의 논문을 발표하면서 구전으로만 전해오던 아리랑, 군밤타령 등에 서양음계를 붙이고 가사도 채록하였다. 그는 이 논문에서 "아리랑은 조선인들에게는 쌀과 같은 존재다."라고 아리랑의 의미를 정의하였다. 그는 또 당시 서양인들이 조선에는 음악이 없다고 하자 조선에도 훌륭한 음악이 있다고 반박하며, "조선인들은 음악적 재능이 뛰어나며, 정형화된 박자가 없어도 노래를 잘 소화해 내는 즉흥곡의 명수이다. 조선인들이 노래하면 바이런이나 워즈워스 같은 시인이 된다."라고 하였다. 오늘날 우리 젊은이들이 케이팝(K-Pop)으로 세계인들을 깜짝 놀라게 할 것을 120년 전에 예지한 것이다.

이 외에도 헐버트는 한민족의 기원과 한국의 시, 소설, 예술 등을 예리하게 파헤쳐 한민족의 문화적 우수성을 세계에 알렸다. 세계적 언어학자인 서울대학교 이현복 명예교수는 한 학술회의에서 "맥아더 장군이 한국을 공산주의로부터 구했다면 헐버트는 조선을 문명국의 반열에 올려놓았다."라고 격찬하였다.

8. 인종과 국경을 넘은 정의의 사도이자 한국 독립의 숨은 영웅

헐버트는 1895년 명성황후 시해사건에서부터 1945년 광복을 맞을 때까지 50년에 걸쳐 필봉으로, 밀사 외교로, 일제의 약점에 대한 국제적 폭로로 일제의 간담을 서늘하게 했다. 헐버트는 한국에서 일본에 대항하지 않고도 외국인으로서 침묵을 지키며 인생을 편안하게 살 수 있었지만 일제의 침략주의에 분연히 맞섰다. 헐버트의 정의와 인간애가 집약된 최상의 기독교적 가치의 구현이라 하지 않을 수 없다.

1905년 을사늑약을 전후하여 선교사들 사이에 교회의 성장을 위해 일본을 자극하지 말고 정치와 멀리하자는 암묵적 합의가 있었다.[7] 선교사들은 현실에 참여하는 헐버트를 비난하기도 했다. 그러자 헐버트는 "어떻게 위기에 처한 한국인들을 수수방관하는 것이 참 선교라 할 수 있는가? 참 선교는 고통 받는 한국인들을 돕는 것이며, 진실한 애국심과 참된 신앙은 떨어져 있지 않다."라고 반박하였다. 그러면서 "선교사의 사명이 기독교 정신을 가르치는 것이라면, 가르쳐야 할 기독교 정신은 무엇인가?"라고 항변하였다.[8] 헐버트야말로 "너희는 먼저 그의 나라와 그의 의를 구하라. 그리하면 이 모든 것을 너희에게 더하시리라."라는 성경 말씀을 실천한 참 선교사였다.

헐버트는 1895년 명성황후가 일제에 의해 시해되자 고종 황제 침전에서 언더우드 등 다른 선교사들과 함께 교대로 불침번을 서며 일제와 친일파들로부터 고종 황제를 보호하였다. 특히 1895년 11월 27일에 있었던 춘생문사건 당일에는 언더우드, 애비슨(Oliver R. Avison) 선교사와 함께 권총을 차고 궁궐로 들어가 고종 처소에서 밤을 새며 고종을 보호하였다.

헐버트의 정신세계에서 가장 으뜸가는 가치는 인간애라 할 수 있다. 러일전쟁 후 일본의 사업가들이 몰려와 한국인들 땅을 몰수하는 등 횡포를 부리자 헐버트는 한국인들의 재산과 생명을 보호하기 위해 분연히 일어섰다. 그는 이때 어느 외국인도 일본에 맞서는 사람이 없었다고 증언하면서, 심지어 선교사들도 국외선교본부에서 일본을 자극하지 말 것을 지시 받았다고 했다.[9] 헐버트는 국내외 언론에 일본의 불법성을 폭로하고, 직접 일본 통감부에 항의하며 한국인들을 도왔다. 그러자 경향 각지에서 한국인들이 헐버트를 찾아와 자신들의 부동산을 헐버트 명의로 바꿔달라고 호소하였고 그는 그들의 재산을 보호하기 위해 이에 응했다. 한편으로 이토 히로부미에게 한국인들을 공정하게 재판하는 장치를 마련한다면 자신은 일본을 국제적으로 비난하는 일을 중지하겠다고 제의했다. 물론 이토 히로부미는 이를 묵살하였다.

러일전쟁이 끝나고 일본이 한국 침탈을 노골화하자 고종 황제는 비밀리에 헐버트를 미국을 방문하는 밀사로 임명하였다. 조미수호통상조약 제1조의 "한국이 위험에 처하면 미국이 도와야 한다."는 '거중조정'(good offices) 조항에 따라 미국의 루즈벨트(Theodore Roosevelt) 대통령에게 고종 황제의 친서를 전달하고, 미국을 설득하여 일본의 침략을 막아야 한다는 밀명이었다. 헐버트는 1905년 10월 21일 부산을 출발하여 일본을 거쳐 미국의 샌프란시스코로 향했다. 이때 헐버트는 고종 황제의 친서를 일본이 탈취할까봐 주한 미국공사에게 외교행낭 편으로 워싱턴에 보내달라고 요청하였다. 그러나 미국 공사는 헐버트를 배신하고 일본 측에 친서 내용을 흘렸다. 미국에 도착한 헐버트는 이러한 사실을 모른 채 루즈벨트 대통령과의 면담을 요청했으나 백악관은 만나주지 않았다. 미국은 태프트-가쓰라 밀약(Taft-Katsura Treaty)에 따라 이미 한국을 일본에 넘기기로 양해하였기에 어떻게든 헐버트를 피한 것이다. 헐버트는 서울에서 을사늑약이 체결된 뒤에야 국무장관을 만나 한국을 도와달라고 호소할 수 있었다. 그러나 국무장관은 미국인이 미국의 정책에 따르지 않는다고 되레 헐버트를 질책하였다. 헐버트는 이는 정의(justice)의 문제라고 맞섰지만 아무 소득이 없었다. 국무성 문을 박차고 나온 헐버트는 하는 수 없이 미국 조야와 언론에 호소하였다. 그러나 루즈벨트가 두려워 헐버트에게 귀를 기울이는 사람은 아무도 없었다. 이때 헐버트는 고종 황제로부터 한 통의 전보를 받았다. 고종 황제는 자신은 조약을 승인하지 않았으니 조약은 무효라며 이를 미국에 전하라고 지시했다. 헐버트는 전보를 들고 국무성을 찾았으나 미국은 또다시 헐버트를 외면했다. 이 전보는 지금 미국무성에 보관되어 있다. 이 전보야말로 을사늑약이 국제법적으로 무효라는 가장 확실한 증거이다. 헐버트는 비록 을사늑약을 막지는 못했으나 고종 황제의 신하로서, 한민족의 진정한 친구로서 밀사 임무를 충실히 완수하고, 을사늑약이 무효라는 역사적 증거를 남겼다.

 헐버트는 1906년 미국에서 귀국하여 곧바로 고종 황제로부터 또 다른 밀명을 받는다. 1907년 헤이그에서 열리는 만국평화회의에서 한국 문제가 토의되도록, 당시 한국의 조약상대국 국가원수를 방문하는 고종 황제의 특사로 임명된 것이다. 이때 일본은 헤이그에 특사가 간다면 틀림없이 헐버트일 것이라고 단정하여 헐버트를 밀착감시하고 있었다. 이 사이에 이준은 서울을 빠져나가 블라디보스토크로 향했다. 헐버트는 이준이 빠져나간 뒤 일본을 거쳐 블라디보스토크로 향했다. 헐버트는 모스크바에서 러시아 황제에게 고종 황제의 친서를 전달하려 했으나 이미 일본에 기운 러시아는 이를 거부하였다. 헐버트는 파리를 거쳐 헤이그에 도착하여 이상설, 이준, 이위종 특사를 돕고, 평화클럽(Peace Club)에서 일본을 비난하는 연설을 하였다. 결국 헤이그 특사파견은 무위로 끝나고 고종은 황제 자리에서 퇴위되었다. 헐버트는 일본의 위협으로 한국에서 더 이상 살 수 없어 헤이그에서 미국으로 돌아갔다. 그는 뒤이어 미국에 온 이상설을 만나 워싱턴으로 가 루즈벨트 면담을 시도했으나 뜻을 이루지 못했다.

1907년 일본의 박해로 미국에 돌아간 헐버트는 투쟁의 끈을 놓지 않고 강연, 기고, 집회 등을 통해 한국의 독립을 위해 1945년 광복이 될 때까지 투쟁하였다. 헐버트는 「뉴욕 타임스」와의 1907년 7월 22일자 회견에서 "한국인들은 끝까지 투쟁할 것이다. 일본은 한민족을 완전히 말살하여야만 한반도에서 평화를 얻을 것이다."라며 한국인들이 기필코 나라를 되찾을 것이라 예언하였다. 그는 1909년 미국 포틀랜드에서의 강연에서 "나는 언제나 한국인들을 지지할 것이다. 그들은 모든 권리와 재산을 빼앗겼다. 나는 죽을 때까지 그들을 대변할 것이다."라고 선언하였다. 헐버트는 또 「뉴욕 타임스」 기고를 통해 한국을 일본에 넘긴 것은 러일전쟁에 진 러시아가 아니라 루즈벨트 대통령의 친일정책 때문이라며 루즈벨트를 맹비난하였다. 결국 루즈벨트는 1919년 사망하기 전, 자신이 1905년 포츠머스 회담에서 한국의 일본 침략을 양해했다고 고백했다. 어느 누가 지기 나라 대통령을 상대로 다른 나라를 위해 그런 용기를 발휘할 수 있겠는가?

헐버트는 1919년 한국에서 3·1운동이 일어나자 미국 상원 외교관계위원회에 한국독립 호소문인 '진술서'(Statement)를 제출하여 일본의 잔학상을 고발하고 미국인들에게 조선의 독립을 호소했다. 그는 또 이승만이 주관하여

1942년 3월 워싱턴에서 개최된 '한국자유대회'(Korean Liberty Conference)에서 "고종 황제는 휜 적은 있으나 결코 부러지지 않았다."라며 한국인들은 끝까지 투쟁하여 나라를 되찾아야 한다고 역설했다.

필자는 다트머스 대학 '졸업 후 신상기록부'에서 헐버트가 남긴 뜨거운 한국 사랑의 글을 발견하고 눈물을 흘리지 않을 수 없었다. 그 구절을 소개한다.

나는 천팔백만 한국인들의 권리와 자유를 위해 싸워왔으며 한국인들에 대한 사랑은 내 인생의 가장 소중한 가치이다. 결과가 어떻게 되든 나의 그러한 행동은 값어치 있는 일이라고 생각한다.

1945년 한국이 광복을 맞자 헐버트는 "이는 정의와 인도주의의 승리"라고 기뻐하였다. 이승만 대통령은 1949년 8월 15일 광복절을 맞이하여 헐버트를 국빈으로 초청하였다. 감회를 묻는 AP통신 기자에게 헐버트는 "나는 웨스트민스터 사원보다 한국 땅에 묻히기를 원하노라."(I would rather be buried in Korea than Westminster Abbey)라고 소회를 밝히면서 샌프란시스코에서 배를 타고 한국으로 향했다. 한 달여 만에 인천항에 도착한 86세의 헐버트는 고령과 여독으로 도착 일주일 만인 1949년 8월 5일 청량리 위생병원에서 세상을 떴다. 헐버트는 외국인 최초의 사회장으로 마포 한강변에 있는 양화진외국인묘지에 영면하였다.

대한민국은 1950년 3월 1일 헐버트에게 건국공로훈장 태극장(현 독립장)을 추서하였다. 대한민국은 (사)헐버트박사기념사업회의 청원을 받아들여 2014년 10월 9일 헐버트에게 금관문화훈장을 추서하였다. 헐버트는 대한민국으로부터 건국공로훈장과 금관문화훈장 두 훈장을 받은 유일한 역사 인물이 되었다.

헐버트는 개화기 근대화와 주권수호운동의 중요한 한 축이었다. 그러나 헐버트가 한민족에게 무엇을 남겼는가는 한두 마디로 정의할 수 없다. 필자는 헐버트의 가장 위대한 업적은 한민족에게 긍지와 희망의 울림을 남긴 점이라고 생각한다. 그는 한민족은 찬란한 역사, 문화로 보아 자긍심을 가지는 것이 당연하다고 결론지었다. 그리고 한국인들은 타고난 생존력으로 보아 50년 내에 나라를 되찾을 것이라고 확신했다. 그는 한국인들은 인종적 우수성으로 보아 언젠가 세계사에 우뚝 설 것이라고 희망의 불씨를 지폈다. 그가 남긴 희망과 긍지의 울림은 이 땅에 많은 선각자를 탄생시켰다.

헐버트는 또 한국은 기독교 국가가 되어 문명 진화를 꾀해야 한다는 기독교 국가의 당위를 증명한 사람이다. 기독교인이 아닌 사람도 헐버트의 정신과 공적을 자세히 알고 나면 그의 기독교적 세계관에 감동하지 않을 수 없을 것이다.

헐버트는 이제 국제적으로 주목받고 있다. 미국의 미시건 주립대학교(Michigan State University)는 2014년 필자에게 '글로벌코리아 상'(Global Korea Award)을 수여하며 "헐버트의 정신과 사상은 모든 지구촌 청년들의 본보기로 거듭나야 한다."라고 주장했다. 미시건 센트럴대학교(Michigan Central University)의 메이(Hope E. May) 교수는 지난해 11월 '헐버트 대미특사 110주년에 즈음한 국제학술회의'에서 "헐버트는 20세기 초 국제평화의 상징인물로서 그의 정신과 행동은 시공을 초월하여 이어져야 한다."라고 주장했다.

본 글이 밑거름이 되어 헐버트가 실천한 기독교 정신이 모든 기독교인들에게 올바로 알려지기 바란다. 특히 감리교인들이 헐버트와 감리교의 관계를 바로 알고, 헐버트에 대한 긍지를 갖기 바란다. 더 나아가 헐버트의 숭고한 한국 사랑의 가치가 많은 국민들 가슴속에 깊이 심어지길 기대한다.

참고문헌

김동진, 「파란눈의 한국혼 헐버트」, 참좋은친구, 2010.
이광린, "헐버트의 한국관", 「한국근현대사연구」 9집, 한울출판사, 1998.
이원순, 「인간 이승만」, 신태양사, 1995.
헐버트 저서, 기고문 및 헐버트 관련 신문 기사 다수.
Hulbert, Homer B., *Echoes of the Orient*, Undated(필자 소장).
Hulbert, Homer B., *Hulbert's Manuscripts*, Undated(필자 소장).
Shaw, Carole C., *The Foreign Destruction of Korean Independence*, SNU Press, 2007.
The Korea Review(1901~1906).
The Korean Repository(1892, 1895~1898).

---

1. 1897년 10월 대한제국이 탄생하기 전까지는 조선으로 부르고 그 이후는 한국으로 부르는 것을 원칙으로 하였으나, 한국 전체를 포괄적으로 의미할 때는 한국이라 하였다.
2. 헐버트는 그의 회고록 *Echoes of the Orient* 에서 이를 기술하였으나 날짜는 밝히지 않았다.
3. 「한영자전」은 언더우드 이름으로 출판되면서 "헐버트와 게일이 도왔다"(assisted by Homer B. Hulbert and James S. Gale)라고 표시하였다.
4. 이광린, "헐버트의 한국관", 「한국근현대사연구」 9집, 한울출판사, 1998.
5. 이원순, 「인간 이승만」, 신태양사, 1995, 32.
6. Hulbert, Homer B., *Echoes of the Orient*, 209.
7. Shaw, Carole C., *The Foreign Destruction of Korean Independence*, SNU Press, 2007, 9.
8. Shaw, Carole C., *The Foreign Destruction of Korean Independence*, SNU Press, 2007, 284.
9. Hulbert, Homer B., *Hulbert's Manuscripts*, 108.

홀 가족

Hall Family

윌리엄 제임스 홀이
한국으로 떠나기 직전 가족사진
뒷 줄 가운데가 제임스 홀

로제타 셔우드 홀과
그의 딸 에디스와 아들 셔우드 홀

홀 일가(Hall Family)의 가족 선교사(宣敎史)는 곧 감리교뿐만 아니라 개신교 초기 의료선교사의 큰 축을 담당한다. 부부 선교사로 조선에 왔던 남편과 아내인 제임스 홀과 로제타 셔우드 홀은 평양이라는 새로운 개척 선교지를 의료선교를 통하여 뚫어내었고, 한국 의료 근대화와 의료진 양성에 큰 공헌을 하였다. 또한 아들 셔우드 홀과 메리안 홀 부부는 당시 조선인에게 천형과 같았던 폐결핵 퇴치와 예방을 위해 헌신적인 노력을 기울였고, 큰 성과를 거두었던 것이다. 그런데 이들의 자취를 들여다보면 이 놀라운 열매들이 어느 힌 사람의 독지적인 업적이 아니라, 네 사람의 가족이 서로를 위하여 길을 닦고, 영향을 끼침으로써 이루어진 가족 공동의 작품이라는 것을 알 수 있다. 무엇보다 그들을 가족으로 불러 모으시고 합력하여 사용하신 하나님의 놀라운 섭리와 은혜를 볼 수 있는데, 이는 각 사람이 가족 선교로 인한 특별한 희생의 십자가를 기꺼이 감당함으로 주어진 사역의 축복이었다.

대한민국의 근대의료 초석을 놓다
홀 가족

홍성아 목사_ 불꽃교회

선교사를 보면, 선교사들이 선교지로 자원하고 파송될 때 끝까지 독신으로 헌신한 경우도 많이 있지만, 가족이 함께 가서 또는 선교지에서 가정을 이루어 부부가 헌신하거나 자녀의 대까지 이어서 선교사역을 감당하는 경우도 많이 볼 수 있다. 우리나라 개신교 선교역사를 보면 아펜젤러 선교사 부부와 스크랜턴 모자가 그러했고, 언더우드 선교사 일가의 대를 이은 선교활동은 일반에도 널리 알려져 있다. 낯선 타국에서 혈혈단신인 것보다 가족이 있어 위로하고 동역한다면 훨씬 힘이 되고 능률도 있을 것이다. 그러나 그 선교지가 적대적이고 위험하며 풍토병 등의 위험으로부터 자유롭지 못하다면? 그런 곳에서 가족의 안위까지 걱정하며 사역하는 것은 어쩌면 가족과 함께 간 선교사들이 져야 했던 또 하나의 무거운 십자가였을 것이다.

초기 선교사들과 가족에 대하여 당시 한국사람들보다 풍족함은 물론이고 본국에서보다 여유롭게 잘살았을 것이라는 식의 비기독교인들의 편견을 들은 적이 있다. 과연 그럴 목적으로 이국땅까지 와서 위험을 무릅쓸 사람들이 있을지 묻고 싶거니와, 이제부터 소개할 홀 일가(一家)가 보여준 초기 개신교 선교활동의 자취는 우리에게 다음과 같은 질문을 던지며 숙연케 한다.

나는 사랑하는 처와 어린 자식을 두고 먼저 갈 것을 각오하고 몸을 던질 수 있는가?

나는 선교활동으로 남편을 잃고도 선교지에 남아 그 일을 이어갈 수 있는 가?
나는 어린 딸마저 풍토병으로 하늘나라로 보내는 아픔을 견디며 충성할 수 있는가?
나는 아버지를 잃고도 아버지가 택했던 선교의 길을 그대로 따라갈 수 있는가?

홀 일가(Hall Family)의 가족 선교사(宣敎史)는 곧 감리교뿐만 아니라 개신교 초기 의료선교사의 큰 축을 담당한다. 부부 선교사로 조선에 왔던 남편과 아내인 제임스 홀과 로제타 셔우드 홀은 평양이라는 새로운 개척 선교지를 의료선교를 통하여 뚫어내었고, 한국 의료 근대화와 의료진 양성에 큰 공헌을 하였다. 또한 아들 셔우드 홀과 메리안 홀 부부는 당시 조선인에게 천형과 같았던 폐결핵 퇴치와 예방을 위해 헌신적인 노력을 기울였고, 큰 성과를 거두었던 것이다. 그런데 이들의 자취를 들여다보면 이 놀라운 열매들이 어느 한 사람의 독자적인 업적이 아니라, 네 사람의 가족이 서로를 위하여 길을 닦고, 영향을 끼침으로써 이루어진 가족 공동의 작품이라는 것을 알 수 있다. 무엇보다 그들을 가족으로 불러 모으시고 합력하여 사용하신 하나님의 놀라운 섭리와 은혜를 볼 수 있는데, 이는 각 사람이 가족 선교로 인한 특별한 희생의 십자가를 기꺼이 감당함으로 주어진 사역의 축복이었다.

다음에서 홀 일가의 신앙과 헌신, 대를 이은 한국 사랑과 가족 선교활동의 공로를 살펴보면서 사취를 살펴보도록 하겠다. 또한 그들의 희생을 통해 하나님께서 우리나라에 주신 특별한 은혜와 복음의 능력을 느낄 수 있기를 바란다.

1. 윌리엄 제임스 홀

윌리엄 제임스 홀(William James Hall, 1860~1894)은 1860년 캐나다 온타리오 주 농가에서 태어났다. 목공 견습생으로 일하다가 19세에 폐병에 걸려 죽음을 기다릴 정도로 심각한 지경에 이르렀다. 그때 그는 하나님을 위해 이 세상에서 아무 일도 하지 못하고 죽게 된 것을 가장 안타깝게 느꼈다. 병에서 기적적으로 회복되자 새 인생을 하나님 나라를 위해 값지게 살기로 결단하였다.

그는 스스로 학비를 벌며 열심히 공부하여 퀸즈 대학교 의과대학에 입학하였다. 재학 중 그는 전 세계에 선교사들을 보내는 '국제의료선교회'에 속하였고, 졸업하고 뉴욕 빈민가 의료선교에 힘썼다. 뉴욕 의료시료원에서 닥터 홀은 로제타 셔우드를 동역자로서 만나게 되었다. 두 사람은 서로의 신앙 인격을 깊이 존경하고 사랑하게 되었지만, 각자가 속한 선교회의 결정에 따라 중국, 인도, 조선 어디든 가는 것이 각각 다른 나라가 된다 하더라도 하나님의 뜻이라 여겼다. 마침내 1890년 닥터 셔우드는 조선을 선교지로 받고 떠나게 되었다. 닥터 홀은 인간적으로는 서로에게 너무나 고통스러운 이별이었지만 하나님의 뜻에 순종하는 로제타의 모습에 더욱 감명 받았으며 그로 인해 더 깊이 그녀를 사랑하게 되었다. 이때 그녀에게 보낸 닥터 홀의 편지에는 다음과 같은 구절이 있다.

사랑하는 당신이 멀고 먼 낯선 땅에서 홀로 험난한 길을 헤쳐 나가야 한다고 생각하면 제 마음은 걱정으로 참기가 힘들 정도입니다. 혼자가 아니고 주님이 동행한다는 것은 알고 있지만 나는 기도를 통해 당신의 힘이 되고자 합니다.[1]

닥터 홀은 처음에는 중국 파견이 유력하였지만 1891년 극적으로 조선에 가게 되었다. 그렇게 해서 사랑과 결혼보다 하나님의 부르심에 먼저 순종하기를 원하였던 두 사람이 조선에서 다시 만나 가정을 이루게 되었던 것이다. 1891년 12월 서울 아펜젤러 선교사 집에서 재회한 두 사람은 1892년 6월 결혼식을 올렸는데 이것이 조선 최초의 서양 결혼식이었다. 이듬해 아들 셔우드가 서울에서 출생하였다.

1) 평양 선교기지 개척

서울은 1885년 아펜젤러, 언더우드, 스크랜턴 부인이 조선 선교의 문을 연 이후 더 많은 선교사들이 도착하였고 활발히 선교활동이 진행되고 있었다. 닥터 홀이 속한 선교회에서는 조선 내에 새로운 선교 기지를 세울 계획 하에 있었고, 1892년 3월 닥터 홀과 닥터 존스는 이를 위해 조선 선교사 최초로 탐사여행을 떠났다. 그것은 서울에서부터 시작하여 국경지역인 의주까지 갔다가 평양을 거쳐 다시 서울로 돌아오는 도보여행이었다. 그 당시가 구한말 쇄국정책 시행으로 외국인의 지방 거주가 금지되어 있었고, 기독교 포교는 사형에 처하는 죄였던 시기였지만, 두 선교사는 머무는 곳에서 환자들을 치료했고, 마을을 만나면 복음을 전하고 기독교 서적을 팔면서 선교활동 하는 것을 두려워하지 않았다. 또한 닥터 홀은 그를 적대시하는 관원이나 주민들, 놀리고 괴롭히는 아이들에게 한결같이 친절함과 선의로 대했고, 아픈 이들을 치료하고 돌보는 것을 큰 기쁨으로 여겼다. 조선어 통역사로 동행했던 노씨는 "성인 하락전"(聖人賀樂傳)이라는 글을 썼는데, 하락은 닥터 홀의 한국 이름이다. 노씨는 이 글에서 평양의 많은 사람들은 닥터 홀을 두고 "착한 성인 하락, 그 사람은 천국에 갈 사람"이라고 말하곤 했다고 기록하고 있다.2)

서울로 돌아와서 닥터 홀은 탐사 보고를 하면서 평양을 두 번째 선교기지로 최적이라고 지목하였다. 그는 그 이유를 인구 십만이 넘으며 해로와 육로를 잇는 내륙 교통의 요지라는 장점과 함께 평양이 조선에서 가장 문란하고 더러운 도시라는 평이 있다는 점, 폭력배들이 많다는 점을 들어 선교의 도전을 주는 대상지라고 꼽았다. 이러한 패기 넘치는 보고 탓인지 1892년 7월 닥터 홀은 평양 기지 개척을 담당할 적임자로 여겨져 월러드 멜러리우 감독에게 임명을 받았다.

그러나 평양은 서울에 비해 기독교와 외국인에 훨씬 더 적대적이었고, 외국인이 상주하는 것을 법으로 금하고 심히 경계하였다. 그 무렵 서북지방 개척의 필요성을 알고 평양에 온 장로교 선교사 모펫(S.A. Moffett)을 만나게 되었는데 서로에게 큰 힘이 되었다. 닥터 홀은 우선 평양과 서울을 왔다 갔다 하면서 의술을 베풂으로써 관리들을 포함한 평양 주민들의 서양인에 대한 증오심을 누그러뜨리고 차츰 신뢰를 얻는 것이 좋겠다고 판단하였다. 선교회에서도 평양과 같은 적대적인 곳에 새로운 기지를 개척하는 데에 의료선교사가 첨병이 되는 것이 매우 효과적이라고 생각하였다.

그리하여 약 2년간 닥터 홀은 서울에서 평양까지 편도 도보로 일주일이 걸리는 거리를 수차례 다녔다. 평양에 잠시 머무는 동안에는 환자들을 치료하고, 기회가 되는 대로 만나는 사람들에게 복음을 전하였다. 그들이 머문 곳은 언제 그들을 겨냥한 돌멩이가 빗발치듯 날아올지 몰랐고, 그리스도인이 된 평양 사람들이 주민들의 돌에 맞거나 관청에 끌려가서 매를 맞고 돌아오는 모습을 보아야 했다. 그러나 닥터 홀은 실망하거나 분노하지 않았고, 오히려 그런 상황에서 담담하게 이렇게 말했다고 한다. "하나님께서 한 사람을 희생시켜 이 도시의 문을 여실 생각이라면 나는 그 희생자가 되는 것을 피하지 않겠습니다."

마침내 1894년 닥터 홀은 그의 아내 로제타 홀과 태어난 아기를 데리고 와 평양에 정착할 것을 시도했다. 평양 관청은 이에 즉각적으로 민감하게 대응하여 그들을 돕는 조선인 기독교인 형제들을 잡아가서 매질하고 투옥하였으며, 그들이 머문 집을 향해 인근의 선동된 주민들이 몰려와서 돌멩이를 던졌다. 이 급박한 사태를 전신으로 보고받은 서울의 중앙 선교부는 외교적 노력을 다 동원하였고, 서울의 모든 선교사들이 한자리에 모여 이 문제를 위해 기도하였다. 결국 투옥된 자들이 극적으로 석방되었고 평양에서 닥터 홀 가족의 정착과 선교의 문은 이처럼 혹독한 시련을 통해 열렸다.

그러나 아직 그들의 거주는 조선 정부로부터 인정받지 못한 불법이었고, 평양 관리들이 매우 적대적이어서 언제 위험한 일이 발생할지 모를 상황이었다. 선교부에서는 닥터 셔우드와 갓난아기만이라도 서울로 돌아오라고 강력하게 권고하였지만 닥터 홀 부부는 성문 옆 한옥에서 꿋꿋하게 의료선교를 시작하였다. 첫날에 환자가 10명 왔고, 다음 날도, 그 다음 날도 환자들의 방문은 끊이지 않고 이어졌다.

2) 청일전쟁과 순직하기까지

이렇게 위태한 상황에서 동학농민운동이 일어났고, 그들을 제압하려 정부가 끌어들인 청군과 일본군에 대항하여 곳곳에서 전투를 벌였다. 정상적인 선교가 불가능한 상황에서 닥터 홀 부부는 서울로 내려와 병원에서 수많은 부상자들을 치료하였다. 동학농민운동이 끝나자 곧이어 청일전쟁이 일어났다. 힘없는 조선 땅에서 강대국이 벌이는 전쟁으로 인해 나라 곳곳이 전쟁터가 되고 마을은 폐허가 되었으며 많은 부상자와 풍토병 환자가 생겼다. 청군과 일본군이 평양과 서북지방 일대에서도 큰 전투를 벌이는 와중에, 닥터 홀은 평양의 성도들을 돌아보고자 서울에서 평양으로 떠났다. 폐허로 변해버린 평양에서 수많은 환자들을 본 닥터 홀은 밤낮을 가리지 않고 그들을 돌보았다. 성도들이 그를 도왔지만, 전문 의료인은 혼자이다시피 한 상황에서 건강을 혹사시키며 무리하였다. 그 와중에 닥터 홀은 얼마 전에 13명으로 시작한 광성학교를 다시 열었다. 또 조선인 기독교인들과 매일 밤 예배를 드렸다.

과로 끝에 풍토병에 걸린 닥터 홀은 그 병을 이겨낼 힘이 없었다. 모펫 선교사는 점점 병세가 심해지는 닥터 홀을 데리고 군인들의 배를 얻어 타고 서울로 갔다. 그러나 집에 도착해서 가족을 만났을 때 닥터 홀은 심한 고열이었고, 다음날 용변을 가릴 수 없을 정도로 병세가 악화되었다.

그는 아내 로제타에게 "내가 평양에 갔었던 것을 원망하지는 마시오. 나는 예수님의 뜻을 따른 것이오. 하나님의 은혜를 받았소."라는 말을 남기고 1894년 11월 24일 눈을 감았다. 그의 나이 34세, 조선에 온 지 약 4년, 평양 선교의 문을 열고자 필사의 힘을 다한 지 약 3년 만이었다. 남은 가족은 아내와 이제 막 돌이 지난 아들 셔우드와 태중에 7개월 된 딸 에디스 마거리트였다.

왜 닥터 홀은 거기서 자신의 생명을 살라가면서까지 환자들의 치료에 몰두했을까? 이 질문에 대한 답을 그가 이전에 쓴 글에서 찾을 수 있을 것 같다. 다음은 평양 선교 초기에 큰 어려움을 겪을 때 닥터 홀이 고향에 보낸 편지의 일부이다: "이제 조선에서 개신교가 맞이할 자유의 날이 가까워졌는가 보다. 그러기 위해서 하나님께서는 그의 자식 몇 사람의 생명을 요구하시는 것으로 보인다. 우리는 하나님의 뜻을 위해 죽을 준비가 되어 있다. 이러한 희생에는 충분한 은총이 따를 것이다."[3]

그는 평양 선교 개척 중에 자신이 죽을 수도 있으며 하나님께서는 그 희생을 결코 헛되이 하지 않으시리라고 믿었고, 그로 인해 평양 선교의 문이 열릴 것이라고 생각했던 듯하다. 뿐만 아니라 그것보다 더 좋은 방법은 없다고 여겼던 듯하다.

선교회는 동학농민전쟁과 청일전쟁의 여파로 가까스로 시작한 평양 선교가 큰 타격을 받지 않을까 우려하였다. 그러나 우려와는 달리 선교사들과 기독교인들이 헌신적으로 부상자와 병자들을 돌보는 모습에 조선 사람들의 기독교에 대한 마음의 빗장이 풀리었다. 그것은 닥터 제임스 홀이 바랐던 '충분한 은총'이었다.

2. 로제타 셔우드 홀

로제타 셔우드 홀(Rosetta Sherwood Hall, 1865~1951)은 미국 뉴욕 주 셜리반 카운티 리버티(Liberty)에서 농장을 운영하는 아버지 셔우드(R. Sherwood)와 신앙심 깊은 어머니(P.G. Sherwood)의 딸로 태어났다. 그녀는 어린 시절 어머니로부터 세계 선교, 특히 의료선교의 필요성과 가치에 대하여 들으며 의료선교사의 꿈을 키웠다. 그녀는 먼저 교사자격증을 따서 체이스넛리지학교에서 1년간 교직생활을 했고 그 후 펜실베이니아 여자의과대학에 입학하였다.

그녀는 선천적으로 몸이 약했다. 척추 이상으로 여러 번 수술을 받았으나 평생 완치되지 않았으며 말년에는 척추만곡증으로 고생하였다. 대학생 때에 목에서 결핵성 종양이 생겨 수차례의 치료 끝에 떼어내는 수술을 받기도 하였다. 이런 중에도 의료선교사의 목표를 가지고 해외 선교단의 일원이 되어 의료선교를 준비하던 그녀는 뉴욕의 빈민가 의료시료원에 경험을 쌓기 위하여 지원하였다가 뜻하지 않게 그곳에서 후에 남편이 될 닥터 홀을 만나게 되었다.

그보다 몇 년 앞서 조선 최초의 여성 선교사로 서울에 온 스크랜튼 여사는 여성의사가 진료하는 여성전용병원의 필요성을 느끼고 미국 감리교 선교부로부터 병원 설립 기금을 받아 보구여관이라는 병원을 세웠다. 이 병원에 첫 여성의료선교사로 메타 하워드(Meta Howard)가 와서 사역하였는데 첫 두 해 동안 그녀는 홀로 8,000명을 진료해야 했고 그 결과 건강을 해쳐서 본국으로 귀국하였다. 그의 자리를 이을 사람으로 조선에 파송받은 이가 닥터 로제타 셔우드였다. 그녀는 약혼자 닥터 홀을 뒤로하고 조선을 향해 떠나왔다.

로제타 홀은 이렇게 당차고 똑똑하며 독립적인 여성이었으며, 조선에 와서도 조선 사람들을 치료의 대상으로만 보지 않고 조선의 여성들을 깨워서 그들이 선교사들의 동역자이자 조국을 위하여 봉사하는 의료인이 되길 바랐다.

1890년 10월에 도착한 그녀는 조선에 온 두 번째 여성 의료선교사로서 서울의 보구병원을 맡아서 처음 10개월 동안에만 2,359명을 진료했다. 여성 의료인력 확충이 절대적으로 필요한 상황에서 로제타 홀은 '여성에 의한 여성을 위한 의료활동'(Medical Work for Woman by Woman!)이라는 구호를 내걸었다. 그녀는 이화학당 학생 가운데 적합한 학생들을 모아 보구여관 내에 의학훈련반(Medical Training Class)을 만들었는데 이들 중 한 명이 훗날 우리나라 최초의 여의사가 된 박에스더였다.

이처럼 바쁘게 선교지에서 활동하던 중에, 1년 후 약혼자 제임스 홀이 조선으로 임명을 받아 왔고 재회의 감격 속에 그들은 서울에서 결혼식을 올렸다. 결혼을 하고도 두 사람은 이전에도 그랬듯이 각자의 위치에서 하나님께서 부르신 사명을 위하여 왕성하게 활동하였다. 제임스 홀은 곧 평양 선교 개척자로 임명받아, 서울의 가정에 함께 있는 날보다 도보여행과 평양에서 보내는 날이 많았다. 로제타 홀은 첫 아들 셔우드를 낳아 키우면서 변함없이 서울의 병원에서 진료와 의학교육에 힘썼다.

1894년 닥터 홀 가족이 평양에 가서 거주 정착을 시도하였을 때, 온 가족의 생명이 위협받는 상황을 맞았다. 남편인 제임스 홀도, 서울의 선교회에서도 닥터 로제타 홀과 돌이 지난 아들만이라도 돌아오라고 강력하게 권고하였으나 그녀는 남편과 함께 평양에 남아 있겠다고 꿋꿋하게 주장하였다. 그리고 큰 위기가 지나가자, 남편과 함께 의료소를 차리고 그곳에서 새로운 환자들을 진료하는 데 힘썼다. 그들의 의료선교는 청일전쟁이 나서 전쟁터로 변해버린 평양에서 선교사들이 서울로 내려올 수밖에 없을 때까지 계속되었다. 얼마 후 남편 제임스 홀이 평양의 성도들을 돌아보고 오겠다고 하고 가서, 병자들을 돌보다 심한 과로 끝에 풍토병에 걸려 돌아와 그녀의 품에서 숨을 거두었다.

그때 그녀의 태중에는 태어날 새 아기가 있었고, 로제타 홀은 너무나 젊은 나이에 가족을 남겨두고 떠난, 사랑하는 남편의 죽음이 믿어지지 않아 큰 충격에 빠졌다. 양화진에 남편을 묻고 아들과 함께 귀국하여 고향에서 딸 에디스 마거리트를 출산하였다. 그러나 로제타는 그리움과 슬픔 중에서도 하나님의 음성에 귀 기울였다. "사랑하는 딸아, 네 남편 윌리엄 홀이 이루지 못한 조선 사랑을 네가 이루어라."라는 하나님의 음성을 들은 그녀는 다시 일어섰고 바쁘게 움직이기 시작하였다.

우선 남편 닥터 제임스 홀이 조선에서 선교사로서 어떤 삶을 살았는지를 기록한 전기 The Life of Rev. William James Hall. M. D. (1897)를 저술하였다. 그녀가 쓴 남편의 전기는 초기 한국교회의 선교 상황 및 구한말 국내정세를 알려주는 귀중한 사료로 평가되고 있다.

또한 그녀는 남편의 유산과 친지들의 부의금을 모은 것을 평양에 보내서 홀 기념 병원(記忽病院, The Hall Memorial Hospital)을 짓도록 하였다. 이 건물은 선교회로부터의 어떠한 경제원조도 없이 지어진 것으로 1897년 2월 완공, 개원한 지 일 년도 안 되어 3,000명이 넘는 환자가 진료를 받았다.

한편 이전에 평양에서 한 맹인 소녀를 알게 되어 그녀에게 점자를 가르쳤던 로제타는 미국에 있는 동안 뉴욕의 맹인연구소를 방문하는 등의 노력 끝에 미국의 영어 점자원리를 적용하여 조선의 맹인들이 쓸 수 있도록 한글 점자사용법을 고안해 냈다. 이로써 그녀는 조선의 맹아 교육까지 준비하였던 것이다.

1897년 조선을 떠난 지 3년 만에 그녀는 두 아이를 데리고 다시 긴 여행을 통해 조선에 돌아왔다. 서울의 보구여관에서 잠시 일하다 이듬해인 1898년 그녀는 평양으로 파송받았다.

그 이후 평양에서 그녀의 선교행적을 보면 어떻게 한 사람이, 그것도 연약한 여성이자 어린 자녀를 키우는 젊은 미망인이 그토록 많은 일을 해낼 수 있었는지, 놀라울 뿐이다. 전 세계에 파송된 수많은 선교사들이 그들의 사역지에서 땀방울을 흘리지만, 어찌 보면 그녀와 같이 많은 성과물을 이루어낸 행운의 선교사는 드물다. 하나님께서는 평양 선교의 문을 여시기 위해서 닥터 제임스 홀을 순교자로 데려가셨다면, 그의 아내 닥터 로제타 홀을 통하여 홀의 순교의 열매를 거두게 하신 듯하다.

1898년, 로제타는 기홀병원에서 일하는 한편, 평양 최초의 여성병원인 광혜여원을 개원하였다. 이것으로 그녀는 부녀자와 아동을 위한 의료사업을 본격적으로 시작했다.

그러던 중 그녀에게 또 한 번의 시련이 닥쳤다. 평양에 돌아온 그해에 세 살 된 딸 에디스를 이질로 잃게 된 것이다. 에디스의 장례는 아펜젤러 목사의 집전으로 치러지고 양화진 아버지 곁에 묻혔다. 로제타는 일기에 이렇게 쓰고 있다: "함께 살아서 보지 못했던 딸을 아빠 옆에 묻기 위해 서울로 운반해 갔다. 에디스가 가는 여로는 아빠가 생전에 자주 왕래하던 길이다. …"4)

그 후에도 선교지에 다시 돌아와 사랑하는 딸을 잃은 로제타 홀의 애끓는 모정의 일기는 계속된다. 그 일기 속에서 남편에게 완벽한 동반자였고 강철같은 추진력과 흔들림 없는 믿음을 가진 여성선교사였지만, 사랑하는 딸을 잃고서는 말로 표현할 수 없는 고뇌와 왜 이런 아픔을 허락하시는지 알 길 없어 피눈물과 같은 기도를 드리며 괴로워하는 그녀를 본다. 의문을 순종으로 승화시키려는 그녀의 몸부림은 선교의 업적이 그만큼의 고통과 자기부인 없이는 이루어질 수 없음을 다시 한 번 상기시켜준다.

사랑하는 남편과 딸까지 양화진에 묻고 나서, 조선은 이제 그녀에게 떠나려야 떠날 수 없는 곳이 되었다. 로제타 홀은 딸을 남편 옆에 묻으며 "하나님! 사랑하는 내 아들 셔우드 홀과 한국에서 평생 사역을 할 수 있게 해 주시기를 원합니다."라고 기도했다. 그녀는 슬픔 속에 사역에 집중했다.

1898년, 로제타 홀은 에디스를 추모하는 마음으로 어린이 병동을 세우기로 했다. 친척들과 친구들이 보내준 돈과 개인 사재를 털어 신축될 여성병원의 부속병동으로 '에디스 마거리트 어린이 병동'을 지었다.

1903년, 광혜여원의 건물을 신축해서 한국 최초의 간호원 양성소를 열었다. 후에 이 노고를 인정받아 1908년 고종 황제로부터 치하를 받기도 하였다.

또한 미국에서 한 맹인소녀를 위해 한글 점자사용법을 개발해 온 로제타는 그 한 명의 학생을 시작으로 점차 더 많은 맹인 학생들을 모아 본격적인 교육을 실시하였는데, 이것이 평양맹아학교가 되었다.

한편 그녀는 틈틈이 지방순행에도 힘썼는데, 이는 병원까지 너무 멀어서 오지 못하는 산골민들을 위한 것이었다. 그녀의 순행에는 안주, 운산, 의주, 때로는 청천강을 건너 운산 저쪽의 깊은 산골짜기까지 포함되었다. 그녀는 각종 의약품과 복음서, 실용품 등을 말 위에 싣고 순회여행을 하였다. 의료 혜택을 받게 된 벽지 주민들은 그녀의 방문을 환영하였으며, 낮에는 환자들을 치료해 주고, 밤에는 동행한 노블 선교사와 함께 동리 사람들을 모아놓고 복음을 전했다.

1917년 서울로 자리를 옮긴 로제타 홀은 여성의과대학을 설립하고자 했다. 1920년경부터 여자의학반을 조직하여 한국인 여자의사 양성을 시작하였다. 이 의학반은 1928년 경성여자의학교로 인가를 받아 정규 의학교육기관으로 발전하였고 이것이 후에 고려대학교 의과대학의 모체가 되었다. 로제타 홀의 이러한 노력 끝에 1934년 첫 졸업생을 배출했다. 5명이 의사 자격증을 받았는데 그들은 한국 최초의 여자 의학교육기관에서 탄생한 의사들이었다.

1933년, 68세의 나이로 정년을 맞게 되자 약 44년간의 한국에서 봉사를 마치고 고국으로 돌아갔다. 귀국 후 계속 의사로 봉사하다가 1943년 은퇴하였고, 뉴저지에 있는 은퇴한 여선교사나 교회에 재직했던 여성들을 위해 감리교단에서 운영하는 양로원에 들어갔다. 1951년 그 양로원에 유행성 독감이 퍼졌을 때 치료에 나섰다가 병균에 감염되어 85세의 나이로 별세하였다. 그녀의 유해는 화장되어 한국으로 돌아와 남편과 딸이 묻혀 있는 양화진 외국인 묘지에 묻혔다.

3. 셔우드 홀

아버지 윌리엄 제임스 홀과 어머니 로제타 홀 사이에서 장남으로 태어난 아들 셔우드 홀(Sherwood Hall, 1893~1991)은 서울에서 태어났고, 두 살 때 아버지를 여의었다. 그 역시 부모의 대를 이어 조선을 위한 의료선교사의 길을 갔는데, 이 헌신을 결단한 계기가 놀랍게도 평양대부흥 사건이었다. 1903년 원산에서 감리교 의료선교사 로버트 하디(R.A. Hardie)가 인도한 집회에서 시작된 성령의 역사는 동일한 은혜를 사모하는 그 일대 교회들의 집회에서도 나타났다. 1907년에 이르러서는 평양의 교회들에서도 성령의 역사가 임하여 개신교회의 폭발적인 부흥으로 이어졌다. 이 기간을 통틀어 특히 감리교회의 교세 확장이 두드러졌다. 1906년 8월 평양 남산현교회에서 하디 선교사를 초청하여 집회로 모였는데 당시 13세 소년이던 셔우드 홀이 참석하였다가 큰 은혜를 받았다. 그는 후에 고백하기를 그때 자신은 어른이 되면 미국으로 돌아가 사업가가 되려 했는데 그날 닥터 하디의 설교를 듣고 부모님처럼 의료선교사가 되어 조선으로 돌아와 일하겠다고 결심을 하게 되었다고 했다.

닥터 제임스 홀이 평양 선교의 초석을 닦으며 순직하였을 때, 자신이 평양대부흥의 씨앗을 심었다는 것을 알았을까? 장차 평양에 성령의 크신 역사로 교회마다 부흥되며 성도들이 은혜받는 날이 올 줄 알았을까? 아니, 평양대부흥 집회를 통해 자신의 아들이 은혜받아 자신과 같은 길을 가게 될 줄 알았을까? 아버지가 늘 곁에 있어도 올바른 신앙 인격의 길로 인도하기 힘든 것이 자녀교육이다. 하나님께서는 가족을 하나님께 맡기고 떠난 닥터 홀을 위하여 그가 나누고 싶었던 비전과 은혜, 조선 사랑의 마음을 그의 아들이 다 전해 받게 하셨다. 하나님께서 그를 어떻게 인도하고 쓰셨는지 보자.

셔우드는 서울과 평양에서 자라면서 한국인이 결핵으로 젊은이와 어린이들까지 죽는 것을 보았다. 당시 조선에서 결핵은 높은 감염율과 치사율로 천형처럼 여겨지고 있었다. 셔우드 홀이 결핵연구와 치료에 관심을 갖게 된 결정적인 계기는 그가 이모처럼 따르던 박에스더가 폐결핵으로 사망한 것이었다. 에스더는 어머니 닥터 셔우드가 키운 의학반의 첫 제자인 동시에, 미국에 데려가 의학공부를 하게 하여 한국 최초의 여의사가 되었다. 평양에 돌아와서는 10여 년간 닥터 로제타 홀의 의료선교사업에 헌신적으로 함께한 동역자였으며, 홀 모자에게는 가족과 다름없는 친밀한 관계였다. 이때 셔우드 홀은 반드시 폐결핵 전문의사가 되어 조선에서 폐결핵 퇴치에 앞장설 것을 다짐하였다.

의료선교사의 꿈을 품고 셔우드 홀은 1911년 미국 마운트 허몬 학교에 입학하여 고등교육을 받고, 1915년 미국 마운트 유니온 대학에 입학하였다. 거기서 그는 평생을 함께 사역하며 사랑한 아내, 메리안을 만났다. 1922년 두 사람은 결혼하였고, 1923년 셔우드는 캐나다의 토론토 대학교 의과대학에서 흉부질환과 폐결핵 전공으로 졸업하였다. 1924년 뉴욕 롱아일랜드의 홀츠빌 서퍼크 결핵요양소에서 결핵을 전공하였다. 마침내 메리안 역시 의과대학을 졸업하자, 셔우드는 1926년 아내를 데리고 한국으로 돌아왔다. 미국 감리회 의료선교사였다. 그의 어머니 로제타는 아들과 며느리가 평양으로 와서 자신의 병원을 돕기를 바랐다. 그러나 셔우드는 평양에는 이미 훌륭한 의료선교사들이 있었으므로 그렇지 않은 해주를 가고자 이미 선교회와 얘기가 다 되어 있었다.

셔우드 홀은 1926년 7월부터 1940년까지 황해도 해주 구세병원에서 원장으로 사역했다. 또한 해주 남학교인 의창학교의 교장직을 겸임하였다. 그리고 자신의 오랜 비전이었던 결핵 치료를 전문적으로 할 수 있는 의료기관을 설립하기 위한 기금 마련에 착수했다. 선교회는 결핵전문병원 건립의 필요성은 인정했지만 건립에 필요한 막대한 자금이 전혀 없었다. 셔우드는 조선에서 결핵을 퇴치하겠다는 계획을 설명하며, 여러 방면으로 모금운동을 하였다. 결국 어머니와 선교부의 적극적인 후원을 얻어, 1928년 해주에 한국 최초의 결핵전문요양원인 '구세요양원'을 건립하였다. 그는 여기서 멈추지 않고 요양원 안에 결핵위생학교를 설립하여, 결핵퇴치를 위한 제도적인 교육도 실시했다.

셔우드의 결핵 퇴치와 예방사업에 대한 정성은 참으로 대단해서 이번에는 크리스마스 실(Christmas seal) 도입을 시도하였다. 그는 실 제도를 도입함으로써 여전히 조선 내에 만연한 결핵 환자를 경원시하는 풍조라든가, 결핵을 고칠 수 없는 병이라고 여기는 인식을 바꾸기를 간절히 원했다. 또 실 판매수익금이 결핵 환자 치료와 식사, 퇴원 후 사회복귀를 돕는 데 효과적으로 쓰일 수 있다고 보았다. 일본 정부의 허가를 받는 것이나 실을 일반에 소개하고 보급하는 과정마다 쉽게 넘어간 것이 없었다. 그렇지만 셔우드 홀은 놀라운 인내심과 창의성을 가지고 뚫어내어 마침내 1932년 결핵 퇴치를 위한 크리스마스 실을 조선 최초로 발행하였다.

이처럼 이미 개척된 안전한 길이 아니라 나지 않은 길을 내고, 아직 도움의 손길이 닿지 않은 조선인에게 절실한 부분을 찾아 심지어 핍박을 받으면서도 돕는 닥터 셔우드 홀의 모습에서 각각 아버지 제임스 홀과 어머니 로제타 홀의 정신과 자세를 볼 수 있다.

일제강점기 말기에 일본 정부는 선교사들의 포교활동을 탄압하였다. 그들은 홀 부부에게 영국 스파이라는 혐의를 씌워 그와 그의 가족을 추방하려 했다. 재판에서 그를 변호하였던 박씨는 유죄는 만부당하며 지난 16년간 그가 어떤 마음으로 조선인을 위하여 애썼는지에 관해 이렇게 말했다.

> … 그는 청진기로 우리 백성들의 심장을 진찰할 때면 자기 심장도 우리와 함께 뛴다고 말한 일이 있습니다. 그는 우리와 똑같이 느끼고 사랑합니다. 이런 감정의 공통점으로 인해 그는 우리와 하나가 되었습니다.[5]

결국 닥터 셔우드 홀 가족은 1940년 강제로 한국을 떠나야 했다. 그러나 그들 가족은 아무도 막지 못할 선교 열정으로 인도에 가서 유니온 요양원에서 23년간 원장으로 활동하며 그곳에서 결핵퇴치운동 사역을 감당했다. 인도에서의 사역에서마저 은퇴하고 나서 부부는 캐나다 밴쿠버로 돌아가 자선의사로 봉사하면서 노년을 보냈다.

이때 셔우드 홀은 비로소 2대에 걸친 조선에서의 사역을 담은 회고록을 집필하였다. 1978년 발행된 조선회상 With Stethoscope in Asia: Korea은 "닥터 홀의 조선회상"이라는 제목으로 1984년 국내에서 번역되었다. 1991년 98세의 일기로 생을 마감했고, 6개월 후 아내 메리안 역시 95세를 일기로 별세하였다. 홀 부부의 유언을 따라 그들의 유해는 부모, 누이 에디스, 아들 프랭크가 묻힌 한강변 양화진 외국인 묘지에 안장되었다. 닥터 셔우드 홀의 유언은 이러했다: "나는 지금도 한국을 사랑합니다. 내가 죽거든 내가 태어나서 자랐던 사랑하는 이 나라, 또한 사랑하는 어머니, 아버지, 누이동생이 잠들어 있는 한국 땅에 묻어주시길 바랍니다."

4. 메리안 버텀리 홀

메리안 버텀리 홀(M.B. Hall, 1896~1991)은 1896년 6월 21일 영국 엡웟(Epworth)에서 출생하였다. 엡웟은 감리교의 창시자인 존 웨슬리가 태어난 곳이다. 그녀의 가족은 1911년 캐나다로 이민하였다. 온타리오주 아덴 고등학교를 졸업하고, 킹스턴 학교 교사양성과정을 이수하고 초등학교 교사가 되었다. 1917년 미국 루츠타운 학교 교사로 전임하다가 부모님이 계신 캐나다로 돌아가려는 찰나에, 셔우드 홀을 만나면서 둘은 사랑에 빠졌다.

둘 다 학비를 벌기 위해서 일해야 했는데, 메리안은 공장과 교사 생활을 하였고, 셔우드는 중국에서 수입한 실크, 레이스, 부엌기구 등을 팔았다. 메리안은 이렇게 힘들게 학교생활을 하면서도 의료선교사의 꿈을 가지고 있는 셔우드를 보며 감명을 받고, 자기도 선교사가 되고 싶은 도전을 받았다. 셔우드는 함께 의료선교사로 조선에 가자는 말과 프러포즈를 동시에 하였고 메리안은 승낙하였다.

약혼 후에 메리안은 셔우드가 다니던 마운트 유니온 대학에서 공부하였고 1920년 필라델피아 여자의과대학에 입학했다. 그녀는 외과분야에서 최고의 훈련과 경험을 쌓았다. 졸업 후 1922년 6월 21일 결혼하여 켈로그 결핵요양소(Kellogg Sanatorium)에서 함께 결핵 실무를 익혔다.

부부는 오랜 준비 끝에 미국 감리회 의료선교사 자격으로 1926년 내한하였다. 조선은 셔우드에게는 고향과 같은 곳이었지만, 메리안에게는 언어와 문화와 모든 것이 낯선 선교지였다. 해주 구세병원에서 메리안은 여자 환자들과 어린아이들을 맡았고, 셔우드는 남자 환자들을 맡았다. 메리안은 외과수술을 집도하였고, 셔우드는 폐병 환자들을 치료하면서 결핵요양소 건립의 길을 모색하였다. 두 사람은 훌륭한 의료팀이었다.

그녀는 선교사의 아내로서, 세 자녀의 어머니로서의 역할뿐 아니라, 수많은 산부인과와 외과 수술을 담당하여 생명을 살리고 병을 고쳤다. 때로 임신한 몸으로 출장 진료와 수술을 감당하기도 하고, 조선 환자들을 돕다가 자녀들과 본인까지 공수병에 걸려 죽을 뻔한 위기도 겪었다. 그러나 그녀는 이 모든 일들을 한결같이 밝고 명랑한 태도와 사랑으로 극복하였다.

닥터 메리안 홀이 해주요양원 설립 10주년 기념으로 밝힌 소회가 선교 잡지(*Korea Mission Field*(33) *Jul*, 1938)에 기고되었는데 다음 인용이 그녀의 선교 신앙을 잘 보여준다.

요양원 설립 10주년을 맞는 오늘, 감회 깊게 시작 당시의 그 어려움들을 되돌아본다. 마치 신비한 힘으로 모든 게 이뤄진 것같이 느껴진다. 그것은 오로지 하나님께서 주신 '꿈'이었고 그 꿈에 성실히 매달렸기에 하나님께서 이를 성취시켜 주셨다는 사실을 나는 안다. 우리가 어려울 때 하나님은 친구들을 통해 도와주셨고, 우리의 온갖 난관은 극복되었다. 이제 이곳은 절망에 빠졌던 많은 사람들이 희망을 얻는 장소가 되었다. (메리안 B. 홀)

홀 일가, 그들은 가족이었지만 육신의 가족을 먼저 생각하지 않고 흑암 가운데 있는 조선 사람들을 하나님 안의 한 가족으로 품는 데 각기 최선을 다하였다. 이들 가족의 선교자취를 보면 나를 드리는 것보다 더 고통스러운 것이 내 가족을 드리는 것임을 통감하게 된다. 결국 그들은 사랑하는 가족들을 한 명씩 서울의 양화진에 묻고, 평생 조선을 사랑하고 그리워하다가 유해로라도 돌아와 묻혔다. 어쩌면 그들이 나누어준 의술이나 교육, 업적보다도 이 나라의 가장 비참한 시기에 가족으로 이 땅에 와서 조선 사람들의 아픔을 함께하며 그들에게 소중한 것들을 하나씩 잃었던 홀 일가의 삶이 더 깊이 조선인들의 마음을 열고, 선교의 문을 열었을 터이다.

닥터 제임스 홀의 묵묵한 순직, 닥터 로제타 셔우드 홀의 초인적인 노력과 업적, 닥터 셔우드 홀의 따뜻한 사랑, 그리고 닥터 메리안 홀의 꿈과 희망의 노래가 다 하나였음을, 하나님께서 하나의 나무로 자라게 하셨고, 거기에 수없이 많은 한국의 생명들이 열매로 맺히게 하셨음을 알고, 이 진액을 다한 수고를 아름답게 축복하신 하나님께 감사드리게 된다.

참고문헌

셔우드 홀, 「닥터 홀의 조선회상」, 좋은 씨앗, 2007.
박정희, 「닥터 로제타 홀」, 다산북스, 2015.
하희정, "여성 의료분야 개척자, 로제타 셔우드 홀", 「국민일보」, 2016. 1. 4.
하희정, "여성 의료분야 개척자, 로제타 셔우드 홀", 「국민일보」, 2016. 2. 1.

1. 셔우드 홀, 「닥터 홀의 조선회상」, 좋은 씨앗, 2007, 53.
2. 셔우드 홀, 「닥터 홀의 조선회상」, 좋은 씨앗, 2007, 133.
3. 셔우드 홀, 「닥터 홀의 조선회상」, 좋은 씨앗, 2007, 151.
4. 셔우드 홀, 「닥터 홀의 조선회상」, 좋은 씨앗, 2007, 194.
5. 셔우드 홀, 「닥터 홀의 조선회상」, 좋은 씨앗, 2007, 705.

하디

Robert A. Hardie

하디
Robert A. Hardie

하디 선교사는 1903년 8월 원산에서 시작하여 1907년 평양에서 절정을 이루고 소멸된 원산대부흥의 주역이었다. 즉 하나님께서는 '부흥에 대한 올바른 이해, 말씀과 기도, 높은 이상, 고귀한 동기'를 가지고 있던 하디를 그 대부흥의 도구로 사용하신 것이다. 대부흥의 열기는 교회연합운동으로 이어졌고, 하디는 한국교회가 하나의 복음주의 민족교회로 연합하기를 간절히 갈망하였다. 이외에도 하디는 신학교육, 문서선교, 농촌계몽운동을 위해서도 기여하였을 뿐만 아니라, 성경을 성경으로 이해하려고 하는 건전한 복음주의 신학을 한국에 소개하기도 하였다. 그리고 무엇보다도 그는 복음전파와 교회 개척을 위해 자신에게 맡겨진 자리에서 늘 최선을 다한 진정한 감리교도였다.

원산대부흥의 도구로 사용하다
하디*

김칠성 박사_ 목원대학교 교수

개신교의 한국 선교는 로버트 매클레이(Robert Maclay) 감리교 선교사가 1884년 7월 3일 고종으로부터 의료와 교육선교에 대해 허락(윤허, 允許)을 받으면서 본격적으로 시작되었다.1) 130여 년의 역사 속에서 한국 개신교가 급성장할 수 있었던 데에는 여러 요인들이 작용하였다. 예를 들어 선교 초기부터 아펜젤러와 스크랜턴 대부인이 배재학당과 이화학당을 중심으로 시작한 교육활동, 알렌과 스크랜턴이 제중원과 시병원을 중심으로 시작한 의료활동은 구한말 우리 민족의 계몽, 개화, 치유에 크게 이바지하였을 뿐만 아니라, 한국 선교에 직간접적으로 크게 기여하였다. 그러나 교육과 의료선교의 최종 목표는 영적인 변화, 즉 잃어버린 영혼을 구원하여 진정한 그리스도인으로 만드는 것과 하나님의 뜻이 이 땅에서 이루어지도록 하는 하나님 나라의 도래였다. 이러한 영적 변화의 사건은 1900년대 초반에 한반도에서 두드러지게 나타나는데, 그것이 바로 1903년 원산에서 시작되어 1907년 평양에서 절정을 이룬 원산대부흥이다. 그리고 이 대부흥의 도구로 하나님께서 사용하신 사람이 바로 로버트 하디(Robert A. Hardie, 1865~1949, 河鯉泳, 하리영) 감리교 선교사이다.

1. 원산대부흥[2]

1900년대 초기 한국부흥에 대해서 이야기할 때, 그동안 한국교회는 원산부흥과 평양부흥을 서로 다른 부흥, 혹은 원산부흥은 평양대부흥을 위한 준비단계의 부흥 정도로 보는 경향이 강했다. 그러나 1903년 8월 원산의 하디로부터 시작된 부흥은 한반도 곳곳으로 전파되다가 1907년 평양에서 절정을 이루고 소멸된 하나의 대부흥이다. 조나단 에드워즈(Jonathan Edwards, 1703~1758)가 제시한 두 가지 대부흥의 기준으로 평가해 보면 원산부흥이 대부흥이라는 사실을 명확히 알 수 있다.

조나단 에드워즈는 그의 글에서 1734~1735년에 미국 노샘프턴(Northampton)에서 있었던 놀라운 하나님의 역사하심에 관해 기록하면서 노샘프턴에서의 각성(Awakening)이 대각성(Great Awakening)인 이유를 두 가지로 설명하고 있다. 즉 노샘프턴에서는 신분, 계층, 연령을 초월한 모든 종류의 사람들에게, 그리고 "성령의 부으심"(The Pouring out of the Spirit of God)이 매우 빠르게 다른 마을로 번져나갔기 때문에 대각성이라고 에드워즈는 피력한다.[3] 이처럼 성령의 갑작스러운 부으심(out pouring of the Holy Spirit) 혹은 성령세례(Baptism of the Holy Spirit)가 일부 계층이나 일부 연령층의 사람들에게 국한되어 나타나는 것이 아니라 모든 종류의 사람들에게 나타날 때, 또한 성령의 불이 한 지역 안에서만 머무는 것이 아니라 다른 지역으로 뻗어나가면 이것이 바로 대각성(Great Awakening) 혹은 대부흥(Great Revival)이라는 것이다.

에드워즈의 기준으로 볼 때, 1903년 원산에서 시작된 부흥은 성별, 신분, 인종, 연령을 초월한 다양한 사람들이 부흥을 경험했고, 원산을 시작으로 한반도 전역으로 성령의 불길이 뻗어갔기 때문에 대부흥이라고 볼 수 있다. 하디에 의하면, "하나님께서는 죄를 깨닫게 하시는 능력과 성화의 능력으로 선교사 모임에서 나타나셨다. 원산에서 있었던 선교사들의 모임이 끝난 후 몇 주가 지난 후에 이 모임의 첫 번째 직접적인 결과로 그 부흥은 시작되었고,

3~4년 동안 한국 전체 지역으로 뻗어나갔다."4) 그리고 "대부흥은 1903년 원산에서 시작되어 1906~1907년에 평안남북도에서" 혹은 "1907년 평양에서 절정을 이루었다."5)고 한다.

즉 1905년부터 1906년까지 남, 북감리교 선교지역인 원산, 강원도, 송도(개성), 서울, 평양 등지에서 부흥의 현상들이 반복적으로 나타날 뿐만 아니라, 장로교회 선교지역인 함흥, 목포에서도 하디의 동역자였던 감리교 저다인 선교사를 통해서 부흥의 불길이 번져갔던 것이다. 또한 안식년을 마치고 1905년 12월에 한국에 돌아온 하디는 1906년 8월 평양에 주재하고 있는 감리교, 장로교 선교사들을 위한 성경공부모임(Bible Conference)을 인도했다. 이 집회는 선교사들이 보다 깊은 영적인 삶을 살도록 하는 것이 주된 목적이었다. 평양 주재 북장로교 대표적 선교사 중 한 사람인 그레함 리(Graham Lee)는, "하디의 집회에서 우리의 마음속에는 한 가지 열망이 생겼다. 그것은 하나님의 성령께서 우리의 삶을 완전히 다스려 주시고, 하나님의 사역을 위해서 능력 있게 우리를 사용하시도록 하는 것이다."6)라고 고백했다.

2012년 한국기독교역사학회 회장을 역임한 한동대학교 류대영 교수는 1900년대 초기 한국 대부흥에 대해 다음과 같이 평가하고 있다.

> 20세기 초 한국의 부흥운동은 감리교가 시작하고, 전파하고, 끝까지 주도한 전형적인 감리교의 성결-오순절운동이었던 것으로 보인다. 대부흥운동이 평양부흥을 중심으로 알려지게 된 것은, 평양대부흥이 부흥운동의 정점이었기 때문일 것이다. 그러나 그렇게 된 데에는 한국교회 전체를 주도하게 된 장로교회가 평양대부흥을 감리교 부흥운동의 전반적인 맥락에서 분리시켜 부각시킨 이유도 있지 않은가 한다.7)

1903년 원산에서 시작된 부흥은 미국 남감리교회를 시작으로 미국 북감리교회, 캐나다 장로교회, 미국 남장로교회, 미국 북장로교회의 선교지역,

즉 한반도 전체 지역으로 뻗어나가다가 1906년과 1907년 평양을 포함한 평안남북도 지역에서 절정을 이룬 후 끝이 난 하나의 대부흥인 것이다. 그리고 하나님께서는 하디라는 감리교 선교사와 한국 감리교회를 사용하셔서 한국 교회를 영적으로 깨어나게 하셨다는 점을 우리는 분명히 인지할 필요가 있다.

2. 부흥의 도구

흔히 하디의 회개를 통해 원산대부흥이 시작되었다고 많은 사람들이 알고 있다. 그러나 하디의 경험을 되짚어 보면, 하디가 회개한 것이 먼저가 아니라, 성령이 그에게 오시는 사건(성령세례 혹은 개인적 부흥)이 일어난 이후에 자신의 교만, 마음의 견고함, 믿음 없음을 고백했다. 물론 여기서 믿음이 없다는 것은 올더스게이트 이전의 존 웨슬리와 같이 칭의, 중생을 위한 믿음이 없었다는 말이 아니다. 이미 예수 그리스도를 믿음으로 칭의 받고 거듭남을 경험한 하디는 자신의 선교사역을 감당할 때 예수님 안에 거하지 않고 성령님을 의지하지 않은 채 자신의 경험과 노력에 의존했던 교만, 마음의 견고함, 그리고 믿음 없음을 고백했던 것이다. 그렇다면 하나님께서는 왜 하디를 대부흥의 도구로 사용하셨을까? 이 질문에 대해서는 네 가지 정도의 대답이 가능하다.[8]

1) 부흥에 대한 올바른 이해

현대 한국교회에서 부흥은 종종 교회 성장의 다른 표현으로 사용되곤 한다. 그래서 '교회가 부흥했다'는 말은 교회가 숫자적으로 성장했음을 의미한다. 그러나 하디에게 부흥은 교회 성장이 아니라 이미 예수님을 믿는 사람들에게 다시금 능력으로 성령이 임하는 사건, 즉 성령세례(Baptism of the Holy Spirit)를 의미했다. 1894년 6월 14일의 선교보고서에서 하디는 "신선한 성령세례(a fresh baptism of the Spirit)가 필요함을 느낀다."[9]고 했고, 1903년 8월 원산에서 있었던 부흥의 경험에 대해 "나는 성령세례를 받았다."(I had received the baptism of the Holy Spirit)[10]라고 표현하기도 했다. 다시 말해 하디에게 있어서 부흥은 숫자적인 교회의 성장을 의미하지 않고, 이미 예수 그리스도를 믿는 기독교인들에게 능력으로 성령이 다시 임하는 사건인 성령세례라고 인식하고 있었던 것이다.

2) 말씀과 기도

하디는 성경을 탐독하면서 부흥을 위해서 그의 후원자들, 그리고 동료들과 함께 간절히 기도했다. 1894년 6월 14일에 작성된 보고서에서 하디는 "나는 당신들과 캐나다선교회에 소속된 사람들이 특별하게 우리가 성령으로 완전하게 지배당하도록 간구해 주기를 원합니다. 그리하여 우리와 함께하는 사람들이 오직 우리 주 예수의 영만 보게 되기를 바랍니다."라고 기록하고 있다.[11] 이러한 하디의 요청으로 그의 선교 후원자들은 한국인들이 예배를 드리는 주일 오전 11시의 동시간인 매주 토요일 저녁 9시에 캐나다에서 하디 선교사와 한국을 위해서 기도했다.[12]

다시 말해 1903년 원산에서 대부흥이 일어나기 적어도 10년 전인 1894년부터 하디는 그의 후원자들과 함께 한국교회 부흥을 위해 간절히 기도했던 것이다. 물론 하디가 기한을 정해놓고 그 기간 안에 부흥이 일어날 것이라고 생각하고 기도한 것은 아니다. 때와 장소는 하나님의 절대 주권에 달려 있지만, 간절히 구하는 자에게 하나님께서 성령을 부어주신다는 약속의 말씀에 근거해서 하나님께서 부흥을 허락하실 때까지 하디는 간절히 기도했던 것이다.

하디는 기도만 한 것이 아니라, 하나님의 말씀인 성경을 탐독하는 일에 열심을 냈다. 원산대부흥의 시기 동안 진행된 하디의 집회에서 그는 때로 지루하리만큼 오직 하나님의 말씀만을 강론했다. 그러나 바로 그때 성령께서 강하게 역사하셔서 사람들이 성령세례 혹은 부흥을 경험한 것이다. 그의 둘째 사위이며 후에 한국과 필리핀에서 선교사로 활동했던 제임스 피셔(James Fisher)는, "그는 기도하는 일과 성경을 읽는 일에 많은 시간을 할애했다. 성경에 대한 교수(teaching)와 집필(writing)을 위한 성경 연구뿐만 아니라, 개인적인 묵상을 위해서도 매일매일 성경을 읽었다."고 회고하고 있다.13] 하나님의 말씀인 성경을 탐독하면서, 부흥을 위해 간절히 기도한 하디를 하나님께서는 부흥의 도구로 사용하셨던 것이다.

3) 높은 이상

하디는 높은 이상을 좇았다. 초기 한국에서 선교사역을 감당했던 감리교 선교사들은 입으로 예수를 믿는다고 고백만 하거나 이름뿐인 기독교인들을 양성하지 않고, 진정한 회심자들을 얻기 위해 심혈을 기울였다. 그러다 보니 감리교 선교사들에게는 얼마나 많은 사람들이 교회에 모이는가 하는 교인들의 숫자보다는 얼마나 많은 진정한 회심자를 얻었는가 하는 점이 더욱 소중했다. 그리고 이를 위해 감리교 선교사들은 교회 안의 한국인들을 네 그룹으로 나누어서 그들의 신앙 수준에 맞는 교육과 참여를 독려했다. 그 네 그룹은 구도자들(inquirers), 예비신자들(probationers), 세례받은 예비신자들(baptized probationers), 그리고 정회원 신자들(full members)이었다. 다시 말해 한국인들이 감리교회에서 세례받기 위해서는 일정 기간 동안의 교육과 삶의 변화에 대한 점검을 받아야만 했다. 이뿐만 아니라 그 모든 과정을 통과해서 세례를 받고 난 이후에도 감리교 회의에 참석하여 교회의 중요한 사업에 의사결정권을 행사할 수 있는 정회원이 되기까지는 또다시 선교사들과 한국인 신앙 선배들의 검증을 받아야만 했다. 1896년부터 1897년까지 한국을 포함해 여러 선교지들을 방문했던, 미국 북장로교회 선교 지도자이며 학생해외선교 자원운동(Student Volunteer Movement for Foreign Missions)에도 참여했던 로버트 스피어(Robert E. Speer, 1867~1947)는 한국 주재 감리교 선교사들의 이러한 선교정책을 "하나의 높은 이상"(a high ideal)이라고 정의했다.[14] 한국 선교 초기 감리교에 비해 상대적으로 쉽게 세례를 주었던 장로교 선교사들의 눈으로 볼 때 감리교 선교사들의 이러한 엄격한 선교방식은 단지 하나의 높은 이상으로 여겨졌던 것이다.

하디 또한 다른 감리교 선교사들과 같이 진정한 기독교인들을 얻기 위해 엄격한 잣대를 가지고 선교에 임했다. 예를 들어 원산에서 약 29km 떨어진 학익동(Hak-Ik-Tong)은 본래 북감리교회 맥길(McGill) 선교사가 선교하던 북감리교회 선교지였다. 북감리교회에서 남감리교회로 선교 관할구역이 이양됨에 따라 학익동 신자들을 하디 선교사가 맡게 되었다. 당시 학익동에는 두세 명의 정회원들과 11명의 세례받은 예비신자들이 있었다. 그런데 1902년에 하디는 이들 모두를 예비신자들로 강등시켜 보고하였다. 왜냐하면 하디가 불시에 찾아갔던 그의 두 번째 방문 때, 학익동 신자들은 교회 인도자의 집에 모여서 미신을 섬기는 일을 위해 준비하고 있었기 때문이다.[15]

이처럼 하디는 자신의 사역을 통해 많은 한국인들을 진정한 그리스도의 사람들로 만들기 위해 노력하였다. 다시 말해 단순히 교회에 등록된 교인수를 늘리는 것이 선교와 전도의 목적이 아니라, 한 영혼이 진정한 회심을 경험하고 보다 깊은 영적인 삶을 살도록 그들을 인도하는 높은 이상을 좇았던 것이다. 바로 이것이 하나님의 마음에 합당했기 때문에 하나님께서는 하디와 한국 감리교회를 부흥의 도구로 사용하셨던 것이다.

4) 고귀한 동기

하디에게 있어서 삶과 사역이 목적은 언제나 예수 그리스도였다. 즉 그의 삶과 사역의 동기는 항상 예수 그리스도였다. 특히 하디는 하나님에 대한 신실성은 사람들과의 관계에서의 신실성으로 드러나야 한다고 생각했다. 그래서 사람들과 약속한 것을 지키려고 노력했다. 예를 들어 1890년에 토론토 지역 의대생들로 구성된 YMCA의 파송을 받아 한국에 독립선교사로 올 때, 하디의 후원자들은 8년 동안 매년 750달러의 생활비를 보내주기로 약속했다. 그러나 하디가 한국에 도착한 이후에 선교회는 약속한 만큼의 생활비와 선교비를 보내줄 수가 없었다.

제임스 게일(1863~1937)

이런 상황은 하디보다 2년쯤 먼저 한국에 도착한 제임스 게일(James Gale)에게도 동일하게 발생했다. 그러나 하디와 게일, 이 둘의 선택은 서로 달랐다. 경제적인 후원이 잘 되지 않자 게일 선교사는 캐나다 후원자들의 만류에도 불구하고, 언더우드의 소개로 1891년 8월 31일에 미국 북장로교(PCUSA)로 소속을 바꾼다.

그러나 하디는 부산에서 사역할 때 호주 장로교 선교부로부터 자신들의 선교부에 들어오라는 요청을 받았고, 비록 캐나다 후원자들이 약속한 만큼 자신에게 선교비와 생활비를 후원해 주지 않았지만, 8년간의 약속 기간을 채우기 위해 계속해서 독립선교사로 남아 있었다. 그리고 그 계약 기간이 끝나는 1898년에 남감리교회 선교부로 가입하게 된다. 하디에게 있어서 그가 사람들과 맺은 약속은 비록 그들이 그 약속을 부득이하게 어길지라도 하나님 앞에서 약속한 것이기 때문에, 경제적인 어려움을 겪더라도 자신이 먼저 그 약속을 파기하지 않음으로 하나님과 사람들 앞에서 신실성을 보였던 것이다.

원산에서 활동하던 캐나다 출신 평신도 독립선교사이며(나중에 침례교로 이적한) 하디의 동료였던 말콤 펜윅(Malcolm Fenwick)이 1894년에 호주 장로교회 선교부에 가입하려는 사실을 알았을 때, 하디는 "얼마나 많은 사람들이 오직 예수님 때문에 살아가고, 사역하는가? 몇 명 안 되는 구나, 슬프도다."라며 한탄했다.16) 그리고 1895년 8월 6일 원산에서 하디는 "예수님을 사랑하는 것은 가

말콤 펜윅(1863~1935)

장 위대하고 모든 선교사역에서 첫 번째 동기가 되어야 한다."[17]라고 기록하고 있다. 즉 하디는 언제나 그의 삶과 사역의 동기가 예수 그리스도였고, 또 그러한 고귀한 동기를 지키기 위해 최선을 다했다. 바로 이런 이유 때문에 하나님께서는 하디를 부흥의 도구로 사용하셨던 것이다.

무엇보다도 이러한 원산대부흥을 통해 외국선교사들이 주는 이익만을 추구했던 한국교회의 수많은 신자들이 진정한 기독교인(Real Christians)으로 거듭났을 뿐만 아니라, 진정한 회개를 통한 회복과 배상 운동, 하나님 나라의 도래를 경험했다는 점에 주목해야 한다. 이 대부흥의 시기에 한국교회가 급성장했던 것도 바로 성령의 능력을 받은 한국 기독교인들을 통해 복음의 실재를 수많은 사람들이 직접 경험했기 때문이다. 그리고 이 대부흥은 한국교회에 하나의 복음주의 교회를 설립하고자 하는 열망, 즉 교회연합운동을 낳기도 했다.

3. 교회연합운동

1905년 9월 당시 한국에서 선교하던 6개 외국교회(미국 남북감리교회, 미국 남북장로교회, 호주 장로교회, 캐나다 장로교회) 선교부들의 첫 번째 연합모임인 1차 연합공의회(General Council)에서는 몇 가지 중요한 결정을 하게 된다. 첫째, 1906년 음력 새해 명절에 한반도 전역에서 부흥이 임하도록 모든 교회들은 모임을 갖고 기도한다.[18] 둘째, "대한예수교회"라는 이름으로 한국 내의 모든 교회들은 하나의 복음주의 민족교회로 연합한다.[19] 그리고 실제적으로 *The Korea Mission Field*라는 연합선교잡지를 창간하고, 통일된 찬송가와 주일학교교재를 사용하며 연합사업을 추진하기에 이르렀다. 물론 하나의 복음주의 교회로의 연합이라는 선교사들과 초기 한국 기독교인들의 꿈은 본국 선교부들의 반대로 실현되지는 못했다. 그러나 하디를 통해 시작된 대부흥을 통해 영적으로 깨어난 선교사들과 한국 교인들은 성령 안에서 하나 됨을 추구하게 되었고, 이러한 정신은 그 이후 같은 교파 안에서의 교회조직의 연합, 그리고 전체 교파 간의 연합사역이라는 차원에서 지속되었다.

물론 아펜젤러, 스크랜턴, 언더우드 선교사가 1885년 한국에서 본격적으로 선교를 시작할 무렵부터 교파를 초월해 서로 도우며 선교했던 것은 사실이다. 그러나 교리와 교파를 초월한 하나의 복음주의 민족교회를 세우고자 시도했던 교회연합운동은 1903년 원산대부흥이 시작된 이래 본격적으로 논의되었다는 점에서 하디를 통해 시작된 원산대부흥은 하나 되게 하시는 성령의 역사하심 그 자체였으며, 한국교회 연합운동의 하나의 큰 뿌리라는 것은 누구도 부인할 수 없을 것이다.

한반도에 단일 복음주의 민족교회를 세우고자 한 꿈은 실현되지 못했지만, 하디는 그 꿈을 이루기 위해 끝까지 노력하였고, 미국 남북감리교회가 미국(1939)보다 먼저 한국에서 1930년에 연합을 이루는 데 기여하기도 하였다.

4. 신학교육, 문서선교, 농촌계몽운동[20]

원산대부흥이 평양에서 절정을 이루던 1907년 미국 남북감리교회는 한국인 목회자를 함께 양성하기로 결정하였고, 경험이 많은 하디는 그때부터 신학교육에 직접적으로 관여하기 시작한다. 그리고 여러 과정을 거쳐 1910년 현재의 감리교신학대학교의 전신인 협성(Union)신학교가 서울에서 시작되었다. 학교 이름이 협성(協成)인 이유는 남북감리교회가 함께 신학교육을 실시한다는 의미 때문이다. 그리고 현재의 서울 서대문구 냉천동 땅을 구입하고 초기 건물들을 마련한 사람이 바로 하디 선교사이다.

특히 1913년부터 1923년까지 약 10년 동안 협성신학교의 교장으로 있으면서 하디는 문서선교의 중요성을 인식하고 여러 가지 기독교 잡지들과 신문을 발행했다. 예를 들어 「신학세계」(Theological World)라는 신학 잡지는 외국의 유수한 학자, 목회자들의 글뿐 아니라 한국인 신학자, 목회자의 글을 한국교회에 소개하였다. 이것은 한국 신학교육의 발전과 목회자들의 연장교육을 위해 기여했다는 평가를 받는다. 그러나 하디가 문서선교에 관심을 가진 근본적인 이유는 농어촌교회들 때문이었다.

당시에 목회자를 모실 수 없었던 수많은 농어촌교회들의 성도들을 위해 하디는 잡지와 신문을 통해 하나님의 말씀과 신앙 강화를 위한 좋은 내용들을 글로 전달했다. 그것을 재료로 삼아 시골교회의 성도들은 독서토론회 모임을 만들어서 목회자의 빈자리를 채웠던 것이다. 하디는 시골교회를 한국교회의 뿌리라고 인식했던 것 같다. 왜냐하면 도시교회로 몰려든 많은 사람들이 이미 시골교회에서 신앙생활을 시작한 사람들이 많고, 더욱이 당시 대도시의 큰 교회에서 훌륭하게 목회를 하는 목회자들이 대부분 시골교회 출신임을 강조하고 있기 때문이다.

5. 진정한 복음주의 신학

한국에서는 흔히 '감리교는 자유주의, 장로교는 복음주의'로 인식되고 있다. 그러나 필자가 미국에서 신학을 공부하면서 놀란 사실이 있다. 그것은 미국에서는 '복음주의' 하면 주로 감리교를 말한다는 것이다. 물론 '복음주의'라는 말은 매우 포괄적이면서도 인기 있는 용어이기 때문에 많은 사람들이 자신들의 정체성을 복음주의라고 표명하고 있다. 그러나 마크 놀(Mark A. Noll)과 같은 교회사 학자들은 감리교를 복음주의 혹은 복음주의 운동이라고 소개하고 있다. 그런데 왜 유독 한국에서는 감리교가 복음주의가 아닌 자유주의로 인식되고 있을까? 혹자는 그 근원을 성서비평학을 받아들인 초기 감리교 학자들의 영향 때문이라고 주장한다.

어떤 면에서 성서비평학을 한국에 소개한 최초의 인물은 하디 선교사이다. 하디는 협성신학교에서 성서학을 주로 가르쳤고, 특히 성서비평학을 소개했다. 그러나 하디는 오늘날 자유주의라고 불릴 만한 그런 급진적인 신학사상을 전개하지는 않았다. 예를 들어 예수 그리스도의 동정녀 탄생, 대속적 죽음과 부활 등을 부인하지 않았다. 오히려 하디는 예수 그리스도만이 구원을 위한 유일하고도 참된 길이라는 사실을 강조하면서, 성경을 성경으로 해석하려는 노력을 기울였다.

그러나 1930년대부터 미국의 근본주의 사상의 영향을 받은 박형룡과 같은 장로교 학자들이 자신들만이 보수정통신학임을 강조하면서 성서비평학을 수용한 감리교에 '자유주의'라는 굴레를 씌우고 비판하기 시작했다. 물론 1960년대 이후 감리교신학대학에서 진행된 소위 한국적 신학, 토착화 신학의 발흥으로 인해 1992년 종교재판까지 벌어지는 일을 통해 감리교는 이들의 주장이 일부 옳다는 인상을 준 것이 사실이다. 그렇지만 대다수의 감리교회들과 목원대, 협성대와 같은 다른 감리교 신학대학에서는 이러한 일에 동조하지 않았기 때문에, 감리교의 자기정체성을 자유주의라고 말하는 것은 무리가 있다.

그렇다면 왜 하디는 당시에 성서비평학을 받아들였을까? 하디는 과연 자유주의자였나? 결론부터 말하자면 그렇지 않다. 하디가 성서비평학을 이용한 것은 사실이지만, 그 이유는 성서의 권위를 무시하거나 진보적 신학사상을 소개하려고 했던 것이 아니라, 성경을 좀 더 바르게 이해하기 위해서였다. 예를 들어 하디는 창세기를 포함한 모세오경을 모세가 전부 다 쓰지 않았다는 성서비평학적 견해를 받아들인다. 왜냐하면 성경에는 '모세가 율법을 썼다'는 말은 나오지만, 모세오경 전체를 썼다는 언급은 나오지 않고, 모세는 자신의 죽음을 자신이 직접 기록할 수 없기 때문이라고 하디는 설명한다. 그러면서 하디는 모세오경 전체를 모세가 썼다는 주장은 성경의 내용이 아니라, 유대인들의 전승 혹은 전통임을 강조한다. 그리고 예수님은 복음서(마 15:3, 6; 막 7:9, 13)에서 유대인들의 전승과 전통을 하나님 말씀보다 더욱 추종하는 자들을 책망하셨기 때문에 모세오경 중 일부 내용을 모세가 쓴 것은 맞지만, 모세오경 전체를 모세가 썼다는 유대인의 전승과 전통을 따르는 것은 오히려 하나님의 말씀인 성경을 무시하는 것이라고 지적하고 있다.[21] 이처럼 하디는 성경을 성경으로 이해하려는 노력을 기울인 진정한 복음주의자였으며, 그러한 건전한 복음주의 신학을 한국에 소개하고 전파한 인물이었다.

6. 복음전도와 교회 개척 – 부산, 원산, 강원도, 서울

1890년 캐나다 토론토 대학교 의과대학을 졸업한 후에, 하디는 토론토 지역의 의과대학생들로 구성된 YMCA의 파송을 받아 한 살짜리 첫째 딸인 에바 릴리안(Eva Lillian)과 둘째 딸인 애니 엘리자베스(Annie Elizabeth)를 임신한 아내 마거리트(Margaret)와 함께 1890년 9월 30일 한국에 도착했다. 하디는 1888년 12월 12일에 자신보다 먼저 한국에 도착해서 선교활동을 하던 토론토 대학교 인문학부 출신인 제임스 게일(James Gale)과 부산에서 함께 일하기로 본래 계획되어 있었다. 그러나 게일이 이미 부산을 떠나 서울에 머물고 있었기 때문에 하디는 부산에서 곧바로 사역을 시작할 수 없었다.

마침 알렌의 자리이동과 헤론(John Heron, 1856~1890)의 죽음으로 인해 제중원에 외국인 의사가 없었기 때문에 1890년 11월부터 1891년 4월까지 약 6개월 동안, 하디는 제중원에서 유일한 의사로 활동했다. 빈턴(Cadwallader Vinton, 1856~1936) 의사가 한국에 도착하여 제중원을 맡게 됨에 따라, 하디는 그의 한국어 교사 한 사람만 데리고 서울을 떠나 1891년 4월 14일에 부산에 도착하게 된다. 아내와 아이들은 같은 해 8월에 부산의 하디와 합류하게 되었다.

하디와 그의 아내는 그때부터 한국인들을 대상으로 선교를 시작하였다. 게다가 부산에서 선교를 시작하거나 잠시 머물러 가는 선교사들을 국적이나 교단을 불문하고 성심껏 돕기도 하였다. 예를 들어, 미국 북장로교 윌리엄

베어드(William Baird, 1861~1931) 선교사, 네 명의 호주 장로교 선교사들, 그리고 미국 북감리교 의료선교사인 윌리엄 제임스 홀(William Hall, 1860~1894)이 하디 부부의 도움을 받았다. 하디는 부산에 거주한 초기 선교사로서 수많은 교회 설립에 기여할 뿐만 아니라, 한국에 처음 도착한 많은 선교사들의 조기정착을 돕기도 하였다. 그리고 많은 선교사들이 부산으로 몰려옴에 따라, 하디는 부산을 떠나야 한다고 생각했다. 하디가 생각한 제2차 선교지는 원산이었는데, 그 이유는 원산이 개항장으로 중요한 선교요충지였기 때문이다. 그리고 캐나다 동료인 제임스 게일과 말콤 펜윅이 이미 선교를 하고 있었을 뿐만 아니라 원산의 기후가 캐나다 토론토와 흡사하여 기후 조건도 좋았기 때문이다. 하디는 원산에서 1892년 11월 19일부터 선교사역을 시작했다.

그 후 1897년 안식년을 거쳐 1898년 5월 남감리교회 선교부로 소속을 변경하기까지 하디는 원산에서 의료선교사와 복음전도자로 활발한 활동을 하였다. 남감리교회 최초의 의료선교사로 파송을 받은 하디는 본래 개성(당시 송도)에서 병원을 세우고, 의료선교사로 활동하려고 했다. 그러나 서울을 담당하던 리드(C.F. Reid) 박사의 갑작스런 부재로 하디는 서울로 돌아와서 남감리교 선교부의 실질적인 책임자로 활동을 해야만 했다. 그러다가 1900년 11월 14일부터 20일까지 중국 상해에서 열린 남감리교 중국 연회에서 목사 안수를 받게 된다. 윌슨(Alpheus W. Wilson) 감독은 정식으로 신학교육을 한 번도 받은 적이 없는 하디를 준회원 허입, 정회원 목사 안수를 동시에 줌으로 그에 대한 신뢰와 기대를 보여주었다. 그 후 하디는 원산으로 돌아와서 본격적인 선교활동에 전념한다.

하디의 선교사역은 그 활동범위가 원산지역에만 한정되었던 것은 아니었다. 독립선교사로 원산에서 활동을 할 때에도, 그리고 리드 박사의 부재로 서울에 가서 서울, 경기지역의 남감리교 선교지역을 담당할 때에도 하디는 강원도지역에서 선교활동을 펼쳤다. 기록에 의하면 하디가 서울에 머물렀던 1899년부터 1900년까지 66일 동안 강원도지역을 순회하면서 의료선교와 복음전파를 감당했다고 한다. 그 후 원산에서 선교사역을 본격적으로 감당할 때에도 하디는 수시로 강원도 일대로 전도여행을 떠나서 그곳에 신앙공동체를 만듦으로 교회를 세우는 일에 기여했다. 그 대표적인 교회가 지경대교회(금화군), 새술막교회(김화군 학사리), 강릉중앙교회, 양양교회 등이다. 특히 하디는 윤성근과 같은 신실한 한국인 조사를 통해 강원도 일대에 수많은 교회를 설립하도록 하였다. 1902년 11월부터 원산에서 하디와 함께 생활하면서 강원도 선교와 원산대부흥의 또 다른 주역으로 쓰임 받았던 조셉 저다인(Joseph Lumpkin Gerdine, 1870~1950)에 의하면, 하디는 한겨울에도 강원도 산악지역의 눈길을 헤치면서 전도여행을 다녔다고 한다. 그때 하디는 아내가 싸준 도시락과 쪽복음과 같은 전도지 등을 검정색 나무상자 두 개에 나누어서 나귀 등에 싣고 전도여행을 다녔다고 한다. 그리고 서울 협성신학교(현, 감리교신학대학교)의 교수와 교장으로 있을 당시에는 인근에 석교교회를 직접 개척하기도 하였다. 이처럼 하디는 자신이 서 있는 바로 그곳에서 복음을 전파하고, 교회를 세워 진정한 기독교인들의 영적인 탄생, 성장, 성숙을 위해 무던히 애를 쓴 진정한 복음전도자였다.

7. 진정한 감리교인

혹자는 하디가 캐나다에서는 원래 장로교인이었는데, 한국에서 8년간의 독립선교사 계약기간을 다 채운 후 1898년 남감리교로 소속을 변경하면서부터 감리교인이 되었다고 주장하기도 한다. 그러나 하디는 어머니 뱃속에 있을 때부터 감리교인이었다. "나는 감리교인 부모님에게서 태어났다."고 하디는 고백하고 있고, 그가 다닌 첫 번째 교회는 세네카에 있는 유니티 감리교회(Wesleyan Methodist Unity Church)였다. 그리고 고등학교를 다니던 시절에는 후에 그의 아내가 될 마거리트와 함께 칼레도니아 감리교회(Caledonia

Methodist Church, 현재는 Grace United Church로 바뀌었음)에서 함께 신앙생활을 했고, 토론토 대학에 입학한 후부터 한국으로 선교를 떠나기 전까지 아내와 함께 셔번가 감리교회(The Sherbourne Street Methodist Church)를 다녔다. 이처럼 하디는 태어날 때부터 한국으로 오기 전까지, 그리고 한국에서 독립선교사로 활동한 이후에 남감리교에 소속되어 활동하다가 1935년에 은퇴할 때까지 감리교 선교사였다. 은퇴 이후에 미국에서 살면서 어느 교회에 다녔는지는 기록을 찾기 어렵다. 그러나 그의 자녀들이 감리교인이었고, 손자손녀들이 현재도 감리교인이라는 점을 고려해 볼 때, 하디 부부 역시 죽을 때까지 감리교회에서 신앙생활을 했다는 사실은 의심할 여지가 없다.

하디의 모교회 유니티 감리교회

지금까지 필자는 로버트 하디 선교사의 삶과 사역에 관해 이야기했다. 하디 선교사는 1903년 8월 원산에서 시작하여 1907년 평양에서 절정을 이루고 소멸된 원산대부흥의 주역이었다. 즉 하나님께서는 '부흥에 대한 올바른 이해, 말씀과 기도, 높은 이상, 고귀한 동기'를 가지고 있던 하디를 그 대부흥의 도구로 사용하신 것이다. 대부흥의 열기는 교회연합운동으로 이어졌고, 하디는 한국교회가 하나의 복음주의 민족교회로 연합하기를 간절히 갈망하였다. 이외에도 하디는 신학교육, 문서선교, 농촌계몽운동을 위해서도 기여하였을 뿐만 아니라, 성경을 성경으로 이해하려고 하는 건전한 복음주의 신학을 한국에 소개하기도 하였다. 그리고 무엇보다도 그는 복음전파와 교회 개척을 위해 자신에게 맡겨진 자리에서 늘 최선을 다한 진정한 감리교도였다.

오늘날 한국 감리교회는 내외적으로 여러 가지 어려움을 겪고 있다. 그 문제들이 언제부터 또 누구 때문에 시작되었는지 밝히는 일도 필요하다. 그러나 보다 중요한 것은 진정한 감리교인의 자기 정체성을 확립하고, 훼손된 감리교인의 본래 모습을 회복하여 성경 중심적이며, 건전하며, 거짓이 없으며, 예수 그리스도의 복음 중심적이며, 높은 이상과 고귀한 동기를 회복하는 일을 다른 어떤 일보다 먼저 이루는 것이다. 누가 하디와 같이 이 시대와 하나님께서 원하시는 인물이 되겠는가? 이 땅의 모든 감리교도들이 하나님과 시대를 위해 쓰임 받는 진정한 하나님의 사람들이 되기를 간절히 바란다.

---

* 이 글은 필자의 박사학위 논문의 일부 내용을 번역, 수정, 보완하여 작성한 것이다. Chil-Sung Kim, "The Role of Robert Alexander Hardie in the Korean Great Revival and the Subsequent Development of Korean Protestant Christianity," Ph.D. Dissertation (Wilmore: Asbury Theological Seminary, 2012).

1. 김칠성, "한국개신교 선교역사의 시작은 언제인가?", 「韓國敎會史學會誌」 제38집(2014년 9월), 181~216.
2. 김칠성, "원산부흥, 일반부흥인가, 대부흥인가", 「韓國敎會史學會誌」 제34집(2013년 4월), 253~283.
3. Jonathan Edwards, ed. John E. Smith et al. *A Jonathan Edwards Reader* (New Haven: Yale University Press, 1995), 64, 66.
4. Robert A. Hardie, "Korea Mission-General Work", *Southern Methodism in Korea: Thirtieth Anniversary* (Seoul: Board of Missions, Korea Annual Conference, Methodist Episcopal Church, South, 1929), 51.
5. R.A. Hardie, "The Methodist Episcopal Church, South", *Within the Gate: Comprising the Addresses delivered at the Fiftieth Anniversary of Korean Methodism, First Church, Seoul, Korea, June 19th-20th, 1934*, ed. Charles A. Sauer (Seoul: The Korea Methodist News Service, 1934), 40. (한글 번역본을 보려면, 한국기독교역사연구소에서 출판한 「은자의 나라 문에서」, 59 참조); Robert A. Hardie, "Korea Mission-General Work", *Southern Methodism in Korea: Thirtieth Anniversary* (Seoul: Board of Missions, Korea Annual Conference, Methodist Episcopal Church, South, 1929), 51.
6. Rev. G. Lee, "How The Spirit Came to Pyeng Yang", *The Korea Mission Field*, Vol. III, No. 3 (March 1907), 33.
7. 류대영, 「한국 근현대사와 기독교」, 푸른역사, 2011, 143.
8. 김칠성, "하디의 회개, 부흥의 원인인가, 결과인가?", 「선교신학」 제32집 (2013년 2월), 175 199.
9. R.A. Hardie, "News From the Field(Gensan, June 14th, 1894)", *The Canadian College Missionary*, Vol. 4, No. 5 (August 1894), 68.
10. R.A. Hardie, "R.A. Hardie's Report," *Minutes of the Eighth Annual Meeting of the Korean Mission of the Methodist Episcopal Church, South* (Yokohama: The Fukuin Printing Co., Ltd, 1904), 27.
11. R.A. Hardie, "From Our Missionary(Gensan, Aug. 6th, 1895)", *The Canadian College Missionary*, Vol. 5, No. 7 (October 1895), 103.

12. J.H. Brown, "Call To Prayer", *The Canadian College Missionary*, Vol. 5, No. 2 (February 1895), 22.
13. J. Earnest Fisher, *Pioneers of Modern Korea* (Seoul: The Christian Literature Society of Korea, 1977), 123.
14. Robert E. Speer, *Report on the Mission in Korea of the Presbyterian Board of Foreign Missions 1897* (New York: Board of Foreign Missions of Presbyterian Church in the U. S. A., 1897), 17.
15. R.A. Hardie, "R.A. Hardie's Report," *Minutes of the Sixth Annual Meeting of the Korean Mission of the Methodist Episcopal Church, South* (Yokohama: The Fukuin Printing Co., Ltd, 1902), 30~31.
16. R.A. Hardie, "News From the Field (Suruga Waru, Feb. 24th, 1894)", *The Canadian College Missionary*, Vol. 4, No. 3 (May 1894), 35.
17. R.A. Hardie, "From Our Missionary(Gensan, Aug. 6th, 1895)", *The Canadian College Missionary*, Vol. 5, No. 7 (October 1895), 103.
18. N.n., "The Time Opportune", *The Korea Mission Field*, Vol. II, No. 1 (November 1905), 29~30.
19. N.n., "Minutes of the First Annual Meeting of the General Council of Evangelical Missions in Korea" (September 15, 1905).
20. Chil-Sung Kim, "The Role of Robert Alexander Hardie in the Korean Great Revival and the Subsequent Development of Korean Protestant Christianity", Ph.D. Dissertation (Wilmore: Asbury Theological Seminary, 2012), 192~206.
21. 하리영, 「창셰긔 주셕」, The Christian Literature Society of Korea, 1929, 6~7.

윌리엄스

Frank Earl Cranston Williams

윌리엄스Frank Earl Cranston Williams 가족
아들 로버트 윌리엄스(우광복), 부인 앨리스, 윌리엄스 선교사

윌리엄스 선교사는 1906년 12월 한국으로 파송받아 공주에 영명학교를 설립하였다. 그는 47년 동안 하나님의 사역을 감당하면서 한국에서는 37년을 사역하였다. 공주 영명학교 뒷산에는 몇 기의 선교사 무덤이 있다. 그중 하나는 윌리엄스 선교사의 큰딸 올리브의 무덤이고 또 하나는 윌리엄스의 아들 우광복의 무덤이다. 올리브는 9세에 전염병으로 죽었고, 아들 우광복은 87세에 사망하여 그 옆에 안장되었다. 작은딸은 2개월 혹은 두 살쯤에 죽었다고 하나 사인과 연도가 정확하지 않고 무덤도 알려진 바 없나. 윌리임스 선교사 부부는 머나먼 이국땅에서 어린 자식들을 차가운 땅에 묻으며 진정한 조선인들의 친구로서 모든 아픔을 조선을 사랑하는 마음으로 이겨냈다. 이 민족을 살리기 위해 한 알의 밀알로 자신을 하나님과 조선에 기꺼이 드린 것이다. 윌리엄스의 희생과 사랑에 감사하며 우리는 그를 우리의 진정한 친구로 영원히 기억해야 할 것이다.

조선인의 진정한 친구
윌리엄스

전용재 감독_ 제27대 감독회장

　1885년 4월 5일, 미국 감리교회의 아펜젤러와 미국 장로교회의 언더우드가 제물포항에 입국하였다. 감리교회 선교사들은 입국과 함께 '병원과 학교는 세워도 좋지만 전도는 안 된다'는 고종과의 약속대로 교육과 의료사업을 제일 먼저 시작하였다.

　아펜젤러는 1885년 8월 3일 조선에서 최초로 본격적인 근대교육기관인 배재학당을 세웠다. 그해 9월 10일에는 스크랜턴 의사가 정동에 시병원을 세웠다. 1886년 5월 말에는 스크랜턴 부인이 최초의 여성교육기관으로 정동에 여학당을 세웠는데, 1887년 명성 황후가 '이화학당'이라고 이름을 지어주었다. 이렇게 감리교회의 교육, 의료선교사업은 순조롭게 진행되었다. 특히 스크랜턴은 가난한 사람들의 병을 무료로 치료해 줌으로써 일반 민중으로부터 큰 호응과 함께 기독교에 대한 우호적 이미지를 심어주었다. 이후에 아펜젤러는 정동교회와 내리교회를 세우고 스크랜턴은 상동교회와 동대문교회, 아현교회 등을 세우며 직접적인 선교사업을 시작하게 된다.

　이후 선교사들은 선교지를 넓혀가면서 각 지역 선교부에는 당연히 학교를 먼저 세웠다. 물론 이때 세운 학교가 모두 정식 규모를 갖추고 인가를 받아 학생을 모집한 것은 아니지만 두어 명의 소년 또는 소녀들을 사랑방에 모아놓고 교육활동을 시작하며 점차 규모가 확대되고 학교로서 틀을 갖추게 되었다.

이렇게 전국 각지로 선교의 영역이 확대되어 갔는데, 공주도 예외는 아니었다. 공주 지역을 담당한 최초의 감리교 선교사는 1896년 수원·공주구역에 파견된 스크랜턴이었다. 이어서 1898년 스웨어러(W.C. Swearer, 한국명 서원보) 선교사가 파견되었다. 1903년에는 의사 맥길(William B. McGill)이 파송되고, 이듬해 샤프(Robert Arthur Sharp) 선교사가 파송되었다. 그리고 그 후에 윌리엄스(Frank Earl Cranston Williams, 한국명 우리암, 1883. 8. 4~1962. 6. 9) 선교사가 공주에 파송되었다. 윌리엄스 선교사는 조선의 개화기에 이 민족을 깨우고 가르치고 살리는 데 엄청난 역할을 감당하였는데, 그 사역들을 대략 네 가지로 집약해서 살펴보고자 한다.

1. 교육운동

하나님께서 이 땅에 보내셔서 이 민족을 깨우게 하신 선교사들의 가장 중요한 사역 중 하나는 교육이었다. 낫 놓고 기역자도 몰랐던 이 민족, 여성과 어린이의 인권이 전무하고, 쇄국정책으로 인하여 서양은 물론 아시아, 심지어 일본이나 중국에 관해서도 잘 알지 못했던 그 시기에 선교사들이 조선 백성을 가르치고 계몽하고 빛과 비전을 쏘아주었던 것이다.

1886년을 기점으로 한국에는 잇따라 학교가 세워졌다. 학교 설립은 감리교와 장로교 선교사들에 의하여 지방으로 확산되었다. 감리교가 서울에 배재학당·이화학당을 세우고 공옥학교·배화학교·신군학교, 평양에 광성학교·정의여학교·정진학교·맹아학교, 인천에 영화여학교, 원산에 루씨여학교·덕명학교, 개성에 호수돈여학교·미리흠학교·한영서원, 해주에 예창학교·예정학교, 공주에 영명학교와 영명여학교를 세웠고, 장로교가 경신학교·정신학교, 부산에 일신여학교, 평양에 숭덕학교·숭실학교·숭의학교, 목포에 정명학교·영흥학교, 원산에 진성여학교, 대구에 계성학교, 광주에 수피아여고, 전주에 신흥학교·기전여학교, 마산에 창신학교 등을 세웠다.

유교적 전통이 강하고 보수적인 공주는 비록 충남 행정의 중심지였지만 선교사들에 의한 사립학교 설립은 영남이나 호남지역에 비해 2~3년가량 늦어졌다. 1904년 샤프 선교사가 공주 선교부 책임자로 임명되어 공주지방 선교를 시작하면서 근대교육의 씨가 뿌려졌는데, 그것이 바로 명선학당이다.

샤프 선교사는 여성교육에 엄청난 공헌을 했던 미감리회 여선교회 소속 앨리스 하몬드(Alice J. Hammond, 한국명 사애리시) 선교사와 결혼하고 1904년 선교부 책임자로 공주에 내려왔다. 두 부부 선교사는 사택을 짓고 공주지방 선교를 시작하면서 곧바로 명선학당을 설립하고, 이를 중심으로 최선을 다하여 공주 선교를 위해 헌신했다. 하지만 샤프 선교사의 선교의 발걸음은 안타깝게도 오래 이어지지 못했다.

1906년 강경 논산 등지를 순회하며 선교하던 그는 도중에 진눈깨비를 만났다. 피할 곳을 찾다가 급히 들어가게 된 곳이 상엿집이었는데, 그곳엔 얼마 전 장티푸스(장질부사)를 앓다가 사망한 사람을 장사지낸 상여가 있었다. 장티푸스균은 주로 오염된 음식이나 물을 통해 감염되며, 전염성이 매우 강하다. 상엿집에 대한 충분한 상식이 없었던 샤프 선교사는 단지 '비를 피하기 좋은 오두막'에서 주의를 기울이지 못했고, 그 일로 결국 장티푸스에 걸려 사망하고 말았다.

샤프 선교사의 아내 사애리시 선교사는 남편이 순직한 1906년 미국으로 돌아갔다. 다음은 사애리시 선교사의 제자 중 지금 LA에 생존해 있는 박한나(95세)의 증언이다.

남편을 잃고 슬픔 속에 미국으로 건너가서 신앙생활하며 늘 새벽기도를 하고 묵상하고 기도할 때마다 하나님께서 물으시기를 '사랑하는 딸아, 네가 왜 여기 있느냐?' 하셔서, '주님, 그러면 제가 어디에 있어야 합니까?' 했더니, '네가 있어야 할 곳은 공주 아니냐?' 하는 마음의 소리를 듣고, 초심으로 돌아가 부랴부랴 다시 공주에 와서 1940년까지 선교사로 활동하면서 추방당할 때까지 사역한 것입니다.

사애리시는 한국에서의 38년 사역 중 공주에서만 37년을 사역한 선교사로 기록되어 있다. 1908년 내한하여 영명여학교를 설립하고 공주의 교육을 위해 헌신하였다. 자녀가 없었던 사애리시는 가난한 집 자녀들을 후원하고 돌보았는데, 3·1운동의 상징인 유관순은 아예 양녀로 데려다 키웠고, 중앙대학교 설립자 임영신, 한국인 최초 여자목사 전밀라, 여성교육의 박화숙, 한국인 최초 여자경찰서장 노마리아 등을 키워냈다. 이렇게 우리가 알지 못하는 희생과 헌신이 있었기에 공주뿐만 아니라 조선이 깨어나고, 고쳐지고, 세워지게 된 것이다.

샤프 선교사가 떠난 공주 선교는 큰 전기를 맞았는데, 샤프 선교사의 뒤를 이어 온 사람이 바로 윌리엄스(F.E.C. Williams, 한국명 우리암) 선교사였다. 1883년 미국 콜로라도 주 뉴윈저에서 출생하고 1906년 덴버 대학에서 화학생물을 공부하고 미국 북감리회 선교사로 부인과 함께 내한하였다.

윌리엄스 선교사가 한국에 언제 왔는지, 공주에 언제 부임했는지는 분명하지 않다. 그가 초대 교장으로 33년간 봉직했던 영명학교의 자료에 의하면 "그가 1906년 10월 15일에 스크랜턴과 그의 부인과 함께 공주에 왔다."고 기록되어 있다. 그러나 그가 미국 감리교 선교부와 주고받은 서신 중 하나에는 "그가 탄 배가 파선하여 1906년 12월 28일에 인천으로 들어와 그곳에 몇 개월을 머물다가 1907년에 공주로 파송받았다."고 기록하고 있다. 두 기록 모두 윌리엄스가 기록한 문서들이지만, 미감리회 선교부와 왕래한 서신 기록이 좀 더 설득력이 있을 것으로 보인다.

이렇게 공주에 부임한 그는 1907년에 명선학교를 영명남학교로 교명을 바꾸고 영명학교의 초대 교장으로서 오늘날의 영명고등학교로 발전의 터전을 마련하였던 것이다. 그는 1907년에 공주에 파송되어 1940년까지 근속하였는

윌리엄스 선교사의 선교활동 모습

데 이것은 내한 감리교 선교사 중 한 지역에 가장 오래 머문 예가 되었다.

당시의 모든 선교사들이 그랬던 것처럼 윌리엄스 선교사도 교육에 큰 뜻을 품고 교육자의 길을 가게 된다. 먼저 윌리엄스는 명맥이 끊어진 공주 선교 학교의 재건을 서둘렀다. 윌리엄스가 오면서 학교는 다시 조직되었다. 당시 학교 운영은 대부분 선교회의 보조금으로 충당되었는데, 그는 교명을 영명이라고 개칭을 하고 대한제국 정부로부터 설립 인가를 받게 되는데, 그 의미는 영원한 광명, 즉 Eternal Brightness이다.

기독교 선교사업의 이념은 인류 사회의 향상 발전에 광범위한 영향을 끼치는 데 있다. 그러기에 한국에 온 개신교 선교사들은 그들이 세운 학교를 통하여 한국에 신문화, 신교육을 보급하는 역할을 하고자 했다. 윌리엄스가 설립한 영명학교 또한 비신자의 입학을 거부하는 것은 아니지만 가능한 교육을 통하여 기독교적인 인물과 선교활동의 조력자를 양성하였다. 이러한 이념으로 학생들에게 복음에 대하여 의무적으로 강요하지는 않았지만 학교 생활에서나 가르치는 모든 학과에서 의식 혹은 무의식적으로 복음을 전하는 데 노력을 기울였다. 학생들도 이를 순순히 따랐고 신앙을 통하여 새로운 세계와 자기를 발견하게 되었다. 이것은 바로 항일 민족운동의 구심점이 되었고, 뒤떨어진 문명을 발전시키고 한국을 근대화로 이끌게 하는 역할을 하였다.

개화란 차원이 높은 단계의 문명화에 도달함을 말하며, 개화운동이란 과학문명과 민주제도의 발달에 따라 기독교를 믿는 서양 세계에서 먼저 발원한 운동으로 국민생활의 합리화, 민주화, 과학화를 의미하는 것이다. 또한 기독교는 선교 과정에서 사회정신의 새로운 정신력과 사회구조에 대한 보다 나은 기풍을 자극한 기록을 지니고 있다. 이러한 자기갱신운동은 바로 정의와 평등, 인권을 위한 민주주의 이념을 갖는 것이기도 했다.

학교에 대한 윌리엄스의 열정은 대단했다. 선교회에서의 자금 지원이 갈수록 축소되고 심지어 적은 지원이나마 언제까지 지속될지 불확실한 상황에서 학교를 더욱 확장할 계획을 세우고 신입생을 모집하였다.

그는 영명학교를 통해 농촌계몽운동을 많이 펼쳐 나갔다. 농촌지도자 강습회를 개최하고, 한글 보급, 즉 문맹퇴치운동을 위해 노력했을 뿐만 아니라 금주금연운동을 실시하였고, 금주금연 거리 캠페인을 개최하였다. 그리고 농장 학급을 실시하였는데, 이는 학교와 농촌을 함께 묶어 학교가 농촌을 더 많이 도울 수 있게 하는 방법이었다. 이렇게 윌리엄스 선교사는 영명학교를 실업학교로 전환하여 교육에 전념하였다.

선교를 목적으로 세운 영명학교가 힘들게 인재를 키웠지만, 그 인재들은 다른 나라 도시로 가서 대부분 돌아오지 않았다. 그는 그 이유를 시골의 가난 때문이라고 진단하고, 시골 교인들이 농사와 기술을 잘 익혀 가정이 안정되면, 교회에 헌금이 들어오고, 목사들도 시골에 정착할 수 있다고 판단하였다. 그래서 당시 일제가 유도하는 실업교육 정책과 관계없이 선교사의 입장에서 시골의 복음화를 위해 먼저 시골 사람들이 경제적 안정을 이루어야 한다고 생각했다.

일제의 우민화교육과 윌리엄스의 실업교육이 일면 맞아떨어지는 측면이 있어 일제의 정책에 순응한 것으로 오해받을 수 있지만, 그는 '자생력을 갖춘 교육'에 역점을 두고 교육했던 것을 짐작할 수 있다. 윌리엄스는 일찍부터 야학을 개설하여 문맹퇴치운동에 나서는 등 농촌계몽운동에 관심을 보여 왔다. 그는 선교사이자 학교 운영자로서 한국 사회의 파탄을 지켜보기만 할 수는 없었기 때문이다.

1927년 감리회 보고서에 다음과 같은 기록이 있다.

지금의 한국을 생각할 때 이 사회에 가장 필요한 것은 진정 농촌을 돕는 것이다. 총인구의 85%가 한글을 읽을 줄도 쓸 줄도 모른다. 보통학교래야 고작 취학기 아동의 15%만을 감당하고 있을 뿐이다. 바로 이들이 교육을 받은 후 자기 마을로 돌아가서 그의 동료들에게 도움을 주고 많은 대중을 성장시키는 데 기여를 할 사람들이다.

약 1년 전 우리의 교육위원회는 단기간의 직업 훈련과정을 시작하기로 결정했다. 이 과정은 가정과 농장 경영의 형태를 띠는데 교과 과정에는 들에서 일을 하는 시간 이외에 1주일에 두 번씩 농업과 잠업 공부가 들어가 있다. 그리고 농업 외에도 함석 작업과 벽돌, 시멘트 공사 그리고 대장장이의 일도 실습할 것이다. 동시에 이 소년들은 주일날과 방학 때면 주위의 마을로 가서 학습반과 주일학교를 도우면서 어린이들에게 성경 말씀과 더불어 읽기, 쓰기, 산수 등을 가르쳤다. 학생들이 이 직업 훈련 과정을 끝내면 약간은 상급학교로 진학하겠지만 대부분은 고향으로 돌아가서 자기가 배운 것들을 이용해서 돈을 벌 것이다.

윌리엄스는 영명학교를 정규 실업학교로 전환하기 위해서 스스로 농업 전문 지식이 더욱 필요함을 느꼈다. 그는 1929년 안식년을 얻어 모교인 덴버 대학에서 농업지도자 과정 1년을 이수한다. 당시 대한제국이 농업국가였기 때문이다. 농촌사업을 통해 예상되는 효과를 분석하고 연구한 그는 1931년

4월 미국에서 한국으로 돌아오기 전에 영명학교를 실업학교로 전환하는 방안에 관한 구체적인 계획을 수립하고 시행하였다.

양봉수업

그는 특히 농촌교회를 위한 실제적인 프로그램을 운영하였으며 학교에서도 농촌지도자 배출에 역점을 두고 교육을 하였다. 이를 위하여 영명학교를 영명실수(永明實修)학교로 개편, 실업(농업)교육을 한층 강화하였다. 그러나 그는 1940년 태평양전쟁으로 본국으로 귀환한 후 인도로 부임, 가지아바드(Ghaziabad)에 있는 농업학교에서 봉직하였다.

이를 통하여 볼 때, 윌리엄스 선교사는 교육 분야에서 탁월한 기여를 한 선교사라 할 수 있다. 아펜젤러나 스크랜턴, 공주의 샤프처럼 최초는 아니었지만 공주에서 33년을 봉직하며, 공주 지역에 맞는 실제적인 농업교육과 그 지역이 살 수 있는 교육의 장을 연 실용주의 선교사였다는 것이다.

적지 않은 사람들이 교육이나 의료에서 큰 업적을 쌓은 선교사들만 기억한다. 스크랜턴 선교사가 의료의 혜택을 받지 못하던 서민들을 위해 성문 밖에 시병원을 세웠던 것처럼, 윌리엄스 선교사도 서민들의 교육뿐만 아니라 실제적 문제를 해결하기 위해 노력했던 선교사라는 점을 우리는 기억하여야 할 것이다.

2. 독립운동 정신 고취와 해방 정국에서의 역할

1931년 일본은 만주에서의 전쟁을 승리로 이끌며 대륙 진출에 자신감을 가지고, 1937년에는 중일전쟁에서 승리한다. 일본의 기세는 실로 파죽지세였고 '동아시아 신질서'를 내세우며 남진 정책을 가속화하였는데, 한민족에 대한 대표적인 민족 말살 정책은 한국인의 전통적인 성명을 일본식으로 바꿀 것을 강요하는 창씨개명과 신사참배로 나타났다.

신사참배는 일본의 신이 우주의 창조주라는 것이고, 일본의 천황은 이 신(神)의 위(位)를 정통한 신이요, 일본 민족은 이 신의 적자며 세계 인종은 서자라 하여, 일본 천황에 절하는 것은 바로 이 신에 예배하는 것이라는 주장이다.

식민지 교육의 완결판은 제3차 조선교육령이었다. 이 법령은 군국주의의 이념에 따라 황국 신민을 기르는 것을 목적으로 했고, 그 이면에는 일본 천황이 절대적인 권한을 가지는 정치 체제를 명확하게 인식시킨다는 국체명징, 조선인도 민족의식을 버리고 천황에게 충성을 다해야 한다는 내선일체, 이를 위해 충성스러운 마음을 실천으로 옮기도록 한다는 인고단련의 3대 교육강령이 작용했다.

뿐만 아니라 조선어 교육이 폐지된 1938년부터 일제가 패망한 1945년까지는 학생들조차 전쟁 수행을 위한 노예가 되어야 할 정도로 상황이 극에 달했다. 학교는 병영화되고 강제 근로수용소로 전락되었고, 강제 근로에 이끌려 나가지 않는 날이면 피나는 군사 집총훈련이 계속되었고, 학교는 군수 보급 창고와도 같았다.

그렇다면 윌리엄스 선교사가 33년을 몸담은 공주를 떠나야 했던 이유는 무엇일까? 1940년에 접어들면서 일본의 제국주의는 침략 정책을 노골화하였고, 이를 저지하고자 하는 미국과 관계가 악화되었다. 이에 따라 조선 내 미국 선교사들의 입지는 좁아졌고, 일본은 그들과 그들이 이끄는 교회와 교육사업에 관련된 그리스도인들이 반일본 첩보행위를 한다는 식의 무고한 트집을 잡았다. 결국 일제는 조선 내 선교사 추방령을 내렸고, 상황이 심각하다고 느낀 미국 정부는 미 영사 마쉬(G. March)를 통해 1940년 10월, 마침내 선교사의 완전 철수를 명령하였다. 이 과정에서 윌리엄스는 자신이 남아 있

1940년 11월 학교를 떠나면서 교사 학생들과 기념촬영

게 되면 영명학교에 관계된 교사들과 교인들이 자신 때문에 고난을 당할 것을 걱정하여 할 수 없이 조선을 떠나기로 결정하고 새로운 선교지 인도로 가게 된 것이다.

2·8독립선언의 중심인물이었던 윤창석과 공주읍의 공주시장 3·1만세운동의 주동자였던 김수철, 양재순, 유우석(유관순의 오빠), 강윤, 노명우 등 많은 이들이 바로 윌리엄스 선교사의 제자들이다. 뿐만 아니라 유관순도 영명여학교 보통과 2학년을 마치고 이화학당으로 전학하였고, 어린 나이로 민족 정기의 꽃을 피우며 구국의 선봉으로 짧고도 장렬한 생애를 마쳤는데, 그의 올곧은 신앙과 죽음 앞에서도 굽히지 않는 백절불굴의 애국심도 윌리엄스의 교육에서 비롯되었음은 물론이다.

그가 교장으로 봉직한 기간 동안 많은 학생들에게 생각과 습관을 바꾸는 계몽뿐만 아니라 민족의식과 항일의식을 고취시켜 민족의 독립에 앞장서게 했기 때문이다. 또한 그가 조선을 얼마나 사랑하고 영명을 얼마나 사랑하고 애착을 가졌는지는 강제 출국된 후 인도에서 조선의 독립을 그리워하며 애타게 기도했던 사실을 통해 충분히 짐작할 수 있다.

3. 인도에서의 사역

윌리엄스의 강제 출국일은 1940년 11월 24일이다. 그는 공주를 떠나는 날 미국의 선교본부에 앞날이 불확실한 영명학교가 계속 유지되기를 간절히 원하는 편지를 보낸 후, 인도를 향해 출발하였다. 미국 선교본부에서는 귀국을 포기하고 새로운 불모의 선교지 인도로 가는 윌리엄스에게 찬사를 보냈다.

윌리엄스는 북부 뉴델리와 접경을 이루고 있는 가지아바드(Ghaziabad)에 머무르면서 공주에서 실업학교를 세워 경영한 노하우를 바탕으로 그곳에서도 농업기술과 자력 갱생을 가르치는 농업학교를 설립하여 운영하고자 하였다. 인도에 도착하여 인도 환경에 적응하는 것과 언어 학습 때문에 어려움도 겪었지만, 무엇보다 그를 힘들게 했던 것은 한국에 대한 그리움이었다. 그가 선교본부에 보낸 서신에서 이를 엿볼 수 있다.

우리는 한국에 대한 향수병으로 고생을 하고 있습니다. 또 이 언어를 가지고 이곳에서 일을 할 수 있을지 걱정이 됩니다. 가지아바드의 우리가 있는 이곳은 꽤 편안하고 학교는 많은 면에서 한국과 비슷합니다. 마을의 일은 한국에서보다 도전해야 할 일이 많습니다. 집에는 진짜 난로도 없고 물도 나오지 않습니다. … 물탱크가 있다면 목욕하거나 씻을 때 매우 좋을 것입니다. 당신이 우리에게 다시 한국으로 돌아가라고 말한다면 좋겠지만 다시 우리를 이쪽으로 데려오는 데에는 많은 비용이 들었고, 우리가 일을 시작하기에는 많은 시간이 걸립니다. 나는 우리가 이곳에서 선교하는 동안 마음을 다잡아야 할 것이라고 생각합니다. 그것은 7년 동안입니다 이것이 지금 우리의 미음이고, 우리와 함께 일하게 될 사람들은 기뻐하는 것 같습니다. 일본사람들이 몰락하면 중국, 한국 그리고 만주는 일하기에 멋진 장소가 될 것입니다. … 진흙과 모래 먼지 그리고 바람이 계곡에 퍼져 있어서 몸과 눈이 괜찮을지 걱정이 됩니다. 제 아내는 피부 트러블이 생겼고 위가 더욱 악화되었습니다.

우리는 이곳에 적응할 때까지 기다려야 할 것입니다.(1941년 4월 4일자 편지)

저는 눈병으로 오랫동안 고생해 왔습니다. 이번 봄에 평원에서 불어오는 먼지는 너무 많았습니다. 제 아내는 위가 더욱 나빠져 렌도르 병원에서 십일 동안 치료를 받았지만 지금도 마찬가지입니다. 우리의 눈과 위가 이곳에 적응하기를 바랄 뿐입니다. 한국에서는 이를 위해 적절한 조치를 취하는 일이 쉬웠습니다. 날씨도 눈에 아주 좋았지요.(1941년 5월 15일 편지)

윌리엄스의 한국에 대한 향수병은 날이 갈수록 깊어졌다.

한국과 한국의 교회들이 받고 있는 어려움들에 대한 우리의 마음이 줄어들지 않습니다. 저는 제가 알고 지낸 사람들에게 잘 지내느냐고 편지를 쓸 수가 없습니다. 단지 그들을 생각하고 기도할 뿐입니다. 저는 그들을 위해 기도하느라 이렇게 시간을 보낸 적이 없습니다. 제가 거기에 있을 때는요. 저는 지금 기도합니다. 일본 군인들이 한국인들을 위해 제가 기도하는 것을 막을 수 없습니다. 한국 친구들이 잘못되지도 않을 것입니다. 왜냐하면 제가 기도하니까요. 만일 우리가 그곳에 있었다면 방해나 장애물이 되었을 것입니다. 우리는 그들 모두를 위해 기도합니다. 신이 분명 그들을 지켜보고 계실 것이고 매우 힘든 이 시절에 그들을 도우실 것입니다. 우리는 이곳에서 더 나은 일꾼이 될 것입니다. 왜냐하면 우리는 한국을 생각하고 있고 한국을 위해 기도하고 있기 때문입니다.

1941년 6월 30일 편지에는 한국교회, 한국인들에 대한 향수와 기도의 내용을 담았는데, 한국에 있을 때보다 한국인을 위해 더 많이 기도하고 있다는 내용이 그의 마음을 잘 대변해 준다. 또한 1945년 1월 11일 편지에는 극동지역에 밝은 전조(電照)의 해, 한국행 길이 열린다면 다시 가족 모두 가겠다고 감독에게 건의를 하는 내용을 썼는데, 1906년 9월 한국에 도착하여 46년 9월 이면 40년을 근무하는 것이고, 46년 겨울이나 47년 3월에는 막내아들 로버트 (Robert)와 함께 미국 귀국을 희망하는데, 그럼에도 한국 길이 열리고 부름을 받는다면 모두 한국으로 가겠다는 것이다. 1945년 6월 27일에도 비슷한 내용이 있다. "40년 봉직하고 은퇴 후 막내와 미국에 가기를 희망하며 후임 추천, 한국이 열리고 요청받는다면 무슨 수를 써서라도 한국에 가고 싶다. 그 희망의 끈을 포기한 적이 없었다. 이 나이에 꼭 하려는 열정은 아니라도 원하는지는 물어보고 불러준다면 기꺼이 더 일할 용의가 있다."

1945년 5월 15일 편지에는 1946년 은퇴를 희망하면서 후임 추천 내용을 담고 있는데, 한국사람들이 원한다면 한국에 돌아가고 싶다는 강한 표현과 함께 한국에서도 젊은 사람을 원할 것이라는 내용을 담고 있다.

1945년 10월 4일과 26일에는 자신이 미군정 맥아더 장군의 농업고문으로 위촉받았다는 사실을 알리면서 부인과 아들에게 가장 빨리 올 수 있는 방법으로 오라는 것과 다른 아들 조지(George)는 서울에서 근무 중이니 군용 편으로 3일에 출발하여 서울에 10일까지는 도착할 것이라는 내용, 누가 추천했는지 모르지만 이런 일이 어떻게 자신에게 일어났는지, 꿈도 꾸지 못했던 일이지만 한국에 기여하고 높은 자리에서 정부 차원에서 신앙적으로 강화하고 싶다는 내용을 기록하고 있다.

윌리엄스 선교사는 인도에서 그들을 위한 사역을 감당하면서도 이렇게 한국을 애타게 그리워하며 대한민국의 독립을 위해 간절히 기도했다. 뿐만 아니라 그의 영향을 받은 아들들과 제자들이 6·25전쟁과 대한민국 정부 수립 당시 결정적인 역할을 했다.

4. 대한민국과 공주에 미친 활동

당시 선교사들의 활동은 복음전파와 신교육, 즉 민족교육과 의료사업과 농촌계몽운동으로 집약할 수 있다. 윌리엄스 또한 조선의 근대화 시기에 이 민족을 계몽시키고 고치고 많은 지도자들을 키워냈다.

나의 조부 전희균 목사(영명학교 2회 졸업, 원산 루씨여학교 교목)도 윌리엄스의 전도를 받아 예수님을 영접하고, 영명학교 배재학당에서 공부를 하고, 훗날 남궁억 선생의 무궁화 사건에 동참하여 루씨여학교 교정에 무궁화를 심었다는 이유로 함흥교도소에서 6개월 동안 옥고를 치르고, 루씨여학교에서 강제 퇴교 조치를 받게 되었다. 이후 6·25전쟁 당시 인민군에게 체포되어 서대전형무소에 수감되었다가, 그들이 퇴각할 때 형무소 뒤뜰 우물에 수장되어 순직하였다. "아는 것이 힘이다. 배워야 산다."라고 주장하며 농촌계몽운동의 선구자였던 상록수의 주인공 최용신 선생도 바로 전희균 목사에게 신앙과 교육을 통해 큰 영향을 받고, 샘골에서 농촌계몽을 위해 생명을 바쳤다. 이 모든 것이 그가 심어준 신앙심과 학문적 논리와 지식이 큰 바탕이 된 것은 분명하다.

또한 민족의식을 고취시켜 독립운동과 항일운동을 실행하였다. 조선 총독이 바뀌면서 조선의 정책을 군량미 조달을 위하여 농업정책으로 바꾼다. 마땅한 지도자가 없자 일제는 윌리엄스를 전문 강사로 위촉하여 전국을 순회시킨다. 왜 윌리엄스는 그 임무를 수행했을까? 자칫 친일로도 오해를 받을 만한 행동으로 보이지만 실제로는 전혀 그렇지 않다. 윌리엄스는 낮에는 농업교육을 했고, 밤에는 전국의 젊은이들을 만나 복음을 전하였다. 그리고 공주에서 훈련시키고 제자를 키워냈던 것이다. 영적인 농사를 했던 것이다. 그렇게 3·1 독립운동과 애국운동의 핵심적 역할을 하는 인물들을 키우게 된 것이다. "심은 대로 거두리라."는 진리는 바로 농사교육을 통해서 신앙교육으로, 신앙교육을 통해 애국교육으로 이어진 것이다. 즉 농업교육이 신앙교육이고 그것이 애국교육이었다. 윌리엄스가 세운 영명학교에서 그의 신앙과 애국심을 고취시키는 교육을 통해 많은 제자들이 독립운동과 항일운동을 하였다. 1919년 4월 1일 공주 지역 독립만세운동의 주도자 19명이 체포되어 10명은 유죄 9명은 무죄 판결을 받았는데, 유죄 판결 10명 중 영명학교를 졸업하고 영명학교 교사였던 김관회를 포함한 9명이 영명학교와 관련이 있다.

국사편찬위원회가 편찬한 「한국독립운동사」에 보면, 충청남도 장관의 내무부 장관에 대한 기밀보고문 내용은 이렇다.

공주 재임 선교사 우리암 배하의 기독교도와 사립 영명학교 관계자가 기한 4월 1일 공주에서의 소요는 신속하게 제지함으로써 극소 사건으로 현함에 지하였을 뿐임. 본건은 다소 계획적인 것으로서 목사 현석칠, 교사 김관회 등의 수모자는 경성에 있는 유력한 곳과 연락을 유하고, 본 운동에 의하여 적어도 국민의 상당수가 참정의 권을 획득할 때까지 몇 회라도 운동을 흥기할 의가 유한 것 같다.(충남 비204호)

뿐만 아니라 6·10만세운동, 광주학생 항일운동 등 대한민국의 독립을 위해서 일제에 항거하는 모든 일에는 고난과 희생을 감수하고, 영명학교 학생 전원이 동맹휴학과 같은 방법으로 참가할 수 있는 단결력을 보여주고 있다. 공주영명학교 독립유공자를 살펴보면 3·1 독립운동의 꽃인 유관순을 포함하여, 대한민국의 독립운동가요 정치가로서 미군정의 경찰총수와 초대 내무부 장관을 역임했던 조병옥, 유우석, 윤창석, 노명우, 안창호 등 모두 19명으로 윌리엄스의 사상과 신앙을 엿볼 수 있다.

윌리엄스는 조선을 너무나도 사랑했던 선교사다. 조선을 얼마나 사랑하고 이 민족의 광복을 원했는지 첫째 아들을 낳아 이름을 우광복이라 지었다. 우광복은 1907년에 인천에서 태어나 14세까지 공주에서 자라면서 영어와 한국어, 일본어가 능통하였다. 미국 덴버에서 고등학교와 의대를 졸업하고 미 7함대 소속 해군 중령 군의관으로 인천에 상륙하였고, 1945년 미군정 사령관의 특별보좌관, 정치고문으로 미군정 고위 인사정책에 깊숙이 관여하였는데, 미군정과 한국인의 가교 역할을 하기 위해 남한 전역을 돌며 여론 조사를 하였다. 당시 한국인들이 이승만을 우리 대통령이라 부르며 그의 귀국을 바라고 있다는 내용을 여러 차례 하지(John Hodge) 사령관에게 보고하였고, 6·25 당시 이승만 대통령을 자신의 지프에 태워 남하하였다. 1994년 11월 22일 미국에서 작고하였고, 그의 유해는 유언에 따라 공주 영명동산에 묻혀 있다. 그의 이름 가운데 광복의 '복'(復)자가 묘비에는 '복 복'(福)자로 명기되어 있는데, 그것은 '복 복'자가 아니라 다시 광복의 '복'자로 명기해야 할 것이다. 그것이 조선의 광복을 위해 날마다 기도했던 윌리엄스가 그의 아들의 이름을 지어준 본래 의미와 가깝기 때문이다.

윌리엄스 선교사는 6·25의 비극을 잘 극복하고, 대한민국이 세워지는 데에도 결정적인 역할을 하였다. 당시 하지 장군은 한국 사정에 밝고 한국어에 능통한 선교사들을 의지할 수밖에 없었다. 조지 윌리엄스(George Williams, 우광복, 윌리엄스의 큰아들, 해군중령, 군의관)는 하지 사령관의 특보로 고위 인사정책에 영향을 미쳤고, 헤럴드 노블(Herald Noble, 노블 선교사 아들)은 하지 사령관의 정치 연락장교로, 원한경(H.G. Underwood, 언더우드 선교사 아들)은 민간인 군정고문으로 일하였다.

1947년 11명의 선교사들이 미군정의 정식관리로 임명되었고, 미군정 최고직에 임명된 50명의 한국인 중 35명이 기독교인이었는데, 이는 당시 기독교인 비율이 5% 미만이었던 것을 감안하면 놀라운 수치다. 선교사들은 미군정 요직에 개신교 지도자들을 기용하도록 도왔고, 대한민국을 기독교 국가로 만들 수 있는 기회로 생각하기까지 하였다.

1945년 8·15해방 후 윌리엄스 선교사는 미군정청 하지 중장의 농업정책 고문으로 다시 내한하여 활약하게 된다. 또한 한국에서 활동하였던 윌리엄스 목사와 윔스 목사의 아들인 윌리엄스 소령과 윔스 대위는 1945년 10월 5일에 임명된 11명의 미군정 행정고문 중에 6명이 기독교인이며 그중 3명이 목사로 임명되는 데에 지대한 영향을 끼쳤다. 1945년 12월에는 미군정청의 국장대리 또는 국장에 한국인을 기용하였다. 이때 정일형 목사는 인사행정처장에, 영명학교 출신인 조병옥은 경무부장에 임명되었고, 류형기 목사는 조선인쇄주식회사 관리인이 되었다. 그리고 미군정청의 자문기관으로 1946년 2월 14일에 발족한 민주의원 의장에는 이승만이 선정되었는데 이렇게 된 데에는 윌리엄스와 선교사들의 역할이 지대하였음을 알 수 있다.

윌리엄스 선교사는 1906년 12월 한국으로 파송받아 1940년 11월까지 한국에서 섬기면서 공주 영명중고등학교를 설립하여 활발히 활동하다가 일제에 의해 추방되었다. 1941년 1월부터 1945년 10월 31일까지 인도에서 섬기면서 1943년 광복군 훈련에 관여하였고, 제2차 세계대전 시 인도의 영국군 총사령부에서 근무하였다. 1945년 11월부터 1948년 12월 31일까지 한국의 미군정에서 농업고문으로 근무하고, 1949년 1월부터 1950년 12월 31일까지 일본 파송 ECA 산하에서 사역하였고, 1951년 1월부터 1953년 8월까지 미감리회 선교부에서 근무하였다.

그는 47년 동안 하나님의 사역을 감당하면서 한국에서는 37년을 사역하였다. 6·25전쟁이 일어나면서 그는 다시 선교사직에 복귀, 일본 나가사키에 부임하여 2차 세계대전으로 파괴된 학교 재건에 전력하였다. 이후 1954년 귀국하여 캘리포니아에서 선교사직을 은퇴하였으며, 1962년 미국 샌디에이고에서 별세하였고, LA 프레스트 공원묘지에 안장되었다.

지금도 공주 영명학교 뒷산에는 몇 기의 선교사 무덤이 있다. 그중 하나는 윌리엄스 선교사의 큰딸 올리브의 무덤이고 또 하나는 윌리엄스의 아들 우광복의 무덤이다. 올리브는 9세에 전염병으로 죽었고, 아들 우광복은 87세에 사망하여 그 옆에 안장되었다. 작은딸은 2개월 혹은 두 살쯤에 숙었다고 하나 사인과 연도가 정확하지 않고 무덤도 알려진 바 없다.

윌리엄스 선교사 부부는 머나먼 이국땅에서 어린 자식들을 차가운 땅에 묻으며 진정한 조선인들의 친구로서 모든 아픔을 조선을 사랑하는 마음으로 이겨냈다. 이 민족을 살리기 위해 한 알의 밀알로 자신을 하나님과 조선에 기꺼이 드린 것이다. 윌리엄스의 희생과 사랑에 감사하며 우리는 그를 우리의 진정한 친구로 영원히 기억해야 할 것이다.

이준
李儁

이준
李儁

이준은 죽음으로써 영생을 얻은 신실한 한국 감리교회 평신도로 한국인의 올곧은 정신을 대변해 준 영세의 사표요, 죽고 삶을 인지한 한국 역사의 가장 밝은 별이다. 오직 국왕과 조국 그리고 겨레를 위하여 그 몸을 던진 이준의 세혈(洒血)은 이 민족의 죽은 혼을 수없이 부활시켰고, 앞으로도 부활시켜 이 민족의 정신적 기초가 되어 만대를 굴복케 할 것이다.

만국충절(萬國忠節), 한국 혼이 부활한 일성 이준 열사는 조선 말부터 대한제국 시기까지 패퇴(敗退)해 가는 국운을 세우려고 신명(身命)을 불태운 100년에 한 사람 날까 말까 한 마지막 충신이요, 법통(法統)을 튼튼히 펴 놓은 공평의 잣대요, 정의를 위하여 고난과 핍박을 이겨낸 예수 그리스도의 증인이었다.

민족의 정화(精華)

이준

이주익 목사_ 서대문교회 담임

1. 가문(출생)과 소년 시절(1859~1874)

　북녘의 큰 별, 이준(李儁)은 1859년 1월 21일(음력 1858년 12월 18일) 함경남도 북청군 속후면 중산리에서 부친 전주 이씨 병관(秉瓘)과 모친 청주 이씨 사이에서 독자로 태어났다. 이준의 아버지 병관은 일찍 백부에게 입양되었는데 이준이 세 살 되던 해 부모가 병몰하고 잇달아 양부모가 작고해 이준의 양육은 조부 명섭(命燮)과 숙부 병하(秉夏)가 맡게 되었다.1) 이준은 조선을 창업한 태조 이성계(李成桂)의 맏형이며 환조대왕(이자춘)의 장남이었던 이원계(완풍대군)의 17대손이다.2) 이준의 본명은 순칠(舜七)이며 처음 이름은 성재(性在)라 불렀다. 12세에 향과를 치를 때, 전주 이씨 가운데 조선왕실에서 갈려나온 하나를 뜻하는 선파(璿派)에서 이름자를 따서 선재(璿在)라 고쳤다. 이준의 아호는 일성(一醒)이며, 젊은 날 이름이 준(儁)이다.
　이준이 출생한 시대는 탐욕에 찬 열강의 손길이 동양 전체에 몰려오던 시대였다. 영국은 인도를 식민지로 만들고 다시 손길을 뻗쳐 프랑스와 정조를 위협하여 천진조약을 체결하는 등 동점하는 서세가 한반도 문턱을 넘어다보게 되었으나, 대원군은 척양을 고집해 과감한 내정개혁을 단행하고 있었다. 대원군이 가톨릭 신자들을 학살하는 대사건이 벌어졌고 러시아가 경흥에 와서 통상을 요구하는 문제를 일으켰으며 병인, 신미양요가 연달아 일어났다.

이에 충격 받은 이준은 '살기 위하여 죽기로 싸워야 한다'는 열세 자를 써서 벽에 붙여 놓고 심지를 다져갔다. 이준의 기개(氣槪)는 12세 때 한양을 동경하며 써서 책상 위에 놓은 편지에서도 알 수 있다.3)

이준은 6세부터 조부의 훈도 아래 글을 배우기 시작해, 7세에 마을서당에 입학했다. 이때는 대원군 집정 3년이 되던 해로, 그의 새로운 시정에 대한 비판이 분분하던 때로 서당 선생은 반대하는 입장을 취했다. 이준은 이를 못마땅하게 여겨 '정치개혁은 당연한 것인데 왜 비난합니까?'라고 힐문하는 등 사회의 수술이 당연한 것으로 알았다. 이 일이 있은 후 이준은 가정에서 북청의 대학자요, 뛰어난 문장가인 조부의 가르침으로 한학(漢學)을 익혀 12세에 사서삼경에 통달했으며 그 기억력과 창작력은 누구도 따르지 못했다. 1870년, 이준이 북청읍 향시에 응시해 장원으로 뽑혔으나 연령상조를 걸어 낙방시키자 분개하여 문루로 올라가 자신의 시제를 고성으로 낭독하여 중인(衆人)의 시선을 끌었다.4)

2. 청년 시절(1875~1888)

1) 김병시, 최익현 등 고관과 교제하다

생래의 대담한 기개와 출중한 성품을 지닌 이준이 향리에서 평범한 일생을 보낼 인물이 아니었다. 1875년 2월, 17세의 부푼 꿈을 안고 숙망의 서울로 올라와 관북 물장수들이 운영하는 수방도가에 임시 숙소를 정한 이준은, 그곳에 모이는 동향인들을 통하여 중앙 정국의 동향을 들어 시야를 넓히는 한편 6월에는, 10년 권좌에서 물러난 운현궁의 대원군을 찾아가 현안이었던 개항 문제에 대해 고견을 청취했고, 그 후 형조판서 김병시의 문객이 되었으며, 다음 해에는 대원군을 물러서게 한 유림의 지도자 최익현을 찾아가 강화도조약의 반대의견을 개진하였다. 이준은 김병시의 지우(知遇)를 얻게 되어 그 집에서 숙식을 하며 비서처럼 일했다.

1876년, 일본과 병자수호조약이 체결되는 등 침략의 마수가 점차 뻗치기 시작해 조야의 담론이 분분했다. 일본이 1879년 5월, 통상무역을 내세워 원산 개항을 요구해 오는 등 국운이 점점 기울어지기 시작했다. 이준은 굴욕적이고 불리한 입장에서 조약을 체결하고 마지못해 개항하는 정책에 반대 입장을 취해, 1879년 원산 개항의 당사자였던 강수관, 홍우길을 찾아가 "일본에게 원산을 개항하게 허락하는 것은 매국행위이다."라고 비판을 가했다.[5]

2) 북청에 경학원을 설립하다

조정 어른들과 교제하던 이준은 1884년 봄, 북청에 내려와 시간을 보내다가 1887년 가을, 초시에 합격했으나 노덕서원의 유학자들이 이준의 서울 추천을 보류하였다.[6] 썩은 유생들의 행태를 보고 이준은 함경감사 조병식에게 진정하여 유생들을 처벌했으며 다음 해, 조병식의 협조를 얻고 고종 황제의 윤허를 받아 북청에 2천 평 토지를 희사해 노봉서원이라는 경학원(經學院)을 설립해, 유사직에 앉아 향리, 인재양성의 기틀을 마련하고 운영을 후배에게 맡긴 후 재차 상경했다.

3. 장년 시절, 전반기(1889~1904)

1) 재혼과 법학연구, 일본 망명과 귀국

1889년, 다시 상경한 이준은 1893년 35세 되던 해, 김병시의 중매로 이화학당 출신 평동 이씨 가문의 17세 이일정(李一貞)과 재혼했다. "이일정은 생활이 곤란할 때 잡화상을 차려 생계를 꾸렸고, 국채보상운동 당시 부인들의 반지를 빼서 바치는 탈환회(脫還會), 찬거리 값을 절약하여 내는 감선회(減膳會) 등을 조직해 활동했으며, 경우에 따라서는 가두시위대에 뛰어들어 구국을 외치기도 하였다."[7] 1894년, 이준이 다시 낙향해 국가 정세를 지켜보던 8월, 함흥에 속한 순릉참봉에 임명됐으나 청일전쟁의 발발로 일본이 승리하자 제2차 김홍집 내각의 실력자 박영효와 서광범 등 개화당 인사의 권유로 1895년 3월, 그 직을 버리고 서울로 올라와 4월, 법관양성소에 입학해 6개월 만에 우수한 성적으로 졸업했다. 이듬해 2월, 한성재판소검사보 진임 6등관에 임관되었으나 조정의 대관중신의 비행을 탄핵한 죄로, 그릇된 대관들의 면관운동에 따라 1개월 2일 만에 해임됐다.[8]

2) 협성회 조직과 독립협회의 설립

관직에서 물러난 이준은 갑신정변 때 미국으로 망명했던 서재필이 1895년 12월 26일 귀국해 중추원 고문으로 있으면서 1896년 4월, 「한성신보」에 맞서 「독립신문」을 창간하는 필설의 봉화에 함께했고,[9] 아펜젤러의 요청으로 서재필이 5월, 배재학당 학생을 중심으로 이준, 최병헌, 노병선과 함께 계몽단체 협성회(協成會)를 조직했다. 이상재, 이승만 등도 활약하면서 「협성회회보」를 발행하다가 정부의 간섭에 아펜젤러의 권고로 타지로 옮기게 되었다.[10]

7월 2일, 고종 황제의 지지를 얻어 개화파 관료, 정동파, 건양협의회 회원 이상재, 최병헌, 이동녕, 윤치호, 홍정후, 이승만, 남궁억 등 30여 명이 독립협회(獨立協會)를 조직해, 이준은 평의장으로 혁신구국운동에 앞장서게 됐다.[11] 1895년 8월, 을미사변 이후 조직된 김홍집 등 친일각료들과 교제하고 있던 차에 1896년, 아관파천을 계기로 조직된 친러파 내각이 개화당 연루자를 타도했기 때문에 신변이 위험하여 법무대신 장박(張博)과 함께 일본으로 망명했다. 1897년, 와세다대학 법학과에 입학해 1898년 9월, 졸업했고 이준의 체포령이 해제돼 서울로 돌아왔다.[12]

3) 독립협회 활동과 엡윗청년회 기여

1898년 9월, 이준은 독립협회에 다시 가담해 평의장이 되어 활약했다. 10월, 민영환, 박정양 등과 종로광장에 1만 명 이상 참가한 제2차 관민공동회에서 탐관오리의 부패상을 고발하고, 개혁을 요구하는 '헌의 6조'를 결의하여 고종 황제에게 청구해 수용을 받았으나 간신들로 가득 찬 정부가 이를 거부했다. 분개한 독립협회 회원들은 치열하게 정부를 비판하고 공격했다.

조병식과 이기동 등 수구파 관료들은 군무대신서리 유기환으로 하여금 "독립협회가 공화정치로 나라를 뒤엎을 음모를 한다."고 고종 황제에게 무고해 11월 4일 총무장 이준 외 이상재, 이승만 등 17인을 감옥에 가두어 수개월 동안 옥고를 치렀다.[13] 분노한 시민들이 11월 5일부터 제3차 만민공동회를 열어 독립협회의 명맥을 유지했지만 21일부터 전국 보부상들과 황국협회가 집회장소에서 소란을 피우고 몽둥이를 들고 습격해 강제해산되었다. 불안해진 정부가 12월 25일, 독립협회 해산을 명령해 이듬해 3월 해산당하자[14] 회원들 가운데 윤치호, 이상재 등은 YMCA로, 이갑, 이동휘, 이준, 이승훈, 이승만, 남궁억, 양기탁, 이동녕, 박용만, 정순만, 주시경 등은 상동교회로 모였다.[15] 상동교회로 집합한 이들은 예배에 모였다가 전덕기 목사의 지도 아래 국가에 관하여 논의하기를 좋아하였고 이들을 주축으로 훗날 엡윗청년회를 조직해 신앙운동을 마음 놓고 할 수 있었다.[16]

4) 반일저항운동과 기독교 신앙 입문

1902년, 이준은 민영환을 당수로 이상재, 이상설, 이용익, 양기탁, 박은식, 이동휘, 이갑, 장지연, 남궁억, 전덕기, 노백린 등과 비밀결사 개혁당을 조직해 도각운동(倒閣運動)을 벌이다가, 독립회관에서 영일동맹(英日同盟)의 영향을 계몽하는 등 일제의 야욕을 폭로하며 기회를 엿보았으나, 비밀이 누설되어 이준, 이상재, 남궁억 등이 6월, 체포돼 두 달간 한성감옥에서 옥고를 치러야 했다.[17] 1904년 2월, 러일전쟁 후 일제의 한국 침략과 주구들의 활동이 노골화하고 한국에 대한 권익문제로 일제는 개전과 더불어 전문 6조의 한일의정서를 꾸며 한국 내정과 외교를 간섭할 수 있는 기틀을 마련하였다.[18]

나카모리는 하야시를 끼고 민병석과 이하영을 구슬려 이 땅의 산림, 천택 등 황무지 개척권을 50년 동안 장기대여 받으려고 혈안이 되었고, 이들의 촉수로 친일분자 송병준, 이용구 등이 주축이 되어 일진회를 조직하였다. 일제와 그 주구들의 발족에 대항한 원세성, 송수만, 심상진 등은 상소만으로는 해결할 수 없어 민론을 환기해야 한다고 판단하고, 백목전도가에서 성토대회를 가져 황무지 개척권에 대한 매국성을 신랄히 비판할 뿐만 아니라 보국안민을 목적으로 대한보안회를 7월에 결성, 이준이 도총무로 추대되어 재기했으나 심상훈의 탈퇴로 막을 내렸다. 그 후 이준은 적십자회 회장으로 취임해 한국이 적십자국제기구에 정식으로 가맹하도록 활약했으며 9월, 심상훈, 이유인을 종용, 이상설 등과 개혁당 출신 인사를 중심으로 대한협동회를 조직해 부회장을 맡아 일본의 황무지 개척권 요구를 저지시켰다. 아울러 민병석, 이하영 등 친일대신 5명은 사죄하라고 성토하면서 반대 선언문을 발표하고 대표를 뽑아 정부, 일본 공사관, 각국 공사관에 파견시켜 국제여론에 호소하였다.[19]

12월, 독립협회 계통의 조야 인사 윤하영, 양한묵 등과 공진회(共進會)를 조직해 회장으로 정부 대관 탐관오리 탄핵에 박차를 가했다. 12일, 친일대신 4명의 봉인퇴관을 요청하는 규탄대회를 종로 무명포목점 도가(都家) 2층 옥상에서 개최했으나 일제의 강압과 소인들의 모략에 송수만, 원세성, 나유석, 윤효정 등 10여 명이 일본 헌병에게 체포됐고, 이준은 윤효정과 함께 3년 유배생활 형량이 결정되어 12월 24일 황주철도(黃州鐵島)에 유배됐으나 고종황제의 특전으로 21일 만에 돌아왔다. 유배기간 동안 이준은 성경을 탐독해 기독교 신앙의 자리에 깊이 들어가게 되었다.[20]

4. 장년 시절, 후반기(1905~1907)

1) 대한자강회 활동과 구국교육운동

1905년 1월, 민영환, 이용익, 이인재의 주선으로 유배에서 풀려난 후 이준은 상동교회에 출석해 전덕기 목사의 지도를 받아 깊은 신앙에 들어가 주일예배 출석에 본을 보였고 모든 일을 성경과 기도로 대처했으며 선교사 헐버트와 「대한매일신보」 발행인이던 베델과 만나 국사를 의논했다. 5월, 윤효정, 양한묵 등과 교육과 계몽을 표방하며 헌정연구회를 조직해, 부회장으로 다시 항일 국민운동을 선도했고 1906년 4월, 장지연, 윤치호 등과 민중계몽단체인 대한자강회로 발전시켰다.21)

한편 1906년, 이준은 만국청년회 회장으로 취임해 국제친선운동을 전개했으며 2월, 전덕기, 유성준, 박정동, 유치형 등과 국민교육회를 조직해 회장에 있으면서 교육구국운동을 시작하고 자신의 가산을 내놓아 보광학교(普光學校)를 세워 교장을 겸임했다. 신찬 소물리학, 대동역사학, 초등소학 등 교과서를 편찬했으며 10월, 설태희 등과 애국계몽운동 단체로 서우학회 창설자 안창호, 이갑을 종용해 한북흥학회를 조직하고 지도해 교육구국운동 발흥의 계기를 마련했고, 함경도 출신 유학생의 장학에 힘썼다. 또한 서우학회를 통합, 서북학회를 만들어 이갑, 안창호, 이종호 등과 교육사업에 총력을 집중했고 오성학교(五星學校)를 설립했다.22)

2) 을사오조약 취소운동 주도

1905년 8월, 러일전쟁에 승리한 일본은 한반도 식민지화 획책을 위해 이토 히로부미(伊藤博文)를 통감으로 조선에 파견하여 고종 황제와 내각을 위협하고 제1차 한일협약을 강제로 체결함으로 일본 통감이 주재하는 보호정치가 시작됐다. 9월, 이준은 루즈벨트 대통령의 영애 앨리스 양의 내한을 계기로 한미공수동맹을 제안했으며, 포츠머스 조약에 따른 일본의 대한정책을 살피고자 일본으로 건너갔으나 10월, 일본이 제2차 영일동맹과 포츠머스 조약을 맺어 한국을 식민지로 만들려고 모의한다는 정보를 입수, 귀국하여 민영환과 대책을 논의한 뒤 상해로 건너가 민영찬과 헐버트 선교사 등을 만나 일제의 만행을 전 세계에 알리며 국제 여론을 환기시켰다.23)

1905년 11월 17일, 고종 황제가 조약 체결을 거부하자 이토 히로부미는 무장한 일본군을 동원해 궁궐을 포위한 가운데 경운궁(중명전)에서 이완용 등 '을사5적'과 야합해 강제로 을사늑약을 체결함으로 조선은 일제의 보호국이 됐고 외교권도 빼앗겨 통감부 통치를 받게 됐다.24) 12월, 이준은 상해에서 헐버트 등과 한미공수동맹 체결을 추진하고 있던 중 동지 민영환이 늑약 체결에 분노, 저항하기 위해 할복 자결했다는 소식을 듣고 급히 귀국하였다. 그 후 상동교회 전덕기 목사가 이끄는 엡윗청년회에 참가해 최재학, 정순만, 이동녕, 김구, 조성환 등과 조약 폐기 상소운동에 돌입, 최재학을 소주(疏主)로, 이준이 상소문과 오적격토문을 썼고, 대한문 앞과 서울시내에서 일경과 투석전을 벌이는 등 격렬한 시위를 전개함으로 국권회복에 전력했다.25)

조야 인사 1,400여 명에 이르는 상동청년회 회원은 연일 수천 명씩 모여 전덕기와 정순만의 인도로 기도했으며 전국에서 나라를 걱정하는 엡윗청년회원들이 상동교회로 모여들었다.26) 엡윗청년회원들이 도끼를 메고 조약 무효 상소운동을 전개하자 이를 마땅치 않게 생각한 담임목사 스크랜턴은 엡윗청년회를 해산시켰다. 이에 전덕기 전도사 등이 청년학원으로 그 이름을 바꿔 1906년 초, 기독교구국단체를 재조직했다.

3) 특별법원 검사직 수행

1906년 6월, 이준은 법무협관 이원긍의 권고로 평리원 검사에 임명됐고, 다음 달 특별법원 검사에 취임해 법부대신 이하영의 비행을 탄핵하다 면관되었다. 이준이 출사했을 때, 국척(國戚) 풍양 조씨와 남양 홍씨 간 산송(山訟)이 벌어졌는데 이건호 수석검사 외 대다수가 조씨에게 꼼짝 못 했으나 이준이 결연히 그릇된 조씨에게 패소판결을 내려 대중이 이준의 추상(秋霜)같은 공정성을 높이 칭찬했고, 고종 황제도 '왕법을 왕법으로 한 명판결이다'라고 감탄했다고 한다.27)

4) 국채보상운동과 비밀결사 신민회 창립

이준은 1907년 2월, 대구 대동광문회 서상돈(기독인)과 김광제가 단연회(斷煙會)를 결성해 담배를 끊고 그 돈으로 국채를 갚자고 호소하며 국채보상운동을 펴자, 이를 지지하고 전국운동으로 확대하기 위해 4월 8일, 대한매일신보사에 국채보상연합회를 설립, 회장에 취임해 모금운동을 계속 벌였다. 국채는 1,300만 원이었는데, 5월 말까지 4만여 명이 의연금을 냈고 모금액은 230만 원에 이르렀다.[28] 국채보상운동이 점차 애국적인 운동에서 주권수호운동으로 확산되자 통감부는 일진회를 앞세워 방해공작을 펼치고 간사 양기탁을 횡령죄로 검거해 운동을 좌절시켰다.

2월, 황제의 은사안(恩賜案) 특사령에 따라 을사5적 대신들을 처단하려다 체포된 김인영, 나인영, 오기호, 기산도 등을 석방시키려다 친일파 법부대신 이하영의 반대로 무산됐고, 그 부당함을 논박하며 형사국장 김낙헌을 평리원에 고소했지만 이하영, 이윤용 등이 상관에게 불복종했다고 해 검사 이준이 체포돼 재판에 회부됐다.[29] 일제의 한국 침략정책이 굳어만 가자 4월, 안창호, 이동녕, 양기탁, 전덕기, 이갑, 이동휘, 노백린, 김구 등 서북지방의 기독교신자 및 교사 학생들로 구성된 국권회복을 위한 비밀결사단체 신민회(新民會)가 창립되었고, 이준은 여기에 가입하여 적극적으로 활동을 펴 나갔다. 신민회는 회의를 개최하고 "도끼를 메고 조약 반대의 상소를 하기로" 결정하기도 하였다.[30]

5) 대한자강회 초청 강연과 한국혼 부활론 저술

1907년 4월 20일, 대한자강회(大韓自强會) 초청을 받아 한국 청년들을 향해 '생존경쟁'이라는 주제로 마지막 강연을 하며, 기독교 자유사상과 민족 구원에 대한 사자후를 토했다. 이 강연에서 민족부강책을 천명하면서 전민족의 분발과 단합을 강력하게 촉구했다.[31] 또한 이준은 평소 생각해 오던 피눈물의 호소를 밤을 새워가면서 저술, 완성한 「한국혼 부활론」을 헤이그로 떠나기 직전 이일정 여사에게 넘겨주었다. 민족과 민생, 민권에 대한 국가흥망의 열쇠가 되는 우국충정이 집결된 명작이다.

6) 대한제국 전권밀사 계획 주도와 헤이그 도착

1906년 6월 8일, 미국에서 돌아온 헐버트 미감리회 선교사로부터 헤이그에서 제2차 만국평화회의가 6월 15일 개최된다는 소식을 들은 양기탁은 1907년 3월경, 상동청년학원 이회영에게 알렸고 이회영은 전덕기 목사에게 알렸다. 전덕기 목사는 이준, 이회영, 이동휘, 이갑, 안창호, 이승훈, 김구 등과 논의한 끝에 만국평화회의에 고종 황제의 특사를 파견해 한일늑약은 일제의 강압으로 되었고, 결코 황제가 원하는 조약이 아님을 세계만방에 알려 무효화하기로 합의했다. 이상설과 이준을 특사로 파견하며 이위종을 통역관으로 대동한다는 원칙도 세웠다.[32] 헤이그 밀사파견은 이준, 이상설을 중심으로 서정순, 이도재, 이용익, 이종호, 박상궁, 베델, 헐버트, 만함 등이 극비리에 손을 잡고 조직적으로 착수하여 진행하게 되었다.[33]

이준은 궁금령(宮禁令)이 공포된 상황에서 이 뜻을 황제께 알리기 위해 당시 시종원경 이도재를 찾아가 상의했고, 중추원 의장 서정순을 찾아가 실황을 밝히고 황제를 만날 수 있도록 힘써 줄 것을 청했다. 아울러 특사파견의 필요성, 목적과 방법 등을 적은 종이를 건네 고종 황제에게 전해지도록 당부했다.[34] 고종 황제는 궁중 교사 헐버트와 그의 생질 조남승에게 계획을 꾸미게 했고, 3월 중순경 박상궁을 통해 이준에게 극비리에 입궐하라는 명령을 내려 3월 24일 황세를 일헌한 이준을 특사로 파견해 을사늑약이 일본의 무력으로 강요된 것임을 전 세계에 호소하고자 결안했다. 이준은 이상설과 이위종을 특사로 파송해 줄 것과 미국 대통령, 러시아 황제, 독일, 오스트리아 원수에게 보낼 친서와 평화회의에 가지고 갈 신임장도 요구했다. 고종 황제는 이준의 요청을 들어 이들을 임명하였다.[35]

4월 20일, 전덕기 목사가 황제의 어인(御印)이 찍힌 신임장을 이준에게 건네주었고 황제로부터 전달받은 문서는 돈유문(敦諭文), 밀사신임장, 대한광무황제 친서 등이었다.36) 이준은 헤이그로 떠나기 전, 상동교회에서 전덕기 목사의 집례로 기도회를 드렸다. 4월 22일, 집에서 아침기도를 드린 그는 아들 종승(鍾乘)과 딸 금령(金鈴), 그리고 아내 이일정에게 근엄하면서도 인자한 말투로 당부의 말을 남겼다.37) 또한 아내를 향해 "이번 먼 길에서의 성공 여부는 하느님만이 알고 계신 것으로 무엇이라 예언할 수 없소. 부디 자중하기 바라오."라는 한마디를 남겼다.38)

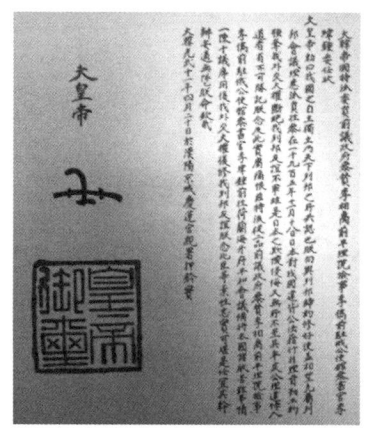

고종황제가 내린 헤이그 특사증

이준은 고종 황제의 특사단부사가 되어 서대문역을 출발해, 며칠 후 북간도 용정에서 서전서숙을 설립해 민족교육에 힘쓰고 있는 정사 이상설과 합류했고, 블라디보스토크를 거쳐 페테르스부르크로 가, 러시아 한국공사관 통역관 이위종과 합류했다. 대한제국 황제특파 전권밀사 3인은 헤이그에 1907년 6월 25일 도착했다.

5. 헤이그 전권밀사 활동과 자결(1907. 6 이후)

1) 국권회복을 위한 세 특사의 결사적 호소와 일본의 방해

세 특사가 헤이그에 도착했을 때에는 러시아 황제 니콜라이 2세의 제의로 제2차 만국평화회의가 45개국, 247명의 대표가 참석한 가운데 빈네호프 왕궁 디더잘에서 10일 전 개최된 상태였다. 세 특사는 배켄슈트라트가 124번지에 소재한 융스호텔에 투숙해 태극기를 내걸고 활동에 들어갔다.39) 특사는 러시아 대표이면서 평화회의 의장인 넬리도프를 방문해, 황제의 친서와 신임장을 전하고 공식적인 한국 대표로서 회의 참석을 요청했으나 한국은 이미 일본의 보호국이므로 참석할 자격이 없다 하여 거부되었다. 일본 대표의 악랄한 방해와 영국 대표의 방해로 성공하지 못했다.40)

의장 넬리도프는 그 책임을 형식상 초청국인 네덜란드에

〈만국평화회의보(1907.7.5.)〉1면에 실린 헤이그 특사들. 왼쪽부터 이준, 이상설, 이위종.

넘겼으나 네덜란드는 한국이 제2차 한일늑약에 의해 외교권이 없어졌음을 이유로 우리 대표의 참석을 거부했다. 이준은 제2차 한일늑약은 일제의 협박에 의한 것으로 황제의 참뜻에서 나온 것이 아니며, 실제로 황제의 어새(御璽)가 없으므로 이 조약은 당연히 무효라는 것과, 고종 황제는 세 사람의 특사를 파견한 것이라고 역설했다. 넬리토프와 미국 대표 시웃트의 도움으로 황제의 친서와 공고사(控告詞)를 제출하기로 해, 회의장에 세 밀사가 회원으로 받아들여져 6월 27일, 특사는 공고사와 일인(日人) 불법행위를 담은 책을 의장과 일본을 제외한 40여 개국 대표에게 보내는 한편, '평화회의보'에 전문을 게재해 국제 여론을 환기시켰다.

7월 9일, 세 특사는 각국 신문기자단이 주최하는 국제협회에 초청돼 약관 21세 이위종이 유창한 프랑스어로 '한국의 호소'(A Plea for Korea)라는 주제로 열변을 토해 한국을 동정하는 결의안을 만장의 박수로 익결까지 하였다.41) 일본 대표는 크게 놀라 한국의 외교권이 일본에 위임됐는데 과연 한국 황제가 밀사를 파송해 신임장을 보내었는지를 전보로 조회하자고 주장했다. 하지만 통신기관은 이미 왜적이 장악했으므로 황실에까지 도달할 수가 없었다. 이토 히로부미가 이 전보를 들고 황제에게 나아가 사실 유무를 질문했다. 일이 이렇게 되고 보니 황제는 밀사의 사실을 부인할 수밖에 없었다. 각

국 위원들은 한국의 세 밀사를 동정했으나 형식상 이 호소를 수리할 수 없었다.42)

2) 제2차 만국평화회의장 최후 연설과 할복 자결

1907년 7월 14일, 하늘과 땅이 울던 날이다. 만국평화회의 의장 넬리토프로부터 발언권을 얻은 이준이 회의장 단상에 서서 피가 끓어오르는 열변을 토해 듣는 이들의 가슴을 찌르는 듯하였다. 그런데 이준의 연설 도중에 한국으로부터 전문이 도착했다. 의장 넬리토프가 "유감이나마 한국 황제는 특사특파를 부인하였다."는 성명을 발표했다. 일본 대표들이 세 명 특사의 퇴장을 요구했으나 미국과 러시아 전권의 힘으로 발언을 다시 계속할 수 있었다.43) 이준은 최후의 비장한 말을 마치자마자 미리 준비했던 보검을 주머니에서 꺼내 들고 연설대 위에 선 채로 "대한독립 만세! 세계약소국가 만세!"를 크게 외친 후 단숨에 쥐었던 칼로 배를 갈랐다. 솟구치는 신성한 선혈을 만국 사신 앞에 뿌리고는 쓰러졌다.44) 이준이 의분(義憤)이 일어나면 주먹을 불끈 쥐고 "죽어도 어찌 그냥 죽을 수 있겠는가?"라고 했는데 이때 그의 마음을 알 수 있었다.45) 그 당시 각 학교의 학생들과 일반 청년들은 "국권 찾아든 이준 씨는 평화회의도 사(私)가 있다고 배를 갈라 혈서지어서 하나님께 호소하였네" 이런 노래를 국민가요처럼 불렀다.46)

3) 거룩한 삶, 위대한 교훈

이준이 순국한 후 각국 대표들이 거둔 조의금으로 장지를 구입한 이상설, 이위종 등은 7월 16일, 한국기독교 청리회장이며 동지인 이준의 유해를 헤이그 뉴브 아이큰다우 공동묘지에 가매장(假埋葬)을 했고, 9월 6일 장례식을 마치고 묘비를 세웠다. 일제통감부는 8월 9일, 헤이그 특사 궐석재판에서 이준에게 종신징역을 선고했다. 대한민국 정부는 1962년, 대한민국 건국공로훈장 중장을 추서했으며 1963년 9월 30일, 유해는 57년 만에 네덜란드 내각 의

전실장의 봉송을 받으며 북극해를 넘어 우리 국군의장대의 장중한 영봉사열을 받으며 한국 땅에 돌아와 묻히게 됐다. 정부는 그해 10월 4일, 전 국민이 일서의 공적을 추모하는 가운데 유해봉영 국민장을 엄숙히 거행하고, 수유리 순국선열 묘소에 이장했다. 1964년, 장충단공원에 이준의 정의대절(正義大節)을 추모하면서 동상을 건립하였다.

이준을 위인이 되게 한 원동력은 무엇일까? 첫째로, 이준이 어린 시절 선산 기슭에 완풍대군의 위패를 봉안하고 있는 기형사(機形祠)를 찾아가 제(祭)를 올리면서 가문의 절개를 익혀 간 데 있었다고 하겠다. 이성계가 1388년 요동정벌 4불가론을 주장하며 위화도 회군을 단행, 역성혁명을 일으키자 이성계의 새 왕조 창업의 길도 열어주고, 고려왕에 대한 충절을 지키기 위해 '충신불사이군'(忠臣不事二君)의 신념에 따라 이원계는 고려 왕조를 지켰다. "이원계는 네 명 아들에게 '너희는 나와 처지가 다르니 숙부를 도와서 충효를 다하라.'고 유언한 뒤 절명시(絶命時)를 남기고 음독, 자결했다."47) 이러한 완풍대군의 혈통을 이어받아 태어난 옥동자가 이준이다.48)

> 三韓故國身何在 (삼한고국신하재) 삼한 고국 이 나라에 내 몸 둘 곳이 어디인가.
> 地下願從伯仲遊 (지하원종백중유) 지하에 가 태백, 중옹을 따라 노닐고 싶구나.
> 同處休云裁處異 (동처휴운재처이) 같은 처지에서 처신함이 다르다 말 마오.
> 荊蠻不必海槎浮 (형만불필해부부) 형만으로 가는 바다에 뗏목 띄울 필요도 없으리라.

둘째로, 상동교회 전덕기 목사를 통해 확립된 그리스도 생사관(生死觀)에서 찾자는 것이다. "그릇 살면 죽음만 같지 못하고 잘 죽으면 영생이 있다"는 신앙이 영광스럽게 이준의 생명을 던졌다.49) 이준은 죽음으로써 영생을 얻은 신실한 한국 감리교회 평신도로 한국인의 올곧은 정신을 대변해 준 영세의 사표요, 죽고 삶을 인지한 한국 역사의 가장 밝은 별이다. 오직 국왕과 조국 그리고 겨레를 위하여 그 몸을 던진 이준의 세혈(洒血)은 이 민족의 죽은 혼을 수없이 부활시켰고, 앞으로도 부활시켜 이 민족의 정신적 기초가 되어 만대를 굴복케 할 것이다.

만국충절(萬國忠節), 한국 혼이 부활한 일성 이준 열사는 조선 말부터 대한제국 시기까지 패퇴(敗退)해 가는 국운을 세우려고 신명(身命)을 불태운 100년에 한 사람 날까 말까 한 마지막 충신이요, 법통(法統)을 튼튼히 펴 놓은 공평의 잣대요, 정의를 위하여 고난과 핍박을 이겨낸 예수 그리스도의 증인이었다.

참고문헌

강성문, 「한민족의 역사」(육군사관학교), 일조각, 1987.
김종수, 「한국독립운동사 강의」, 한우아카데미, 1998.
박은식, 「한국독립운동지사Ⅰ」, 일우문고, 1973.
박지향 외 3인, 「해방 전후사의 재인식」, 책세상, 2006.
소상영, 「세계위인명사 언행록」, 공군본부정훈감실, 1959.
송길섭, 「민족운동의 선구자 전덕기 목사」, 상동교회, 1979.
송길섭, 「상동교회 일백년사」, 상동교회, 1988.
송길섭, 「일제하 감리교회 3대 성좌」, 성광문화사, 1982.
신규호, 「한국역사 인물사전」, 석필, 1998.
신용하, 「독립협회연구」, 일조각, 1976.
여인복, 「한국의 인물」, 여문사, 1972.
오소백, 「우리는 이렇게 살아 왔다」, 광화문출판사, 1962.
유동식, 「한국 감리교회의 역사」, 기독교대한감리회, 1994.
유지후, 「이준 신생 선」, 농방문화사, 1947.
유진오, 「한국문화사대계Ⅰ」, 고려대학교민족문화연구소, 1964.
윤경노, 「105인 사건과 신민회 연구」, 일지사, 1990.
윤병석, 「이상설 전」, 일조각, 1998.
윤춘병, 「이준 열사의 민족운동과 기독교 신앙」, 상동교회, 1988.
윤춘병, 「전덕기 목사와 민족운동」, 감리교출판사, 1996.

이계형, 「고종 황제의 마지막 특사」, 역사 공간, 2007.
이만열·윤춘병·서영석, 「이준 열사 순국 100주년기념 학술강연집」, 상동교회, 2007.
이선근, 「대한국사」, 신태양사, 1973.
이선준, 「일성 이준 열사」, 을지서적, 1994.
이성삼, 「한국 감리교회사, 1945-1998」, 신앙과지성사, 2000.
이재곤, 「한국민족사」, 향하사, 1996.
이주원, 「전주 이씨 완풍대군 파보 총론(갑). 안소공파(갑)」, 보전출판사, 1983.
이주익, 「몽양원」, 도서출판 탁사, 1999.
이현재, 「한국민족문화대백과사전 18」, 한국정신문화원, 1991.
장두환, 「한국역사」, 역사비평사. 1994.
장호상, 「브리태니커 18」, 브리태니커 동아일보, 1997.
전택부, 「한국기독교청년운동사」, 정음사, 1978.
한규무, 「상동 청년에 관한 연구」, 역사학보, 1990.
한영우, 「다시 찾는 우리 역사 제3권」, 경세원, 1997.
한중환, 「겨레 얼로 본 민족사」, 사단법인 겨레 얼 살리기 국민운동본부, 2012.
황현, 김준 역, 「매천야록」, 교문사, 1996.
H.B. 헐버트, 신복룡 역, 「대한제국 멸망사」, 집문당, 1999.

1. 유자후, 「이준 선생 전」, 동방문화사, 1947, 4.
2. 이주원, 「전주이씨 완풍대군파보 총론(갑). 안소공파(갑)」, 보전출판사, 1983, 1. 이원계(李元桂, 1330~1388)는 모반자를 수없이 물리쳤으며 홍건적을 쳐부수고 왜구를 격파한 공신이다. 판개성부사, 양광도순찰사, 첩흥사, 좌·우군도통사 조전원수, 문하시중, 영상, 삼중대광에 오른 고려 말 충신이다. 이원계의 배필은 문익점의 딸이다.
3. 이선준, 「일성 이준 열사」, 을지서적, 1994, 15~16. "부인, 큰 뜻을 품고 한양으로 가오. 뜻을 이루지 못할 때에는 죽어도 안 돌아올 것이니 어른들 모시고 집안일 잘 부탁하오." "조카 성재는 이제 상경하오니 저를 잡으러 오는 사람은 제가 지니고 있는 주머니 속의 작은 칼로 찔러 죽이고 저도 그 칼로 자결하겠습니다."
4. 이신준, 「일성 이준 열사」, 을지서적, 1994, 12~14, 이준은 1870년, 12세에 주만복의 장녀와 초혼하였다.
5. 이선준, 「일성 이준 열사」, 을지서적, 1994, 27~30.
6. 이계형, 「고종 황제의 마지막 특사」, 역사 공간, 2007, 45~46. 노덕서원은 1617년 이항복이 세웠다.
7. 윤춘병, 「전덕기 목사와 민족운동」, 한국 감리교회 사학회 편, 1996, 41.
8. 유자후, 「이준 선생 전」, 동방문화사, 1947, 39~40.
9. H.B. 헐버트 저, 신복룡 역, 「대한제국멸망사」, 집문당, 1999, 188~189.
10. 이주익, 「몽양원」, 도서출판 탁사, 1999, 100~101. 배재학당 토론회를 1898년 3월 중순까지 42회 개최하였으며, 회원수가 300여 명으로 증가했다.
11. 유동식, 「한국 감리교회의 역사」, 감리회, 1994, 187~197; 신용하, 「독립협회연구」, 일조각, 1976, 104~105; 송길섭, 「일제하 감리교회 3대 성좌」, 성광문화사, 89. 1898년 10월 26일 독립협회 회원은 약 4천 명에 이르렀다.

12. 유자후, 「이준 선생 전」, 동방문화사, 1947, 40~42.
13. 한중환, 「겨레 얼로 본 민족사」, 겨레 얼 살리기 국민운동본부, 2012, 507.
14. 한영우, 「다시 찾는 우리 역사 제3권」, 경세원, 1997, 81; 강성문, 「다시 찾는 우리 역사 제3권」, 288.
15. 전택부, 「한국기독교청년운동사」, 정음사, 1978, 100; 유동식, 「한국 감리교회의 역사」, 감리회, 1994, 192~194.
16. 윤춘병, 「전덕기 목사와 민족운동」, 한국 감리교회 사학회 편, 1996, 133; 이계형, 「고종 황제의 마지막 특사」, 역사 공간, 2007, 158~160. 상동청년회는 1897년 9월 5일 조직돼 1900년경 해체됐으나, 1903년 전덕기 전도사를 중심해 재조직돼 상동교회 안에 엡윗청년회로 설립됐다.
17. 이선준, 「일성 이준 열사」, 을지서적, 1994, 52~62. 독립회관에서 "동청사변이 가져온 영일동맹"이라는 제목 아래 행한 이준의 대연설은 유명하다. 이만열, 「이준 열사의 생애와 국권회복운동」, 상동교회, 2007, 14.
18. 유진오, 「한국문화사대계 Ⅰ」, 고려대학교 민족문화연구소, 1964, 591. 8월에 '한일협약'을 강요함.
19. 여인복, 「한국의 인물」, 여문사, 1972, 135.
20. 여인복, 「한국의 인물」, 여문사, 1972, 135; 이선준, 「일성 이준 열사」, 을지서적, 1994, 102; 윤춘병, 「전덕기 목사와 민족운동」, 한국 감리교회 사학회 편, 1996, 144~145.
21. 이만열, 「이준 열사의 생애와 국권회복운동」, 상동교회, 2007, 17; 이현재, 「한국민족문화대백과사전」, 한국정신문화원, 1991, 243.
22. 이선준, 「일성 이준 열사」, 을지서적, 1994, 87. 현재 광신상고와 건국대의 전신이 오성학교이다.
23. 이계형, 「고종 황제의 마지막 특사」, 역사 공간, 2007, 259~260. 헐버트 선교사는 헤이그 밀사사건에 처음부터 관여된 공헌자이다.
24. 한중환, 「겨레 얼로 본 민족사」, 겨레 얼 살리기 국민운동본부, 2012, 517. 이완용·박제순·이근택·이지용·권중현이 나라를 팔아먹은 을사오적이다. 김종수, 「한국독립운동사강의」, 한우아카데미, 1998, 14. 나인영, 오기호, 김동필, 박대하는 을사오적 암살단을 조직했다. 송길섭, 「상동교회 일백년사」, 상동교회, 1988, 82; 윤병석, 「이상설전」, 일조각, 1998, 35~38; 이철우, 「해방 전후사의 재인식」, "일제하 법치와 권력", 책세상, 2006, 172~173. 일제하 규율의 준거점은 일본 혼으로 충만한 황국신민이었다.
25. 이주익, 「몽양원」, 도서출판 탁사, 1999, 102; 윤춘병, 「전덕기 목사와 민족운동」, 한국 감리교회 사학회 편, 1996, 113.
26. 한규무, 「상동 청년에 관한 연구, 1897-1914」, 역사학보, 1990, 84~85; 이성삼, 「한국 감리교회사, 1945-1998」, 신앙과지성사, 2000, 309. 1906년 6월, 미감리회 제2회 선교회 시 해리스 감독은 엡윗청년회를 해체하면서 미국선교부에 해체 이유를 보고했다.
27. 여인복, 「한국의 인물」, 여문사, 1972, 137. 고종의 재위는 1863~1907년이며, 1919년 승하했다. 1897년 10월 12일 국호를 '대한제국'으로 선포하고 '광무 황제'라 불렀다. 1906년 8월 이준은 인재등용론을 정부에 제출하였다.
28. 황현, 김준 역, 「매천야록」, 교문사, 1996, 712; 이선준, 「일성 이준 열사」, 을지서적, 1994, 127~130; 이재곤, 「한국민족사」, 향하사, 1996, 303.
29. 이계형, 「고종 황제의 마지막 특사」, 역사 공간, 2007, 170~176, 260; 황현, 김준 역, 「매천야록」, 교문사, 1996, 709. 이준을 파면하려고 태형 100대에 처하자 이준의 강직함을 지켜본 고종은 그를 법관으로 붙들고 싶어 70대로 감형케 했다.
30. 윤경노, 「105인 사건과 신민회 연구」, 일지사, 1990, 181.
31. 서영석, 「이준의 애국정신과 상동파의 활동」, 상동교회, 2007, 35~37.
32. 서영석, 「이준의 애국정신과 상동파의 활동」, 상동교회, 2007, 32, 196~197; 윤병병, 「전덕기 목사와 민족운동」, 한국 감리교회 사학회 편, 1996, 116.
33. 이선준, 「일성 이준 열사」, 을지서적, 1994, 146~174. 이준은 아펜젤러와 언더우드와 친밀한 관계이기도 했다.
34. 이계형, 「고종 황제의 마지막 특사」, 역사 공간, 2007, 197; 신규호, 「한국역사 인물사전」, 석필, 1998, 426.

35. 이계형,「고종 황제의 마지막 특사」, 역사 공간, 2007, 200~203; 윤병석,「이상설전」, 일조각, 1998, 64~65; 이선준,「일성 이준 열사」, 을지서적, 1994, 175.
36. 송길섭,「민족운동의 선구자 전덕기 목사」, 상동교회, 1979, 82~84. 고종 황제의 신임장이 이준에게 전달된 과정은 위의 책과 이계형,「고종 황제의 마지막 특사」, 역사 공간, 2007, 203과 216~218 참조.
37. 이계형,「고종 황제의 마지막 특사」, 역사 공간, 2007, 210; 이선준,「일성 이준 열사」, 을지서적, 1994, 187. 종승에게 문무일도에 부국강병의 원칙을 당부함.
38. 윤춘병,「이준 열사의 민족운동과 기독교신앙」, 상동교회, 128; 송길섭,「상동교회 일백년사」, 상동교회, 1988, 99;「상동교회 일백년사」, 37; 이계형,「고종 황제의 마지막 특사」, 역사 공간, 2007, 210에 "내 부산 볼 일이 있어서 잠시 다녀올 터이니 며칠만 기다려 주소."라는 말만 남기고 떠나갔다고 했다.
39. 이계형,「고종 황제의 마지막 특사」, 역사 공간, 2007, 221.
40. 이현재,「한국민족문화대백과사전」, 한국정신문화원, 1991, 244; 장두환,「한국역사」, 역사비평사, 1994, 272. "이 회의는 제국주의 국가들이 식민지를 평화적으로 나눠먹기 위한 도둑들의 만찬회였을 뿐…." 장호상,「브리태니커」, 브리태니커 동아일보 공동출판, 1997, 62. 러시아 정부의 훈령이 있었으므로 그를 만날 수 있었다.
41. 이계형,「고종 황제의 마지막 특사」, 역사 공간, 2007, 225~233; 이선근,「대한국사」, 신태양사, 1973, 344~350.
42. 유진오,「한국문화사대계 Ⅰ」, 고려대학교 민족문화연구소, 1964, 606; 이선준,「일성 이준 열사」, 을지서적, 1994, 213~218.
43. 이선준,「일성 이준 열사」, 을지서적, 1994, 213~217. 미국 전권은 시옷트, 러시아 전권은 네리토프이다. "일제의 불의를 토정함"이란 제하의 민족의 비원을 절규한 연설전문은 오소백,「우리는 이렇게 살아왔다」, 광화문출판사, 1962, 26~27과 소상영,「세계위인명사언행록」, 공군본부정훈감실, 1959, 86~87에 수록되어 있다.
44. 이선준,「일성 이준 열사」, 을지서적, 1994, 216~218;「일성 이준 열사」 1~3. 박종화의 이준 열사 전기 서(序) 참조 바람. "즉석에서 배를 갈라 자결하고 창자를 뽑아 회장(會場)에 던졌다. 천고의기로 창일된 벽혈이 회장 안에 점점이 뿌려졌다. … 가혹한 일본총독부 검열관도 이를 인정했다." 박은식,「한국독립운동지혈사Ⅰ」, 일우문고, 1973, 43.「황성신문」과「대한매일신보」는 7월 18일 호외를 발간, 이준의 자결을 보도했다. 이선준,「일성 이준 열사」, 을지서적, 1994, 221~222. "모든 저서나 기록은 한결같이 할복(割腹), 세혈(洒血), 천혈(濺血)로 되어 있는 것으로 보아야 분명하다."
45. 황현, 김준 역,「매천야록」, 교문사, 1996, 734. 이준은 분통을 참지 못하고 스스로 할복 자결한 후 그 피를 한줌 쥐어 만국사신이 앉은 자리에 뿌리며 "이렇게 해도 믿지 못하겠습니까?"라고 외쳤다. 피는 뚝뚝 떨어지고 이준은 땅으로 쓰러졌다. 이때 회원들은 크게 놀라, 서로 돌아보면서 "천하의 열장부다. 일본은 참으로 아무 형편이 없다."라고 하였다. 이선준,「일성 이준 열사」, 을지서적, 1994, 2; 박종화의 이준 열사 전기 서(序)와 119 참조.
46. 이선준,「일성 이준 열사」, 을지서적, 1994, 219(2,3절은 생략).
47. 이선준,「일성 이준 열사」, 을지서적, 1994, 12. 이원계는 1390년 조선 건국 후 회군 2등 공신에 책록되었으며 4남 4녀를 두었다. 4남은 양우, 천우, 조, 백온 등이나. 이원계의 지정(自淨)과 태조대왕 이성계를 도와 새로운 왕조 창업에 동참하라고 네 아들에게 한 유언은 역사적 사명의 봉행(奉行)이었다.
48. 이원계의 장남 이양우(완원부원군)의 후손 가운데 이용익(보성전문학교 설립자)과 이준 열사가 있다.
49. 윤춘병,「이준 열사의 민족운동과 기독교 신앙」, 상동교회, 1988, 130. 요한복음 12:25 참조.

남궁억
南宮檍

남궁억
南宮檍

삼천리 반도 금수강산 하나님 주신 동산
이 강산에 할 일 많아 사방에 일꾼을 부르네
곧 금일에 일 가려고 누구가 대답을 할까
일하러 가세 일하러 가 삼천리강산 위해
하나님 명령 받았으니 반도 강산에 일하러 가세

나라 사랑, 하나님 사랑

남궁억

김진형 목사 _ 죽림교회 담임

1. 선생의 나라 사랑

1) 출생과 유년 시절

한서 남궁억 선생은 1863년 철종 2년 12월 27일생으로 지금의 정동인 경성 서부 왜송골에서 태어났다. 이곳은 후에 배재학당이 들어선 곳이다. 아버지는 철종 때 무과 중추도사(武科 中樞都事)를 지낸 남궁영(南宮泳)이고, 어머니는 덕수 이씨로 이름은 알 수 없다. 남궁억의 부모는 12명의 남매를 낳았으나 천연두로 9남매를 잃고 아들 남궁억과 딸 둘만 남겨놓았다. 아버지는 선생의 유년 시절에 일찍 세상을 떠났고, 어머니 혼자 자식을 힘겹게 키웠다. 어려운 살림으로 선생은 제대로 서당을 다니지 못했으나 이웃 양반집에 독선생 훈장이 있어 어깨너머 공부를 할 수 있었다. 1878년 16세 되던 해에 남원 양씨 혜덕과 결혼하였다.

2) 영어학교를 졸업한 후 통역관으로 관직에 입문하다

어렵게 살아가던 선생에게 새로운 기회가 찾아왔다. 1882년 3월 한미통상조약이 체결된 후 서양 각국과 수교가 이루어지고 있었으므로 조정에서는 통역관이 시급히 필요하였다. 통역관 양성을 위해 1883년 우리나라 최초의 영어학교인 '동문학'을 제동(齊洞)에 설립하였다. 당시 통역관은 양반 자제들이 아니라 중인계층의 직업 정도로 여겼으며 통변학교(通辯學校)라고 부르기도 하였다. 1년의 과정을 마친 후 졸업하고 선생은 독일인 뮐렌도르프(Möllendorf)가 외교고문으로 있는 경성 총해관(總海關)에 실습생으로 들어가 통역실무를 배웠다. 이 과정을 마친 후 1886년 2월 24세의 나이로 고종의 영어통역관으로 내부 주사(內部 主事)라는 관직에 들어갔다.

영어통역관은 비록 관직은 낮았지만 임금을 자주 알현할 수 있는 요직이었다. 그 무렵인 1885년 8월부터 덕수궁 바로 옆 정동에서 아펜젤러가 영어를 가르치기 시작하자 통역관으로 관직에 나아가려는 양반 유생들이 많이 지원하였던 것으로 보아 그 인기를 짐작할 수 있다. 1887년 25세의 나이에 선생은 보다 넓은 세상을 견학할 기회를 얻게 되었다. 전권대사 조민희를 수행하여 통역서기관으로 영국, 러시아, 프랑스, 독일, 오스트리아, 이탈리아 6개국 순방사절단의 일행이 되었다. 그러나 청나라의 간섭으로 수구파 민영익과의 의견이 맞지 않아 일행은 2년간이나 홍콩에 머물렀다. 조정에서는 일행의 귀국을 명하였고 귀국 후 조민희는 귀양을 갔다.

3) 궁내부 별군직, 칠곡부사의 관직을 수행하다

귀국 후 1889년 1월 선생은 27세의 나이에 궁내부 별군직에 임명되어 4년간을 봉직하게 되었다. 궁내부는 왕실의 업무를 관장하는 부서로 고종과 자주 만날 기회가 있었다. 하루는 고종이 선생을 불러 신식 군복을 입혀보며 군복 착용에 관한 생각을 정리하고자 하였다. 고종은 선생의 당당한 용모를 칭찬하면서 느닷없이 선생에게 집이 있느냐고 물었다. 선생이 없다고 하자 고종은 집 한 채를 하사하였는데 이 집이 판관동 78번지이다. 대지가 200평으로 43칸 되는 기와집이었다. 선생은 고종의 총애를 깊이 간직하며 충성을 다짐하였다. 이런 총애를 입고 그는 1893년 31세의 나이에 경상도 칠곡부사로 임명되어 부임하였다. 칠곡부사 남궁억은 2년 동안 부사로 재직하면서 관리들의 부패를 척결하며 백성들의 고통을 덜어주는 선정(善政)을 하였다.

조선 말 관리들의 부패는 극에 달해 백성들의 원성이 하늘을 찌를 듯하였다. 칠곡부사로 재직하면서 그는 동학농민운동을 맞게 되었다. 동학농민운동은 부패한 관리들의 폭정에 견디다 못한 백성들의 당당한 외침이었다. 1894년 4월 27일 동학군은 전주성을 점령하고 파죽지세로 인근 지역으로 쳐들어갔다. 경상도 칠곡도 동학군의 공격을 받아 몹시 위태로운 상황이 되었다. 임금에 대한 충성심으로 가득 차 있던 선생은 동학군과의 전투에서 반드시 승리하여 칠곡을 지켜내야 했다. 그는 감옥에 갇혀 있는 포리(逋吏)들을 풀어주는 조건으로 동학군 진영으로 침투시켜 동학군을 진압할 수 있었다. 잡아놓고 보니 대부분 순박한 농민이었다. 선생은 지도자를 처형하고 농민들을 설득한 후 모두 풀어주어 고향으로 돌아가게 하였다.

4) 큰 길을 만들어 수도 서울의 모습을 새롭게 하다

1895년 2월 선생은 내부(內部) 토목국장에 임명되어 서울로 돌아왔다. 내부는 지금의 행정자치부 업무를 담당하며 한국의 근대화를 관장하던 부서이고, 토목국장은 최일선에서 도로 건설을 포함한 근대화의 중추를 담당하는 실세였다. 1894년 김홍집 내각이 표방한 일련의 개혁정치는 한국 근대화의 원년이라 할 정도의 대폭적인 개혁안을 담고 있었다. 이를 갑오개혁이라고 하는데 양반, 상민의 신분제도 폐지와 과거제도 폐지를 비롯한 획기적인 개혁안이었다. 고종의 승인 아래 1894년 11월 박영효, 김홍집 연립내각이 한양 도로정비사업을 강력하게 추진하였다. 이 획기적인 사업을 시행하면서 실무자로 남궁억 선생을 기용한 것은 그의 공정하고도 결난력 있는 업무수행 능력을 높이 평가한 결과로 보인다. 이때 선생의 나이는 33세였다.

남궁억이 토목국장 당시 만든 광화문로

그는 외교거리라 할 수 있는 정동과 종로거리를 확장하여 대로를 만드는 사업에 착수하였다. 이 거리는 쇠락한 낮은 초가집이 즐비하게 이어져 있어 좁고 불결하였다. 선생은 대로를 설계하고 도로에 편입된 집들을 고가로 매입하고 헐어서 널찍한 도로를 만들었다. 아울러 그는 종로거리에 탑골공원을 조성하였다. 반대가 만만치 않았으나 수도 서울을 국제적인 도시로 만들기 위해서는 반드시 필요한 사업이라 믿고 흔들림 없이 추진하였다. 결국 수구파의 완고한 저항에 부딪혀 토목국장의 자리에서 물러나게 되었다. 토목국장으로 바쁜 시간을 보내면서 선생은 야간에 흥화학교에서 영문법과 동국사(東國史)를 가르쳤다. 흥화학교는 민영환이 1895년 세운 학교로 선생은 젊은이들에게 개화사상과 민족의식을 심어주는 일에 최선을 다했다.

5) 선유사로 의병들을 설득하다

1895년 8월 20일 새벽 일본폭도들이 경복궁에 잠입하여 명성황후를 살해하고 석유를 부어 시신을 불태웠다. 조선에서 자국의 영향력을 극대화하려는 일본이 친러세력을 앞세워 정국을 주도하려는 명성황후를 비참하게 살해한 폭거였다. 선생은 비보를 접하고 사흘간 금식하며 대한문 앞에 엎드려 통곡하였다. 선생은 이후 평생을 일제에 대한 저항의식 속에 살았다. 이 사건이 알려지자 전국에서 의병들이 불일 듯 일어났다. 국모를 살해한 일본과 이런 폭거에 벌벌 떠는 무능한 조정에 대한 백성들의 의로운 저항이었다. 이미 갑오개혁으로 단발령이 내려지자 유생들을 중심으로 백성들의 저항이 일어났는데 여기에 명성황후시해사건으로 분노한 백성들의 봉기가 잇따르게 되었다. 선생은 아무리 무능한 고종이라도 백성들의 봉기에 의해 결코 무너져서는 안 된다는 충정이 있었다. 이런 충정을 알고 있는 조정에서는 선생을 선유사(宣諭使)로 임명하였다. 선생은 의병들을 찾아가 군대를 해산하고 본래의 자리로 돌아갈 것을 설득하였다. 이 과정에서 죽을 뻔한 위기를 맞기도 했다.

6) 독립협회 총무, 「독립신문」의 필진으로 민족운동에 앞장서다

1896년 선생은 「독립신문」의 기자와 필진으로 참여하며 독립정신을 고취하는 일에 매진하였다. 「독립신문」은 미국에서 돌아온 서재필 박사가 주필로 창간되었고, 선생은 「독립신문」 영문판을 편집하였다. 이때 유길준, 윤치호, 이승만 등 개화파 인사들과 뜻을 같이하여 독립협회를 조직하였다. 독립협회는 중국 사신을 영접하기 위한 영은문을 헐고 그 자리에 나라의 독립을 상징하는 독립문을 건립하는 운동을 일으키면서 7월 2일 조직된 민족단체이다. 선생은 이 단체의 수석 총무와 사법위원을 겸임하며 조선이 더 이상 외세의 간섭을 받지 않고 자주독립국가의 길로 나아가야 한다고 강력히 주창하였다. 독립협회는 1896년 11월 21일 관립 영어학교와 배재학당 학생 등 5천여 명이 참석한 가운데 독립문 기공식을 가졌다. 선생은 독립협회에서 정부 각료들의 실정을 고발하며 격렬한 토론을 벌이곤 하였다. 특히 아관파천을 비롯한 외세의존적인 정치인들의 실정을 직설적으로 성토하였으니 이들은 결국 독립협회의 주요 인사들을 체포하여 입을 막으려 하였다.

이런 방해에도 불구하고 독립협회에 대한 백성들의 호응이 높아지자 보수파 정치인들은 자체적으로 엄한 계율을 가지고 있는 전국적 조직인 보부상들을 사주하여 황국협회를 조직하고 독립협회의 활동을 방해하였다. 독립협회는 더 나아가 만민공동회라는 집회를 열어 백성들과 더욱 가까이 소통하려고 하였다. 선생은 독립협회와 만민공동회의 핵심적인 인물로 외세의 압력과 수구파들의 모함과 방해에도 불구하고 거침없는 어조로 조선의 자주독립의 길을 역설하고 다녔다. 한편 고종도 역시 처음에는 독립협회의 애국적인 활동에 은근한 지지를 보냈으나 보수파들의 모함이 극심해지자 결국 독립협회의 주요 인사들을 체포하게 함으로 독립협회를 해산시켰다. 이때 체포된 인사는 이승만, 이상재, 신채호, 양기탁, 양전백, 신규식을 비롯한 60여 명의 개화파 인사들이었다.

7)「황성신문」을 발간하여 바른 언론으로 국가의 위기를 극복하려 하다

독립협회가 위기에 놓일 무렵 선생은 나수연과 함께「황성신문」을 창간하였다. 1898년 그의 나이 36세였다.「황성신문」은 국한문 혼용체로 일간지로 발간하였다. 이 신문은 오늘날의 합자회사와 같은 고금제(股金制, 股는 주식과 같음)를 채택하여 뜻을 같이하는 이들의 출자로 설립한 민간자본 신문이었다. 이 신문이 발행되던 때는 일본과 러시아의 외세에 의해 나라가 몹시 위태롭던 시기였다.「황성신문」은 이런 위기 속에서 일본과 러시아의 침략야욕을 차단하고 내부적으로 단호한 개혁으로 자주국가의 틀을 만들어야 한다고 역설하였다.

1900년 7월 30일「황성신문」은 러시아 공사와 일본 공사의 밀약을 기사화하여 혹심한 탄압을 받았다. 이 밀약은 러시아가 평양 이북을, 일본이 이남을 점령하여 지배하자는 내용이었다. 일본은 이 제안을 거부하였다는데, 한국을 식민지화하는 것을 반대한 것이 아니라 한반도를 통째로 삼키려는 야욕이 있었기 때문이었다. 이 기사는 이미 일본의「대판신보」에 게재된 것인데 그 내용이 가히 폭발적인 외교사안이라 러시아와 일본은 물론 조정의 친일, 친러파 정치인들에게 상당한 부담을 주었던 것이다. 이 기사로 인해 사장인 선생이 구금되어 조사를 받았다. 선생은 당당하게 그 보도의 당위성을 주장하며 조금도 굽힘이 없었다.

1902년에는 러시아가 일본의 한국 진출을 어느 정도 인정하는 노일협정을 맺자 이를 곧 공개하며 일본의 침략야욕을 폭로하였다. 이로 인해 선생은 총무원인 나수연과 힘께 경무청에 구금되어 고문을 받았다.「황성신문」은 언론을 통해 외세를 극복하려는 선생의 투철한 애국사상이 반영된 귀중한 민족자산이었다. 조정을 장악하고 있던 친일, 친러파들은 1903년 모함으로 선생을 구금하였고, 4개월 후 혐의가 없음이 밝혀져 석방된 선생은 황성신문사 사장을 사임하였다. 1903년 출옥 후 잠시 정양을 하면서 지내며 황성기독교 청년회(YMCA)의 회원 겸 이사위원으로 참여하였다. 그러나 이때까지 선생은 투철한 기독교 신앙은 없었던 것으로 보이며 사회계몽을 기치로 내건 YMCA의 취지에 공감하여 참여하였다. YMCA 창립의 주요 인사들은 이상재, 윤치호와 같이 기독교인들로 독립협회부터 자주독립 운동에 뜻을 같이한 동지여서 창립에 힘을 보탰던 것이다.

8) 다시 관직에 들어서 의로운 정치를 펼치다

1905년 선생은 고종의 권고를 받아 성주목사로 부임하였다. 그러나 그는 경상도 관찰사의 부당한 징수명령에 불복함으로 6개월 만에 사직하고 다시 서울로 돌아왔다. 백성들의 고혈을 짜는 일에 가담할 수 없었다. 그해 11월 17일 을사조약이 체결되었다. 그가 재직하던 「황성신문」의 사장 장지연은 "시일야방성대곡"(是日也放聲大哭)이란 제호로 글을 써서 사실상 일본의 속국이 된 조국의 암울한 현실을 통탄하였다. 우국지사들의 자결과 의병운동으로 전국이 들끓었으나 이미 조정은 친일 매국노들이 장악하고 있었다. 이들은 선생이 서울에 머무는 것을 거북하게 여겨 그를 지방의 군수로 내려보내려 하였다. 선생도 더 이상 이들과 마주하고 살기 싫어 1906년 12월 강원도 양양군수로 부임하였다. 부임한 그해에 그는 우선 학교를 세웠다. 군수가 학교 설립을 추진하자 지역 주민들도 호응하여 부임한 지 6개월 만에 200여 명의 학생들을 모아 7월 20일 개학식을 거행하였다. 학교 이름은 현산학교(峴山學校)라 하였다.

을사조약 이후 전국적으로 우후죽순처럼 학교가 생겨났다. 당시 우국지사들은 자신의 고향으로 내려가서 학교를 세워 기울어져 가는 나라를 되찾아보려 하였다. 배우지 못한 우매한 백성들을 깨우쳐 나라를 바로 세우는 기틀을 만들어 보고자 한 것이다. 사립학교로는 단연 기독교 학교가 많았다. 선교사들은 선교 차원에서 교회 옆에 학교를 세웠는데, 서양학문을 배우려는 학생들에게 교육의 기회를 제공하고 부모를 선교하려는 목적이었다. 1909년 미감리교회에서 운영하는 학교 수는 192개교, 남감리교회에서 운영하는 교회학교 수는 45개교로 전부 237개교였고, 장로교를 합쳐 개신교회에서 운영하는 기독교 학교 수는 783개였다. 정부에서 운영하던 공립학교 학생 수보다 기독교에서 운영하거나 지방유지가 세운 학교의 학생 수가 많았다.

이와 같이 근대교육기관이 늘어나면서 학생들을 위한 교과서 편찬이 줄을 이었다. 이미 한국의 군사력까지 장악한 일제는 더 이상 청년들을 대상으로 한 민족교육을 두고 볼 수 없었다. 일제는 강력한 교과서 검열을 하여 조금이라도 민족적인 내용이 있는 책들을 압수하여 불태워버렸다. 당시 남감리교회의 유력한 평신도였던 윤치호는 개성 한영서원의 교장으로 재직하였는데 이런 일제의 폭압적인 학원탄압을 선교회에서 자세히 보고하며 울분을 터뜨렸다. 1907년 세워진 현산학교도 설립부터 많은 어려움을 겪었으나 군수가 직접 세운 학교라 어느 정도 외풍(外風)을 견딜 만하였다. 후에 이 학교는 지역을 대표하는 양양고등학교로 발전하였다.

한편 선생은 관내 강선면과 도촌면 일대에 해송(海松)을 심도록 하였다. 이 나무는 잘 자라서 후에 멋진 나무숲이 되었고 건실한 목재로 지방의 중요한 자산이 되었다. 나무를 심어 지역발전을 도모한 조림사업은 먼 미래를 바라보는 선생의 탁월한 식견이 돋보이는 대표적인 선정(善政)이 아닐 수 없었다. 선생은 1907년 9월 양양군수직을 사임하고 다시 서울로 돌아왔다.

9) 다시 애국운동, 민족교육의 일선에 서다

1907년 일제는 무능한 조정 대신들을 협박하여 정미7조약을 체결하였다. 한국의 군대를 해산하고 한국 정부의 행정상 중요한 업무는 통감의 승인을 받게 하는 등 이미 일제의 속국이 된 것이나 다름없는 조약이었다. 이런 꼴을 두고 볼 수 없어 민간에서 일제에 저항하는 정치조직 '대한협회'를 만들었다. 이 단체는 남궁억을 회장으로 선출하고 활동을 시작하였으나 이미 일제 치하나 다름없던 상황에서 이런 조직이 무사할 리가 없었다. 결국 기울어진 정부의 압력과 일제의 감시로 제대로 활동하지 못하여 유명무실한 단체가 되자 이듬해 12월 회장직을 사임하였다.

선생의 충정어린 애국적 활동은 계속되어, 1908년 4월 2일에는 '관동학회'의 회장으로 추대되었다. 을사조약 이후 우국지사들이 자신의 고향에 학교를 세워 인재를 키우려는 목적으로 각기 학회를 조직하여 경제적인 지원을 도모하였다. 학회의 지원으로 많은 학교가 지방에 세워졌다. 관동학회는 강원도 출신 인사들이 지방에 학교를 세워 인재를 키울 목적으로 조직하였다. 학회는 양양군수로 재직하면서 현산학교를 설립한 선생을 회장으로 추대하였던 것이다. 그러나 관동학회는 일제가 우리나라를 강제로 병탄한 이후 기독교 학교를 비롯하여 민족의식이 농후한 학교를 폐지함으로 자연히 소멸되었다.

한편 1908년 6월 25일 「교육월보」를 발행하였다. 「교육월보」는 학교에 다니지 못하는 청년들을 교육하기 위하여 펴낸 통신 강의록이다. 선생은 나라를 살리기 위해서는 이제 교육밖에 없다고 굳게 믿었다. 이때의 학교는 대부분 지금의 초등학교 수준인 보통학교였는데, 이들을 제외한 태반의 교육적령기 어린이들이 학교 문턱도 밟아보지 못하고 있었다. 선생은 이와 같이 학교 밖에 있는 어린이와 청년들을 교육하고자 했다. 과목은 동국역사, 대한지지, 만국역사, 만국지지, 산술, 물리학, 위생론, 가정요결, 한문초학, 담설 등이었다. 순 한글로 펴내 한문의 기초가 없는 이들도 쉽게 배울 수 있게 지었다. 처음 시작할 때는 뜻을 같이하는 동지들의 도움이 있었으나 점차 일제의 탄압이 가중됨으로 지원이 거의 이어지지 못하고, 구독자들의 대금 미수가 많아져 1년 만에 이 사업을 중단할 수밖에 없었다.

선생의 교육을 통한 나라 사랑을 보여주는 또 다른 활동은 민립대학 설립 운동이다. 을사조약으로 일제의 통감정치가 시행된 이후 일제는 많은 돈을 조선에 빌려주는 형식으로 우리의 내정을 장악했다. 1909년 한일합병설이 돌 때 뜻있는 인사들로부터 이 빚을 갚자는 운동이 일어났다. 이 운동은 대구에서 시작되어 서울에도 국채보상 기성회가 조직되어 금주단연운동 등으로 적지 않은 기금이 모아졌다. 1910년 한일합병조약이 체결되어 국채보상운동이 더 이상 의미가 없게 되자 이왕에 모은 기금을 헛되이 사용하지 말고 국가 아닌 민간이 주도하는 대학을 세우기로 하고 발기회를 조직하였다. 발기회는 대학 설립에 관한 일체의 회무를 홍성설, 조만식에게 일임했다. 이후 이 운동이 계속 전개되어 일제가 주도하는 관립대학에 맞서는 민립대학 설립을 추진하였으나 일제가 대학 설립을 허가할 리가 없었다. 결국 이 운동은 무위로 끝났다. 그러나 선생을 비롯한 우국지사들의 나라 사랑 정신은 잊지 말아야 할 귀중한 민족 유산임에 분명하다.

2. 선생의 하나님 사랑과 나라 사랑

1) 종교교회에서 세례 받고 입교하다

남궁억 선생이 기독교와 직접적인 관계를 맺게 된 때는 1903년이다. 그 이전에도 독립협회 활동으로 윤치호와 이상재와 같은 기독교인과 깊은 교분이 있었으나 그가 기독교로 개종했다는 확실한 증거는 없다. 선생은 1903년 YMCA의 창립이사 겸 회원으로 참여함으로 기독교와 직접적인 관계를 맺게 되었다. 그러나 이때도 그가 특정 교회를 출석하면서 신앙생활을 했다는 확실한 증거는 없다. 당시 우국지사 중에는 기독교를 통해 민족운동을 하려는 인사들도 적지 않았으므로 기독교를 통한 민족운동에 깊은 공감을 했을 것이다. 선생은 1906년 상동청년학원에서 청년들을 가르치기도 했다. 이 학교는 상동교회의 전덕기 목사가 세운 민족교육기관이다. 선생은 이 학교의 교육방향과 뜻을 같이하였기 때문에 참여하였지만 역시 신앙생활을 시작했다는 근거는 없다.

선생이 본격적으로 세례를 받고 입교하여 교회생활을 시작한 때는 1910년부터다. 1910년 한일합병조약이 체결되자 선생을 비롯한 민족주의자들은 나라 잃은 설움 속에서 표면적으로는 더 이상 민족운동을 전개할 수 없었다. 선생은 여전히 교육을 통한 구국의지를 포기하지 않았다. 그는 남감리교회에서 운영하는 배화학당의 교사가 되어 학생들을 직접 가르치게 되었다. 이 무렵 남감리교회의 대표적인 교회였던 종교교회에서 세례를 받고 입교인이 되었다. 그의 개종 동기와 교회생활은 잘 알려져 있지 않다.

단지 윤치호의 일기를 통해서 신앙인 남궁억을 대략이나마 그려 볼 수 있다. 윤치호는 "그는 천국을 위해서가 아니라 세상에서 도피할 요량으로 교회를 다니기 시작했다. 그러나 그는 교회의 대들보 노릇을 해 왔다."고 기록해 두었다.* 윤치호와 남궁억은 특별한 인연이 있다. 선생은 1865년생인 윤치호보다 두 살 연상이지만 구한말 국난을 몸소 겪으면서 독립협회와 YMCA 운동에 뜻을 같이한 동지였고, 윤치호의 아들과 자신의 딸이 혼인함으로 사돈이 된 사이이다. 이런 관계를 고려할 때 남궁억이 종교교회에서 신앙생활을 하며 배화학당 교사로 재직하게 된 데는 윤치호의 추천과 권면이 있었을 것으로 보인다.

신앙생활을 시작한 후 선생은 종교교회의 대들보 같은 존재가 되었다. 선생은 민족의식이 강한 청년들에게 잘 알려진 인물이었으므로 그가 출석하는 종교교회는 청년들에게 특히 인기가 있었을 것이다. 선생은 1915년 본처전도사의 직첩을 받았다. 본처전도사는 파송된 구역에서 설교를 할 수 있는 권한을 가진 평신도 목회자로서 엄격한 과정시험과 자격시험을 거쳐야 했다. 입교한 지 5년 만에 본처전도사가 된 사실에서 이때 선생의 신실한 신앙생활을 추정해 볼 수 있다.

2) 배화학당에서 교사로 재직하면서 민족의식을 불어넣다

1910년부터 1918년 낙향할 때까지 선생은 배화학당 교사로 재직하였다. 그의 나이 48세였다. 선생이 가르친 과목은 영어, 역사, 붓글씨였다. 그가 재직하던 때는 일제가 한국을 식민지화하고 뿌리 깊은 민족의식을 말살하기 위해 냉혹한 무단정치를 시행할 때였다. 식민지 한국을 관할하는 총독은 대장 계급의 군인이었으며 공무원과 교사는 제복을 입고 칼을 차고 다녔다. 일본 헌병은 즉결권과 태형권을 가지고 있어 민족주의자로 의심되는 한국인을 쉽게 체포하고 무자비한 태형을 가할 수 있었다. 더 나아가 잔인한 고문을 서슴없이 자행하고 있었다. 이런 공포 정치 속에서 선생은 은밀하게 학생들에게 나라 사랑의 정신을 깨우쳤다.

영어시간에는 단순히 학생들에게 외국어를 가르치는 데 그치지 않고 영어를 배워 나라의 힘을 기르는 나라 사랑의 정신을 일깨웠다. 역사 교육은 선생이 교직에 들어선 궁극적인 목적이기도 했다. 선생은 우리의 역사를 바로 깨우쳐 부끄러운 역사를 극복하고 찬란한 민족의 역사를 계승하도록 힘써 가르쳤다. 그러나 때가 때인 만큼 드러내 놓고 조선 역사 강의로 민족의식을 고취할 수 없었다. 그래서 학생들과 은밀한 약속을 하여 교육당국의 눈을 피하며 수업을 진행하였다. 토요일 영문법 시간에 학생들은 묵지로 복사한 조선 역사책을 꺼내놓고 선생의 열렬한 조선역사 강의를 들었다. 이때는 망보는 학생을 세워 교육당국의 불시의 시찰을 대비하였다. 이처럼 비밀리에 청년들에게 우리 역사를 바로 알리는 일에 매진하였다.

선생은 또한 우리글인 한글 교육에 힘썼다. 일본의 속국이 되었지만 우리글을 잘 알고 깨우쳐 언젠가 자주독립을 해야 한다는 것이 선생의 일관된 신념이었다. 독립협회 활동을 포함한 일련의 민족주의운동에 주도적으로 참여하면서 한글의 우수성을 깊이 깨우친 선생은 학생들에게 나라글에 대한 자긍심을 깊이 심어주었다. 선생은 상동청년학원에서 활동하던 주시경과의 깊은 교분으로 한글에 대한 남다른 식견을 가지고 있었으며, 1908년 순 한글로 「교육월보」를 발행한 풍부한 경험으로 「조선어 문법」을 저술하기도 했다. 그는 붓글씨로 한글의 아름다움을 표현하기 위해 궁 안의 나인들에게 전해 내려오던 한글 궁체를 얻어 공부하여 이를 학생들에게 가르쳤다. 또한 1914년 「신편 언문 체법」을 저술할 정도로 한글 붓글씨 발전에 큰 역할을 하였다. 그는 「가정교육」이란 책을 저술하여 가정의 중요성을 역설하면서 여성교육에도 힘을 기울였다. 지혜로운 여성이 가정을 바로 세우고, 결국에는 나라를 바로 세운다고 믿었다. 선생은 무궁화 수본을 만들어 여학생들의 섬세한 손길로 나라꽃을 수놓도록 하였다. 우리나라의 13개 도 위에 무궁화를 수놓게 함으로 나라 사랑의 마음을 고이 간직하도록 한 것이다. 1914년경에는 상동청년야학원 원장이 되어 뜨거운 열정으로 청년들을 교육하였다.

한서 남궁억이 창안하여 여학생들에게 수놓게 한 무궁화 자수 지도

3) 낙향하여 보리울에 교회와 학교를 세우다

1918년 선생은 서울에서의 교사생활을 청산하고 강원도 홍천 모곡리로 낙향하였다. 모곡(牟谷)은 우리말로 보리울이다. 나라 잃은 설움 속에서 청년들에게 희망을 걸고 배화학당 교사로 재직하면서 힘들게 일했지만 갈수록 교활해지고 폭압적인 일제와 맞서기가 힘에 부쳤을 것이며, 일찍부터 선생의 민족의식을 의심하고 결정적인 단서를 잡아 교육현장에서 퇴출시키려는 일제의 비열한 의도를 간파했을 것이다. 선생이 낙향한 곳은 그야말로 도시와는 완전히 단절된 산골마을로 일제의 감시와 간섭을 피해 마음을 정리하고 살아갈 적당한 장소였다. 56세, 노년의 나이에 접어든 선생은 보리울에서 일단 지친 육신과 마음을 쉬면서 지내려 하였지만, 나라 사랑과 하나님 사랑의 정신은 결코 거부할 수 없는 그의 운명이었다.

선생이 낙향한 지 불과 석 달 만에 3·1운동이 일어났다. 서울에 있었으면 선생도 어떤 경로를 통해서든지 3·1운동에 직접 가담했을 것이다. 3·1운동에 대한 소식은 뒤늦게 보리울까지 들려왔다. 요양 중이었지만 선생의 마음은 뜨겁게 달아올랐다. 선생은 동네사람들을 모아놓고 3·1운동의 당위성을 섬파하며 일제의 총칼을 두려워하지 않고 의연히 일어난 우리 민족의 저력을 자랑스럽게 전해주었다. 3·1운동이 지난 후 얼마 되지 않아 선생은 자신이 머무는 보리울에 교회와 학교를 세우기 위해 다시 힘써 일하기 시작했다.

선생은 1919년 9월 자신의 사재로 대지를 매입하고 열 칸의 기와집 예배당을 지었다. 보리울에 하나님의 말씀을 전하는 예배당을 세워 이곳을 중심으로 지역 주민들의 심령을 깨우쳐 하나님 앞으로 인도하기 위함이었다. 본처전도사로 사명을 받은 바 있는 선생은 설교를 맡아 이웃들에게 말씀을 전하기 시작하였다. 교회가 생기자 선생의 감화력 있는 말씀을 듣기 위해 나오는 이들이 점차 많아져 예배 시간에는 앉을 자리가 없을 정도가 되었다. 주일에는 이렇게 예배당으로 사용하고 평일에는 주변의 아이들을 모아 소학교 과정의 공부를 가르쳤다. 선생은 예배당을 지을 때부터 예배당과 학교로 사용할 목적이었다. 공부라고는 배워본 적이 없는 어린이들에게 이곳은 생명의 말씀이 솟는 샘터와 같은 곳이었다. 선생은 이곳에 '모곡학교'라는 간판을 만들어 붙이고는 4년제 보통학교의 과정을 친히 가르쳤다. 모곡학교는 학생들에게 철저한 신앙생활을 하도록 교육하였고, 선생의 투철한 민족의식을 바탕으로 오랜 경륜에서 나오는 실용적인 학문을 가르치는 명문학교가 되었다. 선생과 같은 위대한 스승이 와서 학교를 세웠다는 소식이 인근에 퍼지자 너도나도 자녀를 보내려 선생을 찾아왔다. 학생들이 많아지니 예배당과 학교를 겸하여 쓰기가 몹시 불편하여 학교 교사(校舍)를 짓는 일이 시급해졌다.

선교부에서 3,000환의 보조를 받고 지역민을 포함한 민간의 기부금 2,000환을 합하여 1923년 100여 평의 교사와 기숙사를 신축하였다. 1919년에 개교하여 1923년에 첫 졸업생을 배출하였다. 학교 건물을 확장하자 학생들이 더 많이 모여들었다. 1925년 6년제 사립학교로 인가를 받았으며 선생 혼자 학생들을 가르치기가 어려워지자 선생은 지방 유지들을 찾아다니며 기부금을 모아 교사(敎師)를 채용하고 교실을 증축하였다. 산골 마을인 보리울에는 여러 지역에서 모여든 학생들로 활기가 돌았다. 외지 학생들은 기숙사에서 생활하였으며 어린 학생부터 30세가 넘은 만학도까지 있었다. 인기 있는 과목은 선생이 직접 교수하는 역사였다. 역사시간에는 한국 근대사의 중심에 있었던 선생의 산 경험을 들을 수 있었다. 1924년 직접 「동사략」(東史略)이란 역사책을 지을 정도로 박식한 학자였으며 이 역사를 알기 쉽게 이야기로 풀어 그 의미와 교훈을 가르쳤다. 일제의 교육당국이 한국역사 교육을 못 하게 하자 국어 보충 교재로 역사를 가르쳤고, 이마저 어려워지자 다른 과목 시간에 역사를 가르쳤다. 어찌 되었든 청년들을 향한 역사 교육은 선생의 타협할 수 없는 신념이었다.

선생의 교육은 교실에서 공부하는 이론적인 교육이라기보다 삶에서 실천하는 실천적인 교육, 실용적인 교육이었다. 선생은 참된 신앙과 교육가의 모습으로 살았다. 아무리 추운 겨울이라도 새벽에 일찍 일어나 냉수마찰을 하고 유리봉에 올라 기도하였고, 내려와서는 동리를 돌며 청년들을 깨웠다. 선생은 특히 농촌을 살릴 실천적인 지도자를 길러내는 일에 매진하였다. 학생들에게 아침 일찍 일어나 풀을 베어 한 짐을 만들어 지게에 지고 오게 하여 학교에서 키우는 무궁화와 뽕나무의 거름으로 사용하였고, 집으로 돌아갈 때는 산에 들러 나무 한 짐을 해서 가도록 하였다. 선생의 이런 실천적인 나라 사랑은 1922년 60세의 나이에 지은 "삼천리 반도 금수강산"이란 노래에 오롯이 담겨 있다.

삼천리 반도 금수강산 하나님 주신 동산
이 강산에 할 일 많아 사방에 일꾼을 부르네(1절)
봄 돌아와 밭갈 때니 사방에 일꾼을 부르네(2절)
곡식 익어 거둘 때니 사방에 일꾼을 부르네(3절)
곧 금일에 일 가려고 누구가 대답을 할까
후렴〉 일하러 가세 일하러 가 삼천리강산 위해
　　　하나님 명령 받았으니 반도 강산에 일하러 가세

4) 나라꽃 무궁화를 보급하다

선생은 민족의식을 일깨우기 위해 몸소 나라꽃 무궁화를 키워 이를 보급하였다. 학교에 무궁화 묘포(苗圃)를 만들어 무궁화를 키웠다. 학생들에게 무궁화를 키우며 비록 일제 치하지만 조국을 잊지 말고 긍지를 갖게 하려 하였다. 무궁화를 키우며 자연스럽게 나라의 독립을 이야기하였다. 그야말로 민족교육의 장이었다. 학생들은 선생의 지도에 따라 거름을 주고 벌레를 잡아주면서 무궁화나무를 키웠다. 무궁화가 필 때 모곡학교는 화려한 무궁화동산이 되었다. 선생은 무궁화동산같이 삼천리에 무궁화꽃이 피는 자주독립의 날을 간절히 소망하였던 것이다. 이렇게 정성껏 키운 묘목을 전국의 각 교회와 사립학교에 보급하였다. 무궁화를 심는 것은 곧 민족혼을 심는 일이요, 그러하기에 전국에 무궁화가 퍼져나가기를 바랐다. 이런 깊은 뜻이 있었으나 늘 감시의 눈을 부라리고 있는 일본 경찰에게는 부족한 학교 경비를 보충하기 위한 사업이라고 주장하였다. 실제로 학생들의 학비로 학교를 운영하기 어려워 묘목사업이 도움이 되었다. 일제가 그래도 무궁화 보급을 하지 못하게 하자 무궁화 묘목과 비슷한 뽕나무 묘목을 팔았고, 뽕나무 묘목에 무궁화 묘목을 섞어서 보급하였다. 뽕나무 묘목과 무궁화 묘목이 비슷하여 구별하기 어려운 점을 이용한 것이다. 뽕나무 묘목인 줄 알고 심었다가 무궁화가 피면 이것을 잘 심기도 하여 보리울의 무궁화 묘목이 점차 교회와 학교에 퍼져나갔다.

오래 전부터 무궁화가 조선의 꽃이라는 이야기가 전해져 오고 있었으나, 실제로 무궁화가 나라꽃으로 거론된 시기는 구한말부터이다. 남궁억 선생과 윤치호 선생이 주도적으로 이 일을 해 나갔다. 이에 반해 1910년부터 일본은 우리 역사와 문화 말살

무궁화동산 앞에서 남궁억

정책을 쓰면서 무궁화를 뽑아버리거나 무궁화가 안질 같은 질병을 유발한다는 등의 허위 정보를 퍼뜨리면서 무궁화를 없애버리려고 했다. 그러나 남궁억 선생은 무궁화를 애국애족의 상징으로 보고 나라꽃 보급에 힘쓴 것이다.

5) 모진 고초 후 하나님의 부르심을 받다

일제는 선생의 반일경력을 잘 알고 있던 터라 선생을 세심하게 감시하였다. 그러나 선생은 일제의 감시의 눈을 지혜롭게 피해갔다. 선생은 보리울에 들어와 오직 육영사업에 전념하는 것처럼 살았으나 꾸준히 무궁화를 보급하여 일본 경찰의 주의를 받았다. 1932년 미수에 그친 이봉창 열사의 폭탄 투하와 윤봉길 의사의 만주 홍구공원 의거 이후 일본경찰은 혈안이 되어 국내외 민족운동자들을 잡아들였다. 일본경찰은 그동안 무궁화 보급을 민족운동으로 의심하며 지켜보다가 1933년 11월 4일 모곡학교와 선생의 가택을 수색하여 선생을 비롯한 여러 명의 교사를 체포하였다. 홍천경찰서 구금 당시 선생의 나이는 71세였다. 구금 소식은 "무궁화 묘목을 팔고 민족주의 고취"란 제호로 「동아일보」에 실렸다. 명망 있는 민족주의자를 구속한 일본경찰은 선생과 교사들을 본격적으로 취조하고, 잔인한 고문을 가한 끝에 민족 운동 단체인 '십자가만'을 발견하고 관련된 인사들을 체포하였다.

십자가만은 1933년 봄, 남감리교회 춘천 여자관에서 유자훈 목사의 사회로 조직되었으며 각 부서를 정하고 사업을 실천하려 했던 운동이었다. 이 운동은 선생과 함께 붙잡혔던 모곡학교 김복동 선생의 일기장에서 발견되었다. 이 운동을 주도한 것으로 알려진 유자훈 목사는 1932년 당시 홍천서구역 구역장이자 모곡교회 담임목사로 사역하고 있었다. 유자훈 목사가 가장 영향을 많이 받은 이는 두말할 필요 없이 남궁억 선생이었다. 그러나 고령의 남궁억 선생이 이 운동에 직접 관여한 혐의는 없었다. 결국 선생은 1년 복역에 3년 집행유예를 받고 서대문형무소에서 복역하다가 1935년 7월에 보석으로 석방되었다. 선생이 구속된 동안 일경은 무궁화 묘포를 짓밟아 무궁화동산을 폐허로 만들어 민족정신을 말살하였다. 또 선생의 말년의 꿈으로 민족교육의 산실이었던 모곡학교도 공립학교로 편입되었다. 일제의 이런 악랄한 탄압 속에서 선생은 1939년 4월 5일 하나님의 부르심을 받으니 향년 77세였다.

한서 남궁억 선생의 삶과 사상을 두 가지로 축약해서 말하면 나라 사랑과 하나님 사랑이라고 말할 수 있다.

참고문헌

김세한, 「한서 남궁억 선생의 생애」, 한서남궁억선생기념사업회, 1960.
성백걸, 「배화백년사」, 학교법인 배화학원, 1999.
이덕주, 「춘천중앙교회사」, 기독교대한감리회 춘천중앙교회, 2007.
현재호 엮음, 「삼천리 반도 금수강산 하나님 주신 동산」, 기독교대한감리회 한서기념사업
　　　회, 1997.

---

* 「윤치호 일기」, 1918.12.15. : 재인용, 이덕주, 「종교교회사」, 종교교회, 2005, 140.

윤치호

尹致昊

윤치호
尹致昊

좌옹 윤치호, 한국 근대사와 한국 기독교사에 등장하는 수많은 인물 중에서 그만큼 화려하고 다채로운 경력을 지닌 사람을 찾기란 쉽지 않다. 그에게는 '한국 최초'라는 수식어가 무수히 많다. 그는 항상 한국 근대사 격동의 현장 및 기독교 복음의 현장 한복판에 서 있었다. 그가 원했든 원하지 않았든 상관없이, 그의 일거수일투족은 그대로 한국 근대사의 역사가 되었다. 특히 그는 이 나라에 대한 애국충정이 깊어 애국가를 작사하여 젊은 학도들에게 가르치고, 찬송가집에 수록하여 즐겨 불러 애국충정을 일깨웠다.

한국 근대사의 거목, 기독교 지도자
윤치호

김소윤 목사_ 윤치호기념사업회 이사장, 원로목사

좌옹(佐翁) 윤치호(尹致昊, 1865~1945), 한국 근대사와 한국 기독교사에 등장하는 수많은 인물 중에서 그만큼 화려하고 다채로운 경력을 지닌 사람을 찾기란 쉽지 않다. 그에게는 '한국 최초'라는 수식어가 무수히 많다. 근대 한국 최초의 일본 유학생, 한국 최초의 영어 통역관, 한국 최초의 미국 남감리교회 교인, 최초로 찬송가집을 편찬한 한국인, 최초로 자전거를 탄 한국인, 원산 감리 재직 중 한국 최초로 능금 재배를 시작한 인물, YMCA 총무로 재직 중 한국 최초로 실내 체육관을 세운 인물, 이와 같이 그는 늘 시대를 앞서 간 사람이었다. 그뿐 아니라 학부협판(學部協辦), 외부협판(外部協辦), 독립협회 회장, 대한자강(自强)회 회장, 한영서원(지금의 송도고등학교) 창설 및 교장, 평양대성학교 교장, 청년학우회 회장, YMCA 총무 및 회장, 조선감리회 총리원 이사 및 최초의 재무국장(사무국장), 흥업구락부 부장, 만주동포문제협의회 회장, 조선체육회 회장, 소년척후단 조선총연맹 회장 등 그의 주요 이력은 수없이 많다. 이와 같이 그는 항상 한국 근대사 격동의 현장 및 기독교 복음의 현장 한복 판에 서 있었다. 그가 원했든 원하지 않았든 상관없이, 그의 일거수일투족은 그대로 한국 근대사의 역사가 되었다. 특히 그는 이 나라에 대한 애국충정이 깊어 애국가를 작사하여 젊은 학도들에게 가르치고, 찬송가집에 수록하여 즐겨 불러 애국충정을 일깨웠다. 무엇보다도 그가 일생 동안 쓴 일기는 한국 개화기의 근대사를 함축해 놓은 것과 같다.[1]

그러므로 그의 생애와 사상, 한국 근대사에 끼친 영향 및 한국 기독교 평신도 지도자로서의 면모, 그의 일기장의 중요성, 애국가 작사자의 비밀 등을 통해 지면이 허락하는 한 좌옹 윤치호의 진면모를 정리해 보려고 한다.

1. 윤치호의 생애와 사상

좌옹 윤치호는 1865년 1월 2일(음력 1864년 12월 26일) 충청남도 아산군 둔포면 신항리에서 해평 윤씨(海平尹氏) 웅렬(雄烈)의 장남으로 태어났다. 그의 가문은 고려 말기에 명문 귀족가문으로 등장했으나 조선 초기에는 하급 무인가문으로 전락했고, 중기에 다시 명문 양반가문으로 번창했으나 후기에 향반(鄕班)으로 몰락했다. 대체로 보아 그의 가문은 전통적인 양반가문임에는 틀림이 없다. 그러나 그의 고조(高祖) 이하 3대에 걸쳐 벼슬을 하지 못하였고, 그의 부친도 무관이었으므로 당시 중앙 권세가에 비해 내로라하는 양반으로 자처하기 어려웠다. 이러한 상황이 그의 부친과 그가 상당히 빨리 개화사상을 수용할 수 있었던 하나의 배경으로 작용했다고 볼 수 있다.

그는 개화파 무관이었던 부친 윤웅렬의 주선으로 1881년 조선견문단(朝鮮見聞團)의 일원으로 일본에 파견되었다. 이때 당시 일본 최고의 개화사상가 나카무라 마사나오가 설립한 도진샤(同人社)에 입학해 유길준(兪吉濬)과 함께 근대 한국 최초의 일본 유학생이 되었다.

윤치호는 약 2년 동안 나카무라 마사나오로부터 사상적으로 깊은 영향을 받았으며, 당시 일본에 체류 중인 김옥균 등과의 접촉을 통해 개화사상을 전면적으로 수용하게 된다. 특히 김옥균의 권유로 영어를 배우게 되는데 이것이 그의 인생에 중대한 전환을 이루는 계기가 된다. 그는 1883년 1월부터 4월까지 약 3개월 동안 네덜란드 외교관과 프랑스 건축가로부터 영어를 배웠는데도 굉장히 실력이 우수하여 그해 5월 초대 주조선 미국공사 푸트(L.H. Foote) 장군의 통역관으로 발탁되어 귀국하고, 또 조선 정부의 주사로 임명되어 국내 정치 무대에 서게 된다. 결국 그는 한국 최초로 영어를 구사하는 인물이 된 것이다. 나아가 한국과 미국의 외교 관계에 깊이 관여하는 계기가 된 것이다.

이렇게 순조롭던 윤치호의 인생에 '급제동'이 걸렸다. 1884년에 발생한 갑신정변이 그의 삶을 완전히 굴절시키고 만다. 그는 사실 정변에 직접 간여하지 않았지만, 미국 공사의 통역관인데다가 김옥균 등과의 친분으로 인해 개화파로 지목되고 있었고, 그의 부친 윤웅렬이 '혁명내각'의 병조판서로 내정되어 있어서 상황은 더욱 악화될 수밖에 없었다. 그는 국내에서 더 이상 무사하기 힘들었다. 결국 1885년 2월 윤치호는 푸트 공사의 추천서를 손에 들고 상하이 주재 미국 영사 스탈(Stahl) 장군을 찾아갔다. 그리고 그의 소개로 미국 남감리회 선교부가 운영하는 중서서원(中西書院)에 입학하여 7학기 동안 영어, 수학 등을 교육받았다. 특히 1887년 4월 3일 본넬(W.B. Bonnel) 교수에게 세례를 받아 한국인 최초로 미 남감리회 신자가 되는데, 이는 훗날 그가 한국 감리교회의 거물로 발돋움하는 데 중요한 디딤돌이 되었다.

중서서원 원장 알렌(Y.J. Allen) 박사의 소개로 1888년 11월 윤치호는 드디어 미국 유학길에 올랐다. 미국 테네시 주 내슈빌에 있는 미국 남감리회 소속의 밴더빌트 대학 신학과에 입학해 신학을 공부했다. 1891년에는 당시 미국 남부 에모리 대학에 입학하여 인문사회 분야의 제반 학문을 두루 공부했다. 그는 서재필, 유길준 등과 함께 한국의 '제1세대' 미국 유학생의 반열에 오른다.

결국 윤치호는 예나 지금이나 한국과 불가분의 관계에 있는 일본, 중국, 미국 등 3개국에서 총 11년 동안 선진 학문을 수학했다. 외국어, 특히 영어를 완벽하게 익히고 신학, 인문학 등 제반 학문을 두루 공부한 것은 큰 수확이 아닐 수 없었다. 한국인 최초로 미 남감리회 신자가 된 것도 크나큰 '은총'이었다. 그러나 가장 중요한 것은 일본과 미국에서 직접 생활하면서 견문을 넓히고 근대를 체험함으로써 세계사의 흐름인 과학 기술의 발달과 자본주의의 성장을 바탕으로 한 계몽주의시대의 약육강식, 적자생존의 논리를 직접 체득할 수 있었던 것으로, 이는 그의 일생을 좌우하는 계기가 되었다.

1895년 2월 윤치호는 망명과 유학 10년 만에 귀국하였다. 갑오개혁과 청일전쟁 등으로 인해 국내정세가 크게 변화한 덕분이었다. 이제 그가 외국 유학으로 닦은 실력을 발휘할 기회가 왔던 것이다. 그는 관계로 진출하여 의정부 참의, 학부협판 등의 관직을 지내며 초당적 입장에서 여러 당파간의 조화를 이루는 데 노력을 기울였다. 그런데 그해 10월 8일 을미사변이 일어나 김홍집, 유길준 등 친일관료들이 정권을 장악하게 되었다. 11월 8일에는 근왕파와 친미파가 친일내각을 타도하고 정국을 반전시키기 위하여 춘생문 사건을 일으켰으나 실패하고 말았다. 윤치호는 이 사건에 연루되어 한동안 미국 공사관과 선교사들의 보호를 받아야 했다. 그는 이듬해 2월 아관파천으로 인해 자유를 얻었으며, 곧바로 학부협판에 임명되었다. 그해 4월에 러시아 황제 니콜라이 2세의 대관식에 참석하는 칙사 민영환을 수행하여 러시아, 프랑스 등을 여행하고 이듬해 1월에 귀국했다. 이때부터 그는 중앙 관계에서 밀려났다.

1897년 7월 윤치호는 활동무대를 독립협회로 옮겼다. 당시 독립협회는 이해관계를 달리하는 각종 정파가 뒤섞인 사교클럽에 불과하다고 판단, 서재필에게 민중을 계도하는 계몽단체로 개조하자고 제안하여 독립협회가 민중계몽단체로 전환되기 시작하였다. 그는 이듬해 독립협회의 부회장, 회장대리 등을 거쳐 8월에 독립협회 회장을 맡아 실질적인 대표가 되었다. 이때 그는 러시아의 내정간섭과 이권침탈에 반대하는 운동을 주도하여 성과를 올렸다. 그가 지도하는 독립협회는 국권수호, 국토수호, 국익수호 등을 포괄하는 자주국권운동을 성공적으로 추진했던 것이다.

윤치호 주도하의 독립협회는 '의회 설립'을 주요 내용으로 하는 '참정운동'을 본격화하였다. 궁극적으로 국민에게 참정권을 줌으로써 전제군주제도를 입헌군주제로 개편하려 했다. 독립협회는 이를 공론화하기 위해 1898년 10

월 28일 만민공동회를 개최하였는데, 정부 측은 불참했지만 수천 명의 시민들이 모여 대회가 시작되었다. 이때 집회 참가자들이 윤치호를 대회장에 선출하였다. 이튿날 그가 고종을 설득하여 정부 대신들이 참가한 가운데 명실상부한 '만민공동회'가 열렸고, 이 자리에서 집회 참가자들은 '헌의육조'를 결의해 참가 대신들의 동의를 얻어냈다. 다음 날 고종 황제는 '헌의육조'를 재가하였다.

당시 윤치호는 문명개화를 지상 목표로 설정하고 있었는데, 그 구체적인 방법으로 계몽적 군주와 계몽적 관료가 민중을 계몽함으로써 가능하다는, 사실상의 '계몽적 전제군주국가'의 수립을 구상하고 있었다. 즉 국왕(황제)의 존재를 인정하는 가운데 점진적인 방법으로 문명화를 이룩해야 한다고 믿고 있었다.

그러나 독립협회의 참정운동을 황제에 대한 중대한 도전으로 여긴 고종 황제가 1898년 12월 독립협회를 강제 해산시킴으로써 참정운동은 실패로 끝났고, 윤치호는 쫓기는 신세가 되다가 5년여의 시간을 지방관으로 전전해야 했다.

러일전쟁 개전 직후인 1904년 4월, 윤치호는 외부협판으로 임명되었다. 그는 국내의 정세가 대단히 심각해진 상황에서 나라와 겨레를 지키기 위해 안간힘을 다했지만 고종 황제와 고위관료들의 무능과 부패, 힘을 앞세운 일본의 침탈, 일본군부의 보호와 지원을 받은 일진회의 책동 앞에서 역부족이었다. 마침내 1905년 11월 을사늑약이 체결되어 외교권이 박탈되자, 그는 이를 사실상의 국권 피탈로 파악하고 크나큰 좌절감 속에 관직에서 물러났다. 그는 일본의 행위를 분개하면서도, 을사조약 체결에 의한 독립 상실을 약육강식의 국제 경쟁사회에서 국력 부족에서 오는 불가피한 현실로 받아들였다. 그는 가까운 장래에 국권을 회복하기는 불가능하다고 판단하고, 장기전에 대비하여 교육진흥과 기독교 복음화 및 산업개발에 의한 실력양성을 추구했다. 대한자강회와 청년학우회 회장, 한영서원(송도고보)과 대성학교 교장, YMCA 부회장 등을 지내며, '자강운동'에 전력을 기울인 것은 바로 이와 같은 판단에서였다. 결국 한말 독립협회 활동과 자강운동에서 드러난 윤치호의 자각(自覺)과 실천(實踐)을 한마디로 요약한다면, 그는 개화·자강운동의 지도자였다고 할 수 있다.

윤치호는 일제강점기 내내 한국 최고의 원로였다. 당시 원로급 인물로는 윤치호 외에 박영효(1861~1939), 손병희(1861~1922), 이상재(1864~1930), 이승훈(1863~1930) 등을 들 수 있다. 그런데 박영효는 일찍부터 친일적 성향이 강한 편이었고, 손병희 이상재 이승훈 등은 모두 일제강점기 중반에 세상을 떠났다. 따라서 1930년 이후로는 윤치호가 명실상부한 국내 최고의 원로였다고 해도 과언이 아니었다.[2]

윤치호의 사상적 시각을 더듬어 본다면 첫째, 윤치호는 기본적으로 자유주의자였다. 그는 자유가 인간의 가장 중요한 본성이라고 믿었으며, 그의 자유주의의 가치인 근면과 자립, 점진적 역사 발전 등에 대한 깊은 신념을 가지고 있었다. 자유주의자로서 윤치호는 과격한 단절이 아니라 점진적 개선을 추구하였으며 너무 빠른 혁신은 보수주의보다 더 위험하다고 생각하였다.[3]

둘째, 윤치호는 적자생존과 약육강식이 세상의 법칙임을 깨닫고 있었다. 19세기 말 20세기 전반에 끊임없이 계속되는 세계적 규모의 전쟁과 이념적 갈등, 혁명, 약소국가는 여지없이 짓밟혀 식민지화되는 상황에서 양육강식의 냉혹한 법칙에 번민하였고, 그것이 그의 신앙과 믿음에 가장 큰 장애가 되었다. 하나님은 왜 모든 인종에게 평등한 기회를 주시지 않았는가? 평등한 기회를 주려 했으나 할 수 없었는가? 그러나 여기에 낙심하지 않고, '의심하는 지성'을 넘어 '믿는다는 더 높은 수준의 지성'으로 나아가기로 결심한다.[4]

윤치호는 인간사를 지배하는 몇 가지 원칙이 있다고 생각하였다.

1) 인간의 본성은 사악하다는 것이다.
2) 하나님은 인종들 간에 우열의 차이를 만들었고, 강한 자는 약한 자를

종속시키려 하며, 인간 본성 안에는 인종적, 민족적, 신분적, 분파적, 개인적 차별이 뿌리박고 있다는 것이다. 따라서 윤치호는 백인종이 다른 인종을 멸시하는 것에 분노하였지만, 그들이 자만심을 가지는 것은 그만큼 발전하여 힘이 있기 때문임을 인정하고 우리도 자강, 계몽하여 힘을 쌓아나가야 한다 하여 이 일에 생명을 걸었던 것이다.[5]

3) 힘의 원리를 믿었다. 인간의 힘, 투쟁, 전쟁을 통하여 힘이 세상을 지배하고 있다는 것이다. 사실 그 당시의 세계는 국력이 강한 나라가 약한 나라를 지배하여 식민지화하는 시대였다. 그래서 이 나라가 독립하는 길은 스스로 독립할 수 있는 저력을 키워야 한다고 보아 "물지 못하면 짖지도 말라"[6] 하면서 3·1운동이 얼마나 많은 희생이 올 것인가를 알고는 부정적인 시각으로 보았다. 일본은 2천 년 동안 봉건주 간의 끊임없는 싸움으로 호전적 정신을 발달시켜 오늘의 일본을 만들었다고 해석하였다. 그러나 이 나라는 조선왕조의 죄과로 500년 동안 모든 방법을 동원하여 "호전적 정신을 뿌리째 뽑아버린 것"이라 했다. 그 결과 조선왕조 양반들은 붓과 혀를 사용하여 정적을 죽이는 당파싸움으로 점철되었다고 판단, 이 나라가 독립하려면 힘을 키워야 한다고 했다.[7]

윤치호와 서울 YMCA 지도자들,
앞줄에 두루마기를 입은 두 사람이 윤치호(왼쪽)와 이상재(오른쪽)다.

2. 윤치호의 교육과 계몽운동

윤치호는 일본이 조선에게 자치를 준다고 해도 약육강식의 세계 역사 가운데서 독립을 온전히 누릴 수 있을지에 의문을 가지고 있었다. "나는 일본이 조선에게 자치를 줄 것이라는 점을 의심하고, 또 조선이 그것을 얻는다 해도 잘 해 낼 것으로 생각하지 않는다. … (중략) … 내가 조선의 자치를 위한 조건으로 누군가가 내게 비행기나 잠수함을 준다면 그것을 잡을 것인가?"[8]

그렇다면 어떻게 해야 조선의 능력을 키울 수 있을까? 국제무대에서 가망 없는 독립 청원에 시간과 정력을 낭비하느니 차라리 국내에서 더 보람찬 일을 하는 것이 윤치호가 택한 길이었는데 그것이 바로 교육과 계몽이었다. 조선 사람들은 오로지 교육과 계몽을 통해서만 강대국을 물리칠 지적(知的), 경제적 준비를 갖출 수 있다고 판단하였다. 1887년 그가 감리교로 개종하면서 생각한 것도 기독교에 의지하여 백성을 계몽하겠다는 것이었다. 당시 그는 조선의 가장 급한 것은 국민의 지식과 견문을 넓히고, 도덕과 신의를 가르치며, 애국심을 기르는 데 있다고 생각하였다. 그러나 정부가 "그같이 더럽고 썩었으니 무슨 나라를 위해 장대한 도략이 있겠는가!" 결국 조선의 교육을 도와주며 인민의 기상을 회복시킬 기개는 예수교밖에 없다는 것이 그의 판단이었다.[9]

윤치호가 편집한 「독립신문」에서도 "지금 영국이 세계 제일가는 부강 문명국이 된 것이 모두 90년 전부터 교육을 힘써 어린아이들을 가르쳐 온 공로라. 나라를 부강코져 하면 먼저 교육을 힘쓸 것이로다."[10]라며 국가의 부강과 위대함과 교육을 연결시켰다. "우리는 배우고, 배우고, 또 배워야 한다. 우리는 현명해지기 위해 배워야 하고, 근면해질 것을 배우고, 능률적이 되도록 배우고, 뭉치는 법을 배우고, 기다리는 법을 배우고, 자유를 통달하되 그것에 의해 좌우되지 않는 법을 배워야 한다."[11] 따라서 윤치호는 학생들이 일본에 저항한다며 학교에 가지 않는 것이 어리석다고 비판하면서 "공부하고, 공부하고, 또 공부하라. 배우고, 배우고, 또 배워라."[12]고 거듭 강조하며 교육 없이는 어떤 국가도 존재할 수 없고, 더 많이 배울수록 독립의 가능성도 그만큼 커진다는 사실을 젊은이들이 깨달아야 한다며 한탄하였다.

윤치호는 조선의 젊은이들이 "노동이 수치가 아니라는 것"을 배우고, 조선의 미래가 노동에 의존한다는 것을 배우고, 기독교는 일하는 종교라는 것을 배우게 하고, 조선의 학교는 실업학교를 세워야 한다면서 개성에 한영서원(송도고보)을 세워 농업, 목공기술, 축산법, 직물 등 실업교육을 목표로 하였다. 그리고 모범촌 건립을 꿈꾸었으나 뜻을 이루지 못하였다.[13]

윤치호는 결국 민족자강운동의 일환으로 귀족적인 양반 정신을 타파하고 노동과 근면, 산업 발전이 이루어져야 하고, 국민은 교육과 계몽을 해야 하는데 이 밑바탕의 정신은 기독교 정신이어야 한다고 하였다. 이로 인해 "종교나 정치적인 이견" 때문에 친구들과 멀어졌는데 그에게 그것은 죽음으로 인한 이별보다 더욱 슬픈 일이었다고 고백하고 있다.[14]

3. 윤치호의 일기

한국 최초의 근대적 지식인이요, 개화, 자각운동의 대명사요, 일제 치하 한국 원로였던 윤치호에게는 남다른 점이 또 있다. 한국 근대사의 격변기와 한국 기독교의 증인으로서 자신의 생각과 경험들을 일기에 고스란히 기록으로 남긴 것이다. 그는 갑신정변 직전인 1883년부터 해방되기 직전인 1943년까지 장장 60년 동안 거의 매일같이 일기를 썼는데, 1889년 12월 7일부터는 거의 대부분 영문으로 기록하였다.[15] 그가 영어로 일기를 쓴 것은 남의 시선으로부터 일기를 보호하려는 안전책으로 보인다.[16] 예를 든다면 그의 가족에 대한 치부나 "왕이나 위정자들에게나 애국심이나 명예를 찾아볼 수 없다." 하였고, 심지어 자신의 부친의 관직에 대하여서도 극히 비판적인 일기가 있다.[17] 나아가 일제 시대에는 일본식민지에 대한 대담한 비판을 기록한

것을 보면 비밀을 간직하려는 의도로 영문으로 기록하였다 하겠다.[18]

　윤치호는 일기에 자신의 일상생활과 공인으로서의 활동상황은 물론, 국제정세와 국내정국의 동향에 대한 견해와 전망 등을 꼼꼼히 기록해 놓았다. 또 그가 겪은 여러 사건들의 미묘한 정황이나 많은 지인(知人)들을 통해 알게 된 각종 정보와 루머를 상세히 기록해 놓았다. 그래서 신문, 잡지 등에 발표한 이성적이고 정제된 글들에 비해 그의 속내를 더욱 더 솔직하게 엿볼 수 있다는 장점이 있다. 또 유명 인사들의 자서전이나 회고록에서 적잖이 나타나는 것처럼, 과거에 대한 기억에 오류가 있거나 집필 당시의 관점에서 과오를 돌아보며 자신의 행위를 과장 또는 은폐했을 가능성도 거의 없다. 게다가 그의 일거수일투족이나 속내뿐만 아니라 그가 살고 있던 시대의 모습을 다각적으로 확인할 수 있다.

　윤치호의 일기는 한일합방을 전후로 크게 두 부분으로 나눌 수 있다. 우선 한일합방 이전의 일기를 그가 체류했던 지역의 주된 활동 사항을 중심으로 모두 여섯 시기로 구분해 정리해 보면 다음과 같다. 첫째, 일본 유학기(1881. 5~1883. 4)에는 주로 메이지유신 이후 일본의 발전상과 근대과정 및 변화하는 국제정세를 기록했다. 둘째, 국내 체류기(1883. 5~1884 갑신정변 발발 직후)에는 주로 주한 미국 공사관과 정부와의 관계, 개화파와 갑신정변 등에 대한 내용을 기록했다. 셋째, 중국 체류기(1885 초~1888. 10)에는 대학생활과 교회생활을 중심으로 기독교인들의 동정을 기록했다. 넷째, 유학기(1888. 11~1893. 10)에는 대학생활과 교육생활을 중심으로 기독교인의 정신자세 등을 논하고, 미국 사회의 인종차별을 비판하면서 중국과 한국의 현실을 비관적으로 기록했다. 다섯째, 중국 체류기(1893. 11~1894. 12)에는 마애방(馬愛芳)과의 결혼 과정, 김옥균 암살 전후 상황, 청일전쟁의 경과 등을 기록했다. 여섯째, 국내 활동기(1895~1906)에는 을미사변, 아관파천, 당시의 전후 사정, 독립협회의 활동 내용과 자신의 사상, 관료 재직 중에 직접 보고 들은 지방 관리의 부패상과 민중의 동태, 러일전쟁의 경과와 을사조약 체결 전후 상황 등을 기록했다.

한일합방 이후의 윤치호 일기(1916~1943)는 더욱 귀중하고 유용한 자료라 할 수 있다. 우선 이 일기에는 지식과 명망과 재력을 두루 갖춘 한 원로의 '식민지살이'의 속내가 고스란히 담겨 있다. 그의 국내외의 정세 인식, 일제의 한국 통치정책에 대한 판단, 제반 독립운동에 대한 생각, 한국의 역사, 문화, 전통, 민족성에 대한 인식 등이 매우 진솔하게, 때로는 매우 적나라하게 기록되어 있다.

한일합방 이후 윤치호의 일기에는 한국 근대사에 관한 수많은 정보가 담겨 있다. 그는 지식, 명망, 재력을 겸비한 국내 최고의 원로 중 한 사람이었다. 그래서 그의 일거수일투족에 따라 일제와 민족주의 진영의 '희비'가 엇갈릴 수 있었다. 실제로 그는 자신의 의사와는 상관없이 항상 일제와 민족주의 양편에서 '영입'의 대상이 되었다. 한편으로는 총독부 당국과 친일세력, 다른 한편으로는 학계, 언론계, 종교계 등 민족주의 진영의 인사들과 동시에 지속적으로 접촉한 것이다. 다시 말해서 윤치호 일기에는 사회주의 운동세력을 제외한 일제시기 국내 모든 부문의 동향이 '입체적'으로 기록되어 있다. 또한 공식 문헌에서는 찾아보기 힘든 풍부한 뒷이야기들과 각종 루머들이 담겨 있다. 요약하면 윤치호 일기에는 그의 일거수일투족과 속내는 물론 그의 시대, 곧 한국 근대사가 고스란히 담겨 있다. 따라서 황현(黃玹)의 「매천야록」(梅泉野錄)이나 김구(金九)의 「백범일지」(白凡逸志)에 견주어 조금도 손색이 없는 귀중한 사료라 할 수 있다.

또한 윤치호 일기는 한국 기독교계의 동향을 이해하는 데에도 상당히 귀중한 자료이다. 윤치호는 한국 근대사 내내 감리교회의 최고 원로였다. 따라서 윤치호 일기에 한국 감리교를 비롯 기독교에 대한 정보가 이루 헤아릴 수 없을 만큼 담겨 있는 것은 지극히 당연한 것이다. 1895년 핸드릭스(E. Hendrix) 감독과 리드(C.F. Reid) 선교사의 내한 이래 미국 남감리회의 선교사업 진전 상황, 1916년 개정 사립학교 규칙에 대한 감리교회의 대응, 1930

년 남북 감리교회의 통합 과정, 1930년대에 네 차례에 걸쳐 이루어진 감리교회의 감독선거 상황, 일제 말 감리교의 친일 등과 관련된 내용들이 상세히 담겨 있다. 뿐만 아니라 YMCA의 이념, 조직, 활동상황 및 내부 속사정, 일제하 기독교계 최고 권위를 자랑했던 「기독신보」(基督申報)를 둘러싼 분규, 1930년대 기독교 최대의 사건이었던 적극신앙단(積極信仰團) 사건의 배경과 수습 과정, 기독교계의 대표적 교육기관인 연희전문, 이화여전, 세브란스, 송도고보, 배재고보, 이화, 배화 등의 내부 사정, 일제하 기독교계에 만연해 있던 지역감정(지역갈등)의 내막, 선교사들의 백인 우월주의에 대한 한국 기독교계 인사들의 반발 등 매우 중요하고 파격적인 내용들이 기록되어 있다.

요약하면 윤치호 일기는 한 개인의 사적 기록물임에도 불구하고 한국 근대사의 전개 과정을 가장 내밀하게 입체적으로 파악할 수 있는 귀중한 자료라 할 수 있다. 특히 기독교의 발전 과정과 그 내면을 잘 기록하고 있다. 따라서 윤치호는 한국 근대사와 한국 기독교사의 산증인인 것이다.[19]

4. 윤치호와 한국 기독교

1) 윤치호가 중국 유학생으로 기독교인이 되다

윤치호는 중국 상해로 망명 겸 유학길에 올랐다. 상해에서 미국 남감리교 선교부가 운영하는 중서서원(中西書院)의 중등과에 입학한 뒤 2년 동안 좌절과 낙심과 갈등의 세월을 술과 함께 보냈다. 그러나 윤치호는 조국의 미래를 생각하며 자신이 조국을 위해 할 일이 많을 것을 생각하며 새롭게 마음의 결단을 하였다.[20]

1887년 4월 3일 윤치호는 신앙고백서 "원봉진교서"(願奉眞敎書)를 본넬 목사에게 드리고 참회하며 세례를 받았다.

나의 과거와 현재: 저는 상해에 오기 전에는 상제님에 대해서 들어본 적이

없었습니다. 그 이유는 이교도의 나라에서 태어났기 때문이며, 이교도 사회에서 성장한 것 때문이며, 이교도의 글을 읽으며 배운 것 때문입니다.

저는 성교(聖敎)를 알게 된 후에도 계속 죄를 지었습니다. 그 이유는 성결하고 고결한 생활보다는 감각적인 만족을 좋아했기 때문입니다. 인생은 짧은 것이므로 가능한 한 많이 즐겨야 할 것으로 알았기 때문이며 완전한 사람에겐 의사가 필요 없다고 생각했기 때문에 죄를 계속 지었습니다. 즉 저는 스스로 의롭다 여기고 내 속에 죄가 없다고 여겼기 때문입니다. 내가 의롭다고 생각하면 할수록 제 품위는 더욱 떨어졌습니다.

1886년 초부터 그해 말까지 저는 지금껏 제가 추구하던 것과는 다른 길을 가고 있는 나 자신을 발견하게 되었습니다. 그 연유는 저의 악함을 깨닫게 되었고, 장차 올 세상을 위해 순결한 영을 준비해야 할 필요성을 깨닫게 되었는데 그전에는 믿지 않았던 것이었습니다. 인간의 도움으로 진정 죄 없이 산다는 것이 불가능함을 발견하였습니다. 저는 최근까지 유교의 사서(四書)를 읽었습니다. 그리고 그 속에서 적잖은 교훈도 얻었습니다.

그러나 누구도 그 교훈에 매인 바 없었고, 또 그 가르침들이 영혼의 문제를 만족시켜주지 못하였으므로 제가 구하는 바를 그곳에서 찾는 데 실패하였습니다. 저는 많은 행실들을 떨쳐 버리려고 애를 썼고 단꿀처럼 좋아했던 몇 가지 죄악을 없이하는 데 어느 정도 성공하였습니다. 이런 노력은 성경과 종교서적과 신앙강연의 힘으로 이룩되었습니다.

제가 회개하는 데 방해하는 장애물은 박해와 조롱에 대한 공포, 옛 친구들을 잃는 손해, 종종 밀려드는 여러 가지 의심과 유혹 등이었습니다. 나는 지금 세례 받기를 원합니다. 그 이유는 내가 가진 재능이 다섯 달란트(talent-재능. 옛 그리스, 로마의 화폐 단위)든지 한 달란트든지 나의 시간과 재능을 다하여 기독교에 대한 지식과 신앙을 증진하여 하나님의 뜻이라면 나 자신과 내 형제를 위하여 쓸모 있는 생(生)을 살려고 원하고 있기 때문입니다. 또한 인생의 황혼이 다가올 때에 다른 사람들처럼 죽음의 문턱에서 방황해서도 안 되겠기 때문이며, 그리하여 나는 옛 사람과 달라진 사람이 된 증거를 드리려고 갈림길에서 방황할 때 빠지기 쉬운 여러 가지 시험을 덜어 버리려 생각했기 때문입니다.

나는 하나님의 사랑하심과 예수 그리스도가 구주이심을 믿습니다. 옛 선지자들의 현 세계에 대한 예언이 그처럼 사실로 이루어졌다면 내세에 대한 것도 반드시 그렇게 되리라고 믿습니다. 21)

참회와 회개 과정을 거친 윤치호는 마침내 기독교인이 되었고 조선 사람으로서는 남감리교 세례교인 1호가 된 것이다.

2) 윤치호가 미국 유학생으로서 조선에 선교사를 부르다

중국 산동성 중서서원의 교장 알렌은 윤치호가 재질이 총명하고 인품이 비범함을 알고 1888년 10월에 그를 미국으로 유학을 보내어 밴더빌트(Vanderbilt) 대학에서 2년, 에모리(Emory) 대학에서 3년 동안 공부할 길을 열어주었다. 22)

윤치호가 미국에서 신학과 영문학을 전공하였는데, 두뇌가 명석하고 어학에 천부적인 소질이 있었을 뿐 아니라 토론회나 강연회 나가서 강연할 때 많은 사람이 경청하고 따르게 되었다고 한다. 23)

윤치호는 미국 유학 시절 조선에 남장로교와 미 남감리회를 불러들인 주인공이었다. 윤치호는 미 남장로교와 미 남감리회를 조선에 어떻게 불러들였을까?

① 윤치호에 의해 남장로교가 조선에 들어온 과정

미국 전국신학생 세계연맹(Inter Seminary Alliance for Foreign Mission) 대회가 있었다. 이 모임에서 언더우드 선교사와 유학생 윤치호가 연사로서 조선 선교의 필요성을 역설하였다. 조선은 이 지구상의 짐승보다 못 산다고 역설하면서 의사와 선교사가 필요하다고 하였다. 여기에 감동받은 신학생 중 데이트(L.B. Tate), 존슨(C. Johnson), 레이놀즈(W.D. Reyolds), 전킨(W.M. Jinkin), 데이트의 여동생 메티 데이트(M.S. Tate), 린리 데이비스(L. Davis), 레이번(M. Leyburn), 볼링(P. Bolling) 등이 미국 남장로교 선교사로 임명받고 1892년 11월에 조선에 입국하여[24] 전라남북에 5개의 선교부[25](Mission station)를 설치하여 전라 땅에 기독교가 들어오게 되었다.

미 남장로교 선교지역인 테네시 주에서 윤치호가 설교함으로써 조선 땅 전라도 지역에 선교의 열매를 맺게 되었던 것이며 지금 우리가 혜택을 받고 있는 것이다.

② 윤치호에 의해 남감리교회가 조선에 들어온 과정

1893년 봄 윤치호는 미국 에모리 대학 유학생활을 마치고 중국 상해로 떠나려고 준비하면서 에모리 대학 총장 캔들러(W.A. Candler)에게 편지를 보냈다.

내가 모은 돈 200달러를 당신께 보내오니 이 돈을 기초로 삼아서 조선에 기독교 학교를 설립하여 내가 받은 교육과 같은 교육을 우리 동포도 받을 수 있게 해 주소서. 만일 내가 상해로 가서 속히 조선으로 들어가면 내가 학교를 세우도록 할 것이오. 만일 나보다 먼저 조선에 가는 이가 있거든 그에게 부탁하여 학교를 세우게 하여 주되, 5년이 지나도록 세우지 못하게 되거든 그 돈을 마음대로 처리해도 좋습니다.

그리고 상해에 와서 림락지 선생을 만나서 "조선에 남감리교회를 세워 달라."는 통신을 몇 번이나 미국으로 보냈다.[26]

윤치호는 1895년 10월 10일 편지 한 장을 받았다. 헨드릭스 감독과 리덕 선교사가 용산에 도착한다는 서신이었다. 이렇게 하여 조선에 남감리교회가 들어오게 된 것이다.

남감리교 선교사는 계속하여 입국하였는데 헨드릭스(E.R. Hendrix, 1895), 윌슨(A.W. Willson, 1898), 캘로웨이(C.B. Galloway, 1902), 캔들러(W.A. Candler, 1906), 워드(Seth Ward, 1914), 호드(1908), 머라(W.B. Murrah, 1911), 앳진스(James A. thins, 1914), 킬고(J.C. Kilgo, 1917), 맥머리(W.F. Mcmutry, 1918), 램버트(W.R. Lambuth, 1919), 보애시(H.A. Boaz, 1922), 애인스워스(W.N. Ainsworth, 1926) 등 13명의 감독들이었다.27) 그리고 남감리교가 조선에 파송한 선교부 총무들은 램버트(Dr. later bishop Lambuth, 1899), 핀션(W.W. Pinson, 1922), 쿠크(Dr. F. Cook, 1914), 베니트(H. Bennett, 1916), 헤드(1916), 롤링스(E.H. Rawling, 1919), 하웰(Miss Mabel. K. Howell, 1919), 파커(Dr. F.S. Parker, 1921), 윌리엄(W. Erskine Williams, 1924), 고라스(D.D.O.E. Goodard, 1927), 캐스(Miss Esther Case, 1929) 등 11명이었다.28)

남감리교회 선교사들은 남녀를 합하여 125명이 조선에 들어와서 그리스도의 복음을 이 땅에 전파하며 사역을 하였다.29) 남감리교는 조선 땅에 민족 계몽을 위하여 학교를 세웠다. 서울 배화여학교와 배화여자고등학교, 개성 송도학교, 송도고등보통학교, 한영서원, 원산루씨여자보통학교, 원산루씨여자고등보통학교, 호수돈여자고등학교, 개성미리흠영어학교, 개성고려여학교와 협성신학교 등 10개 학교를 세웠다. 그리고 남감리교는 원산 구세병원, 개성남성병원을 세워서 조선 백성들을 고치고 시술하며 병든 백성들을 돌보았다.30) 이것이 윤치호의 힘이었다.

3) 윤치호가 조선에 남감리교회를 세우다

윤치호에 의해서 조선에 들어온 남감리교는 미북장로교와 미북감리교보다는 10년 늦게 조선에 들어오게 되었다.

윤치호에 의해서 세워진 교회는 필자가 조사해본 결과 다음과 같다.

첫째, 고양교회이다. 윤치호에 의해 1896년 김흥순 씨가 매서인으로 활약하며 김주현 씨와 같이 전도하며 세운 교회가 고양교회이다. 고양교회는 1897년 5월 2일 윤치호 씨가 가옥 한 채를 기부하여 교회를 세웠다.[31] 고양리에 최초로 세워졌고, 여기서 윤치호가 설교를 하였다.[32]

둘째, 광희문교회이다. 1897년 6월 21일 윤치호에 의해서 두 번째로 세워진 남감리교회이다. 광희문교회는 리덕 박사 댁을 기도처로 시작하여 교회가 세워졌고 윤치호가 설교하였다.[33]

셋째, 종교교회이다. 1900년 4월 15일 윤치호에 의해서 세 번째로 세워진 교회가 종교교회이며 이곳에 윤치호 박사 유품이 많이 전시되어 있다.[34]

넷째, 석교교회이다. "서대문에서 전도하였는데 그것이 흥왕하여 석교교회가 되었다."라고 기록하고 있다.[35] 석교교회는 1910년 5월에 세워졌다.[36]

다섯째, 자교교회이다. 자교교회는 미남감리교 중국 선교사 캠벨(J.P. Campbell)이 윤치호의 도움을 받아 지은 교회이다. 캠벨은 중국에서 활동하였으나 윤치호가 조선에 선교해 줄 것을 요청하여 조선에 왔다. 배화학교를 설립하고 종교교회와 자교교회 설립에 주력하였다. 1899년 배화학교 학생들 기도처로 시작하여 자교교회가 설립되었다. 그리고 1900년 4월 15일 부활주일에 교인 70명을 배화학당 기도실에 모이게 한 후 부인 7명, 남자 3명, 여학생 8명, 모두 18명에게 세례를 주고 교회 창립 예배를 드렸다.[37]

여섯째, 천안 하늘샘교회이다. 하늘샘교회는 옛 천안제일감리교회 이름을 새롭게 변경하여 하늘샘교회라고 하였다. 윤치호 박사가 천안 군수로(1903) 부임하여 자신의 집에서 1903년 7월 6일 예배를 드린 것이 교회로 발전하여 하늘샘교회가 되었다.[38]

일곱째, 아산 신항감리교회이다. 신항감리교회는 1910년 3월 24일 윤치호 박사 자신의 별장(충남 아산시 둔포면 신항리)을 헐어버리고 세운 교회다. 이 교회가 신항감리교회이다. 이 신항감리교회는 윤치호 박사 기념 예배당이라 그 이름이 붙여졌다. 그리고 1924년 신항리예배당을 교회에 헌납하였다.[39]

1905년 윤치호 박사가 교회를 짓기 전 별장이다. 이 별장을 헐고 세운교회가 신항감리교회이다.

여덟째, 수표교교회이다. 수표교교회는 1909년 9월 9일 설립되었다. 그리고 1914년 1월 15일 예배당이 건축되었다고 「조선남감리교회보」에서 말하고 있다.40)

아홉째, 천안 하늘중앙교회이다. 윤치호에 의해서 세워진 하늘샘교회(천안제일감리교회)는 천안역 앞으로 이전하게 되었고 천안제일감리교회를 따라가지 않은 몇 사람이 모여서 교회를 세우게 된다.41) 이 교회가 천안 하늘중앙교회이다. 천안에서 두 교회가 감리교회로서 큰 성장을 이룬 것이다. 모두 윤치호에 의한 축복의 물줄기가 흐르는 교회이다. 그 외에도 강원 금화군 지경교회(1901), 개성남부교회(1914), 철원읍교회(1920)기 남감리교회 하리영 선교사에 의해 세워지게 되었다.42)

1895년 윤치호에 의해 미 남감리교회가 들어와서 선교와 많은 사역을 하였다. 중국과 블라디보스토크까지 남감리교 선교지역이었으니 실로 괄목할 만하다. 1924년 남북감리교회 통합을 위한 조직이 구성되어 협의 중 1930년

12월 30일 남북감리교회가 통합되었다.⁴³⁾ 위원장에 양주삼 박사, 부위원장에 윤치호 박사가 추대되었다. 한국교회 거물급인 두 분에 의해서 감리교회는 하나의 교단으로 통합되었다. 그리고 오늘날까지 감리교회는 단일교파로 든든하게 한국에서 선교의 영역을 넓혀나가고 있다. 윤치호의 공로가 대단하다. 그를 재평가하는 한국교회가 되어야 한다.⁴⁴⁾

윤치호는 일제강점기에 한국 감리교회의 최고 원로였다. 1910년 기독교계의 각종 국제대회에 한국 대표로 참여하여 국제 기독교 사회의 명사로 부상하였고, 1930년 한국 남북감리회의 통합과정에서 합동전권위원회 부위원장을 맡아 '기독교조선감리회'의 탄생에 중추적인 역할을 수행하였다. 이는 미국 감리교회보다 9년이나 앞섰기에 미 남북감리교회 통합에 기폭제가 된 셈이다.⁴⁵⁾ 그는 또 미국 북감리회의 배재고보에 비견되는 미국 남감리회의 송도고보를 세웠다. 이화여전 이사로서 학내문제를 주도적으로 해결하였고, 1940년에는 연희전문의 교장을 역임하였다. 원로목사나 선교사들조차 평신도인 윤치호의 권위를 능가하지 못하였다.

1935년 2월 기독교조선감리회 총리원 이사회 기념사진

5. 애국가 작사자 윤치호

그동안 애국가 작사자 리스트에는 윤치호, 안창호, 김인식, 최병헌, 민영환, 윤치호와 최병헌의 합작 등이 올라왔으나 크게는 윤치호설과 안창호설이 맞섰다. 1955년 국사편찬위원회에서는 윤치호 단독 작사설을 심의하였으나 '찬성 11, 반대 2'가 되어 만장일치가 아니라 하여 유보하고 말았다. 그래서 국사학회에서는 아직도 애국가 작사자 미상으로 오늘에 이르고 있다.46)

여러 가지 정황으로 미루어 볼 때 윤치호는 처음부터 국가를 작사하려 한 것은 아닌 것 같다. 신앙심에서 애국충정이 가득하여 애국에 대한 시로 애국가 혹은 무궁화가를 쓴 것 같다. 그가 펴낸 한국 최초의 찬미가 책에는 10장에 무궁화가가 있고, 14장에 애국가가 있다. 전자는 1897년 조선 개국 505회 기념식을 위해 독립협회 서재필 등의 의뢰로 윤치호가 작사하였고, 후자는 신앙적 꿈이었던 이상촌 건립의 전초기지인 한영서원(송도고보) 개교를 맞아 애국계몽운동의 실천으로서 작사한 것이다.

오후 3시 배재학당 학생들의 찬양으로 시작하여 독립협회 안경수가 인사말을 하고, 외국인 참석자들을 소개하였다. 이어 와병 중인 학부대신 이완용을 대신하여 한성판윤 이재연이 국가주의를 주창한 연설을 했다. 배재청년들이 무궁화노래(National Flower)를 불렀다. 한국의 계관시인 윤치호(Mr. T.H. Yun)가 이날 행사를 위해 작사한 것이다. 학생들은 이 시를 스크랜턴 여사가 오르간 반주한 '올드랭 사인' 곡에 맞춰 불렀다.

- 이 자료는 행사 당일 강연자로 참여한 배재학당 설립자 아펜젤러가 소장한 문서를 아펜젤러 프로젝트 편찬위원회와 배재대학에서 발간한 '아펜젤러와 한국'에 수록된 서재필의 「편집자 메모」(Editorial Note) 일부이다.47)

그 후 1904년 영국 군함 한 척이 동양 각국을 순방하던 중 제물포항에 들어왔다. 그 해군 군악대는 한국을 방문한 예의로 한국 국가를 연주하겠다고 제의해 왔으나 그때까지 우리나라는 국가라는 것이 없으므로 고종 황제는 외부협판 윤치호에게 즉시 국가를 제정하라는 분부를 내렸다. 윤치호는 밤을 새워가며 칙명대로 국가를 작사했으며 곡조는 영국 스코틀랜드의 민요 올드랭사인(Auld Lang Syne)을 접목시켜 애국가를 부르게 되니 우리나라의 체통을 세우게 되었다.48)

그 후 독립문 준공식에 서재필의 요구로 이 애국가를 불렀으며, 미주지역이나 상해 임시정부에서도 임정요원들이 애국가를 즐겨 불렀다. 그러다가 해방 후에 이 애국가를 국가로 부르게 된 것이다.

이 애국가 작사자가 미상이 된 이유는 첫째, 일제하에 태극기와 애국가를 사장시켜 국내에서는 부를 수 없으므로 사라지게 되었다. 둘째, 오히려 이승만이나 안창호에 의해 미주지역에서 애국가를 눈물로 애창하게 되어, 안창호가 작사자라고 이해되었지만, 본인은 단 한 번도 자신이 작사자라고 밝힌 적이 없었다. 윤치호는 애국가를 자신이 발간한 찬미가에 수록하였지만, 자신이 작사한 것을 알리지 말라고 부탁하였다. 그러나 1907년에 애국가를 자기가 작사하였다는 것을 서명하여 딸에게 전하였다.49)

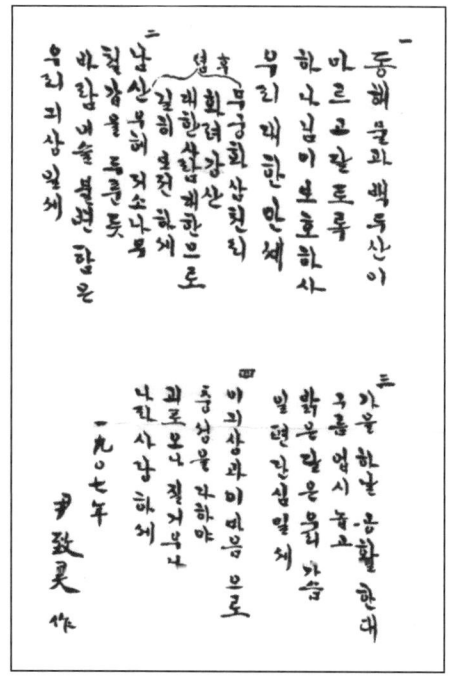

해방 직후 윤치호가 직접 쓴 애국가 가사, 1907년에 작사한 것으로 기록해 놓았다. 현재의 애국가 가사와 몇 군데 다른 곳이 보인다.

참고문헌

기독교대한감리회 역사위원회 편, 「한국 감리교회 인물사전」, 기독교대한감리회, 2002.
김상태, 좌옹 윤치호 70주기 추모예배 및 강연회 교재, 2016.
김연갑, 윤치호 애국가 작사자 확정 세미나 교재, 2016.
대한예수교장로회 총회역사위원회 편, 「총회창립90주년기념 대한예수교장로회 교회사」
　　　(상), 서울장로교출판사, 2002.
민경배, 좌옹 윤치호 70주기 추모예배 및 강연회 교재, 2016.
박지향, 「윤치호의 협력일기」, 이숲, 2014.
신동립, 「애국가 작사자의 비밀」, 지상사, 2016.
양주삼, 「조선남감리교회30년기념보」, 조선남감리교 전도국, 소화5년.
유동식, 「한국 감리교회역사」, 기독교대한감리회, 1994.
이덕주, 「이야기 한국 감리교회사」, 감리교신학대학교, 2007.
「광희문교회 100년사」.
「윤치호 일기」, 박지향 교수와 김상태 교수의 한글 번역 인용한 것.
「윤치호 생애와 사상선집」, 1권.
「자교교회 100년사」.
「종교교회 100년사」.

1. 김상태 : 강의록 발췌.
2. 김상태 : 강의록 발췌.
3. 「윤치호 일기」 8권 1920.08.20.
4. 「윤치호 일기」 2권 1892.10.14; 7권 1919.01.31; 1919.05.01 등.
5. 「윤치호 일기」 7권 1919.09.01; 1권 1889.06.18; 2권 1891.05.12; 1921.03.11 등.
6. 「윤치호 일기」 7권 1919.01.16.
7. 「윤치호 일기」 7권 1928.02.18; 9권 1920.05.26; 박지향, 「윤치호의 협력일기」, 94~124 참고.
8. 「윤치호 일기」 7권 1919. 07 11
9. 국역 「윤치호 일기」 1권 1889.03.30.
10. 「독립신문」 1889.03.11.
11. 「윤치호 일기」 8권 February 18. 1921.
12. 「윤치호 일기」 7권 July 31. 1919; 8권 December 10. 1920.
13. 「윤치호 서한집」 1895.10.22; 「동아일보」 1930.01.15.
14. 「윤치호 일기」 8권 1920.08.06. ; 박지향, 「윤치호의 협력일기」, 125~136 참고.
15. 김상태 교수 강의 초.
16. 박지향, 「윤치호의 협력일기」, 28.
17. 「윤치호 일기」 6권 1904.03.09.

18. 박지향, 「윤치호의 협력일기」, 30.
19. 김상태 : 강의록 발췌.
20. 기독교대한감리회 역사위원회 편, 「한국감리교회 인물사전」 (서울: 기독교대한감리회, 2002), 322.
21. 「윤치호 선집Ⅰ」, 46~47.
22. 「윤치호 선집Ⅰ」, 46~47.
23. 「윤치호 선집Ⅰ」, 46~47.
24. G.T. Brown, *Mission to Korea* (Board of world Mission Presbyterian church, 1962), 22 재인용 대한예수교 장로회 총회 역사위원회 편, 「총회창립90주년기념 대한예수교장로교회사(상)」 (서울: 한국장로교출판사, 2002), 76. 존슨은 개인자격으로 왔다가 일본으로 이주하였다.
25. 1893년 장로교 공의회에서 미남장로교를 전라남북도를 선교지로 분할하였고, 전라도는 최초 전주선교부(1893년), 군산선교부(1894년), 목포선교부(1897년), 광주선교부(1904년), 순천선교부(1913년)가 설립되었다. 남장로교 선교사는 1893~1984년 약 27명이 전라도 땅에서 선교하면서 첫째, 학교를 세웠다. 전주에서 신흥학교(1900년)와 기전여학교(1900년)를 세웠고, 군산에서 영명학교(1902년)와 멜보딘 여학교(1902년), 목포에서 정명학교(1902년)와 영흥학교(1903년), 광주에서 숭일학교(1908년)와 수피아여학교(1908년), 순천에서 매산 남녀학교(1913년) 등 9개 학교를 세웠다. 둘째, 병원을 세웠다. 전주 예수병원(1898년), 군산 구암병원(1894년), 순천 알렉산드병원(1913년), 여수 애양원(1908년), 목포에 제중병원(1897년), 광주 기독병원(1904년) 등 6개 병원을 세웠다.
26. 양주삼, 「조선남감리교회 30년 기념보」 (조선 남감리교회전도국), 74.
27. 「조선남감리교회 30년 기념보」, 9, 「사진으로 보는 역사」, Ⅰ~Ⅱ.
28. 「조선남감리교회 30년 기념보」, 10, 「사진으로 보는 역사」, Ⅷ-ⅠⅩ.
29. 「조선남감리교회 30년 기념보」, 10, 「사진으로 보는 역사」, X-XXⅤ.
30. 「조선남감리교회 30년 기념보」, 10, 「사진으로 보는 역사」, LIV-LXVⅲ.
31. 「조선남감리교회 30년 기념보」, 20~21.
32. 「조선남감리교회 30년 기념보」, 20~21.
33. 「광희문교회100년사」, 67: 「조선남감리교회 30년 기념보」, 121.
34. 「종교교회100년사」, 94 : 「조선남감리교회 30년 기념보」, 22.
35. 「종교교회100년사」, 94 : 「조선남감리교회 30년 기념보」, 22.
36. 「조선남감리교회 30년 기념보」, 28.
37. 윤춘병, 「자교교회100년사」 (서울: 기독교감리회 자교교회, 2001), 47~50.
38. 천안기독교100년사 편찬위원회 편, 「천안기독교100년사」 (천안: 도서출판동명, 2005), 58.
39. 아산 신항리 근대문화마을 종합학술조사연구 (아산시: 공주대학산학협력단, 2009), 42.
40. 「조선남감리교회 30년 기념보」, 28, 30.
41. 천안하늘샘교회 이성수 담임목사의 증언이다. 이성수 목사는 교회자료가 손실되고 빌려준 것이 반환되지 않아서 100년사를 쓰지 못하고 100년사 화보집을 출간하였다.
42. 「조선남감리교회 30년 기념보」, 28, 30.
43. 유동식, 「한국감리교회의 역사」 (서울: 기독교대한감리회, 1994), 502~512.
44. 황기식 박사: 윤치호박사 기념사업회 연구소장, 예장통합 아산동산교회 담임목사, 충남노회장(131~132회기), 장로교(통합)역사진문위원, 장로교(통합)역사학회 수석 부회장, 전 서울장신대 교수, 평택대학 전강사.
45. 이덕주, 「이야기 한국 감리교회사」 (서울: 감리교신학대학교, 2007), 48~51.
46. 신동립, 「애국가 작사자의 비밀」 (지상사, 2016), 43.
47. 김연갑, "애국가 작사자 확정세미나". 10.
48. 「윤치호 생애와 사상 선집Ⅰ」, 82.
49. 신동립의 '애국가 작사자의 비밀'과 김연갑의 '애국가 작사자 확정 세미나' 강연집에서 발췌. 그리고 원본은 자녀들이 미국 에모리 대학교에 기증하여 보관하고 있다. 사진은 그 사본이다.

이승만
李承晩

이승만
李承晩

이승만은 청년 시절에 과거를 준비하기 위하여 한학을 공부하던 유학자였다. 그러나 그는 배재학당에 들어가서 서양 선교사들을 만나고 서양문명과 접촉하게 되었다. 그리고 한성감옥 시절에 고통스러운 상황 속에서 그동안 신봉해 온 어머니의 종교인 불교와 아버지의 철학인 유교 대신에 기독교인으로 거듭나게 되었던 것이다. 그는 한성감옥에서 성경을 읽으며 서양의 문명과 사상을 담은 서적들을 통하여 점차 기독교만이 나라를 바르게 세울 수 있고, 구할 수 있다는 믿음을 갖게 되었다. 그의 이러한 견해는 미국 유학을 하는 동안 더욱 심화되었다. 결국 대통령이 된 후에 그의 이러한 사상의 영향력은 전 국가에 미치게 되었다.

건국 대통령

이승만

김낙환 목사_ 기독교대한감리회 교육국 총무

건국(建國) 대통령으로 우남은 이 나라를 미국과 같은 민주적 기독교 정신에 뿌리 내린 나라로 세우려고 고군분투하였다. 우남은 한성감옥에서 1904년 여름에 저술한 「독립정신」의 마지막 부분을 쓰면서 이렇게 말하고 있다.

지금 우리나라가 쓰러진 데서 일어나려 하며 썩은 데서 싹이 나고자 할진대, 이 교[기독교]로써 근본을 삼지 않고는 세계와 상통하여도 참 이익을 얻지 못할 것이요. … 마땅히 이 교로써 만사에 근원을 삼아, 나의 몸을 잊어버리고 남을 위하여 일하는 자 되어야 나라를 일심으로 받들어 영, 미 각국과 동등이 되리라.1)

우남은 멸망지경에 도달한 대한제국이 부흥하여 미국이나 영국 같은 일등 국가가 되기 위해서는 기독교를 받아들여 국기(國基)로 삼아야 한다고 주장한 것이다. 1948년 7월 24일 74세의 우남은 중앙청 광장 연단 위에 올라가 초대 대통령 취임 선서를 한 뒤 연설을 시작하였다. "여러 번 죽었던 이 몸이 하나님의 은혜와 동포들의 애호로 지금까지 살아 있다가 오늘에 이와 같이 영광스러운 추대를 받은 나로서는 일변 감격한 마음과 일변 감당하기 어려운 책임을 지고 두려운 생각을 금하기 어렵습니다." 우남은 "하나님과 동포 앞에서 나의 직무를 다하기로 일층 더 결심하며 맹세한다."라고 서약하였다.

우남을 연구하고 이해하는 데 있어서 우리는 그가 독실한 기독교 신앙인이었다는 점을 간과해서는 안 된다. 그 후 우남은 12년간 대한민국 대통령으로서 통치하면서 음·양으로 기독교 보급에 힘을 기울인 결과 (원래 유교 및 불교 국가였던) 대한민국을 역사상 처음으로 기독교적 국가로 변모시키고 있었다.

필자는 이 글에서 우남을 한 사람의 기독교인, 신앙인으로 보려고 한다. 그의 기독교 신앙이 어떻게 형성되었고, 그 신앙의 특성은 어떤 것이며, 그의 신앙과 사상이 그의 정치행보에 어떻게 영향을 주었는가를 규명하려고 애를 쓸 것이다. 여러 가지 정치적인 이유로 아직도 많은 사람들이 우남을 폄하하고 있는 것이 사실이다. 우남의 공과와 관련하여 많은 논쟁이 있다. 그러나 분명한 것은 우남은 500년 조선의 역사가 끝나고 일제가 패망하여 식민통치를 마치는 역사적으로 매우 혼란스럽고 새로운 변화를 요구하던 시기에 자유민주주의 이념이 근거가 되는 대한민국을 건국한 건국 대통령이라는 것이다.

젊어서는 독립운동에 헌신하고 해방 후에는 제헌국회의 의장으로, 초대 대통령으로 국가 건국의 초석을 놓은 분이다. 그리고 그는 대한민국을 기독교 정신이 바탕이 된 미국과 같은 나라로 세우려고 노력하였다. 그러므로 신앙의 선각자요, 믿음의 선배가 되는 우남의 신앙을 연구하는 일은 오늘날 우리에게 참으로 의미 있는 일이며 앞으로 우리가 나아갈 바른 길을 알려 줄 것이다.

1. 우남의 사상적, 종교적 배경

1) 소년 시절의 교육환경과 학문적 배경

우남 이승만은 1875년 3월 26일 황해도 평산군 마산면 능안골에서 청빈한 가정의 가장인 이경선(李敬善, 1837~1912) 옹과 서당훈장이신 김창은(金昌銀,

1833~1896)의 외동딸인 어머니 김해김씨(金海金氏, 1833~1896) 사이의 3남 2녀 중에 막내아들로 태어났다. 우남의 두 형은 모두 우남이 태어나기도 전에 홍역을 앓다가 죽었기 때문에 우남은 사실상 가정의 외아들이며 아버지에 이어 6대 독자가 되었다.

우남은 세종대왕의 형님인 양녕대군의 16대손, 즉 이성계의 18대손이었다. 이처럼 우남의 가문은 조선 사회에서 으뜸가는 왕족이었지만 그의 가계는 한파로 알려진 양녕대군 파에 속한데다가 그 파 내에서도 격이 낮은 이흔의 서계(庶系)를 이었기 때문에 오랫동안 벼슬길이 막혀 몰락한 양반이나 다름없이 빈한하였다.[2] 이러한 그의 특수한 가족 배경은 그로 하여금 조선왕조에 대해 비교적 냉담한 입장을 취함과 동시에 다른 양반들에 앞서 사민평등과 민주주의 사상을 받아들이기 쉽게 만들었다고 여겨진다.

우남의 부친 경선 옹은 박학한 양반 계급의 한 사람이었다. 그는 부유한 가정에서 태어나 당시 대부분의 양반 계급들이 그랬듯이 비생산적인 학자가 되기 위한 구태의연한 공부를 하였다. 경선 옹은 보학(譜學, 족보를 연구하는 학문)과 풍수지리에 조예가 깊은 유교적 선비였다. 그는 매일 여러 시간을 허비하면서 24권의 거대한 가계보(家系譜)를 펼치고 이씨(李氏) 가의 종가나 분가를 캐고, 그 외에 유명한 조선의 명문 가계를 조사하였다고 한다.

우남의 어머니 김씨는 모든 점에서 뛰어난 부인이었다. 어머니는 부친 경선 옹보다 여섯 살이 위였으며, 전형적인 조선의 여인답게 자녀교육과 집안 살림에 헌신적이었다. 먼저 태어난 두 아들이 죽고 나서, 오랜 기간 아들을 가지지 못했기 때문에 그의 나이 40이 다 되어서 얻은 우남에게 남다른 애착을 가지고 있었다.[3] 어머니는 북한산 문수사에 가서 치성을 드려 그를 낳았다고 한다.[4] 우남의 어머니는 그에게 글을 직접 가르칠 정도로 아들의 교육에 큰 관심이 있었을 뿐만 아니라, 그 무렵 여성으로서는 드물게 상당한 학식이 있었던 것으로 보인다.[5] 이런 어머니의 교육열에 힘입어 우남은 여섯 살 때 천자문을 모두 암기하게 되었다고 한다. 우남의 어머니 김씨는 허약하게 보이는 여인이었지만 남자 이상의 강직함을 가지고 조용한 중에도 차분하고 강인한 인내심을 가지고 있었다.

서당 시절에 우남은 사서오경을 익히고 문장술을 연마하는 데 주력하였다. 서당에서 치르는 도강(都講)에서 항상 장원을 차지했던 그는 열세 살 때부터 해마다 과거에 응시했지만 매번 낙방의 고배를 마셨다. 열일곱 살 때부터 한시를 짓기 시작한 그는 서당에서 동료들과 당음(唐音)[6]을 즐겨 읊었다. 그는 국사(國史)에도 관심이 컸는데, 이 무렵 그가 열심히 공부한 역사상 인물은 성삼문이었다고 한다.

2) 배재학당에서 받은 교육

배재는 1885년 8월 3일 미국의 감리교 목사인 아펜젤러가 서울에 세운 한국 최초의 근대식 중등교육기관이다. 고종은 1886년 6월 8일 "배재학당"(培材學堂)이란 교명과 액(額)을 내리었다. "배재"(培材)란 배양영재(培養英材)란 말의 준말로 이는 유용한 인재를 양성한다는 의미인데 아펜젤러는 그의 선교 보고서에 다음과 같이 자신의 교육철학을 보고하고 있다.

> 유용한 인재는 갈보리에서 돌아가신 주의 피로써 구원받지 않고는 양육될 수 없다. 학생들은 길을 묻고 있는 중이다. 우리의 기도와 심령의 소원은 이 학교를 특별한 영적인 힘이 넘치는 기관으로 만드는 데 있다.[7]

배재학당의 학당훈은 "큰 인물이 되려는 사람은 남을 섬길 줄 알아야 한다"(欲爲大者當爲人役)[8]고 해서 기독교적 교훈으로 봉사적 인물을 양성하려 하였다. 교과목으로는 한문·영어·천문·지리·생리·수학·수공·성경 등이 있었고, 그 외의 과외활동으로 연설회·토론회와 같은 것을 열어 의견발표 훈련을 시켰고, 정구·야구·축구 등 운동을 하였다. 학교 운영방침에 학년을 두 학기로 나누었으며, 수업료는 종전의 물품 대신 돈으로 받았고, 입학과

퇴학의 절차를 엄격히 규정하였고 근로를 장려하였다. 우남이 다니던 당시에 배재학당은 한국인, 서양인, 일본인, 청국인이 두루 섞여 배우고 가르치는 국제적인 분위기의 학교였다.

　1894년 발발한 청일전쟁에서 조선의 종주국 청국이 패배하자 세상이 크게 바뀐 것을 깨닫고 우남은 나이 20세가 되던 1895년 4월 배재학당에 입학하여 그곳에서 1897년 2월까지 영어와 신학문을 연마하였다. 배재학당은 청년 우남에게는 서양 문명에 눈을 뜨게 한 별천지와 같은 곳이었다. 배재학당 영어과에 들어간 우남은 영어공부에 치중하면서 역사, 지리, 산수, 성경 등 교양과목을 이수하였고 또 학당에서 의무화한 아침 예배에도 참석하여 설교를 들었다.[9]

　배재학당에서의 교육을 통하여 우남은 서양의 정치적 관념(민주주의)에 대하여 새롭게 인식할 수 있었던 것이다. 배재학당에서 우남은 미국 선교사들로부터 영어 이외에 보다 더 중요한 것을 배우게 되었다. 우남을 자극한 것은 바로 영어가 아닌 서양 정치제도와 그 문명이었던 것이다. 특히 우남은 미국에서 온 고학력의 선교사들로부터 미국 독립전쟁사 내지 건국사, 남북전쟁사, 노예해방 그리고 법치주의 원칙 하에서 누리는 미국 국민의 정치적 자유 등에 관하여 알게 되었다.[10] 이렇게 혁명적인 사상에 눈을 뜬 우남은 절대군주제 아래 신음하는 한국 동포를 위해 이 나라는 미국과 같은 기독교 국가의 민주주의 제도를 도입하는 일이 옳은 일이며 이 일을 위하여 일생을 바치기로 마음먹게 되었던 것이다.

　우남의 생각은 갑신정변(1884) 주역의 한 사람으로서 1895년 말에 미국 시민권과 의사 자격증을 취득하고 귀국한 서재필(Philip Jaisohn, 1863~1951) 박사가 1896년 5월부터 매주 목요일 학당에서 실시한 세계지리, 역사 및 정치학 그리고 의사 진행법 등에 관한 특강을 들으면서 더욱 심화되었다. 이처럼 배재학당에서의 교육은 우남으로 하여금 조선이 당한 현실을 서양의 정치적 관점에서 새롭게 이해할 수 있게 하였던 것이다.

2. 우남의 회개

우남의 인생에 있어서 가장 큰 변화는 그가 삶에서 가장 어려운 시기를 감옥에서 보내는 동안에 회개하고 예수를 영접하여 기독교인이 된 것이다. 그가 직면한 상황은 영적인 세계로부터 도움을 구하지 않기에는 너무나도 암담하였다. 그는 배재학당에서 예배에 참여하기는 하였지만 의무적으로 참여하는 강좌나 예배에 종종 그러하듯이 냉소적인 태도로 대하였고, 이미 자신이 배우고 익힌 전통적 사고인 유교적인 사상과 불교적인 사고로 인하여 선교사들이 가르치는 서양종교인 기독교에 대하여 관심을 갖지 못하였다. 그러나 감옥이라는 혹독한 환경에 처한 그는 오랫동안 들어온 구원의 복음을 되새기지 않을 수 없었다.

사실 우남의 사상적인 변화는 이미 신문화를 접하고 신교육을 받았던 배재학당에 입학하면서 시작된 것이었다. 그러나 그가 한성감옥에서 그리스도인으로 회개하고 변화되는 순간은 그의 삶의 전적

이승만과 성서공부를 했던 옥중 동지들

인 변화였으며 장차 대한민국의 정치사가 변화되는 시간이었다고도 할 수 있다. 후에 배재학당을 다니는 동안 기독교에 대한 우남의 생각들이 변해 가는 모습을 이원순은 다음과 같이 그리고 있다.

> 나는 새벽 예배에 이따금 참석하게 되었고, 그리스도는 구원(救援) 이상의 그 무엇을 포함하고 있다고 생각하게 되었다. 그리스도는 동포애(同胞愛)와 봉사의 복음(福音)을 나에게 베풀어 주었다. 나는 이 외국 종교가의 가르침에 마음을 두었고 그리스도는 공자(孔子)와 동일한 위치에 있는지도 모른다고

가슴 깊이 생각하게 되었다. 그러나 그 이상의 것을 생각할 수는 없었다.[11]

이것은 그가 투옥되기 전까지 정치운동을 하던 시기에 기독교에 대해서 가지고 있던 그의 자세와 감정을 명확하게 나타내 주는 이야기이다. 우남은 1899년 초에 체포되어 병영과 경무청을 거쳐 한성감옥에 이감되었고 이곳에서 약 7개월간 손목에는 수갑, 다리에는 족쇄 그리고 목에는 10kg의 무거운 칼을 쓰고 미결수의 생활을 강요당하였다. 이때 그는 자신이 조만간에 처형될지도 모른다는 죽음의 공포 속에서 심각한 종교적 고뇌를 겪었다.

그때 그는 애비슨(O.R. Avison) 박사에게 사람을 보내어 성경과 영어사전을 차입해 줄 것을 부탁하였고 이렇게 입수된 신약성서를 탐독하던 우남은 어느 날 하나님께 기도를 드리면서 회개하고 기독교에 귀의하게 되었던 것이다. 우남은 자신의 영문 투옥 경위서(Mr. Rhee's Story of His Imprisonment)에서 자신의 회개 경위를 다음과 같이 고백하고 있다.

나는 감방에서 혼자 있는 시간이면 성경을 읽었다. 그런데 선교학교[배재학당]에 다닐 때에는 그 책이 나에게 아무런 의미가 없었는데 이제 그것이 나에게 깊은 관심거리가 되었다. 어느 날 나는 선교학교에서 어느 선교사가 설교했던, 하나님께 기도하면 하나님께서 그 기도에 응답해 주신다는 말씀이 생각이 났다. 그래서 나는 평생 처음으로 감방에서 "오, 하나님, 나의 영혼을 구해 주십시오. 오, 하나님, 우리나라를 구해 주십시오."(Oh God, save my soul and save my country.)라고 기도하였다.
[그랬더니] 금방 감방이 빛으로 채워지는 것 같았고, 나의 마음에 기쁨이 넘치는 평안을 누리면서 나는 [완전히] 변한 사람이 되었다. 동시에 그때까지 내가 선교사들과 그들의 종교에 대해서 갖고 있었던 증오감, 그리고 그들에 대한 불신감이 사라졌다. 나는 그들이 우리에게 자기들 스스로 값지게 여기는 것을 주기 위해서 왔다는 것을 알게 되었다.[12]

경무청 감방에서 목에 무거운 형틀을 쓰고, 사형선고를 기다리는 극한 상황에서 우남은 하나님을 만나는 경험을 하게 되었고, 예수를 자신의 그리스도로 영접하였던 것이다. 하나님께 처음으로 기도를 드리는 순간, 우남은 특별한 체험을 하게 되었다. 지금까지 두려움과 공포로 얼룩진 어둡고 침울했던 마음에 기쁨과 평화가 찾아온 것이다. 이 짧막한 기도야말로 유가에서 태어났고 독실한 불교도인 어머니의 영향 아래에서 자란 우남이 기독교에 귀의하는 결정적 계기가 되었음을 의미하는 것이었다.

기독교인이 된 우남에게는 예상치 못했던 활력이 솟아났다. 그 결과 그는 감옥 안에서 독서, 전도, 교육, 저술활동을 눈부시게 펼칠 수 있었다. 그가 제일 먼저 착수한 일은 미국인 선교사가 차입해 준 성경을 공부하는 것이었다. 가끔 벙커(D.A. Bunker), 언더우드(Horace G. Underwood), 존스(George H. Jones), 게일(J.S. Gale) 등 미국인 선교사들이 감옥을 심방하여 그들의 성경공부를 도와주었다. 이러한 성경연구를 통해 우남은 옥중에서 한국 개신교 역사상 처음으로 40여 명의 양반 출신 관료 지식인들을 기독교로 개종시키는 데 크게 기여하였다. 그는 이러한 자신의 신앙 체험담을 「신학월보」 등 선교잡지에 기고하였다. 우선 우남의 회개와 관련하여 문헌들 속에 나타난 몇 가지 결론적인 생각들을 정리하면 다음과 같은 것들을 알 수 있다.

첫째, 우남의 회개는 감옥 안의 고통스러운 생활 속에서 선교사가 전해 준 설교 말씀을 기억하고 주님께 기도함으로 주님을 만나는 내적 체험에 바탕을 둔 신앙고백이라는 것이다. 그의 신앙은 경험적이고, 체험적이었다. 다음은 우남의 「정년 이승만 자서전」에 나오는 글로 우남의 회개 당시 상황을 보여준다.

내가 품고 있던 질문은 꼭 한 가지 이제 내가 어디로 가야 하느냐 하는 것이었다. 그때 나는 학교 예배실에서 들은 설교를 기억하고 즉시로 목에 씌운 형틀에 머리를 숙이고 기도하였다. 성경책 한 권이 몰래 들어왔다. 죄수 한

명은 간수가 오는지 보기 위해 파수를 섰고 한 명은 책장을 넘겨주었다. 나는 성경을 읽으면서 마음의 평안을 느꼈다. 이상한 기분이었다.13)

둘째, 우남은 성경을 읽기 시작하면서 마음에 안정을 찾기 시작하였다. 그는 기도하는 가운데 마음의 평안을 갖게 되었던 것이다. 전에는 가져보지 못한 이상한 기분이 들었다고 하였다. 우남은 지옥과 같았던 감옥이 이제는 복당(福堂)이 되었다고 하였다.

셋째, 우남은 회개한 이후에 선교사들에 대한 인식이 바뀌었다고 말하고 있다. 이러한 인식의 변화는 우남에게 미국에 대한 동경심을 갖게 하였고, 결국 우남은 미국을 배우기 위하여 출옥한 이후 한 달 만에 미국으로 유학을 떠나게 된다. 우남은 옥중에서 회개한 이후에 미국과 미국 선교사들에 대해서 품고 있었던 부정적인 인식을 불식하고 친미주의자로 바뀌고 있었던 것이다. 우남은 대통령이 된 후에 미국식 기독교, 미국식 민주제도를 그대로 도입하려고 하였다.

넷째, 회개로 인하여 우남은 종전에 가지고 있었던 종교, 유교와 불교적인 입장과 자세로부터 기독교적 입장으로 돌아서는 모습을 보여주고 있다. 신앙적으로 또한 사상적으로 회개를 했던 것이다. 우남은 어려서 학문을 통하여 유교의 영향을 받고 어머니로부터는 불교의 영향을 받았다. 배재학당에서 공부를 할 때만 해도 그가 기독교에 입문하지 못한 것은 바로 이 두 가지 종교의 영향 때문이었다. 하지만 기독교로 개종한 이후로 그의 사상에 일대 변화가 오게 된 것이다.

3. 우남의 신앙 형성

1) 우남이 좋아하던 성경 구절과 찬송가

어떤 사람이 즐겨 부르는 노래를 우리는 애창곡이라고 한다. 이 애창곡은 대개 부르는 사람 자신의 정서와 깊은 관련이 있기 때문에 그 사람을 이해하는 데 도움을 줄 수 있다. 「경향신문」은 역대 대통령들의 애창곡을 소개하면서, 우남의 애창곡은 "희망가"라고 소개하였다.

이승만 전 대통령(1948~1960 재임)은 노래를 많이 부르는 편은 아니었지만 가끔씩 부른 노래가 "희망가"였다고 알려졌다. "희망가"는 작사가와 작곡가가 분명치 않은 창가풍의 구전가요로 1920년대부터 대중 사이에 퍼졌다. 이 노래는 외국 곡에 누군가가 가사를 붙인 것이라고 한다.[14]

우남이 하와이 병원에서 인생의 마지막 단계를 지날 때에 평생을 두고 좋아했던 찬송가를 자주 불렀다고 한다.[15] 이 곡은 바로 새 찬송가 580장 "삼천리 반도 금수강산"이라는 곡이다.

우남이 애독하였던 성구와 관련하여 프란체스카 여사는 다음과 같은 말을 전해주고 있다. 우남은 모세가 이스라엘 민족을 이끌고 이집트를 탈출한 후에 그들의 노예근성을 뽑아 버리기 위해 광야에서 40년 동안 얼마나 애를 썼는지 항상 생각하고 있었다. 그래서 해방 후 귀국하여 신약성경 갈라디아서 5장 1절 말씀을 젊은이들에게 자주 들려주곤 하였다는 것이다.[16]

"그리스도께서 우리를 자유롭게 하시려고 자유를 주셨으니 그러므로 굳건하게 서서 다시는 종의 멍에를 메지 말라"(갈 5:1)[17]

2) 우남의 기도생활

우남이 언제부터 기도생활을 시작했는지는 정확하게 알려진 것이 없다. 그러나 우남의 생애에 있어서 처음으로 기도하였다는 기록은 한성감옥에서 고문을 당하며 고통스러운 시간을 보낼 때였다는 기록이 남아 있다. 「이승만과 김구, 1879-1919」를 쓴 손세일은 우남이 처음으로 기도하던 당시의 상황을 다음과 같이 기록하고 있다.

> 우남은 잔혹한 고문을 당하면서 "나는 이제 이 세상에 있는 것이 아니다. 조금만 있으면 다른 세상에 가 있게 될 터인데, 저 외국 사람들이 나에게 말해 준 예수를 믿지 않았기 때문에 그 세상의 감옥에 가 있게 될 것이다."라는 생각이 들었다. 그러나 그는 배재학당 예배실에서 어느 선교사가 "당신이 죄를 회개하면 하나님께서는 지금이라도 용서하실 것이오."라고 하는 말을 들었던 기억이 떠올랐다. 그리고 하나님에게 기도하면 하나님께서 그 기도에 응답해 주신다고 했던 말도 기억났다. 그는 목에 채워진 칼에 머리를 숙이고 "오, 하나님, 저의 영혼을 구해 주시옵소서. 오, 하나님, 우리나라를 구해 주시옵소서." 하고 기도했다.18)

우남은 죽음이 눈앞에 다가왔다는 절박한 심리 상태에서 영혼의 구원을 바라며 예수를 찾은 것이다. 우남의 기도에 대한 하나님의 응답은 황홀했다. 이 순간의 일을 우남은 다음과 같이 회고하고 있다.

> 갑자기 감방이 빛으로 가득 채워지는 것 같았고 나의 마음에 기쁨이 넘치는 평안이 깃들면서 나는 완전히 변한 사람이 되었다. 그리고 선교사들과 그들의 종교에 대하여 가지고 있던 증오심과 그들에 대한 불신감이 사라졌다. 나는 그들이 자기네가 매우 값지게 여기는 것을 한국인들에게 주려고 왔다는 것을 깨달았다.19)

이는 우남이 일생에 처음으로 예수를 그리스도로 받아들이고 하늘의 하나님께 기도하는 순간이었다. 그 후, 그의 기도생활은 하와이에서 숨을 거둘 때까지 모든 인생의 굴곡과 더불어 평생을 두고 계속되었다. 미국 유학을 하면서도, 국내로 들어와 YMCA에서 교육활동을 하면서도, 그리고 미국 망명

생활을 하면서도 그는 기도하였다. 대통령이 된 후에도 그는 끊임없이 하나님께 기도하였다. 특별히 6·25전쟁을 당하여서는 하루도 빠짐없이 나라를 위하여 젊은 대한의 아들인 군인들과 전쟁에 참여한 우군을 위하여 간절히 기도하였다는 기록을 보게 된다. 우남은 일생에 많은 어려운 일들을 경험하였다. 그러나 그러한 어려움을 당할 때마다 하나님께 기도하였고 하나님께서는 우남의 기도에 응답하셨다.

4. 우남의 신앙적 업적

1) 우남의 신앙이 한국교회에 미친 영향들

우남의 신앙적 행보는 한국의 기독교 발전에 특별한 혜택이 되었고, 그 내용은 다음과 같은 것들이다. 첫째로, 우남은 대통령 취임식을 포함한 국가의 주요 의전을 기독교식으로 행하게 하는 관례를 수립하였다. 그는 또한 미국 군정기간에 이미 정해진 정책을 계승하여, 크리스마스를 국경일로 선정하였고 이날을 공휴일로 지정하였다. 우남은 해마다 성탄절 메시지를 발표하였으며 1953년 11월에는 성탄선물과 크리스마스 카드를 많이 만들어 보내자는 담화를 발표하기도 하였다.[20]

둘째로, 형무소에 형목제(刑牧制, 형무소 목사제)와 군목제(軍牧制) 등 특수 기독교 기관을 설치하여 기독교 전도를 활성화하였다. 형목제도는 원래 1945년 11월 서울 정동교회에서 열린 조선기독교남부대회에서 형무소에 목사를 파견하여 교화활동을 하기로 한 것이 발단이 되어 그해 12월에 미군정에서 설치한 것이었다. 우남은 이 정책을 계승하고 확장하여 법무부 내에 형정과를 설치하고 초대 과장에 장로교회의 김창근 목사를 임명하고 전국 18개 형무소의 교무과 과장에 장로교 목사 13명, 감리교 목사 5명을 임명하면서 그들을 정식 공무원으로 발령하였다. 1956년 당시 전국 형무소에 교회 목사 20여 명이 배치되어 있었고 1960년 이 제도가 폐지될 때까지 형목직은 개신교회의 목사들이 담당하였다.

군목제도는 미국인 선교사들의 강력한 권고에 따라 1952년 2월 7일 대통령 특별 명령으로 수립되었다. 처음에는 천주교 신부를 포함한 32명의 성직자들(장로교 14명, 감리교 10명, 성결교 4명)이 육군에 입대하여 무보수 촉탁의 신분으로 일하였으나, 1954년 1월 12일 군종감실이 설치된 다음 12월 13일 현역장교로 임관되었다. 정규장교로 임명된 성직자들로 군종단이 만들어진 것은 미국교회의 피선교지들 가운데서 한국이 처음으로 있는 일이었다. 군목의 임무는 교회 예배인도, 종교지도, 도덕교육, 사상지도, 신앙지도, 인격지도, 문화 교양지도 등을 통하여 장병들의 신앙과 인격 고양을 목표로 하는 것이었다. 1956년 현재 약 400명의 종군목사와 200여 명의 보조 군목들이 일선의 각 사단과 후방의 교육기관에서 병원에 배치되어 신앙활동을 하고 있다.[21]

셋째로, 우남은 개신교 신자들을 정부의 권력 구조에 대거 충원하였다. 기독교인의 정부 요직 충원은 미군정기부터 시작되었는데 우남은 이 관행을 계승하고 확장함으로써 자신의 기독교 국가 건설 비전을 실현하여 나갔다. 1948년 정부 탄생 후 초대 내각에는 국무총리를 제외한 21개 부서장 가운데 개신교회 신자가 9명이 포함되었고, 그 가운데 2명은 목사였다. 자유당 집권기에 정부의 요직을 점한 인물들의 종교적 배경을 살펴보면, 개신교 32.9%, 천주교 7.4%, 불교 16.2%, 유교 17.6%, 천도교 0.3%, 미상 18.3%이었다. 제1공화국 국회의원 200명 가운데 약 25%, 그리고 19개 부처의 장, 차관 242명 가운데 38%가 개신교 교인이었다. 이 가운데 각 부처의 장, 135명의 경우 개신교인의 비율은 무려 47.7%에 달하였다.[22] 우남 집권기 남한의 총인구 가운데 기독교인이 차지하는 비율이 10% 미만이었다는 사실을 감안할 때 국회의원 가운데 약 25%, 그리고 정부의 요직을 점유한 인사 가운데 약 47%가 기독교인이었다는 사실은 기독교인이 차지하는 비율이 비교적 높았다는 사실을 말해 주고 있는 것이다.

넷째로, 우남은 기독교 선교를 목적으로 하는 언론 매체의 발달을 지원하고 이를 활용함으로써 기독교 교세의 확산을 도왔다. 우남 정부는 1945년 11월에 창간된 한국 최초의 기독교 일간 신문인 「국민신문」과 그 후에 인가된 5종의 신문 이외에 1948년에 1종, 1949년에 2종, 1951년에 2종, 1955년에 3종의 기독교 신문의 창간을 인가하였다.[23] 그 외에 1948년부터 설립이 추진되어 오던 한국 최초의 민간방송인 기독교 방송(CBS)이 1954년에 미국의 각 교파 연합 매스컴 위원회(RAVEMCO)의 지원으로 개국하는 것을 인가하였으며, 1956년 12월에는 복음주의 연맹 선교회(TEAM)가 공산권 선교를 목적으로 추진한 극동방송국의 설립을 인가하였다. 이 가운데 CBS는 1959년 이후 대구, 부산, 광주, 이리 등지에 지국을 설립함으로써 1950년대 후반에 청취율이 가장 높은 방송국이 되었다. 이 밖에도 우남 정부는 기독교 선교에 관련된 방송을 묵인하였다.

다섯째로, 우남은 기독교 선교사들을 우대하고 그들에게 재정적인 특혜를 베풂으로써 기독교 선교를 간접적으로 지원하였다. 1952년 1월 중국과 한국에서 오랫동안 YMCA 활동을 펼쳤던 피치(George A. Fitch) 목사가 한국 최초의 무궁화 훈장을 받은 것을 비롯해서 애비슨(O.R. Avison), 윌슨(R.M. Wilson), 애덤스(E. Adams), 스미스(J.C. Smith), 뵐케(H. Voelkel) 부부, 루츠(D. Lutz) 등 수많은 개신교 선교사들이 중앙정부 및 지방정부로부터 훈, 포장과 표창, 감사장, 명예 시민증서 등을 받았다. 또한 옥스남 감독(Bishop Oxnam G. Bromley), 레인스 감독(Bishop Campbell Raines) 등 미국의 고위 성직자나 선교사들은 한국 정부에 의해 국빈으로 대우를 받았다.[24]

여섯째로, 우남은 6·25전쟁 시 외국(특히 미국)의 기독교 구호 단체들이 제공한 구호금과 구호물자를 친여(親與)적인 한국기독교연합회(KNCC)를 통해 개별 교회와 교역자들 그리고 신학교 등에 배분하는 것을 허용함으로써 간접적으로 기독교 전파에 기여하였다. 6·25전쟁 발발 후, 미국 정부와 기독교세계봉사회(Church World Service), 미국 북장로 선교회, 미국 남장로 선교회,

천주교 복지 위원회, 감리교 선교회, 캐나다 연합선교회 등 약 35개 외원단체에서 막대한 양의 의복, 식량, 텐트, 약품, 학용품 등 물자와 금품(달러)을 보내와 전재민의 응급구호, 고아원 운영, 해외 입양, 전쟁미망인 원조, 주택복구, 보건, 의료, 교육 등 구제사업을 지원하였다.25)

한국 기독교계는 이러한 구제품 및 달러를 KNCC를 통해 집중적으로 공급받아 전쟁 중에 파괴된 교회를 복구하고 고아원, 모자원 같은 사회사업기관을 설립, 운영하였다. 1957년 당시 개신교

6·25전쟁 시 한국을 지원한 우남의 친구 맥아더 장군

계통에서 운영하는 각종 사회복지시설은 539개소, 수용 인원은 63,787명에 달했다. 이와 같이 기독교계는 이미 확보된 교인뿐만 아니라 수많은 난민과 고아 그리고 과부 등 일반인들을 상대로 구호사업을 벌임으로써 기독교 선교의 영역을 넓힐 수 있었다.26)

우남은 이와 같이 음으로 양으로 기독교를 장려한 결과 그의 집권기에 남한의 개신교회는 급속도로 성장하고 있었다.

2) 우남의 신앙이 한국 역사에 끼친 영향

시대적인 흐름 가운데 변화의 가장 중심에 서서 새로움으로의 변화를 주도해 나간 분이 바로 우남이다. 긴 안목으로 볼 때에 조선에는 불교 혹은 유교의 수백 년간 지속되어 온 동양문명의 흐름과 전통이 있었다. 그러나 우남은 이처럼 조선의 깊고도 긴 동양문명의 물줄기를 기독교적 서구문명으로 바꾸어 놓았던 것이다. 이주영 박사는 건국 60주년을 기념하는 자신의 논문, "한국의 문명사적 전환과 기독교"에서 우남이 만난 기독교를 해양문명권과의 접촉이라는 시각에서 새롭게 해석하고 있다. 천 년 이상 중국의 대륙문명

으로부터 선진문화를 받아들이면서 살아오던 한민족은 어느 날 갑자기 바다로 밀려들어오는 해양문명권 세력에 부딪히게 된다. 그들은 새삼스럽게 '생활방식의 차이', 즉 문명의 문제를 실감하게 된 것이다. 문명적 위기에 대처하려는 과정에서 한국의 지식인들은 두 부류로 갈렸다. 그 하나는 서양의 선진문명을 빨리 받아들임으로써 부국강병의 목표를 달성하자는 개화파 또는 문명 개화파들이었다.

두 번째 유형의 지식인들은 위정척사파(衛正斥邪派)였다. 이들은 중국의 대륙문명권에 매달리는 것이 생존의 길이라고 생각하는 수구적인 태도를 보였지만, 그럼에도 불구하고 해양으로부터 밀려들어오는 외세와 부딪치는 과정에서 민족이라는 공동체를 발견하였고, 새로운 해외문명에 재빠르게 적응하는 엘리트를 증오하는 과정에서 민중이라는 공동체를 발견했다. 그들은 한국인들 속에서 민족주의와 민중주의의 싹을 보았던 것이다.

이러한 두 부류의 지식인들을 계승한 지적인 전통 가운데에서 기독교 세력은 단연코 개화파에 속하였다. 개화파 가운데서도 기독교도들은 일본의 국가주의보다는 미국의 자유주의에 뿌리를 둔 세력이었다. 그리고 그들을 대표한 인물은 윤치호와 이승만이었다.

한국 기독교가 그들의 정신적 토대를 개인주의, 또는 자유주의 사상에 두고 있는 이상, 그들의 최고 목표는 개인의 자유와 개인의 자기실현을 가로막는 제도와 관습을 타파하는 데 앞장서는 것이었다. 그 때문에 그것은 한국 사회의 자유화와 근대화에 최초의 동기를 부여하였다. 구한말 서양의 기독교 선교사들이 이 땅에 들어오는 순간부터 기독교회는 술, 담배, 노름, 게으름, 축첩과 같은 악습을 추방하고 신분제와 군주제의 만행을 시정하려는 반(反)봉건운동에 앞장섰다. 초기 기독교도들의 그러한 자유주의적 태도는 1910년 한일합방 직후에 미국에서 돌아와 YMCA에서 활동하게 된 이승만이 "나라가 없어진 것은 슬프지만, 상투, 양반, 임금이 없어진 것은 시원하다."고 말한 데서 잘 나타나고 있다.

공동체주의적이고 집단주의적인 중국적인 생활방식에 오랫동안 익숙해 온 남한 국민들에게 개인주의적이고 자유방임주의적인 미국적 생활방식은 아주 낯선 것이었다. 따라서 그것에 대한 적응은 정말 힘든 과정이었다. 그 과정이 얼마나 힘들었는가 하는 것은 지난 반세기 동안 대륙문명권의 전통적인 생활방식에 그대로 머물러 있던 북한이 내부적으로 안정과 질서를 유지해 왔던 것과는 달리, 남한이 격동과 혼란의 과정을 걸어온 사실에서 잘 나타나고 있다.27)

우남은 청년 시절에 과거를 준비하기 위하여 한학을 공부하던 유학자였다. 그러나 그는 배재학당에 들어가서 서양 선교사들을 만나고 서양문명과 접촉하게 되었다. 그리고 한성감옥 시절에 고

이화장에 보관된 우남 관련 자료들

통스러운 상황 속에서 그동안 신봉해 온 어머니의 종교인 불교와 아버지의 철학인 유교 대신에 기독교인으로 거듭나게 되었던 것이다. 그는 한성감옥에서 성경을 읽으며 서양의 문명과 사상을 담은 서적들을 통하여 점차 기독교만이 나라를 바르게 세울 수 있고, 구할 수 있다는 믿음을 갖게 되었다. 그의 이러한 견해는 미국 유학을 하는 동안 더욱 심화되었다. 결국 대통령이 된 후에 그의 이러한 사상의 영향력은 전 국가에 미치게 되었다. 그러므로 이주영 박사의 말처럼 우남의 개인적 사상 변화가 곧 대한민국 미래의 문명권의 방향을 돌려놓는 결과가 되었다는 결론을 내릴 수 있게 되는 것이다.

우남의 기독교는 곧 서구제국의 문명과 일치되는 개념이었다. 미국을 비롯한 서구의 앞선 제도, 국민의식, 가치체계 모두가 기독교를 바탕으로 한 것이고 그 기독교는 곧 신문명의 힘을 상징하였다. 그렇기 때문에 한국의 당시 여러 가지 상황에서 볼 때에 기독교를 수용하는 것은 낡은 가치관과 제도

를 변혁하여 문명강국으로 나아갈 수 있는 최선의 방책이라고 본 것이다. 바로 여기서 우남 신앙의 본질이 초기 한국 기독교 민족운동가들의 일반적 신앙맥락에서 엿볼 수 있는 목적론, 혹은 조건적 신앙의 틀임이 확연해진다.

즉 기독교란 국가를 갱신하고 민족의 당면한 과제를 극복하기 위한 이데올로기 내지는 그 구체적인 방법으로서의 가치에 국한되고 있는 점이다. 이데올로기로서의 기독교가 전통적인 봉건사회 제도에서의 변혁을 일으키는 사상적 바탕으로 인식됨과 동시에, 그것이 선교적 교류로 맞닿아지는 서구 제국과의 통로 혹은 교회학교와 같은 조직으로서의 결집 형태가 국권 회복의 방법으로 간주되기도 했던 것이다.

우남은 1965년 7월 19일 0시 35분 90세를 일기로 생을 마감하였다. 자신의 국가와 민족을 위해 독립운동으로 건국을 성취해 냈고, 전쟁으로부터 나라를 구원해 내며, 전 생애를 아낌없이 불살랐던 우남의 힘은 어디에서 나왔을까? 그것은 바로 하나님을 믿는 신앙의 힘이었다.

참고문헌

「신학월보」, 1903~1904.
서정주, 「雩南 李承晩 傳」, 화산문화기획, 1949 초판, 1995 중판.
유영익, 「이승만 대통령의 재평가」, 연세대학교 출판부, 2006.
유영익, 「이승만의 삶과 꿈 - 대통령이 되기까지」, 중앙일보사, 1996.
유영익, 「젊은 날의 이승만 - 한성감옥생활(1899-1904)과 옥중잡기 연구」, 연세대학교 출판부, 2002.
이승만, 이수웅 옮김, 「이승만 한시(漢詩)선」, 배재대학교 출판부, 2008.
이승만, 「일본, 그 가면의 실체-다시는 종의 멍에를 메지 말라」, 청미디어, 2007.
이승만, 「풀어쓴 독립정신」, 청미디어, 2008.
이승만, 「한국교회 핍박」, 청미디어, 2008.
이원순, 「인간 이승만」, 신태양사, 1995.
이정식, 「이승만의 구한말 개혁운동 - 급진주의에서 기독교 입국론으로」, 배재대학 출판부, 2005.
이주영, 「우남 이승만 그는 누구인가?」, 배재학당 총동창회, 2009.

1. 이승만(서정민 역), 「풀어 쓴 독립정신」(청미디어, 2008), 412~413. 유영익, "세기적 전도자 이승만", 월간 Jesus Army, 2011. 8, 18~19에서 재인용.
2. 유영익, 「이승만의 삶과 꿈」, 14.
3. Syngman Rhee, "Child Life in Korea", The Korea mission field (1912. 3), 94; 서정민, "구한말 이승만의 활동과 기독교(1875~1904)", 6~7.
4. 문수사 : 대통령 이승만의 어머니가 이 절의 나한에게 치성을 드려 그를 낳았으므로 이승만이 이 절을 찾아와서 현판을 쓴 일도 있다. 그러나 이 현판은 6·25 때 소실되었다고 한다.
5. Syngman Rhee, "Child Life in Korea", 96~97.
6. 당(唐)나라 때의 잘 지은 시를 뽑아 엮은 책의 이름.
7. 유동식, 「한국 감리교회의 역사Ⅰ」, 65. ARMEC, 1887, 313f.에서 인용한 것을 재인용.
8. 마태복음 20:26~28 "너희 중에는 그렇지 아니하니 너희 중에 누구든지 크고자 하는 자는 너희를 섬기는 자가 되고 너희 중에 누구든지 으뜸이 되고자 하는 자는 너희 종이 되어야 하리라 인자가 온 것은 섬김을 받으려 함이 아니라 도리어 섬기려 하고 자기 목숨을 많은 사람의 대속물로 주려 함이니라."
9. 배재학당의 설립자인 아펜젤러는 배재학당을 자신의 모교인 필라델피아 주 랜캐스타 소재 프랭클린 앤 마샬대학을 본뜬 교양 중심의 대학으로 육성시킬 계획이었다. 그래서 그는 1891년부터 1902년까지 본국 선교부에 제출한 연회 보고서에서 배재학당을 Paichai College라고 칭하였다. 배재학당의 이름은 1902년 이후에 배재고등학교로 바뀌었다. 배재 100년사 편찬위원회 편, 「배재 100년사(1885~1985)」(재단법인 배재학당, 1989), 63~64; 유방란, 「개화기 배재학당의 교육과정 운영 교육사 연구 8」(1998), 175~176, 182~183, 184 참조.
10. 유영익, 「젊은 날의 이승만, 한성감옥생활(1899~1904)과 옥중잡기 연구」, 169에서 재인용.
11. 이원순, 「인간 이승만」, 72.
12. O.R. Avison, Memories of Life in Korea, 275~276.
13. 이정식, "제5부 청년 이승만 자서전", 「이승만의 구한말 개혁운동」, 299.
14. 역대 대통령 애창곡 1위는, 「경향신문」, 2010. 12. 19, 정치면.
15. 이동욱, 「우리의 건국 대통령은 이렇게 죽어 갔다」, 81.
16. 프란체스카 도너리, 「이승만 대통령의 건강 – 프란체스카 여사의 살아온 이야기」, 109.
17. 신약성경, 갈라디아서 5:1.
18. Autobiography of Dr. Syngman Rhee, 11; 이정식 저, 권기붕 역, 「청년 이승만 자서전」, 275.
19. 연세대학교 도서관 소장 "Mr. Rhee's Story of Imprisonment", in Oliver R. Avison, Memories of Life in Korea, 275~276; 유영익, 「젊은 날의 이승만 – 한성감옥생활(1899~1904)과 옥중잡기 연구」(연세대학교 출판부, 2002), 60~61, 203~204; 에비슨 저, 황용수 역, 「구한 말 40년의 풍경」(대구대학교 출판부, 2006), 282~283.
20. 강인철, 「한국 기독교회와 국가 시민사회: 1945~1960」(한국기독교역사연구소, 1996), 186. 유영익, 「이승만 대통령의 재평가」에서 재인용.
21. 김양선, 「한국 기독교 해방10년사」(대한예수교장로회총회 종교교육부, 1956), 108~109. 김양선은 이 사업이 한국 기독교 반세기 사상에 있어서 가장 중대하고 위대한 획기적인 시간이라고 평가하였다. 유영익, 「이승만 대통령의 재평가」에서 재인용.
22. 강인철, 「한국 기독교회와 국가 시민사회: 1945~1960」, 199~200: Chung-shin Park, Protestant and Politics in Korea, 174 참조. 유영익, 「이승만 대통령의 재평가」에서 재인용.
23. 전택부, 「한국교회 발전사」(대한기독교출판사, 1987), 319. 유영익, 「이승만 대통령의 재평가」에서 재인용.
24. 김양선, 「한국 기독교 해방 10년」, 122~125. 유영익, 「이승만 대통령의 업적」, 569에서 재인용.
25. 김흥수, "한국 전쟁시기 기독교의원 단체의 활동", 「제222회 연구모임 주제발표」(한국기독교역사학회,

2004. 3. 6), 6~9. 유영익, 「이승만 대통령의 재평가」에서 재인용.
26. 김흥수, 「한국전쟁과 기독신앙 확산연구」(한국기독교신앙연구소, 1999), 90-96, 강인철, 「한국 기독교회와 국가 시민사회: 1945~1960」, 113~114, 117~118, 120, 125; 박정신, 「6·25 전쟁과 한국 기독교-기독교 공동체의 동향을 중심으로」; 유영익·이채진 편, 「한국과 6·25전쟁」(연세대학교 출판부, 2002), 235, 243. 유영익, 「이승만 대통령의 재평가」에서 재인용.
27. 이주영, "한국의 문명사적 전환과 기독교", 「건국 60주년 기념 논문집」.

전덕기
全德基

전덕기
全德基

전덕기 목사는 한국교회와 한국 역사에 큰 영향을 끼쳤다. 그는 선교사에 의해 기독교 신앙을 갖게 된 '1세대 개종자'였지만 선교사의 신앙을 그대로 추종하는 데 그치지 않고, 이 땅에 새로운 시대를 여는 역할을 감당했다. 전덕기 목사의 삶은 고난당하는 민족사와 함께 시작되었기에 민족 문제를 외면할 수 없었고, 그 해결을 위한 주체로 청년을 양성하게 되었고, 그 지속적인 활동을 위해 영성에 매달릴 수밖에 없었다. 전덕기 목사의 삶이 한국교회의 미래를 여는 새로운 삶의 틀을 이끌어 내리라 믿는다.

한국교회의 새 날을 연

전덕기

조이제 목사_ 여주소망교회 담임

우리의 지극히 스랑ᄒᆞ는 형님 전덕긔 씨는 죠션 력ᄉᆞ 즁 새 시ᄃᆡ를 짓는 ᄃᆡ 정신뎍 인물이오 하ᄂᆞ님의 복음을 젼ᄒᆞ는 ᄃᆡ 긔쳑자가 되엿도다.1)

전덕기(全德基) 목사는 한국 선교 초기 역사에서 뛰어난 역할을 한 인물이다. 그는 과거 속에 죽어 있는 것이 아니라, 다시 살아나 우리를 깨우고 있는 인물이다. 한국교회와 한국 사회의 새 날을 연 역사적 인물이기 때문이다. 그는 백여 년 전 고난당하는 이 땅의 현실을 바꾸기 위해 헌신하였다. 그는 목회활동과 교육사업, 민족운동을 통해 빛과 소금으로 역할하며, 한국교회의 새 시대를 개척한 인물이다. 그러하기에 그는 오늘의 우리에게 다가와 한국교회가 어떤 역할을 해야 하는지를 알려주고 있다.

1. 전덕기 목사의 생애

전덕기 목사의 생애는 1) 출생에서 세례를 받기까지의 처음 20년, 2) 세례를 받은 후 목사가 되기까지의 10년, 3) 목사가 되어 별세하기까지의 10년 등 세 개의 시기로 나눌 수 있다. 이러한 구분은 그의 삶과 역할이 크게 바뀐 것을 기준으로 하였다.

1) 출생에서 세례 받기까지(1875~1896)

전덕기 목사는 1875년 12월 8일(음) 서울 정동에서 아버지 전한규(全漢奎)와 어머니 임씨 사이에 장남으로 태어났다. 그는 한때 '전봉운'으로도 불리었다.2) 그가 태어난 때는 일본이 운양호 사건으로 한국 침략의 야욕을 노골화한 시기였기에 그의 삶은 수난당하는 민족의 상황과 그 운명을 같이할 수밖에 없었다. 그는 성품이 온후하여 부모나 이웃 사람들로부터 사랑을 받았지만 어려서부터 곤고와 가난을 겪었고, 9세(1884)에는 아버지와 어머니가 잇따라 별세하는 불행을 당했다. 고아가 된 그는 남대문에서 숯 장사를 하던 삼촌 전성여(全成汝) 집에 양자로 들어가 자랐다. 가난한 집안 사정으로 제대로 교육을 받지 못했지만 이웃에 있는 서당에 가서 어깨 너머로 글을 깨쳤다. 이러한 생활 경험은 그를 문제를 돌파해 나가는 선구자적 인물로 만드는 요소가 되었고, 또 그가 훗날 가난하고 천대받는 사람들을 위한 목회자로 살게 된 동기가 되었다.

전덕기 목사의 삶은 청년의 때, 17세가 된 1892년에 큰 변화를 겪게 된다. 그 이전의 생활은 생계를 위해 노력하는 평범한 삶이었다. 1892년의 어느 날 당시 사회에 퍼져 있던 반외세 분위기에 편승하여 그도 서양 사람을 배척하기 위해 선교사의 집에 돌을 던져 유리창을 깨뜨렸는데, 그때 밖으로 나온 선교사가 화를 내며 꾸짖지 않고 오히려 부드러운 말로 위로하며 "주를 믿으라"고 권하는 말을 듣게 되었다. 이에 그는 감동을 받고 기독교와 선교사에 대한 자신의 편견을 바꾸게 되었다. 이 일 직후에 그의 삶을 근본적으로 바꾸는 계기가 된 스크랜턴(W.B. Scranton) 선교사를 만났다. 의사이며 목사인 스크랜턴이 운영하는 병원에 '일꾼'으로 들어가 일을 하게 된 것이다. 스크랜턴은 1885년 5월에 내한한 미감리회 선교사로 서울 정동에 거주하면서 '시병원'(施病院)을 설립·운영하다가 1894년 병원을 민중이 있는 곳인 상동으로 옮겨 가난한 사람들을 대상으로 헌신적인 의료선교활동을 벌여 한국인들에게 좋은 인상을 주고 있었다. 먹고살기 위해 시작한 스크랜턴 및 그 가족과 함께하는 생활은 이전에 가졌던 선교사에 대한 부정적인 선입견과 편견을 깨뜨리고 그의 삶을 변화시켰다. 그는 일꾼에 불과한 자신을 동등한 가족으로 대우해 주는 스크랜턴에게 감동을 받았다. 그 후 그는 모든 면에서 스크랜턴을 본받고자 하였다. 노블 선교사가 이 과정을 다음과 같이 증언하고 있다.

> 그(스크랜턴)의 영성과 일상생활이 이처럼 대단한 것이어서, 그는 함께 일하던 사람들의 신망을 얻었다. 그에게서 훈련받은 한 목회자가 어느 날 눈물을 글썽이며 이렇게 말하는 것이었다. '나는 스크랜턴 박사님이 바라는 사람이 되었으면 좋겠습니다. 그리고 나도 그처럼 되고 싶습니다.' 스크랜턴 부부의 가정생활의 가장 훌륭한 결과 중 하나는, 그들의 집안일을 수년간 돌보던 요리사가 당시 서울에서 가장 유명한 설교자가 되고 내 생각엔 우리 교회의 가장 매력적인 인물이 되었다는 점이다. 오늘날 전덕기라는 인물보다 존경받는 이름은 없을 것이다.3)

위의 글에서 보는 것처럼 스크랜턴은 전덕기 목사에게 큰 영향을 끼쳤다. 그는 예수를 믿게 되었고 1895년에 조정식(曺貞植)과 결혼하였으며 1896년에는 스크랜턴에게 세례까지 받아 공식적인 기독교인이 되었다.

2) 세례 받은 후부터 목사가 되기까지(1896~1905)

일단 기독교의 복음을 받아들이자 천성이 신실한 그는 예배와 기도회에 한 번도 빠짐없이 참석하였고 진리에 대한 열정을 지녔기에 영성이 넘쳐났다. 이러한 그리스도를 향한 헌신으로 그는 곧 스크랜턴이 목회하던 상동교회의 중심인물이 되었다. 1898년 상동교회 속장이 되어 평신도 지도자로 성장하였으며, 1900년 상동교회가 새 예배당을 건축할 때에는 교회 재정을 처리하는 유사로 헌신하였다. 계속해서 1901년에는 권사가 되어 어머니(스크랜턴 대부인)의 병 치료를 위해 특별휴가를 얻어 서울을 떠난 스크랜턴을 대신하여 상동교회를 돌보았다. 1902년에는 제1차 대한남지방회에서 "공부도 잘할 뿐 아니라 전도하기에 더욱 열심이 있는고로" 전도사로 천거되어 그해 5월에 열린 제18회 미감리회 한국선교회에서 전도사로 임명되었다.

이후 그는 하나님께 헌신하고 사람들을 구원하는 본격적인 목회활동에 들어갔다. 그의 목회활동은 선교사들도 감탄할 정도로 열심이 있었고 성실하였다. 당시 한국남지방 감리사였던 존스(G.H. Jones)가 다음과 같이 보고할 정도였다.

> 스크랜턴 박사가 떠난 7월 이후 그의 조사인 전봉운과 김상배가 교인 심방과 예배 업무를 맡고 있습니다. 사실 그들에게 그런 직분을 맡긴다는 것은 위험한 일이었습니다만, 그들은 우리의 요구에 만족할 만큼 일을 해서 칭찬을 받고 있습니다. … 연초에 전봉운이 의견을 내서 매일 교회 앞 거리에 나가 전도를 하기로 하였는데, 그때부터 지금까지 성공적으로 이루어지고 있습니다.[4]

그는 매일 교회 앞 길거리에서 공개적으로 전도하였다. 지나가던 사람들이 멈춰 서서 그의 열정적인 전도를 들었다. 전도활동의 결과도 좋아 많은 사람들이 성경과 전도문서를 사갔을 뿐 아니라 교회에 나오기도 했다. 이렇게 하여 전덕기 목사는 남대문 일대의 소외된 민중들을 만나게 되었고, 자연스레 그의 목회는 그들을 찾아가는 현장 목회가 되었다. 당시 상동교회 교인의 대부분이 가난한 사람들이었기에 그는 교회 안에서의 영적인 활동에 만족하지 않고, 밖으로 나가 민중이 생활하는 곳에서 민중을 만나면서 복음을 전했고 도움을 주었다. 특히 가난하고 병으로 고생하는 민중이 그의 주된 목회 대상이 되었다.

그리고 당시의 교역자 양성 과정에 참석하여 목회자로서의 전문적인 신학훈련도 받았다. 1900년 11월 상동교회에서 개최된 '신학회'에 참석하는 것을 시작으로 정해진 교육 과정을 모두 마쳤다. 또 그에게 지워진 교회의 무거운 짐들도 훌륭하게 수행하는 아주 유능한 인물로 성장하였다. 이로 인해 당시 상동교회와 서울 지역을 책임지고 있던 스웨어러(W.C. Swearer) 감리사는 기쁜 마음으로 그의 목사 안수를 추천하였다. 마침내 1905년 6월 25일 제1회 미감리회 한국선교연회에서 해리스(M.C. Harris) 감독에게 집사목사로 안수받아 한국인으로서는 다섯 번째 목사가 되었다.

3) 목사가 된 후부터 별세하기까지(1905~1914)

전덕기 목사는 안수받은 후에도 계속하여 상동교회에서 목회하였다. 1907년에는 선교사직을 내놓은 스크랜턴의 뒤를 이어 상동교회 최초의 한국인 담임목사가 되어 하나님의 부름을 받을 때까지 상동교회와 일생을 같이 하였다.

전덕기 목사가 담임으로 부임하면서 상동교회는 새로운 활기를 띠게 되었다. 우선 교인수가 1904년 330명 수준에서 1907년에 700명, 1909년에는 1,138명, 1910년에는 1,739명, 1912년에는 2,910명으로 늘어나 한국의 감리교회 중에서 가장 교세가 큰 교회가 되었다. 그리고 서울 근교의 공덕리, 창의문밖, 연화봉, 북창동, 사촌리, 녹번리 등에 교회를 개척할 정도의 힘도 갖게 되었다. 이처럼 상동교회는 당시 가장 빠르게 성장하는 교회가 되었고, 동시에 전덕기 목사도 한국에서 가장 영향력 있는 목사가 되었다. 특히 그의 설교는 평범하면서도 사람을 변화시키는 힘이 있었고, 알아듣기 쉬우면서도 깊이가 있어 많은 사람들을 감동시켰다. 전덕기 목사를 감시하던 일제의 밀정들 중에서도 그의 설교를 듣고 자기 사정을 고백하고 용서를 비는 이가 있을 정도였다. 그의 설교활동은 상동교회에 국한되지 않고 다른 교회나 지방회의 사경회, 황성기독교청년회 등 각종 단체에까지 확장되었다. 사정이 이와 같았기에 전덕기 목사의 영향으로 목회의 길을 걷게 된 사람들도 많았는데 그 대표적인 인물로는 3·1운동을 주도한 최성모(崔聖模), 이필주(李弼柱), 김진호(金鎭浩) 등을 꼽을 수 있다.

그러나 전덕기 목사의 사상과 신학적 내용을 알 수 있는 설교는 남아 있지 않다. 그리하여 그의 민족의식을 고취하는 내용의 설교를 살필 수 없다는 아쉬움이 있다. 다만 1910년 1월 16일 약현교회당(연화봉교회, 현재의 청파교회)에서 "야소교지화급"(耶蘇敎之化及)이란 제목으로 설교한 주일저녁설교 요지가 일본헌병 기밀문서에 다음과 같이 남아 있어 그의 설교 내용을 짐작할 수 있다.

이번 미국이 일본에 대하여 만주 철도문제를 제의한 것은 요컨대 오늘 우리 나라 일반 동포의 곤란한 처지(窮鏡)를 천제(天帝)가 구제하겠다는 뜻에서 그렇게 하신 것이다. 우리 국민이 어려운 처지를 벗어날 시기가 반드시 올 것을 가히 상상하기 어렵지 않다. 이것은 국민들이 열성으로 천제에게 구원을 구했기 때문이다. 그러므로 즉, 기독교의 교화가 미친(耶蘇敎之化及) 지선지대(至善至大)한 것일 수 있다. 그러므로 전국 동포는 모두들 기독교를 믿고 천제의 가르침에 거역하지 않는다면 영혼의 불멸뿐 아니라 모든 죄악에서 벗어나 행운이 일신(一身)과 국가에 미칠 수 있다.5)

전덕기 목사는 이 설교에서 민족 문제를 신앙적인 입장에서 해석하고 기독교를 믿어야 그 해결이 주어짐을 역설하여 기독교 신앙과 국권 회복을 연결시키고 있다. 그의 설교는 언제나 철저하게 하나님을 믿으면서 철저하게 나라와 동포를 사랑하라는 것이었다. 이로 인해 그의 활동은 주일저녁예배 설교까지 일제의 감시를 받았다.

그러나 전덕기 목사는 설교로만 사람을 깨우친 목회자가 아니었다. 다른 사람들이 하기 싫어하는 일을 앞장서 실천하였고, 특히 그 자신이 가난하고 소외된 민중 출신이었기에 민중을 위한 일이라면 자신의 목숨까지도 다 바치고자 했다. 대표적인 것이 죽은 사람을 염습하고 상사하는 일이었는데, 그 중에는 전염병으로 죽었으나 돌보아 주는 사람이 없어 방안에 방치되어 썩어가는 경우도 있었다. 전덕기 목사는 항상 나막신, 쑥 가루, 관을 준비하고 있었기에 어떤 경우에도 염습과 장례를 정중히 해주었다. 그래서 가난한 집에서는 초상이 나면 으레 그를 찾았다고 한다. 예수님의 가르침대로 세상에서 버림받은 사람들을 도와주고 섬긴, 제자의 삶 그대로였다.

그러나 전덕기 목사는 1912년 이후에는 지병이 악화되어 활동을 제대로 할 수 없게 되었다. 그럼에도 그는 자기에게 맡겨진 일을 소홀히 하지 않았다. 곧 "비가 오나 눈이 오나 모든 풍상을 무릅쓰고 몸의 건강치 못함을 돌아보지 않고 주의 일을 위하여 온 몸을 바치니 그는 유한 체질을 무한히" 쓴 것이 탈이 난 것이다.

그의 몸은 날로 쇠약해졌다. 전덕기 목사는 1910년 3월 인천에서 사경회를 인도하고 돌아오던 중, 차 안에서 각혈하여 처음으로 결핵에 걸렸음을 알았다. 이후 건강에 관심을 갖게 되고 1911년 4월 평북 운산에 있는 금광회사의 부속병원에서 일하던 그의 스승 스크랜턴을 찾아가 치료를 받고 다소 회복되기도 했다. 그러자 1911년 8월 한국교계대표로 선발되어 경성기독교청년회가 주관한 '조선목사청년회 역원 일본시찰단'의 일원으로 일본 기독교계를 방문하였고, 다시 그해 10월에는 한국감리교회 대표로 선교사 스웨어러와 함께 일본 도쿄에서 열린 일본감리교회 총회에 참석하였다. 또 1911년에는 협성신학교에 입학하여 신학 훈련을 받아 같은 해 12월 20일 정동제일교회에서 거행된 협성신학교 제1회 졸업식에 참석하여 39명 졸업생 대표로 '기독교의 기초가 되는 도리'란 제목으로 연설하는 등 왕성한 활동을 보였다. 그러나 이러한 활동으로 다시 그의 건강은 악화되었다. 1912년 3월 상동교회에서 열린 미감리회 한국연회에서 폴웰(E.D. Follwell) 의사가 병으로 참석하지 못한 그의 병세를 보고하니 "병원으로 보내 힘을 좀 얻은 후에 해주나 영변에 가서 강건하기까지 조리케 하도록 하고" 그를 위해 특별헌금을 할 정도였다.

1913년에 들어서면서 전덕기 목사와 그의 주변 상황은 더욱 좋지 않게 변하였다. 1913년 4월 13일에는 그가 심혈을 기울이고 있던 공옥학교의 학생 기숙사에서 불이 나 목사 주택까지 타버리는 일이 일어났다. 그의 건강도 악화되어 그해 여름에 허리에 악성 종기가 나서 큰 고생을 하였다. 결국에는 수술을 해야 했고 수술 후에는 누워서 지내야 했다. 여기에다 그의 분신과도 같은 상동청년학원이 재정적인 문제를 감당하지 못하고 1913년 11월 19일 제7회 졸업생을 마지막으로 문을 닫게 되었다. 그러자 교사와 학생 모두가 '학원이 없어지는 것이 곧 나라가 없어지는 것'이라며 통곡했다고 한다. 상동파의 요람이자 한국 민족운동의 요람이었던 상동청년학원도 그의 생명이 사그라지는 것과 마찬가지로 이렇게 없어지고 만 것이다. 이러한 충격이 겹치면서 건강도 극도로 악화되어 그는 1914년 3월 23일 상동교회 사택에서 별세하고 말았다. 그가 남긴 최후의 말은 "주여, 주여, 주여, 이 죄인을 구원하여 주옵소서."라는 하나님께 드리는 기도와 "나는 천사와 더불어 돌아가노라."는 말이었다. 이로써 자신의 생명을 다하여 민족 수난의 시기를 밝히던 이 땅 위의 불빛은 그 역할을 다하였다.

상동교회는 전덕기 목사의 활동을 적극 지원했을 뿐 아니라 별세하기까지 그를 지극 정성으로 섬겼다. 다음의 일화는 전덕기 목사와 상동교회의 관계가 어떠했는지를 잘 나타내준다. 전덕기 목사는 생전에 여러 해를 중병에 시달려 교회 일을 제대로 수행하지 못하자 상동교회 목사직을 사임하고 다른 곳으로 거처를 옮기려고 했다. 그러자 상동교회 교인들은 한사코 이를 막으며 "우리 목사님은 우리가 모십니다. 타처로 옮기지 못합니다. 시체라도 우리가 모시겠는데 하물며 살아서 어디로 가신단 말입니까?" 하고 만류했다고 한다. 그리고 생활비와 치료비까지 담당하고 또 회복을 위한 기도회도 여러 차례 가졌다 한다.

그의 별세 소식이 전해지자 사방에서 많은 사람들이 그의 빈소로 몰려들었다. 특히 그에게 신세를 진 가난한 사람들, 병으로 고생하던 사람들, 장사꾼들, 기생, 백정, 난봉꾼들이 그의 죽음을 슬퍼했다. 3월 28일 상동교회에서 장례를 치른 후 그의 주검은 경기도 고양군 두모면 수철리 공동묘지에 묻혔는데 그 장례행렬이 십 리를 넘었다고 한다. 그러나 그는 죽어서도 제대로 안식하지 못했다. 1934년 일제는 전덕기의 유해가 있는 수철리 일대를 개발한다면서 묘지 이전을 요구했기 때문이다. 유족들은 그를 다시 묻을 곳을 찾지 못하자 그의 유해를 화장하여 한강에 뿌리고 말았다. 그 후 그의 이름은 잊혀졌다가 1962년이 되어서야 정부로부터 건국훈장 독립장을 받고, 동작동 국립묘지에 그의 위패를 모시면서 다시 알려지기 시작했다.

초기 상동교회

2. 전덕기 목사의 사상

전덕기 목사의 사상을 살펴볼 수 있는 자료는 거의 없다. 그는 행동하는 목회자였기에 글을 거의 남기지 않았기 때문이다.[6] 일제의 감시도 그가 기록을 남길 수 없었던 다른 이유일 것이다. 이러한 사정으로 그의 신학과 사상을 정리하는 일은 많은 한계를 지닌 작업일 수밖에 없다. 여기서는 영성, 청년, 민족이란 세 가지 개념으로 그의 사상을 정리하면서 한국교회의 미래를 향한 방향을 찾고자 한다.

1) 영성

전덕기 목사의 목회와 사회·민족운동을 가능하게 한 것은 그의 영성이다. 그는 무엇보다 기독교 신앙에 철저하였다. 김진호는 그가 영성을 갖게 되는 과정을 다음과 같이 기록하고 있다.

> 공(公)의 근독(勤篤)은 자못 천성(天性)이라. 비록 기한서우(祁寒署雨)가 유(有)할지라도 예배와 기도회(禮拜也 祈禱也)에 일차(一次)도 결석(缺席)함이 무(無)하고 더욱 진리(眞理)의 각오(覺悟)가 심(深)할수록 공(公)의 영성(靈性)이 점점(漸漸) 발휘(發揮)하더라.7)

전덕기 목사의 신앙은 성서와 기도생활에 철저한 것이 특징이다. 그는 「日日의 力」(1912년)이란 책을 번역했는데, 이 책은 일종의 기도 지침서로 일년 동안 매일 읽을 성서 구절과 묵상 내용을 안내하는 것이다. 이 책이 비록 번역서이긴 하지만 "신(神)을 신앙(信仰)하면 여하한 곤란(困難)을 봉(逢)하더라도 심(心)을 부동(不動)함이 노도 중(怒濤中)에 흘립(屹立)한 암(岩)과 여(如)하니라."8)와 같이 매일매일의 힘은 성신의 감동과 능력이라는 그의 신앙적 특성을 보여주기에 부족함이 없다.

전덕기 목사는 삶의 변화는 영혼의 변화에서 비롯되는 것으로 보고 영혼의 각성에 필요한 성신의 역할을 강조하였다. 이러한 사상은 그가 목사 안수를 받기 직전에 남긴 다음과 같은 글에서 확인된다.

> 지금 우리나라 삼천리 너른 땅에 이천만 싱령들의 코고는 쇼릐 텬지를 진동ᄒ여 삼쳔년 깁히 든 잠을 뉘라셔 씨여볼고 원슈는 쳐쳐에 니러나셔 잠든 사름을 보는디로 사지을 결박ᄒ여 노와스니 혹 그후에 잠을 씨일시라도 자유활동은 홀슈가 업도다 이런 ᄯᅢ를 당ᄒ야 누가 능히 요나ᄀᆞ치 즈긔 몸은 도라보지 아니ᄒ고 힘을 다ᄒ야 잠든 형뎨을 씨워주리요. 누구던지 성신의 감화ᄒ심을 밧은 쟈라야 홀지니 만일 셩신의 힘을 의지ᄒ지 안코 사름의 힘과 이 셰샹 리치로 잠을 씨와주랴 홀 것 갓흐면 그 육신에 든 잠은 씨울 슈 잇드리도 령혼에 든 잠이야 엇더케 씨울 슈 잇스리오.9)

전덕기 목사는 사람의 힘과 세상의 이치가 아닌 성신의 감화와 성신의 힘을 주장하였다. 곧 영의 내면적인 변화가 이루어질 때 개인과 국가의 외적인 변화가 이루어질 수 있다고 생각한 것이다.

2) 청년

전덕기 목사의 업적 중에서 특히 주목해야 할 부분은 청년을 지도하며 그들을 민족의 미래를 이끌 지도자로 양성시켰다는 것이다. 그는 청년이 깨어 있어야 나라의 미래가 밝다는 확신을 가진 인물이었다.

전덕기 목사는 그 자신부터 1897년에 조직된 한국교회 최초의 청년 조직인 엡윗청년회(Epworth League, 懿法會)에 참여하여 활동하였다. 엡윗청년회는 청년운동을 전개하기 위한 감리교회의 청년회로 각 교회마다 지회를 두었다. 상동교회의 엡윗청년회는 1897년 9월 5일에 조직되었는데 '말랄류(Mallalieu) 지파' 혹은 '만국청년회'란 이름으로 불리었다. 상동청년회는 처음에는 순조로운 출발을 보였으나 회원들의 정치참여 등의 여러 이유로 일단 활동이 중단되었다가 다시 조직되었다. 특히 전덕기 목사가 청년회장을 맡은 1903년부터 조직을 일신하여 서울뿐 아니라 인천, 평양 등의 다른 지역 교회 청년회와도 연결하였다. 전덕기 목사의 지도력과 노력에 힘입어 상동청년회에는 전국 각지의 청년들이 회원으로 참여하는 놀라운 성과를 이루었다. 이로 인해 민족운동사에 공을 남긴 수많은 사람들, 곧 구연영, 김진호, 김창환, 민영환, 박용만, 여준, 우덕순, 윤태훈, 이관직, 이동녕, 이상설, 이승만, 이시영, 이준, 이필주, 이회영, 이희간, 정순만, 정재면, 조성환, 주시경, 최재학 등이 관여하게 되었고 상동청년회도 크게 발전하여 그 전성기를 맞았다.[10]

청년회를 활성화한 후에는 나라의 일꾼을 길러내는 교육사업에 몰두하였다. 그는 상동교회 안에 있던 남녀 공옥학교와 상동청년회에서 설립한 상동청년학원을 통한 교육에 온갖 정성을 다하였다. 이 학교들은 교회와 사회를 연결시켜 주고 일반 사회를 향한 선교의 매개가 되었다. 공옥여학교는 1897년, 공옥학교는 1899년에 설립된 초등교육기관이다. 전덕기 목사는 1905년부터 공옥학교의 교장을 맡아 학생들에게 다양한 교과목을 통하여 민족독립사상을 고취하였다. 학교의 명성이 전국에 알려져 학생들이 몰려들자 책임을 맡은 전덕기 목사는 학교 확장을 위해 기금을 모금하여 1910년에 벽돌로 된 3층 교사를 건축하기도 했다.

상동청년학원은 '기독교 민족운동의 요람'으로 청년들을 나라를 위한 일꾼으로 키워내는 학교였다. 전덕기 목사는 "행함이 없는 믿음은 죽은 믿음이다. 학교를 설립하여 유익한 일로 믿음의 열매를 맺는 것이 옳다."면서 청년들을 설득하였다. 이에 상동청년회 출신으로 하와이로 이주하여 사탕수수밭의 노동자로 일하고 있던 강천명(姜天命)이 기금을 보내왔고, 청년 회원들과 교인 및 일반인들이 힘을 모았다. 이렇게 모아진 기금으로 상동교회 안에 있던 집을 수리하여 교육 공간을 마련하였다. 이로써 '상동청년학원'이란 이름의 학교가 설립되고 1904년 10월 15일 개교식을 가졌다. 상동청년학원의 초대 교장은 이승만(李承晚)이었는데, 그는 청년학원의 설립 목적을 "하나님 공경하는 참 도로써 근본을 삼아 청년으로 하여금 벼슬이나 월급을 위하여 일하는 사람이 되지 말고 세상에 참 유익한 일꾼이 되기를 작정하자는 데 있다."11)고 말한 바 있다.

이후 상동청년학원은 학문을 통한 빈곤 추방과 국세 회복을 위해 일하는 민속과 교회의 시도자들을 배출하였으며, 소위 '상동파'로 일컬어지는 민족운동 세력의 근거지가 되었다. 또한 월간으로 「수리학잡지」(1905)와 「가정잡지」(1906)도 발간하여 민중 계몽에 앞장섰다. 이를 통해 전덕기 목사는 민중의식을 깨웠고, 가정과 나라의 개혁을 촉구하였다.

상동청년회는 1905년에는 그 활동을 해외에까지 확대하였다. 1904년 멕시코 유카탄(Ucatan)에 이주한 1천여 명의 교포들이 처음 계약과는 달리 나쁜 환경 속에서 노예처럼 비참한 생활을 하고 있다는 소식을 접한 전덕기 목사는 상동청년회를 비롯한 각 교회 청년회를 소집하여 논의하고, 이를 신문에 보도하여 국민들에게 그 참상을 알렸다. 동시에 수수방관하고 있던 정부에 공개서한을 보내 그 대책을 촉구하였다. 계속해서 강연회를 개최하고 의연금을 모금하는 등 교포 구출운동을 벌였다. 그리고 비록 여러 제약으로 농장 현장까지 가지는 못했으나 자체 조사단을 멕시코 현지로 보내 진상을 파악하도록 조치하기도 했다. 이 일은 한국 인권사와 민간외교사에 중요한 의미를 지니는 활동이었다.

3) 민족

전덕기 목사는 민족운동에도 적극적으로 참여하여 민족의식을 일반인들에게 확산시켰고 수많은 민족운동가를 배출하여 상동교회를 민족운동의 요람지로 만들었다. 그는 독립협회에 가담하여 활동하면서 많은 민족운동가를 알게 되었을 뿐 아니라 민족운동의 방향을 배울 수 있었다. 이러한 경험은 나중에 상동청년회의 활동을 통해 구체화할 수 있었다. 전덕기가 주도한 민족운동으로는 먼저 상동청년회가 주관한 구국 기도회를 들 수 있다. 1905년 11월 17일 외교권을 비롯한 한국의 통치권 대부분이 일본에게 넘어가는 을사조약이 체결되었는데, 상동청년회는 조약체결 전인 11월 10일 국가의 위기를 맞은 것을 분개하여 통곡하는 기도회를 가졌다. 조약체결 직후에는 일주일 동안 매일 오후 3~4시에 을사조약 체결을 반대하는 초교파 구국 기도회를 주도하였다. 이 기도회는 교인들뿐 아니라 일반 사람들의 관심을 집중시킨 중요한 사건이었다.

그러나 전덕기 목사는 이 같은 소극적인 방법만으로는 그 뜻을 이룰 수 없음을 알고 다른 방법을 모색하였다. 그것은 '도끼상소운동'으로 널리 알려진 '을사조약 반대 상소운동'이다. 회원들은 죽음을 각오하여 도끼를 메고 대한문 앞으로 나갔다. 일본 헌병대에 의해 해산당하자 청년회원들은 종로로 나가 격문을 돌리며 시위를 주도하였다. 이와 같은 민족운동에는 상동청년회

회원들만이 아닌 지방의 청년들도 합세했다. 당시 진남포교회 엡윗청년회 총무로 집회에 참석했던 김구(金九)는 「백범일지」에 그 과정을 자세히 소개하면서 이러한 기독교인의 활동을 '신사상의 애국운동'으로 규정한 바 있다. 비록 뜻을 이루지는 못했지만 청년들의 기도회 주관과 조약 무효 시위는 사회에 큰 충격을 주었고, 상동청년회의 나라를 위하는 정신도 국민들에게 널리 알려졌다. 또 전덕기 목사는 정순만(鄭淳萬)과 함께 평안도 장사 수십 인을 모집하여 박제순을 비롯한 을사오적을 암살하려는 모의도 했다. 그러나 이 같은 일로 상동청년회는 일본 정부와 충돌을 피하려는 선교사들에 의해 1905년 11월 해산당하고 만다. 하지만 전덕기 목사를 중심한 청년들의 활동은 청년회가 해산되었다고 해서 중단될 수 없었다. 이들은 상동청년학원을 통해 활동을 계속하였다. 가령 1907년 2월 국채보상운동이 전국적으로 확산되면서 서울에 '국채보상기성회'가 조직되었을 때 상동청년학원은 7개 '수전소'(收錢所) 중의 하나로 역할하였다.

또 전덕기 목사는 헤이그밀사사건에서도 중요한 역할을 하였다. 헤이그밀사사건은 일제와 체결한 을사조약의 무효화를 세계에 알리고, 국권을 회복하기 위해 1907년 6월 네덜란드에서 개최된 헤이그만국평화회의에 이상설(李相卨)·이준(李儁)·이위종(李瑋鍾)을 특사로 파견한 사건이다. 이 사건은 전덕기 목사의 사랑방에서 꾸며졌으며 고종으로부터 친서를 받아 이준에게 전달하는 결정적인 역할을 전덕기 목사가 감당하였다.

그리고 1907년 4월에 창립된 '신민회'(新民會)도 전덕기 목사와 연결되는 '상동파'의 주도로 조직되었다. 신민회는 부패한 구시대의 사상과 관습을 타파하여 "유신한 국민이 통일연합하야 유신한 자유문명국을 성립함"을 목적으로 하였다. 이 단체는 안창호(安昌浩)의 귀국을 계기로 전국적인 민족운동 조직을 결성하여 미주와 만주 등지의 해외운동 세력과 연대하고자 한 비밀결사조직이다. 여기에 '상동파'의 중심 인물인 전덕기 목사는 처음 조직 단계에 발기인으로 참여하였고, 조직 후에는 중앙 조직의 살림을 책임지는 중앙

총회의 평의원 겸 재무를 맡았으며, 서울 지역의 회원 확보와 관리를 담당하는 경성총감으로 활약하였다. 그러나 전덕기 목사의 노력에도 불구하고 이때를 고비로 일제의 회유와 방해 공작이 심해져 일부의 활동가들이 민족운동 진영에서 이탈하고, 민족운동가들이 해외로 망명하면서 국내 민족운동 세력은 급속하게 약화되었다. 그리하여 전덕기 목사는 공개적으로 독립운동을 추진할 수 없었다. 다만 상동교회와 청년학원, 공옥학교를 중심한 종교와 교육활동이란 이름을 내세워 은밀하게 동지들과 연락을 취하는 수밖에 없었다.

이런 상황에서 신민회에 대한 탄압이 자행되었다. 한국을 합병한 일제는 식민 통치의 걸림돌인 국내의 민족인사들을 한꺼번에 제거하고자 1911년 말에 '데라우치암살음모사건'을 조작하였다. 일반적으로 이 사건을 '105인 사건'이라 하는데 1912년 9월 28일 제1심 공판에서 유죄선고를 받은 사람이 105인이기 때문이다. 본래 이 사건은 700명 가량이 연루된 규모가 큰 사건이었다. 재판 과정에서 기소자들은 일제가 악독한 고문을 자행했음과 사건이 조작되었음을 구체적으로 폭로하였다. 이를 선교사들이 국제 사회에 알려 세계의 여론이 들끓게 되자 일제는 1913년 7월 제2심(경성복심법원)에서 윤치호, 안태국, 양기탁, 이승훈, 임치정, 옥관빈 등 주모자 6인을 제외한 나머지 99인을 무죄로 석방하여 스스로 사건 조작의 허위성을 인정했다. 6인의 주모자도 1915년 2월 특사 형식으로 모두 풀려났다. 그러나 이 사건으로 국내에 남아 있던 민족운동 조직은 거의 다 와해되어 민족운동가의 해외 망명이 이어졌다. 체포되어 고문을 당하다가 병을 얻어 불기소 석방되었다는 설이 있기는 하지만 전덕기 목사는 105인 사건에 직접 관련되지는 않았던 듯하다. 그렇지만 지도부가 와해되어 투옥되거나 해외로 망명한 위급한 상황에서 투옥된 사람들을 돌보았고, 남아 있는 조직을 끝까지 추스르며 지속적인 운동을 전개하여 자칫하면 끊어질 뻔한 민족운동을 이어가는 적극적인 역할을 감당하였다.

지금까지 살펴본 것처럼 전덕기 목사의 삶은 한국교회와 한국 역사에 큰 영향을 끼쳤다. 그는 선교사에 의해 기독교 신앙을 갖게 된 '일세대 개종자' 였지만 선교사의 신앙을 그대로 추종하는 데 그치지 않고 이 땅에 새로운 시대를 여는 역할을 감당했다. 전덕기 목사의 삶은 고난당하는 민족사와 함께 시작되었기에 민족 문제를 외면할 수 없었고, 그 해결을 위한 주체로 청년을 양성하게 되었고, 그 지속적인 활동을 위해 영성에 매달릴 수밖에 없었다. 전덕기 목사의 삶이 한국교회의 미래를 여는 새로운 삶을 이끌기를 바라면서 현순 목사의 추도문 마지막 부분을 인용하며 글을 맺는다.

이제 그의 육신은 우리의 눈으로 볼 슈 업스나 그의 신이 우리 가온되 서서 모든 령혼을 명령ᄒ야 그리스도 압헤 나와서 싱명을 밧으라 ᄒᄂ니 그는 진실노 죠션 민족 압헤 신션ᄒ 싱활의 모본이 될지로다. 우리가 그의 아름다온 싱명과 곤난ᄒ 스업을 긔억홀 ᄶ에 하ᄂ님쯰 무슴 말노 감샤ᄒ리요. 하ᄂ님쯰셔 그를 무식ᄒ 가온듸셔 퇵ᄒ여내샤 지혜를 주셧도다. 우리가 세상에서는 그를 위ᄒ야 잠간 동안 슯허홀 것이나 텬당에서는 그를 영원토록 영광즁에서 볼지로다.12)

참고문헌

「나라사랑」 제97집, 1998.
노블 부인 편, 「승리의 생활」, 기독교창문사, 1927.
송길섭, "민족독립운동의 선구자 전덕기 목사", 「나라와 교회를 빛낸 이들」, 기독교대한감리회 상동교회, 1988.
송길섭, 「民族運動의 先驅者 全德基 牧師」, 기독교대한감리회 상동교회역사편찬위원회, 1979.
윤춘병, 「全德基 牧師와 民族運動」, 한국 감리교회사학회, 1996.
이덕주, "남대문 시장 바닥의 민중 목회자 전덕기", 「한국 그리스도인들의 개종 이야기」, 전망사, 1990.
조이제, "교회와 나라의 새 시대를 여는 삶, 전덕기 목사", 「믿음, 그리고 겨레사랑」, 한국기독교역사연구소, 2000.

---

1. 현순, "고 목ᄉ 젼덕긔 군 츄도문", 「조션미감리교회 년회일긔」, 1914, 58.
2. '전봉운'이란 이름은 「미드미모리알회당략사」(1900)와 미감리회 연회록 등 1905년 이전의 교회관계 문헌에서 발견할 수 있다.
3. W.A. Noble, "Pioneers of Korea", *Within The Gate* (기독교조선감리회, 1934), 29; 노블, "한국의 개척자들", 「은자의 나라 문에서」(한국기독교역사연구소, 2006), 46.
4. G. H. Jones, "Report – South Korea District", *Official Minutes Eighteenth Annual Meeting Korea Mission Methodist Episcopal Church*, 1902, 41.
5. "耶穌敎 韓人牧師 全德基(米國メソテメトエヒスコハルヒ派) 演說ノ件", 「耶蘇敎ニ關スル際報告」, 明治四十三年 六月.
6. 전덕기의 이름으로 발표된 글은 "맛당히 쌔울 일"(「신학월보」, 1904. 10), "술의 해됨"(「가뎡잡지」, 1906. 7), "놀고 먹는 사람"(「가뎡잡지」, 1906.8), "닉외간 화목흔 일"(「가뎡잡지」, 1906.8), "쇽긔를 해석홈"(「가뎡잡지」, 1906.10), "법률은 치안의 기관"(「황성신문」, 1907.3.22; 「만세보」, 1907.3.7) 등 6편이다.
7. 김진호, 「牧師 全德基略史」, 1922.
8. 「日日의 力」(박문서관, 1912), 208.
9. 전덕기, "맛당히 셰울 일", 「신학월보」, 1904.10.
10. 조이제, 「한국 감리교청년회 100년사」(감리교청년회 100주년 기념사업위원회, 1997), 70~74.
11. 이승만, "상동청년회의 학교를 설시함", 「신학월보」, 1904.11.
12. 현순, "고 목ᄉ 젼덕긔 군 츄도문", 60~61.

신석구

申錫九

신석구
申錫九

3·1만세운동은 조선부국강병의 길에 한 알의 밀알이 되기 위해 일어난 것이다. 신석구는 이런 마음으로 33인의 한 사람으로 참여했고, 2년 6개월의 옥고를 치렀다. 1945년 광복이 되었고, 그는 월남해서 편안한 목회를 할 수도 있었지만 이북에 있는 교회에서 계속 목회를 했다. 신석구는 공산정권이 반 민족정책임을 서슴지 않고 비판했다. 숱한 고문을 당하며 재판에 붙여졌고, 한국전쟁이 일어난 그해 10월 10일 76세에 사형장으로 끌려가 총살당해 순교했다.

한 알의 밀알, 거룩한 순교자
신석구

유은식 목사_ 미추홀예음교회 담임

1. 출생과 성장과정

신석구는 운양호 사건이 일어나던 1875년 5월 3일 충청북도 청주군 미원면 금관리 구개동에서 태어났다. 그런데 이 해에 태어난 이들이 더 있다. 3월 16일에 대한민국 초대대통령인 이승만, 7월 11일 대한민국 임시정부 주석인 백범 김구, 그리고 12월 8일 애국자이며 목회자인 상동교회 담임 전덕기 목사이다.[1] 이들은 운양호 사건으로 조선을 침략한 일본에 대해 항거하며 대한민국을 이뤄가는 중요인물들이다. 신석구는 당시 향리의 명문인 신재기의 둘째 아들로 태어났으며 이름은 석구, 호는 은재이다. 그는 고려 건국 일등공신인 신숭겸 장군의 30대손이다. 신숭겸은 무예가 뛰어나 궁예 휘하에서 큰 공을 세웠으나 말기엔 복지겸, 배현정 등과 혁명을 일으켜 궁예를 축출하고 왕건을 왕으로 옹립했다. 고려의 태조로부터 고려 건국에 공을 세워 개국 일등공신에 봉해져 평산을 본으로 신씨 성을 하사 받아 이때부터 평산 신씨 역사가 시작되었다.

조선조에 들어서 신석구의 10대조 신정미(1494~1537)는 중종 때 진사벼슬을, 9대조 신암(1537~1616)은 선조 때 부호군을, 8대조 신민일(1576~1650)은 선조 때 동부승지, 대사성을 지냈다. 5대조 신윤(1677~1762)은 경종 때 동지중추부사를, 4대조 신사운(1721~1801)은 문장과 글씨가 뛰어났고 정조 때 대사간, 승지, 형조참의, 호조참판, 형조판서, 대사헌, 판의금 부사 등을 지냈으나 조상의 벼슬은 여기서 끝이 났다. 3대조 신불(1781~1868)이나 조부 신광소(1812~1884)는 벼슬은 못했으나 청렴한 선비로 칭송을 받았다. 신광소에겐 두 아들이 있었고 첫째 재주는 감찰공파 친척집에 양자로 갔고 둘째 재기(1844~1889)가 바로 신석구의 부친이다. 아버지 신재기는 슬하에 자녀 2남 3녀를 두고 석구는 둘째 아들로 태어난 것이다.2)

신석구가 어려서 부모에게서 들은 것은 선비였던 조상들의 이야기였으며, 가난 속에서도 대대로 충과 효의 생활로 불의와 타협하지 않았던 조상들의 이야기를 들은 석구는 효를 신조로 살아갔다. 그의 자서전에 나온 내용을 보면(이하 신석구 자서전 내용은 「이덕주 교수의 인물탐구(1) 신석구」에서 인용함) 다음과 같다.

> 아버지께서는 진실로 고향에서 명망이 높으셨다. 내가 열다섯 살 때에 연세 마흔여섯으로 돌아가셨는데 일평생 고생으로 일관하셨기에 위대한 사업을 성취하신 것은 없으나 인류도덕에는 탁월하셔서 내가 본 바로는 이 시대에 나의 아버지 같으신 분이 없는 줄 안다. 나의 이 말은 하나님 앞에서 거짓말이 아니다.3)

이렇게 그는 자신의 아버지에 대해 평가하였다. 그는 가난한 가정의 형편을 위해 10세가 되던 해부터 나무를 베고 물고기를 낚아 부모님을 모시며 살았다. 부모가 원하는 것이라면 무조건적이라 할 정도로 그렇게 살아갔다.

그의 아버지는 자녀교육에 근엄했다. 아버지 신재기는 공자의 말씀을 지키며 사는 유학자로서 그의 한마디 한마디를 지켜 살아갈 만큼 그는 아버지의 말씀을 따랐다. 그는 재주가 비상하여 10세에 이미 「사서삼경」을 보았고 11세에는 향리 서당의 훈장이 되었다. 그러나 그의 나이 7세에 어머니를 여의더니 10세에 할아버지가, 12세엔 양부이신 큰아버지가 그리고 15세엔 아버지와 할머니가 한 달 사이로 돌아가셔서 불과 9년 사이에 5명의 가족이 그의 곁을 떠나갔다. 그는 열 살이 되던 해에 「소학」을 무릎 꿇고 읽었다고 했다. 여기서 무릎 꿇었다 함은 단순히 공부하기 위한 것이라기보다는 진리를 얻기 위해 찾아가는 구도행위였다. 그러나 정신적 지주인 아버지가 돌아가시자 방황하기 시작했다. 가난에 부모를 비롯한 가족들과의 사별! 여기에 밀려들어 온 것은 외로움이었을까? 19세가 되던 해 10월 그는 하류계급 유부녀와 동거하기 시작하였으니 첫 번째 타락이었다. 그는 바로 율곡의 「격몽요결」이란 책을 읽으며 이 동거가 잘못된 것임을 깨달았다.

율곡은 「격몽요결」에서 "학문에 뜻을 둔 사람이 많으나 학문을 이룬 사람이 적은 것은 학문을 하는 데 방해가 되는 낡은 구습을 버리지 못하기 때문"이라고 지적하면서 버려야 할 구습 여덟 가지를 들었다. 그중 석구의 마음을 사로잡은 것은 다음과 같다.

> 첫째, 뜻을 게으른 데 두고 그 몸가짐을 함부로 하며 다만 편하게 노는 데만 생각을 두고 구속받기를 싫어하는 것. (중간 생략) 여덟째, 즐기는 일에 절도가 없어 절제하지 못하며, 이익과 노래와 여색에 젖어 그 맛을 꿀맛처럼 여기는 것.

그는 이 가르침에 영향을 받아 유부녀와의 동거생활을 청산하고 아버지의 엄격했던 가르침을 되새기며 정상적인 생활에 복귀하였다. 그는 서당훈장으로 아이들을 가르쳤다. 23세에 여섯 살 아래의 처녀와 결혼했다. 순종을 미덕으로 알고 사는 조선 여인과의 결혼은 또다시 정신적 방황을 가져오는데 이것이 두 번째 타락이다.

23살에 장가를 들어 아내를 얻은 후에 마음에 이상한 충동을 받아 세상을 비관하고 신세를 한탄하는 중에 다시 타락의 길을 밟게 되었다. 하나님이여,

나의 젊어서 지은 죄를 기억하지 마옵소서!

결국 3년 전의 타락이 다시 재연되었다. 결혼 2년 후 석구는 군수 집 아이들을 가르치는 훈장자리인 좋은 일자리를 얻었다. 주변에선 부러워하며 한 밑천 잡고 오라고 한다. 군수 집에서의 훈장생활은 마지막 남은 양심을 지키기 위한 처절한 투쟁이었다. 유혹도 있었다. 그러나 석구는 3년만 이런 곳에 더 있으면 자신을 잃어버리겠다 싶어 10개월 만에 그만두고 집으로 돌아오지만 집안 형편은 더욱 어려워져 있었다. 더욱이 하나 남은 형마저 세상을 떠나 장례를 치른 그는 이 세상에서 무슨 짓을 하더라도 잘살면 된다는 마음으로 세 번째 타락을 하였다.

2. 목회자가 된 신앙인 신석구

1) 신석구에게 다가온 복음

방황을 일삼던 신석구는 친구 김진우의 전당포 일을 도왔지만 전당포가 5년 만에 파산되어 사기횡령 혐의로 수감되었고 병을 핑계로 석방되자 거짓 사망신고를 하고 고향을 떠나기로 결심했다. 가족들을 외가로 보내면서 그들을 지키지 못함에 대해 자괴감을 가지며 어딜 가든 죄짓지 말고 살자고 결심했다. 집 떠난 지 10일째 되던 날 싸구려 주막집에 들렀을 때 단칸방에서 용모가 아담한 주모와 함께 지내게 되었다. 잠 이루지 못한 그 밤에 주모와 술 마시며 밤을 보냈지만 범하지 아니하고 다음 날 아침에 떠날 수 있었다. 유혹을 이긴 밤이었다. 아직 기독교로 개종하기 전이었지만 그는 성령의 이끄심이라고 고백했다. 신석구로 하여금 거짓 사망신고를 하고 고향을 떠나게 했던 김진우를 서울에서 만났다. 약장사가 된 그는 신석구에게 고량포로 동행할 것을 요구하며 기독교 복음을 받아들이라고 했다. 신석구는 독실한 유교인으로서 외래종교를 쉽게 받아들이지 못했지만 재차 묻는 친구의 말

곧 "자녠 정말 죄가 없는가?"라는 질문에 한참을 생각하다가 당시 33세의 지난날을 회상해 보니 수많은 죄를 지었음을 기억하고 자신이 죄인임을 고백했다. 이것이 1907년의 일이었다.

  1907년은 조선과 한국교회에 크게 두 가지 의미가 있다. 그중 한 가지가 고종의 양위이다. 청나라, 일본 그리고 러시아 세 나라가 조선에 대한 지배권을 갖기 위해 1894년 청일전쟁을, 1904년 러일전쟁을 조선에서 치렀다. 이에 일본이 승리하고 1905년 조선과 을사조약으로 외교권을 박탈하고 경찰권, 통신권, 재정권마저 박탈하였다. 군대도 해산시켰다. 이 일로 1910년 조일병탄으로 국권마저 빼앗기는 길목에 고종은 헤이그밀사사건으로 강제 퇴위를 당하고 순종이 즉위하는 그야말로 일촉즉발의 위기를 맞은 국내외 정세가 1907년의 일이었다. 또 한 가지는 평양대부흥운동이다. 이는 1903년 하디의 고백에서 시작된 원산대부흥운동에서 길선주의 고백으로 이어진 평양대부흥운동으로, 전국적으로 부흥운동이 펼쳐진 1907년에 신석구는 개종을 한 것이다. 그는 임금부터 백성에 이르기까지 모든 국민이 자기 분수를 모르고 국민이 된 의무를 다하지 못함으로 나라가 위기에 처한다고 생각하였다. 그래서 잃어버린 국민을 찾아서 의무를 다하는 국민을 만드는 것이 유일한 구국책이라고 결론을 내렸다. 이렇게 조선의 위기 상황에서 민족 대부흥운동이 전개된 것은 단순한 우연이 아니라 조선의 위기를 극복해 나가는 또 한 편의 준비였다.

  산상수훈을 읽던 신석구는 "내가 율법이나 선지자를 폐하러 온 줄로 알지 말라. 폐하러 온 것이 아니라 온전케 하려 함이라."는 말씀에 '과연 유교와 기독교 사이에 어느 것이 더 완전한가?'라고 심중에 종교간 전쟁이 일어났다. 유교의 '수신제가 치국평천하'라는 것은 좋으나 그것을 이루지 못함은 인간이 변화하지 못함에 있다고 보았다. 사람을 변화시킬 수 있는 것은 기독교밖에 없는데 이 복음으로 사람다운 사람이 되는 것은 한 개인으로 끝나는 것이 아니라 그 영향이 사회와 국가로 확산될 것으로 기대하고 그는 기독교를 받아들인 것이다. 그는 이렇게 개종을 결심하면서 전도에 헌신할 것도 결심하는데 이는 '잃은 사람 찾기'가 곧 '국권 회복'이라고 믿었기 때문이다.

2) 신석구의 개종
신석구가 예수 믿기로 작정하고 교회에 나간 것은 1907년 7월 14일이었다. 그러나 마음속에 갈등이 생겼다. 그것은 먼저 믿는 자들의 행위 문제였다. 마음속에 갈등이 생기자 스스로 물었다.

너는 왜 예수를 믿으려 했느냐?
/ 자유를 얻으려고…
/ 참 자유를 얻으려 했다면 네 스스로 잘 믿어 먼저 믿는 자라도 잘못하는 것이 있다면 권면해서 바로 가게 해야지 남의 잘못을 보고 낙심하게 된다면 그것은 참 자유가 아니다.

이 생각에 미치자 그는 다시 전진해 갈 것을 다짐하고 각오를 새롭게 했다. 그래서 그는 그 주일 밤에 주님 앞에 죄를 고백하였다. 교회 나간 지 달포가 지날 때 개성 순회전도사 정춘수가 고량포로 와서 그날 저녁 집회를 인도했다. 정춘수는 민족대표 33인 중의 한 사람이자 기독교대한감리회 4대 감독이 된 동향인 친구였다. 그는 신석구에게 개성으로 갈 것을 제안했고 신석구는 그를 따라 개성으로 갔다. 개성은 미남감리회에 있어 서울과 함께 주요 선교 거점시역이었다.

3) 개성북부교회 권사
개성에 간 신석구는 정춘수의 소개로 리드 선교사의 어학선생으로 있었다. 그리고 개성남부교회에서 1908년 3월 29일 왓슨 선교사에게 세례를 받았다. 그리고 그해 4월 협성성경학원에 입학해 신학훈련을 받았다. 그러나 잦은 이동으로 신학교를 1922년에야 졸업했다. 남부교회 전도사였던 홍종숙은 북부교회 크램을 소개해 주었고 그를 만난 후 북부교회에서 전도를 시작했다. 1909년 5월 19일 구역회에서 권사 직첩을 받았다. 권사는 평신도 직급이나 설교권이 주어진 준목회자였다.

4) 개성북부교회 목회

처음에는 새신자를 담당하였으나 오래지 않아 교회 전체의 일을 맡아보았다. 1910년 오화영 전도사가 부임했는데 이 관계가 1919년 3·1운동에 참여할 수 있는 기회를 만들었다.

신석구에게 있어서 전도는 단순히 교인 만들기가 아니라 잃어버린 국민을 되찾는 작업이었고 구국의 일이었다. 신앙 자체가 목적이 아니기에 사회 참여를 거부해서는 안 되며 이는 신앙의 연장에서 이뤄져야 한다는 것을 강조했다. 그는 기도를 통해 내면적이고 심리적인 죄를 고백하면서 중생, 즉 거듭남의 체험을 하였다.

5) 흥천읍교회 목회

일본이 조선과 을사조약을 체결하고 종교와 정치를 분리하던 때에 선교사들은 일본에 대해 비호(庇護)적인 입장을 취했다. 선교사들은 "한국 정치는 부패하고 관리들은 탐학하여 백성들이 곤란하였는데, 이제 일본이 정치를 잘하여 이후로는 백성들이 평안할 것"이라고 교회에서 공공연히 일본 통치를 찬양하는 광고를 하였다. 이에 대해 신석구는 공개적으로 반박하였다. 당시 감리사는 선교사들뿐이어서 신석구를 교회에 파송하지 않았다. 그러다 겨우 파송한 곳이 흥천읍교회였다. 신석구의 첫 목회는 대형교회로서 400여 명이 모인 곳이었으나 흥천읍교회는 10여 명이 모이는 곳이었다. 그의 회고록을 보자.

달빛을 띠고 들어가는데 남자 2명, 부인 2명, 여학생 4명이 오리정까지 마중 나와 주었다. 들어가던 길로 예배당을 물은즉 여기가 예배당이라고 한다. …

네 칸짜리 집이 곧 예배당이고 사택이었다. 교인이라야 어른이 4명에 학생이 4명이었다. 문을 닫아야 하는 위기에 처한 교회였다. 처음에는 교인이 많았다. 그러나 이 교회는 신앙을 중심으로 한 교회가 아니라 구국운동의 한 방편으로 정치 사회적 토론을 위해 사용되던 교회였다. 기독교인인 군수의 취임을 계기로 지역유지들이 당을 만들듯 교회를 세우고 군수의 인사이동이 있자 교인들은 우수수 떨어져 나갔다. 이런 상황에 신석구가 담임자로 온 것이다. 아홉 달을 지나도 새신자 하나 못 얻는 상황에 낙심하여 아무 일도 하지 못하고 있을 때 하늘의 음성이 들렸다.

내가 언제부터 이 백성을 권고하였는지 아느냐? …
너는 내 종이니 내가 너를 여기 둘 때까지 너의 직분이나 할 따름이지 잘되고 아니 되는 것은 너의 책임이 아니다.

이렇게 '기대하며 목회하기'가 아니라 '기대하지 않고 목회만 하기'를 배웠다. 전도자로서 지녀야 할 마음자세와 생활태도를 배운 것이다. 그는 4년에 걸친 목회를 통해 전도자로서 자기 자신을 얻었다.
그는 이미 한국교계에서 글 잘 쓰는 목회자로 인식되었다. 이로 인해 순수 한국인들로 설립한 동양서원의 신약주석 편찬 작업에 참여해 중국 상해에서 발간된 한문주석을 우리말로 옮기는 작업 중 빌립보서를 우리말로 옮겨 빌립보 주석을 발간하였다. 1912년 5월의 일이었다. 이후 신석구는 가평교회와 춘천지역 순회부흥사를 지냈는데 총독부는 기독교 탄압을 위해 포교규칙을 제정하기도 했다. 그리고 목회자들을 정탐하기도 했다. 신석구도 그 감시 대상이었다.

1917년 9월 24일 남감리회 매년회에서 '집사목사' 안수를 받았다. 1918년 10월 30일 미남감리회 조선선교연회는 독립연회가 조직되었고 조선인 목사들을 독자적으로 파송하게 되었다. 이런 역사적 의미가 있는 제1회 미남감리회 조선연회에서 신석구 목사를 수표교교회로 파송하였다.

　이후 세월을 뛰어넘어 3·1만세운동에 참여함으로 옥고를 치렀고 출옥 이후 1922년 협성신학교를 졸업하였고 24년에 '장로목사' 안수를 받았다. 원산 상리교회에서 목회를 했고 가평구역, 철원교회, 황해도 한포구역, 이천교회, 천안교회에 파송을 받았다. 신사참배 문제로 다시 옥고를 치른 후 진남포 신유리교회, 유사리교회, 문애리교회를 거치는 중 1945년 8월 15일 광복을 맞았다. 그러나 그는 남하하지 않고 계속해서 이북의 유사리교회에 머물렀다. 북한에 있던 그는 한국전쟁 이후 공산당에 의해 순교 당했다.

3. 독립운동가로서의 신석구

　신석구의 삶의 배경은 일제의 탄압에 의해 조선의 국운이 어려운 때였다. 그가 태어나던 1875년은 운양호 사건이 있었고, 그 이듬해 1876년은 불평등 강화도조약이 체결되었고 부산, 원산, 제물포항이 개항되었다. 고종은 국운이 점점 기우는 상황에 자괴감을 느낄 수밖에 없었지만 일본에 수신사를 보내면서 국제정세를 보게 되어 1882년 조미수호조약을 체결하였다. 신석구가 9세가 되던 해 1884년 7월 2일 조선의 부국강병을 위해 고종은 교육과 의료 선교를 윤허하였다. 그래서 그동안 보지 못했던 우정국, 육영공원, 학교, 병원, 전기, 전화, 농업연구소 개설 등으로 잠시 새로운 세상이 오는 듯했다.

　그러나 1894년 1월부터 동학농민운동과 갑오개혁이 일어나고, 이에 조선 정부가 청을 불러들인 일로 인해 같은 해에 청일전쟁이 일어났다. 이어 1895년 일본의 명성황후 시해사건인 을미사변과 을미개혁(단발령과 태양력 사용) 등이 일어나자 고종은 1896년 2월 11일 러시아 공사관으로 피신(아관파천)했다. 이를 등에 업고 남하하려는 러시아의 움직임도 있었다. 러시아 공사관에 있는 고종을 환궁시키려 서재필 등이 1896년 7월부터 독립협회 조직, 「독립신문」 발간, 독립문 건립을 하였고 만민공동회를 개최하여 조선의 독립을 백성들과 함께 이루려 했다. 이런 혼란한 정세에도 불구하고 1897년 대한제국을 건립하고 고종을 황제로 옹립했다. 이는 조선이 무엇인가를 이뤘다는 긍지를 가질 수 있었지만 이듬해 청과 일본 그리고 러시아가 불꽃 튀기며 조선을 장악하려는 상황에서 대한제국은 강대국들의 경계의 대상이 되기도 했다. 또한 보수파들이 독립협회와 서재필이 황제를 폐위하고 의회 개설을 통해 공화정을 수립한다고 모함하여 결국 독립협회와 만민공동회를 해산시켰다.

일본과 러시아의 대립은 극에 달해 1904년 러일전쟁이 일어나고, 1905년 7월 미국과 일본은 가쓰라-태프트 밀약을 체결하여 일본이 조선을 지배하는 것을 승인했고, 일본은 그해 11월 17일 조일협상조약을 체결하였다. 이에 고종은 헐버트를 통해 "을사조약은 병기로 위협하여 늑정(勒定)했기에 전혀 무효하다."는 내용의 급전을 미국 정부에 전달했으나, 미국은 반응이 없었다. 조미수호통상조약의 위반이었다. 고종은 서울의 각국 공사들을 상대로 조약의 부당성을 호소했으나 역시 아무런 성과가 없었다. 이후 1907년 6월 헤이그에서 열리는 제2차 만국평화회의에 마지막 기대를 걸고 고종은 전(前) 의정부 참판 이상설(李相卨), 전 평리원검사 이준(李儁), 전 러시아 공사관 참서관 이위종(李瑋鍾) 등 세 명을 파견하였다. 러일전쟁 이후 일제의 침략상과 을사조약의 부당성을 폭로함으로써 열강의 동정과 후원을 얻어 국권을 회복하고자 한 것이나, 그러나 이 일은 실패했고 고종은 폐위되고 순종에게 강제 양위를 하였다. 그리고 3년 뒤인 1910년 조선을 지배하기 위해 한일합방, 아니 강제병탄을 했다. 이런 정치적 혼란 속에서 일어난 기독교인들의 뜨거운 민족대부흥운동은 조선인들을 변화시켜 갔다. 여기에 영향을 받은 이 중의 하나가 신석구였다.

일본은 청과 러시아 그리고 미국을 조선에서 몰아내고 조선에 대한 지배권을 가졌지만 그래도 고종은 부담스러운 존재였다. 조선이 독립을 향해 나아가는 길에 고종은 상징성이 있었다. 해외 독립운동가들은 고종을 망명시키려고 했다. 이런 와중에 1919년 1월 21일 고종은 갑자기 서거했다. 청일전쟁 이후 국모인 명성황후를 시해한 일본이 고종마저 독살한 것이다.[4] 을미사변을 겪은 조선인들은 고종의 죽음을 계기로 또 한 번 분노했다. 이런 정치적 혼란 속에서도 민족대부흥회에서 영향을 받은 이들이 중심이 되어 만세운동을 일으켰다. 신석구를 비롯해 감리교회 목사, 장로 9명, 장로교 목사, 장로 7명 등이 천도교 15명, 불교 2명과 하나가 되어 만세운동을 일으켰던 것이다.

아펜젤러와 함께 입국한 언더우드의 기도를 보면 다음과 같다.

… 보이는 것은 고집스럽게 얼룩진 어둠뿐입니다. 어둠과 가난과 인습에 묶여 있는 조선사람뿐입니다. 그들은 왜 묶여 있는지도, 고통이라는 것도 모르고 있습니다. 고통을 고통인 줄 모르는 자에게 고통을 벗겨 주겠다고 하면 의심부터 하고 화부터 냅니다. 조선 남자들의 속셈이 보이질 않습니다. 이 나라 조정의 내심도 보이질 않습니다. …

수많은 전쟁과 난리를 겪은 조선인들의 모습을 잘 묘사하고 있다. 그런데 이런 강퍅한 조선인들이 어떻게 이웃을 위하고 민족을 위해 3·1만세운동에 참여했을까? 그것은 민족대부흥운동에 참여한 신앙적 경험이 자신을 받아들이고 이웃을 받아들인 결과였다고 설명할 수밖에 없다. 이 민족대부흥운동은 교회연합운동을 이끌었고 사회갱신운동을 일으켰다.

이런 시대적 상황에서 신석구는 기독교를 개인 구원에 대한 신앙으로 받아들인 것이 아니라 잃어버린 국민을 되찾고자 신앙을 받아들여 목회자로 전도자로 변신했다. 그는 개종에 대해 이렇게 고백한다.

참으로 나라를 구하려면 먼저 예수를 믿어야겠다. 그래서 잃어버린 국민을 찾아야겠다. 나 하나 회개하면 잃어버린 국민 하나를 찾는 것이다. 내가 믿고 전도하여 한 사람이 회개하면 도(道) 하나를 찾는 것이다. 그리하여 잃어버린 국민을 다 찾으면 나라는 자연 구원되는 것이다.5)

이런 결론을 내린 신석구는 개성, 홍천, 가평, 춘천 등지에서 목회할 때에 민족계몽과 민족정신 함양에 앞장을 섰다. 그는 1917년 목사 안수를 받고 수표교교회 담임을 하며 1919년 고종 승하 소식을 듣고 3·1만세운동에 참여하게 된 것이다. 신석구는 오화영 목사6)에게 민족대표에 참여할 것을 권유받았을 때에 심한 갈등을 느꼈다고 했다. 그래서 그는 기도를 했고, 잃어버린 국민을 되찾기 위해 기독교를 선택했던 그가 '목사가 정치 운동에 참여하는 것이 옳은가? 교리가 다른 천도교와 불교와 함께 연합함이 옳은가?'를 고민하였다.

내 생각에 두 가지 어려운 것은 첫째, 교역자로서 정치 운동에 참가하는 것이 하나님에 합한 것인가? 둘째, 천도교는 교리상으로 보아 서로 용납하기 어려운데 그들과 합작하는 것이 하나님의 뜻에 합한 것인가? 하여 즉시 대답치 않고 좀 생각해 보겠다고 하였다.

이는 신석구만의 갈등은 아니다. 특히 신석구가 그동안 목사로서 또 목회자로서 정치에 참여하는 데 주저한 것은 학업 중인 협성신학교의 교수나 자신이 속한 남감리회 회원들의 정서로 정치참여는 비신앙적이었기 때문이다. 또한 기독교에서 우상으로 미신으로 규정한 천도교나 불교와의 연대도 풀어야 할 신학적인 문제였다. 그러나 그저 주저하고만 있을 수는 없었다. 애초 기독교로 개종한 동기가 잃어버린 국민을 되찾겠다는 것이었다. 민족과 신앙 둘 중에 하나를 선택할 문제가 아니라 두 가지 모두 함께 가져가야 할 절대적 가치였다. 그래서 그는 기도했다.

그 후 새벽마다 하나님 앞에 이 일을 위해 기도하는데 2월 27일 새벽에 이런 음성을 들었다. '4천 년 내려오던 강토를 네 대에 와서 잃어버린 것이 큰 죄인데 찾을 기회에 찾아보려고 힘쓰지 않으면 더욱 죄가 아니냐.' 이 즉시 곧 뜻을 결정하였다.

이 즉시 오화영 목사에게 자신의 뜻을 밝혔고 그날 오후부터 정동교회 이필주 목사의 사택에서 열린 기독교 대표자 회의에 참석했다. 이승훈, 이갑성, 함태영, 박희도, 최성모, 김창준, 오화영, 박동완, 신석구 등이 모인 그날 모임에 함태영이 가져온 독립선언서 초안과 일본 정부와 조선 총독부에 보낼 독립청원서 초안을 볼 수 있었다. 초안문서에 서명한 후 정식문건이 나오면 날인하기로 하고 인장을 함태영에게 맡겼다. 이튿날 28일 저녁에 손병희 집에서 처음이자 마지막으로 기독교, 천도교, 불교 대표자들이 모인 회합에 참가하여 3월 1일의 거사 장소를 탑골공원에서 태화관으로 옮길 것을 결정하였다. 비로소 독립선언서에 서명할 33인이 확정되었다.

기독교 대표
미감리회 / 이필주 최성모 신흥식 김창준 박동완 박희도(6명)
남감리회 / 정춘수 오화영 신석구(3명)
북장로회 / 이승훈 길선주 양백전 유여대 이명룡 김병조 이갑성(7명)
천 도 교 / 손병희 최린 권동진 오세창 이종훈 이종일 양한묵 김완규 홍병기
　　　　　홍기조 권병덕 나용환 나인협 임예환 박준승(15명)
불　　교 / 한용운 백용성(2명)

이로써 신석구는 33인 중 맨 마지막 주자로 참여하게 되었다. 이렇게 '찾고자 하니 아니하면 더 큰 죄'라는 하나님의 음성을 듣고 참석한 33인이 주도한 3·1운동은 어떻게 되었나? 성공인가 실패인가? 하나님이 함께하신 3·1

운동이었다면 이로 인해 조선이 독립이 되었어야 하는 것 아닌가? 그런데 이 3·1운동으로 말미암아 조선인들은 얼마나 많은 고통을 당했던가? 일제는 조선 통치에 주춤하지 않고 더욱 탄압하지 않았던가? 그러면 3·1만세운동은 의미 없는 것인가? 신석구는 이 문제에 대해 이렇게 고백한다.

> 그러나 곧 독립이 되리라고는 믿지 않는다. 예수님 말씀하시기를 밀알 하나가 땅에 떨어져 죽지 아니하면 한 알 그대로 있고 죽으면 열매가 많이 맺을 터이라 하셨으니 만일 내가 국가 독립을 위하여 죽으면 나의 친구들 수천 혹 수백의 마음속에 민족정신을 심을 것이다. 설혹 친구의 마음에 못 심는다 할지라도 내 자식 삼남매 마음속에는 내 아버지가 독립을 위해 죽었다는 기억을 끼쳐 주리니 이만하여도 만족한다고 생각하였다.

결국 3·1만세운동은 조선부국강병의 길에 한 알의 밀알이 되기 위해 일어난 것이다. 신석구는 이런 마음으로 33인의 한 사람으로 참여했다. 33인이 참석해 독립선언식을 거행한 태화관은 세종대왕의 여덟 번째 아들인 영응대군의 사위였던 능성부원군인 구수영이 지은 건물로서 그가 살던 집이다. 후원 언덕에 태화정이란 정자를 짓고 풍류를 즐겼다고 해서 태화관이라 붙였다. 헌종의 후궁인 순화궁 김씨가 살면서 순화궁이라 불리기도 했다. 1908년 이후 이 순화궁은 궁내부 대신 이윤용이 차지했는데 실제 주인은 그의 동생인 이완용이었다. 1918년부터는 궁내부 주임관인 안순환이 이 집을 세내어 명월관 지점으로 사용했는데 여기 단골손님으로 천도교 교주 손병희도 끼어 있어 3·1운동 거사 장소를 명월관(태화관)으로 장소를 옮기게 되었다. 친일파 거두였던 이완용의 실제 소유였던 이 태화관에서 독립선언식을 가졌다는 것은 아이러니한 일이었다. 3·1운동 이후 입장이 난처해진 이완용은 이 건물을 팔고자 내놓았는데 그것을 남감리회 여선교부에서 매입해 태화여자관(현재 태화기독교사회복지관)을 설립하여 소외계층을 위한 사회복지 및 복음전도를 위해 사용했다.

이런 태화관에서 거행된 독립선언식이었다. 민족대표 33인 중 중국에 있는 김병조 목사와 지방에서 미처 당도하지 못한 길선주, 유여대, 정춘수를 제외한 29명이 참석해 오후 2시 한용운이 일어나 모임의 취지를 말하고 만세 삼창을 부르려는 순간 경찰이 들이닥쳐 식이 중단되고 참석자 전원은 경무총감부로 압송되었다. 신석구 목사는 이들과 함께 경무총감부, 검찰, 지방법원, 복심법원에 이르는 재판과정을 거쳤다. 이 심문 과정에서도 그는 비굴하지 않았다.

신석구의 정치범 카드(1929년)

조선은 결코 일본의 속국이 될 수 없다. 이용 가치가 있을 때에는 황국신민으로 치켜 세워놓고 필요가치가 없을 때에는 조센징으로 헌신짝같이 버리는 기만적 행동을 버리고 이 국민 대한인의 독립운동에 고문을 하지 말라.

4. 이후의 신석구 목사

그는 2년 6개월의 옥고를 치른 후 1921년 11월 4일 만기 출옥했다. 그러나 출옥 후에도 일경은 목회에 전념토록 내버려두지 않았다. 신사참배를 하지 않는다고 연행해 투옥했다. 그는 신사가 없는 산골마을인 평안남도 산유리교회로 자원하여 가기도 했다.

일제는 1941년 제2차 세계대전을 펼치면서 선교사들을 강제 추방할 때 신 목사를 체포하여 투옥시켰다 풀어주기도 했다. 1945년 광복이 되었다. 그는 월남해

서 편안한 목회를 할 수도 있었지만 이북에 있는 교회에서 계속 목회를 했다. 공산화된 북한 정권은 그를 기독교도연맹에 가입시키려 했으나 응하지 않았다. 1946년 3·1절 행사에서 북한 정권은 3·1운동이 김일성이 주도한 것이라고 하며 김일성을 찬양하게 하였다. 그리고 민중들이 속지 않자 정치보위부는 신 목사가 폭동을 주도했다며 그를 체포하여 3개월 모진 고문을 하였다. 신 목사는 공산정권이 반 민족정책임을 서슴지 않고 비판했다. 또 북한 정권이 대동강을 레닌강으로, 평양 중앙통 거리를 스탈린 거리로 명칭을 변경하자 이를 민족말살을 위한 전초적 행위라고 엄격히 경고하였다. 이에 신석구는 1948년 4월 19일 '반동비밀결사' 죄라는 명목으로 체포되었다. 숱한 고문을 당하며 재판에 붙여졌지만 상고심에서 10년형으로 감형되었으나 한국전쟁이 일어난 그해 10월 10일 76세에 사형장으로 끌려가 총살당해 순교했다.

신석구 목사는 찬송이 되는 기도시를 여러 편 남겼다. 다음은 삼위일체를 주제로 한 찬송시이다.

아버지 하나님
창세 전 우리를 택하셔서
거룩하게 하시고 자녀를 삼으시니
은혜와 영광을 돌립니다.

강생한 구주님
보혈의 공로로 구속하고
예정한 뜻대로 기업을 삼으니
영광과 찬송을 드립니다.

보혜사 성령님
확실한 증거로 어짊을 펼치사
기업의 표가 되고 완전케 하시니
찬송과 감사를 드립니다.

5. 순교 그 이후

신석구의 묘는 동작구 국립묘지에 안장되어 있다. 그리고 청주 삼일공원에 신석구의 동상과 정춘수의 동상이 있었다. 그러나 사람들이 정춘수의 동상은 끌어내렸다. 신석구가 처음 신앙을 가질 때 개성으로 가자던 친구 정춘수였다. 신석구에게 잃어버린 국민을 찾는 길을 열어 주었던 그였다. 그러나 3·1운동 이후 이 둘의 모습은 서로 달랐다. 그는 남쪽에서 활동을 했고 신석구는 북쪽에서 활동을 했다. 신석구가 북녘 땅에서 잃어버린 국민을 찾을 때 정춘수는 남쪽에서 교계활동을 하며 친일의 길을 갔다. 광복 후 반민특위에 체포된 그는 구치소에서 천주교로 개종하였다. 조선의 일제강점기에 신앙을 가지고 조선의 부국강병을 위해 그리고 한국교회를 위해 함께 시작했던 두 친구의 마지막은 이렇게 달랐다.

1963년 3월 1일 대한민국 정부는 건국공로훈장(복장)을 추서했고 1968년 9월 18일 동작동 국립묘지 애국선열 묘역에서 의관장을 거행했다. 1978년 3월 1일 그의 모교인 감리교신학대학에서는 본관에 신석구를 포함해 3·1운동 민족대표 5인의 흉상을 제막했다. 1985년 기독교대한감리회 100주년 기념식에서 공로표창을 했다.

참고문헌

기독교대한감리회 역사위원회, 「한국 감리교 인물사전」, 밀알기획, 2002.
김재황, 「거성 은재 신석구목사 일대기」, 은재신석구목사기념사업회, 1988.
김진형, 「수표교교회역사」, 수표교교회, 1994.
백태남, 「한국사연표」, 기운샌, 2013 증보개정.
이덕주, 「신석구 연구」, 기독교대한감리회 홍보출판국, 2000.
이덕주, 「신석구」, 신앙과지성사, 2012.
진수철, 「순교열전(1)」, 도서출판 양문, 1994.

---

1. 김재황, 「거성 은재신석구목사 일대기」, 1988. 60.
2. 이덕주, 「신석구」, 29~31.
3. 「신석구 자서전」, 신석구 목사의 친필 자서전은 그의 후손 신성균 장로가 보관하다가 1987년 천안독립기념관에 기증해 전시되었다. 이후 신석구 목사가 졸업한 감리교신학대학교가 역사박물관을 2006년에 개관하면서 이곳으로 옮겨 지금까지 전시하고 있다. 동시에 총독부 발행 정치범 카드, 북조선인민위원회에 제출한 감상문, 신석구 목사가 번역한 책인 「빌립보주석」 등 독립기념관에 함께 전시되었던 그의 다양한 유품들이 감리교신학대학교 역사박물관에 전시되었다. 이덕주, 「신석구」, 375.
4. 연합뉴스TV, 1920년 10월 13일자 윤치호의 일기에 고종의 독살근거 다섯 가지 언급에 대한 뉴스가 2015. 3. 1에 있었다. 황손 이석과 필자와의 인터뷰에서도 같은 증언을 했다.
5. 진수철, 「순교열전」, 240~244.
6. 이덕주 교수의 저서와 「한국감리교인물사전」은 오화영의 권유로 표기하고 있지만 진수철의 '순교열전' 안에 '민족대표로 민족선교에 몸 바친 지도자 신석구 목사' 편에서는 YMCA간사 박희도의 권유로 참여하게 되었다고 서술하고 있다.

주시경

周時經

주시경
周時經

주시경 선생은 배재학당 재학 중에 기독교 신앙을 갖게 되었으며, 1900년 6월 졸업식 전에 아펜젤러 목사의 집례로 세례를 받고 기독교에 입교하였다. 그리고 졸업과 동시에 선생은 국어학자로서의 명성과 권위도 함께 얻기 시작하였다. 20세기 초, 국어 연구가 서양 문법 이론의 틀에 맞추어 기술되던 시기에 주시경 선생은 분명한 언어 의식과 독창적인 이론을 토대로 국어 문법을 기술한 독보적인 인물이며, 구한말 민족의 언어와 민족의 혼을 일깨우고 평생을 우리말 연구와 보급에 힘쓴 애국계몽운동가요 국어학자이다. 오늘날 우리말 연구 분야에 학문적 성과를 이루고 발전을 이룩할 수 있었던 것은 선생의 나라 사랑에 바탕을 둔 우리말 연구가 그 기원이 된다.

겨레의 스승
주시경*

백낙천 박사 _ 배재대학교 교수

　1873년 대원군의 실권 후, 이른바 운양호 사건이 빌미가 되어 1876년 조선은 개항을 요구하는 일본 제국주의 세력에 의해 강화도 조약을 맺게 되었다. 이에 부산, 원산, 인천이 개항되었으며 국내 정치 상황은 개화 세력과 수구 세력이 맞서는 혼란스러운 정국이었고, 조선의 국운은 그야말로 풍전등화의 상황으로 치달아 국권이 흔들리고 민족의 자존심이 훼손되는 어지러운 지경이 되고 말았다. 이러한 상황에서 조선의 황실 보호와 조선의 자주와 국권을 위해 적극적으로 개입했던 한 축이 선교사들이었는데 이들은 교육을 통해 조선의 운명을 구원하고자 하였다. 기독교가 한국의 근대적 교육, 문학, 언론, 보건, 의료 분야 등 사회 전반에 지대한 영향을 끼친 것은 널리 알려진 사실이다. 특히 성서의 한글 번역이 한글 사용에 미친 영향과 이것이 신문학 형성과 밀접한 관련을 맺고 있다는 것은 통념에 가깝다.[1]

　이러한 때, 주시경(周時經) 선생은 1876년 황해도 봉산에서 태어났다. 선생의 본관은 상주(尙州)로서 백운동서원을 세운 유학자 주세붕의 후손이며, 어릴 때 이름은 상호(相鎬)였다. 선생은 1894년 19세에 큰 뜻을 품고 배재학당 특별과에 입학하였으며, 1897년에 당시 나이 16세인 김명훈과 결혼하여 가정을 이루어 슬하에 2녀 3남(솔메, 세매, 힌메, 봄메, 임메)을 두었다. 선생은 1900년 6월 25세의

1914년 배재학당
교사 시절 주시경

나이에 배재학당을 졸업하고, 평생 국어를 연구하고 실천하였을 뿐만 아니라 조국의 독립과 민족의 계몽을 위해 헌신하였다. 그런데 1910년을 전후하여 평안도·황해도 등 북서지역에서는 신민회(新民會)와 기독교계가 중심이 되어 신문화 운동을 통한 독립운동이 전개되고 있었는데, 급기야 1911년 일제는 무단통치의 일환으로 민족 독립운동을 탄압하기 위해서 사건을 확대하고 조작하여 105명의 애국지사를 투옥한 이른바 105인 사건(일명 신민회 사건)을 일으켰다. 105인 사건이 일어나자 일제는 선생이 교육활동의 본거지로 삼았던 상동교회를 조선 민족의 독립을 염원하는 거점 조직으로 간주하게 되었으며, 일제의 감시와 탄압이 심해지자 당시 민족주의자들은 만주나 해외로 떠나기 시작했다. 선생도 이런 상황에서 자유롭지 못해서 결국 조국의 독립을 위한 더 큰 계획을 위해 만주로 떠날 준비를 하던 차에 모처럼 온 가족이 모여 저녁식사를 한 후 갑작스러운 복통을 호소하고 며칠을 앓아눕다가 끝내 눈을 감고 말았으니 이때가 1914년 7월 27일, 선생의 나이 39세였다.

1. 학창 시절

주시경 선생은 황해도 봉산에서 1녀 4남 중 셋째로 태어났으며, 친부인 주학원(周鶴苑)은 황해도 봉산에서 한문을 가르치는 훈장이었다. 1889년 선생의 나이 14세에 당시 장안을 휩쓸었던 콜레라로 자녀를 모두 잃은 둘째 큰아버지 집에 양자로 들어가게 되었다. 양부 주학만(周鶴萬)은 젊은 시절에 창릉(경기도 고양시에 있는 서오릉의 하나. 조선 예종과 비 안순왕후의 능)을 지키는 참봉 벼슬을 지냈다가 안동 권씨가에 장가를 가면서 처가의 도움으로 지금의 남대문 시장에서 해륙물산상회를 차려 생선이나 건어물, 밤, 대추, 과일 등을 팔거나 시장 상인들의 이해관계를 해결해 주고 있었다. 그 둘째 큰아버지가 어린 주시경의 영특함에 마음이 쏠렸던 것이다.

주시경의 호기심 가득한 총기와 열정은 「청춘」 지에 실린 선생의 어린 시절에 그대로 나타난다.[2] 주시경이 8세 때에 동네 아이들과 함께 산과 맞닿아 있는 하늘을 보고 그 하늘을 만져 보고야 말겠다는 일념으로 딜렁봉이라는 산에 올랐는데 다른 아이들은 산허리에 있는 풀초에 정신 팔렸지만 그는 기어이 정상에 올라갔다는 이른바 '문천 사건'은 그의 비범함을 그대로 보여주는 것이다. 당시 황무지와 다름없던 국어 연구에 일생을 매진할 수 있었던 끈기와 도전이 어디에서 연유했는지를 알 수 있는 떡잎 같은 일화가 아닐 수 없다.

주시경 선생이 우리글과 말을 연구할 뜻을 세운 것은 1892년이었다. 시골 무릉골에서 부친으로부터 서당 한문을 익혔던 선생은 양자로 서울에 올라와서도 서당에서 한문을 공부했다. 그러던 어느 날 평소대로 시경(詩經)을 읽은 후 해석을 하고 우리말로 번역하는 서당 공부를 하다가 우리말을 소리 나는 대로 적으면 모든 사람이 쉽게 배울 수 있겠다는 생각을 하게 되었다. 나아가 1893년에는 영문으로 된 「만국지지」를 공부하던 중, 영어 알파벳의 모음과 자음이 조화를 이루어 글자를 이루는 것이 한글의 글자 원리와 같음을 스스로 깨우쳐 훗날 위대한 국어학 연구의 첫발을 디디게 되었다.[3] 이렇듯 세종 임금이 만든 훈민정음의 글자 원리를 깨우치고 그 우수성을 발견한 선생은 1893년에 당시 배재학당 강사였던 박세양, 정인덕 선생에게서 개인적으로 신학문을 배우면서 새로운 학문에 눈을 뜨게 되었다. 이때 산술, 지리, 영문, 시사 등을 배우면서 훗날 「국어문법」 출간의 동기를 만들었다. 그리고 이듬해인 1894년 가을에 큰 뜻을 품고 배재학당 특별과에 입학하여 학문에 매진하게 되었다.

배재학당은 1885년 8월 미국 감리교회 파송 선교사인 아펜젤러 목사가 정동에 있는 한옥 건물을 빌려 세운 우리나라 최초의 근대식 학교로서 마태복음 20장 26절 말씀에 근

배재학당 현판

거하여 "크고자 하거든 남을 섬기라"는 교훈 아래 이 땅에 신학문을 개척하였다. 그리고 1887년, 르네상스식 벽돌 건물을 완공하여 오늘에 이르고 있으며, 배재학당의 이름은 고종 임금이 지었으며, 당대 명필 정학교(丁學敎)가 현판에 글씨를 쓰고 이를 김윤식(金允植)이 아펜젤러에게 전달함으로써 그 역사와 전통이 오늘날까지 빛나게 된 것이다. 「배재학당사」의 기록에 의하면 스크랜턴이 의사가 되고자 영어를 배우고 싶어 하는 두 학생(이겸라, 고영필)을 아펜젤러에게 소개한 것이 최초의 배재학당 학생 모집이었다고 한다. 당시 배재학당은 무상교육이었고 기혼자들에게도 배움의 기회를 제공한 열린 교육이었으며, 한문, 역사, 교리문답을 제외한 전 과목을 영어로 강의한 세계화 교육을 실시하였다.4)

그런데 역사의 우연일까? 주시경 선생은 큰아버지를 도와 남대문시장에서 짚신을 팔다가 아펜젤러, 언더우드, 스크랜턴 선교사 등 당시 조선 선교의 3인방과 운명적인 조우를 하게 되고, 때마침 아펜젤러 목사는 선생에게 신학문의 요람인 배재학당의 입학을 권하게 된다. 그렇지 않아도 배재학당 강사인 박세양, 정인덕 선생과 교류하고 있던 차에 선생은 1894년에 큰 뜻을 품고 배재학당 특별과에 입학하여 당당한 배재 학생이 되었다. 그러면서도 양부를 도와 장사를 하던 주시경 선생은 탁지부(지금의 재경부) 장학생으로 선발되어 1895년 8월 제물포 이운학교 관비생으로 들어가 1896년 3월 속성과를 졸업하였다. 그리고 마산 지사장으로 내려갈 즈음에 이운학교의 폐교와 마산 시사의 폐지로 주춤하다가 1896년 4월에 배재학당에 재입학하게 되어 배재와의 인연을 공고히 하게 되었다.5)

배재학당 재학 5년 동안 선생은 영문법을 공부하면서 언어의 공통성을 깨우치면서 국어 문법의 기틀을 세워야겠다는 다짐을 하였다. 세계 각국의 언어를 관찰하면서 영문법의 기틀 위에서 선생의 국어 문법에 대한 독창적인 관점을 펼칠 것이라는 계획을 밝혔다. 선생이 이와 같은 결심을 하게 된 것은 당시 배재학당이 많은 강좌를 영어로 강의할 정도로 국제화를 선도했던 학교였다는 데서 그 연유를 찾을 수 있다. 배재학당에서의 수학을 거쳐 선생은 1900년 6월, 25세의 나이에 배재학당 보통과를 졸업하였다. 특히 선생은 배재학당 재학 중에 기독교 신앙을 갖게 되었으며, 1900년 6월 졸업식 전에 아펜젤러 목사의 집례로 세례를 받고 기독교에 입교하였다. 그리고 졸업과 동시에 선생은 국어학자로서의 명성과 권위도 함께 얻기 시작하였는데, 그런 점에서 선생이 배재학당에서 수학한 시기는 당시의 신학문을 익히고 이를 바탕으로 가장 왕성한 학문 활동을 펼쳤던 시기라고 할 수 있겠다. 특히 배재학당 교사였던 서재필 박사로부터 세계 지리와 역사를 배우면서 세계를 가슴에 품고 민족의 웅비를 꿈꾸게 된 것도 이 시기였다.

2. 교육활동

주시경 선생의 학문은 크게 보아 문자론과 맞춤법, 음성학과 문법론, 사전 편찬으로 요약할 수 있다. 이 세 분야에서의 선생의 업적은 우리말의 틀을 잡아 올바른 어문생활을 교육시켜야 하겠다는 일념으로 이루어진 것이다.

주시경 선생이 배재학당을 졸업한 해는 1900년이지만 선생은 수학 시절 이미 우리말과 우리글에 대한 깊은 식견과 지식을 가지고 있었다. 선생은 1896년 5월 국문동식회(國文同式會)를 결성하여 주도적인 활동을 펼쳤는데, '국문동식'이란 오늘날의 맞춤법을 의미하며 이곳에서 한글맞춤법의 틀을 잡고 국문 전용을 주장하였으며, 말모이(사전)를 편찬하는 등 국어와 국문(나랏글)에 대한 순수한 학문적 연구뿐만 아니라 실천적 국어 연구를 하는 지식인의 면모를 보여주었다. 뿐만 아니라 선생은 당시 배재학당의 교사였던 서재필 박사가 주도한 배재학당의 학생 단체인 협성회(協成會)에 참여하였다. 이곳은 매주 토요일 시국 토론회와 연설회가 열렸으며, 주시경 선생은 협성회 활동을 통해 애국계몽사상을 고취시켜 나갔는데 이것이 선생의 인생관 형성에 중요한 요인이 되었다. 즉 협성회는 배재학당의 학생회에서 출발하였지만 사실상 애국계몽단체라고 할 수 있다. 이곳에서 「협성회보」가 편찬되었는데, 선생은 「협성회보」의 편집과 책임을 맡아 일했다.

「독립신문」 초판본

그런 점에서 주시경 선생은 1897년 12월 서재필 박사가 주축이 되어 결성된 '독립협회'의 주요 인물이었으며, 나아가 우리나라 최초의 한글신문인 「독립신문」의 회계 겸 교보원으로 일하였다. 그리고 1898년 23세에 선생은 그간 「독립신문」에 네 차례 발표한 내용을 엮어 국어 연구에 기념비가 되는 명저 「국어문법」 초고를 완성하였는데, 실로 배재학당 입학 후 선생의 첫 학문적 성과라고 할 수 있다.

선생은 배재학당을 졸업한 1900년부터 한글을 가르치는 데 더욱 박차를 가하였다. 당시 배재학당 인근에는 휘문, 명신, 보성, 중앙, 진명, 경신, 숙명, 이화 등의 신학문 학교들이 모여 있었으며 이곳을 동분서주하면서 주야로 국어를 가르치면서 백성을 일깨웠다. 이때 얻은 선생의 별명이 '주보퉁이'인데, 배우고자 하는 사람이 있으면 책을 보자기에 싸서 매고는 어디든 달려가 가르쳤던 선생의 열정을 그대로 보여주는 영광스러운 별칭이라고 할 수 있다. 더욱이 일요일에는 강습회를 열어 우리말과 글을 배우기를 열망하는 백성들이나 어린아이들을 가르쳤는데, 그 배움의 열기가 실로 대단하여 1900년 2월 15일 상동교회 청년학원 국어강습소에 '국어문법과'가 설치되기에 이르렀다. 이는 우리나라 최초의 국어문법 강좌로 기록될 만한 일이며, 선생은 이 시간에 손수 쓰신 교재로 우리말을 가르쳤다.

한편 선생은 가르치는 일에만 열심인 것이 아니라 배우는 데도 남다른 열의를 보였으니 교학상장의 모범을 보였다고 하겠다. 선생의 학구열이 대단하다는 증거는 선생의 나이 31세인 1906년 11월부터 1909년 12월까지 유일 선이 세운 수리학 전문학교인 정리사(精理舍)에 학생 신분으로 들어가 수학과 물리를 배웠다는 데서도 알 수 있다. 이때의 공부는 주시경 선생이 훗날 국어 연구를 치밀하고 과학적으로 분석하고 연구하는 데 밑바탕이 되었다.

선생은 우리나라 국어 연구에 있어 상징적 원형으로서의 존재감을 갖는다. 선생이 제시한 국어 문법의 기본적인 체계와 이론은 독창적일 뿐만 아니라 일반언어학의 입장에서도 보편타당하고 설득력 있는 독보적인 학문적 업적이다. 즉, 주시경 선생은 국어의 특수성을 고려하되, 당시 영문법을 위시한 서양언어의 문법도 충분히 살폈다. 이러한 선생의 언어관은 1960년대까지는 우리말 연구의 선구자라는 존경과 추모의 수준에 머물다가 1970년 이후 선생의 학문적 업적에 대한 조명이 다각적이고 집중적으로 이루어지면서 선생의 학문이 독창적이고 현대적 관점에서 매우 정밀한 연구를 하였다는 사실이 학문적으로 입증되었다. 더욱이 선생은 나라의 바탕을 바로 잡기 위하여 국어 연구를 시작하였다. 그런 선생의 국어관을 통해 볼 때, 선생은 우리말을 민족 자주 정신과 나라의 바탕으로 삼았으며 평생을 나라 사랑의 일념으로 우리말 연구와 보급에 힘썼던 선각자였음을 알 수 있다.

한편 선생의 학문은 연구 자체로만 끝났던 것이 아니었다. 1896년 독립신문사 안에 국문동식회를 결성하고 여기에서 국어 맞춤법을 정리하였으며, 1907년에는 지석영 선생이 만든 국어연구회의 회원으로 4개월간 활동하였다. 같은 해 7월에는 학부(지금의 교과부) 안에 국문연구소 설치를 주도하고 이곳에서 '국문연구의정안'을 작성하고 채택하였는데 이는 현대국어 맞춤법의 효시에 해당한다. 비록 '국문연구의정안'이 1910년 국권 상실과 조선총독부의 집요한 우리말 폄하 정책으로 사용되지 못했지만 이후 1912년 조선총독부가 '보통학교 언문철자법'을 공포한 것은 바로 '국문연구의정안'을 맹목적으로 반대하기 위해 만든 안이었다는 점에서 조선총독부가 선생이 주축이 된 국문연구소를 얼마나 의식하고 경계했는지를 알 수 있다. 더욱이 선생의 맞춤법 정리는 철저하게 국어의 형태소의 정립에서 출발하는 통찰을 가졌으며 그 밑바탕에는 우리말의 소리에 대한 연구에서 출발하고 있다. 이러한 선생의 학문적 견해는 선생의 저서 「국어문전음학」(國語文典音學, 1908)에 소상하게 나와 있으니 현대 맞춤법이 형태음소주의 원리에 입각한 것은 오로지 선생의 학문에 기초하고 있다는 점을 기억할 필요가 있다. 또한 선생은 한 나라의 성쇠는 그 나라의 말을 얼마나 잘 다듬어 쓰느냐에 달렸다고 보고 국어사전 편찬에 심혈을 기울여 우리나라 최초의 국어사전이라 할 수 있는 「말모이」 편찬에 박차를 가하였다. 사실 선생이 「말모이」 편찬에 관여하게 된 것은 최남선 선생이 1910년 민족 계몽운동의 일환으로 설립한 '조선광문회' 활동이 직접적인 계기가 되었다. 주시경 선생은 제자인 권덕규, 이규영, 김두봉 등과 함께 사전 편찬을 하였지만 선생의 갑작스러운 서거와 제자들의 일신상의 이유로 끝내 마무리를 짓지 못했다. 하지만 이후 본격적으로 국어사전을 편찬하는 일에 기본적인 방향과 틀을 제시해 줌으로써 오늘날의 국어사전이 제 모습을 갖추는 데 근원적인 모태가 되었다.

한편 오늘날 우리 문자를 '한글'이라고 부르는데, 한글은 세계의 많은 문자 중에서 만든 사람이 분명하고 만든 목적이 뚜렷하고 무엇보다도 매우 독창적이고 과학적인 원리로 만든 문자로서 세계가 인정하는 자랑스러운 우리의 문자이다. 대체로 '한글' 명명과 관련하여서는 이른바 '주시경 설'과 '최남선 설'로 양분된 듯하다. 그렇지만 한글 보급운동에 헌신한 주시경의 생애에 비추어 봤을 때, 적어도 '한글'이 주시경에 의해 널리 알려지고 계몽되었다는 사실만은 분명하다. 그런 차원에서 우리 문자를 '한글'이라고 칭한 것이 주시경에서 비롯되었다고 하여도 틀린 말은 아니며, 더욱이 오늘날 우리 문자를 '한글'이라고 하는 데에는 전적으로 주시경의 한글 보급과 실천에 의한 것임은 분명한 사실이다. 즉, 선생은 1910년 "한나라말"이라는 지금의 음성학의 내용에 해당하는 짧은 글을 썼는데, 이곳에서 '한나라글의 소리'라는 제목으로 우리말 소리의 특징을 설명하고 있다. 바로 '한나라글'에서 '나라'를 뺀 '한글'이라는 이름이 만들어진 것이다. 이때의 '한'은 우리나라(三韓, 大韓帝國)를 가리키며, 크고(大), 밝고(明), 유일한(一) 우리의 문자라는 의미를 담고 있다. 따라서 성군이신 세종 임금이 만든 '훈민정음'이라는 이름이 창제의 역사적 배경을 갖고 있는 이름이라면 한글이라는 이름은 20세기 국운이 쇠하는 위태로운 상황에서 우리 민족의 혼과 문화적 자부심으로 새롭게 태어난 자랑스러운 우리의 문자 이름이며, 그 중심에는 주시경 선생이 있었다.

결국 선생의 국어 연구는 자연스럽게 국어활동으로 이어졌으며, 이러한 실천적 활동은 선생의 철저한 애국 계몽사상에서 비롯된 것이었다. 개화기 당시의 혼란스러운 상황 속에서 선생은 언어, 문자 중심의 민족주의자이면서 이를 국민의 계몽을 위해 헌신했던 정열적인 학자였음에 틀림없다. 선생은 민족주의자였지만 국수주의자는 아니었으며, 학식이 풍부한 국어학자이면서 국어실천운동가였다. 그의 이러한 민족주의적인 면은 중국의 문호 양계초가 쓴 「越南亡國史」를 1907년 「월남망국사」로 번역한 데서도 알 수 있다. 이는 이웃나라의 패망을 타산지석으로 삼고자 하는 선생의 뼈저린 애국심 때문이었다.

3. 선생의 후학

앞에서 언급하였듯이, 주시경 선생은 1900년 2월 15일 상동교회 청년학원에서 우리나라 최초로 정규 교과목으로 국어문법을 가르치면서 수많은 후학을 길러냈다. 이 상동교회 청년학원에 개설된 하기 국어강습소의 졸업생들과 또한 뜻을 같이 하는 사람들을 모아 1908년 국어연구학회를 조직한 후 2년 동안을 주도해 나갔다. 국어연구학회는 1911년 조선언문회로 발전되고 강습소는 조선어강습원으로 개칭되었다. 즉, 1911년 9월 3일에 주시경 선생은 자신의 사저에서 국어연구학회 총회를 열고 학회의 명칭을 조선언문회(배달말글몯음)로 바꾸고 그 산하의 강습소도 조선어강습원으로 개편하여 강습 기관을 열었다. 이때 강습원 원장에는 남형우, 원감에 박상룡, 강사에 주시경, 간사에 김승한이 각각 선임되었다. 조선어강습원은 선생이 돌아가시고 1917년 문을 닫을 때까지 우리말 보급에 큰 족적을 남겼다. 1917년까지 중등과가 6회에 걸쳐 총 265명, 고등과가 5회에 걸쳐 110명을 배출하였고, 초등과는 1914년 1회 졸업생 8명을 내었다. 선생의 후학들이 대부분 이곳 출신인데, 훗날 우리말 연구에 업적을 낸 대표적 인물인 선생의 제자들로는 이규영, 이병기, 권덕규, 신명균, 최현배, 김두봉, 정열모 등을 들 수 있다. 이중 남한과 북한에서 우리말 연구와 어문 정책에 지대한 영향을 미친 인물을 거명하면 최현배와 김두봉인데, 이들의 스승이 주시경 선생이라는 점에서 선생은 진정한 의미의 우리말 연구와 어문정책수립에 있어 지존자라고 할 수 있다.

이중에서 김두봉은 1889년 경상남도 동래군(현재의 부산광역시)에서 출생하여 1905년까지는 집에서 한문을 배우다가 서울로 올라와 기호학교(중앙고등보통학교의 전신)와 배재학당에서 공부한 인물이다. 김두봉은 1913년 대동청년단에 가입하고 이듬해에 배재학당을 중퇴한다. 당시 최남선이 주재하고 있던 조선광문회(朝鮮光文會)에 참여하여 소년잡지 「청춘」을 편집하는 일에 종사하기도 하였다. 특히 주시경 선생 밑에서 우리말 연구에 매진하여 그의 나이 27세에 광문사에서 발행한 「조선어문전」(朝鮮語文典) 편찬에 참여하는 등 한글 연구의 기초를 닦았다. 그리고 1919년 신의주를 거쳐 중국 상해로 망명하여 공산당에 입당하였다. 이후에는 정치 활동의 전면에 나서게 되었는데 불행하게도 해방 이후에는 북한에 남아 파란만장한 삶을 살다가 생을 마감하게 되었다. 또한, 선생의 후학으로 빼놓을 수 없는 인물이 바로 최현배이다. 최현배 선생은 1894년 경상남도 울산에서 출생하여 어렸을 때는 서당에서 한문을 배운 뒤, 고향의 일신학교에서 신식 교육을 받고 1910년 상경하여 한성고등학교(경성고등보통학교의 전신)에 입학하여 1915년 졸업하였다. 당시 최현배 선생은 1912년 3월 조선어강습원 초등과를 1회로 졸업하고

1913년에는 조선어강습원 고등과를 졸업하게 된다. 그리고 이곳에서 동향 선배인 김두봉과 주시경 선생에게 국어학을 배웠다. 그리고 최현배 선생은 바로 일본으로 유학하였으며, 1941년 조선어학회 사건으로 광복 때까지 4년간 옥고를 치르기도 했다. 해방 이후에는 문교부(지금의 교육부) 편수국장을 하면서 우리나라의 국어정책을 책임지기도 했다.

그 외에도 해방 이전과 이후에 우리나라 어문 정책에 많은 기여를 하고 학문적으로 탁월한 업적을 남긴 학자들이 대부분 주시경 선생의 학문적 가르침을 계승하여 우리나라 국어교육과 국어학을 발전시키는 데 이바지하였으니, 주시경 선생의 학문적 열정과 후학들에게 미친 영향이 얼마나 지대하였는지 알 수 있다.

20세기 초 국어 연구가 서양 문법 이론의 틀에 맞추어 기술되던 시기에 주시경 선생은 분명한 언어 의식과 독창적인 이론을 토대로 국어 문법을 기술한 학자로서 독보적인 인물이며, 구한말 민족의 언어와 민족의 혼을 일깨우고 평생을 우리말 연구와 보급에 힘쓴 애국 계몽운동가요, 국어학자이다. 주시경 선생은 지금도 국어학사에서 상징적인 존재로 남아 있을 뿐만 아니라 그가 제시한 문법 체계는 현대 국어문법의 이론적 틀을 마련하는 데 여전히 유효하다. 그런 점에서 주시경 선생은 그 자체가 국어문법 연구의 시작점이며 그의 문법이론에 대한 계승, 발전은 여전히 진행형이라고 할 수 있다. 오늘날 우리말 연구 분야에 학문적 성과를 이루고 발전을 이룩할 수 있었던 것은 선생의 나라 사랑에 바탕을 둔 우리말 연구가 그 기원이 된다. 그리고 선생은 젊은 시절 신학문을 배재학당에서 접한 뒤 부단히 노력하여 학문의 집대성을 이루었다는 점에서 우리 모두는 벅찬 감동과 더없는 자부심을 느끼지 않을 수 없다. 비록 주시경 선생이 안타깝게도 39세의 나이로 돌아가셨지만 선생의 나라 사랑과 국어 사랑의 열정은 오늘날 우리에게 교훈이 되기에 마땅하다. 우리는 우리말과 글을 후세에 물려줄 자랑스러운 문화유산으로 가꾸어 나가야 할 것이다.

참고문헌

김윤경, "주시경 선생 전기", 「한글」 126, 한글학회, 1960.
박승빈, "조선어학회 사정 '한글마춤법통일안'에 대한 비판", 「정음」 10호, 1935.
백낙천, "주시경의 학문 활동과 신학문의 영향", 「동서 인문학」 50, 계명대학교 인문과학연구소, 2015.
신용하, "주시경의 애국계몽사상", 「한국사회학연구」 1, 1977.
이기문, 「주시경 전집 상·하」, 아세아문화사, 1976가.
이기문, "주시경의 학문에 대한 새로운 이해", 「한국학보」 5, 일지사, 1976나.
이병근, 주시경, 김완진 외, 「국어연구의 발자취(Ⅰ)」, 서울대학교출판부, 1985.
임홍빈, "주시경과 '한글' 명칭", 「한국학 논총」 23, 계명대 한국학연구원, 1996.
최현배, 「고친 한글갈」, 정음사, 1961.
허　웅, "주시경 선생의 학문", 「동방학지」 12, 연세대 동방학연구소, 1971.

---

* 이 글은 백낙천(2015)의 논문 중에서 주시경 선생이 배재학당과 인연을 맺으면서 전개한 교육 및 연구 활동 부분을 따로 부각시켜 내용을 보완한 것이다.

1. 이러한 성서의 한글 번역에서 빼놓을 수 없는 인물이 스코틀랜드 출신 장로교 목사인 로스(John Ross, 1842-1915)이다. 그는 중국에서 선교 활동을 하던 중에 한국인 이응찬에게서 한국어를 배우고 1877년에는 한국어 교본인 *Corean Primer*를 편찬하였으며 나아가 백홍준 이성하 김진기 등이 합세하여 1882년 낱권 형태의 「예수셩교누가복음젼셔」 번역을 시작으로 1887년 합본 형태의 「예수셩교젼셔」가 간행되기에 이르렀다. 또한 당시 조선이 외국인 선교사의 국내 거주를 공인한 최초의 사례인 미국 북장로교 선교부 소속의 알렌 의사가 황실의 후원으로 1885년 2월 우리나라 최초의 병원인 광혜원을 설립하였다. 이후 조선에 파송된 선교사들에 의해 우리나라의 근대적 교육 제도와 기틀이 마련되었는데, 배재학당(아펜젤러, 1885), 이화학당(스크랜턴, 1886), 경신학교(언더우드, 1886), 정신여학교(언더우드, 1895) 등이 이 시기에 설립되었다.
2. 이 일화는 김윤경, "주시경 선생 전기", 「한글」 126 (한글학회, 1960)에 나와 있는 부분이다.
3. 이러한 기록은 선생의 저서인 「국어문전음학(國語文典音學)」(1908) 50쪽에 고백적으로 표현되어 있다. "余가 十七歲 壬辰에 英文 萬國地誌를 學習ㅎ더니 英文의 字母音을 解ㅎ고 轉ㅎ여 朝鮮文 母音字 ㅏ ㅑ ㅓ ㅕ ㅗ ㅛ ㅜ ㅠ ㅣ ㆍ'의 分合됨을 硏究ㅎ다가 ' ㆍ '는 'ㅏ'가 아니요 'ㅣ ㅡ'의 合音이 되리라 覺悟ㅎ고……"
4. 한국 대학사에서 배재학당이 차지하는 위상과 관련하여 최근 한국대학신문(2015.10.18.) '화보로 보는 대학 100년史'에 다음과 같은 내용의 기사가 보도된 바 있다. "특히 배재대의 전신인 배재학당은 우리나

라 최초의 서양식 중등교육기관으로 주목할 만하다. 1885년 미국 감리회 소속 아펜젤러 선교사가 배재학당을 창립했다. 이듬해 고종황제로부터 배재학당(培材學堂), 즉 '유용한 인재를 기르고 배우는 집'이란 뜻의 교명 현판을 하사받았다. 배재는 배양영재(培養英材)의 줄임말로 영문으로는 'PAI CHAI College'로 표기했다."

5. 사실 주시경의 배재학당 수학 이력은 세 차례로 나뉜다. 1차 때는 1894년 8월~1895년 6월이고, 2차 때는 1896년 4월~1897년 6월 사이로 재입학하여 특별과(만국지지)를 다녔으며, 3차 때는 1898년~1900년으로 보통과를 졸업하였다.

박에스더

金點童

박에스더
金點童

박에스더는 조선 여성들에게 두 가지 선물을 주고 갔다. 첫째는 육신의 질병을 치유하고 회복하게 한 것뿐만 아니라 그녀가 치료하고 만나는 이들이 복음을 깨닫고 예수를 영접해 영혼이 치유되게 한 것이다. 둘째는 짧은 기간의 헌신이었지만 에스더의 삶을 통해 '존재 없음'의 수많은 조선 여성들이 자신들의 가치를 발견하고, 도전을 받았다는 것이다. 어둠 속에 있었던, 조선의 작은 소녀 김섬동에게 로제타는 빛이 되었다. 그녀를 꿈꾸게 했고, 하나님을 위해 이름답고 귀하게 쓰인 반는 삶으로 이끌었기 때문이다. 그리고 김점동은 박에스더가 되어 조선 여성들에게 또 다시 빛이 되었다. 오늘날 그 빛의 빚을 진 우리는 또 누군가에게 빛이 되고 있는가? 길이 되고 있는가? 박에스더가 우리에게 묻는다.

최초의 여의사

박에스더

박대성 목사 _ 베다니 한인연합감리교회 담임

    조선 여성 최초로, 볼티모어여자의과대학(Woman's Medical College of Baltimore)[1]에서 서양 의학을 공부하고 의사가 된 박에스더(1877~1910)는 1900년 가을, 미국 메릴랜드주 볼티모어시 외곽에 위치한 로레인 파크 공동묘지[2]를 찾았다. 박에스더의 의술이 필요한 조선의 백성들에게로 이제 다시 돌아갈 날이 얼마 남지 않았다. 그러나 한 묘비 앞에서 박에스더는 쉽게 발길을 옮길 수가 없었다.

    그 묘비에는 영문으로 'Yousan Chairu Pak'이라는 이름과 함께 1868년 9월 21일 출생해서 1900년 4월 28일 볼티모어에서 사망했다고 새겨져 있었고, 영문으로 "내가 나그네 되었을 때에 영접하였고"(마태복음 25:35)라는 성경구절도 함께 쓰여 있었다. 그 묘비는 바로 사랑하는 남편 박여선(朴汝先)[3]의 묘비였다.

    많은 상처와 아픔을 간직했던 박에스더. 하지만 위기에 처해 있던 유대민족을 구한 성경 속 에스더처럼 박에스더는 조선 백성들의 육신의 질병뿐만 아니라 마음의 질병까지 어루만지고 치료했던, 조선 최초의 여의사로, 위대한 감리교인으로, 그리고 짧지만 밝게 빛났던 별로 기억되고 있다.

1. 조선의 여성들은 이름이 없다

130여 년 전, 흰 무명 치마저고리를 입고 가난하고 이름조차 없이 사는 조선의 여성들이 있었다. 이들의 삶은 항상 고달팠고 절망적이었으며 희망을 몰랐다. 그랬던 조선 여성들에게 희망과 새로운 세상을 열어준 이들이 있었다. 복음의 기쁨과 구원의 빛을 비춰주었던 낯선 이방인들, 바로 감리교 여선교사들이다.

그중 '평양의 어머니'라고 불렸던, 로제타 셔우드 홀(Rosetta Sherwood Hall, 1865~1951)이 있다. 1865년 미국 뉴욕주 리버티에서 출생한 로제타는 1885년 사범학교를 졸업하고 잠시 교직에 몸담았다가 이듬해 펜실베이니아 여자 의과대학에 진학하여 1889년 졸업한다. 졸업 후 뉴욕의 빈민촌에서 의료선교를 하던 중 후에 남편이 될 윌리엄 제임스 홀(William James Hall, 1860~1894)을 만난다. 그리고 드디어 1890년 10월, 감리교 여성 의료선교사로 파송되어 조선에 도착하게 된다.

19세기 말, 미국교회에 불었던 선교 열풍에 힘입어 기독교인들은 복음을 전하고 하나님 나라를 위해 헌신하며 사는 것을 특별한 부르심으로 여겼다. 그리고 많은 여성들이 이 일에 동참했다.

> 인류를 위해 봉사하려거든, 아무도 가려고 하지 않는 곳으로 가서, 아무도 하려고 하지 않는 일을 하라.

1837년 여성을 위한 대학인 마운트 홀요크 여성신학교(Mount Holyoke Female Seminary)를 세운 메리 라이언(Mary Lyon, 1797~1849)이 해외 선교를 적극 권장하며 했던 유명한 말이다. 1892년 일기에서 로제타는 이 말이 자신을 해외 선교로 이끄는 데 결정적인 역할을 했다고 썼다.[4]

조선에 도착해 바쁜 나날을 보내던 로제타는 자신의 일기에 그 당시 여성들의 모습을 기록했다.

> 조선의 여성들은 이름이 없다. 그들은 작은 애, 혹은 예쁜이라고 불리는데, 결혼을 하고 아들을 낳아야만 '창식이 엄니'같이 아들의 이름에 따라 누구의 엄마라고 불린다. (1890년 10월 20일)5)

로제타뿐만 아니라, 메리 스크랜턴(Mary F. Scranton, 1832~1909) 같은 감리교 여선교사들은 조선 여성들을 바라보며 안타까움과 연민을 느꼈다. 그 당시 조선 여성들은 남성들에게 도움을 주고 희생해야 하는 존재였지 한 사람의 동일한 인격체로 여겨지지 않았고 그런 의식조차 가지지 못했기 때문이다. 그 대표적인 예가 바로 이름이었다. 어려서는 누구 집 딸로, 결혼 후에는 누구 댁으로, 자식을 낳은 후에는 누구 어멈 혹은 할멈으로 불렸다. 철저히 남성 중심의 칭호였다. 이것이 '이름 없이' 지내온 전통사회의 여성이었다. 이 '이름 없음'은 곧 '존재 없음'의 의미이기도 했다.6)

이런 '존재 없음'의 여성들에게 '여성은 하나님이 창조하신 남성과 동일한 존재'라는 존재 의식을 심어주는 일에 앞장섰던 이들이 바로 감리교 여선교사들이었다.

그리고 이 조선의 여성이라는 '존재 없음'을 넘어 수많은 여성들의 육신의 질병뿐만 아니라 영혼까지 보살피며 그들에게 '존재 있음'이라는 새로운 도전을 주었던 이름을 셋 가진 여인이 있었다. 그녀가 바로 김점동, 김에스더라고도 불렸던 조선 최초의 여의사 박에스더다.

2. 김점동으로의 삶

1890년 10월 로제타가 조선에 도착해 일했던 곳이 바로 보구여관(保救女館)이다. '보호하고 구하는 여성들의 집'이라는 뜻으로 명성황후가 이름을 하사했다. 보구여관은 남녀유별의 조선 사회에서 의료혜택이 취약했던 조선 여성들을 위해 "여성을 위한 여성의 일"(Woman's Work for Woman)이라는 모토를 가지고 있던 미감리교 여성해외선교부의 지원으로 만들어진 공간이었다. 1887년 10월 설립된 조선 최초의 여성병원이었던 보구여관은 후에 이대 부속병원이 되는데 로제타가 2대 책임자로 발령받았다.

일손이 필요했고 조선의 말과 문화에 익숙지 않았던 로제타를 위해 이화학당에서는 몇 명의 학생들을 보구여관으로 보내 돕도록 했는데 그중 한 명이 바로 김점동이다.[7]

> 진료소에 통역을 제법 잘하는 점동이라는 학생 하나와 둘이서 일한다. 점동이는 영어를 잘하는 열네 살의 건강한 소녀인데, 영리하고 재빨라서 나는 그 아이를 꼭 훈련시키고 싶다.(1890년 10월 24일 로제타의 일기에서)[8]

김점동은 1877년[9] 3월 16일 서울 정동에 살던 광산 김씨 김홍택과 연안 이씨 사이에서 태어난 네 명의 딸 중 셋째 딸이다.[10] 김점동은 그 시대 다른 여성들에 비하면 여러 좋은 환경 가운데 자랐다고 할 수 있다. 1885년 감리교 선교사들이 자신이 살던 정동 근처를 선교의 근거지로 삼고 학교를 세우고 선교활동을 시작했기 때문이다.

김점동의 아버지 김홍택은 첫 감리교 선교사였던 헨리 아펜젤러 목사에게 고용되었고, 서서히 서양 문물에 눈을 뜨기 시작한다. 그 무렵 아펜젤러 선교사를 통해 메리 스크랜턴 선교사가 여학교를 설립했다는 소식을 듣게 된다. 김홍택은 서양 문물과 사상을 접할 수 있고 음식과 옷을 제공한다는 말에, 한국 근대 최초의 여학교인 이화학당에 김점동을 입학시켰다. 가난했지만 일찍 서양 문물에 눈 뜨고 교육열이 높았던 아버지 덕분에 김점동은 이화학당에서 한글 성경과 교리문답을 배우며 복음의 진리를 깨닫고 신앙을 키울 수 있었고 산수 영어 등 신학문을 배울 수 있었다.

김점동은 보구여관에서 선교사이자 의사인 로제타를 도와 통역과 간호보조 업무를 하며 되고 싶은 것 없고, 하고 싶은 것도 꿈도 없는 자신의 삶에 무엇인가 변화가 오고 있음을 직감하였다.

보구여관에서 서양의학을 처음 접한 김점동은 통역을 하고 약을 조제하고 환자를 돌보는 일은 좋아했지만, 피를 보는 수술 같은 것은 싫어했다. 그러나 로제타 선교사의 속칭 '언청이'라 일컬었던 구순구개열 수술을 보조하고 난 후로는 감명을 받고 의사가 되겠다는 생각을 하기 시작한다.[11] 당시 '언청이'는 불치병으로 여겼는데 수술과 치료를 통해 새 삶을 살게 되는 조선 여성들을 바라보며 자신이 그들에게 희망을 주는 사람이 돼야겠다는 구체적이고 큰 꿈을 품기 시작한 것이다.

로제타는 자신이 만나는 조선 여성들이 하나님 안에서 주체성을 회복해서 자신의 달란트를 최대한 발휘해 세상에 유용한 빛과 소금과 같은 존재가 되게 하려 애썼는데 김점동에게서 그 희망을 발견하기 시작한다.

3. 김에스더로의 삶

어린 나이에 부모와 떨어져 이화학당에서 새로운 삶을 시작한 김점동은 많은 변화를 경험하게 된다. 특별히 복음의 진리를 조금씩 깨닫기 시작하면서 그녀의 삶에 변화가 먼저 왔다. 조선 사람들과 대부분의 이화학당 여학생들 사이에서 빈번하게 발생되던 두 가지 죄악, 거짓말과 훔치는 것을 멀리하기 시작한 것이다.[12] 그리고 마음에 변화가 오기 시작했다. 언제부터인가 김점동의 마음속에 정결한 마음 갖기를 소망하기 시작했고 이것을 위해 아무도 모르게 홀로 기도했다.

이화학당에서 공부를 시작한 지 1년이 되어 가는 어느 장마철 밤, 그날따라 빗소리가 더 크게 들렸다. 얼마 전 배웠던 성경 속 노아의 홍수 이야기가 생각나면서 하나님께서 사람들의 죄를 벌주시려는 것이라는 생각이 들었다.

그래서 같은 방을 쓰는 친구에게 이야기했더니 그 친구도 같은 생각을 하고 있었다고 고백했다. 김점동은 친구에게 무릎을 꿇고 하나님께 죄를 회개하고 정결한 마음을 달라고, 죽음을 무서워하지 않게 해달라고 기도하자고 제안했다. 그들의 순수한 믿음은 응답을 받아 하나님이 주시는 평안이 그들의 마음속에 충만해졌고 두려움은 사라졌으며 다시 잠자리에 들 수 있었다.

이 일이 있은 후, 다른 이화학당 학생들에게 자신들의 경험을 나누며 매일 밤마다 작은 기도회가 김점동의 방에서 열리기 시작했다. 언젠가 본 적이 있었던 감리교 선교사들의 기도회 모임처럼 말이다. 후에 이화학당의 한국인 교사들도 이 기도회에 참여하면서 이 모임은 조선 여성 최초의 기도 모임이 되었다.[13]

김점동이 복음을 가까이 하면 할수록 복음은 그녀의 삶에 변화를 요구했고, 그 요구에 따라 살면서 점점 새롭게 거듭날 준비가 되어 갔다. 마침내 1891년 1월 25일 주일, 올링거 목사(Franklin Ohlinger, 1845~1919)에게 세례를 받은 김점동은 에스더라는 이름을 얻게 되었다.[14] 새로운 이름을 얻는 과정을 통해 성경 속 에스더가 위험에 빠진 민족을 위해 목숨을 아끼지 않았듯 김에스더도 특별히 조선 여성들을 위해 헌신적인 삶을 살겠다고 다짐하지 않았을까?[15]

세례를 통해 새 이름을 얻고 새로운 삶을 살기 시작한 김에스더처럼 로제타 선교사도 인생의 새로운 전환점을 맞이하게 된다. 1889년 뉴욕의 빈민촌 진료소에서 만나 서로 사랑을 키워왔던 캐나다 출신 의료선교사 윌리엄 제임스 홀과 한양에서 1891년 12월 재회했기 때문이다. 그리고 이듬해 6월 두 선교사는 결혼을 하며, 이제 혼자가 아닌 둘이서 함께 조선 선교에 대한 구체적이고 더 큰 비전을 품게 된다. 그리고 1년 후 김에스더에게도 또 다른 큰 삶의 변화가 오는데 바로 박여선과의 결혼이다.

4. 박에스더로의 삶

1) 결혼과 평양 선교

세월은 빠르게 흘러 김에스더가 16세가 되었다. 아버지 김홍택은 이미 세상을 떠났고, 두 명의 언니들도 결혼을 했다. 에스더의 어머니와 친구들은 14세 이전에 결혼을 하던 조선의 풍습을 따라 에스더도 하루 빨리 결혼해야 한다고 성화였다. 심지어 에스더가 일하던 시약소(Dispensary) 환자들마저도 에스더를 볼 때마다, "왜 이렇게 큰 처녀가 결혼을 안 했지? 무슨 문제가 있는 거 아니야?"라고 수군댔다. 당시 조선 사회에서는 기생이나 장애나 병이 있지 않는 이상 16세가 넘도록 결혼을 하지 않는다는 것은 충분히 사람들 사이에서 이야깃거리가 되었기 때문이다.

어머니의 성화와 선교사들의 적극적인 도움으로 드디어 한 사람이 물망에 오른다. 그의 이름은 박여선.[16] 윌리엄 홀에 의해 마부로 고용되어 기독교로 개종한 언제나 정직하고 온화하며 겸손한 청년이었다.

하나님을 잘 섬기면서 사회에서 일하는 여자와 집에서 가족을 위해 음식과 바느질만을 잘 하는 여자 중 누가 더 좋은지를 묻는 윌리엄 홀의 질문에 박여선은 하나님을 위해 일하는 여자가 더 좋다고 대답했다. 이 대답을 듣고 난 후 윌리엄 홀은 에스더의 신랑감으로 박여선을 추천할 수 있었다.

에스더는 박여선의 모든 부분이 마음에 들었던 것은 아니었지만 믿음을 가지고 있는 사람이었기에 박여선과의 결혼을 결심한다. 그때의 심정을 에스더는 로제타 홀에게 편지로 고백했다.

> 저는 그의 신분이 높다거나 낮은 게 무슨 소용이 있느냐고 어머니께 말씀드렸습니다. 저는 신분이 높든 낮든 부자이건 가난하건 상관하지 않습니다. 저는 예수님의 말씀을 좋아하지 않는 사람과는 결혼하지 않을 것입니다.[17]

드디어 1893년 5월 24일, 에스더는 박여선과 결혼하고, 남편 성을 따라 박에스더로 불리게 된다.[18] 조선의 전근대적인 여성관을 벗어나길 원했던 에스더와 조선시대 남성관을 깨고 아내를 위해 기꺼이 자신을 희생하기를 주저하지 않았던 박여선의 만남은 분명 하나님의 섭리였으리라.

박에스더와 박여선

그로부터 1년 후 1894년 5월 8일, 태어난 지 아직 6개월밖에 되지 않았던 셔우드 홀(Sherwood Hall, 1893~1991)을 데리고 로제타와 윌리엄 홀 선교사는 평양 개척 선교의 사명을 띠고 평양에 도착하게 되는데, 박여선과 임신중이었던 박에스더도 동행한다.

당시 평양은 '조선의 소돔'[19]이라고 불릴 정도로 박해가 심했고 도착하자마자 많은 어려움과 고초를 겪었지만 에스더는 여성과 어린이들을 위한 로제타 홀의 평양 선교활동을 훌륭하게 도왔다. 그러나 평양에서의 생활은 오래 지속되지 못했다. 동학농민운동이 일어나는 어지러운 정세 속에서 평양에 오래 머물 수 없었고 결국 평양 도착 한 달 만에 다시 한양으로 돌아오게 된다. 그리고 1894년 7월, 청일전쟁이 발발하고 이런 와중에 에스더는 아기를 출산한다.

> 셔우드가 이제 집안의 유일한 이기이다. 에스더 이모가 몸무게가 겨우 4파운드(1.8kg)밖에 되지 않는 귀여운 사내아이를 낳았는데 셔우드가 아기를 너무도 사랑스러운 눈길로 바라보고 인형 손 같은 아기의 손을 만지작거리곤 하였다. 그런데 아기는 겨우 36시간 동안 에스더 이모 방에 머문 뒤, 주님께서 그 작은 아기를 당신께로 데려가셨다.[20]

1894년 9월 10일, 로제타 홀의 육아일기에 의하면 박에스더의 첫 아기는 미숙아였던 것 같다. 그리고 첫 아이는 태어난 지 이틀 만에 숨을 거둔다. 평양 선교 기간 중에 겪었던 박해 사건의 충격과 임신 중에 평양까지 갔다 오는 힘든 여정 때문은 아니었을까? 그러나 곧 또 다른 슬픔이 다가온다.

성실하고 헌신적인 모습으로 맡겨진 사역에 최선을 다했던 신실한 사람 제임스 홀은 한창 청일전쟁이 진행 중이던 1894년 10월 한 달여 동안 평양으로 다시 돌아가 자신의 몸을 돌볼 틈도 없이 부상병들을 치료하다 말라리아에 걸린다. 이후 한양으로 급히 돌아왔지만 안타깝게도 배 안에서 또다시 발진티푸스[21]에 감염되어 끝내 회복하지 못하고 11월 24일 사랑하는 아내 로제타 홀이 지켜보는 가운데 순직한다. 로제타는 1894년 12월 10일, 셔우드의 육아일기에 아래와 같이 기록했다.

> 아빠가 마지막으로 엄마에게 애써 하려던 말은 "아빠가 평양에 간 사실을 후회하지 말라는 것"이었다. "나는 주님을 위해서 갔고, 그분께서 보상해 주실 것이오."
>
> 사랑하는 아빠, 그의 믿음은 어린이의 믿음과 같이 단순했고, 마치 아기가 어머니의 품 안에서 잠들 듯 죽음에 대해 아무런 공포도 없었다.[22]

그의 선교활동은 비록 짧았지만, 평양 선교의 개척자이자 고아와 어린이들의 진정한 친구였던 그의 헌신은 결코 헛되지 않았다. 나중에 아내 로제타 홀과 에스더를 통해 그의 평양 선교의 꿈이 열매를 맺을 수 있었기 때문이다.

남편의 순직과 함께 슬픔에 잠겨 있던 로제타 홀은 잠시 고향인 미국으로 돌아가기로 결심한다. 이때 에스더는 자신의 오랜 꿈이던 미국에서의 의학 공부의 뜻을 간곡히 비쳤고, 로제타 홀은 미감리교 여성해외선교부의 허락과 약간의 경제적 지원을 약속받은 후 그녀를 미국으로 데려가기로 결정한다. 1894년 12월, 유복자23)를 임신한 상태였던 로제타 홀은 아들 셔우드 홀, 에스더 부부와 함께 미국으로 출발한다.24)

> 엄마는 여기 와 있은 지 거의 5년이니 휴가를 받을 때가 거의 되었고, 또 더 이상 일을 제대로 해 나갈 수 있는 상태가 아니었기 때문에 휴가를 받기로 했다. 엄마는 몇 년 쉬고 다시 기쁜 마음으로 평양에 파견되어 아빠가 시작해 놓은 일을 계속해 나가길 기대하고 있다. 에스더와 여선이는 둘 다 미국에 가길 무척 원해서 엄마가 데려가기로 했다. 여선이는 집에서 일을 도우며 시간이 나면 영어를 배울 수 있을 것이고, 에스더는 리버티의 학교에 보낼 생각이다. 만약 공부를 잘해낸다면 에스더를 의과대학에 보낼 예정인데, 언젠가 의료선교사가 되어 조선의 자매들에게 돌아올 수 있길 기대한다.(1894년 12월 10일 로제타 홀의 셔우드 육아 일기에서)25)

박에스더는 1893년 5월 결혼, 1894년 평양 선교활동 동행, 첫 아이의 죽음, 윌리엄 홀의 순직, 그리고 12월 미국으로의 유학 등 짧은 기간 동안 정말 많은 삶의 변화를 경험했지만 이제 오랫동안 품어왔던 의사로서의 꿈에 조금 더 가깝게 다가갈 수 있게 된다.

2) 미국에서의 삶과 의학교육

1895년 1월 미국에 도착해 그들이 맨 처음 정착한 곳은 로제타 홀의 고향인 뉴욕 주의 작은 도시 리버티였다. 쉽지 않았던 의과대학 입학 준비를 위해 에스더는 공립학교를 다니기 시작했고 박여선은 스스로 꾸준히 영어 공부를 해가며 로제타 홀의 아버지 농장에서 열심히 일해 돈을

셔우드 가족과 함께 한 박에스더 부부

벌어 아내 에스더의 뒷바라지를 했다.

같은 해 9월, 에스더는 뉴욕의 어린이 병원(Nursery and Child's Hospital)에 들어가 일 년 남짓 근무하면서 돈을 모았고, 틈틈이 라틴어·물리학·수학 등을 공부하며 의과대학 입학 준비를 게을리 하지 않았다.

> 에스더는 47명의 아기들이 입원해 있는 소아 병동에서 수간호사를 보조하고 있었는데 일을 아주 잘 해내고 있었다. 또한 라틴어, 수학, 물리학 개인 교습을 받고 있었는데, 라틴어가 영어보다 쉽다고 말했다. 그녀는 내년에 펜실베이니아 여자 의과대학에 입학할 수 있기를 바라고 있다. 졸업하면 의료선교사가 되어 조선으로 돌아갈 것이고, 자기 민족을 위해 훌륭한 일을 해낼 거라 믿는다.(1895년 10월 18일 로제타 홀의 이디스 육아 일기에서)[26]

하지만 의사가 되겠다는 소망과 희망을 품고 시작한 낯선 미국 땅에서의 삶은 그리 쉽지 않았다. 뉴욕 어린이 병원에서 일하던 중 두 번의 좌절과 아픔을 경험하게 되는데, 첫째는 1894년 첫 아이에 이은 두 번째 아이의 조산과 죽음이었다.[27] 둘째는 로제타 홀의 의과대학 후배가 되기를 바라며 명문 펜실베이니아 여자 의과대학으로의 진학을 희망했지만 결국 진학에 실패했다.

이런 아픔과 좌절을 경험한 에스더에게 로제타 홀은 의사가 되는 꿈을 포기하고 자신과 함께 다시 조선으로 귀국할 의향이 있는지를 편지로 물었다. 이에 에스더는 다음과 같이 자신의 입장을 적어 답장을 보냈다.

> 만약 제가 지금 이것을 포기한다면 또 다른 기회가 저에게 다시는 오지 않을 것이라는 것을 잘 알고 있습니다. 만약 이것이 하나님의 뜻이라면 이것을 포기할 생각이 없습니다. 남편도 그 어떤 것보다 제가 의사가 되는 것을 원하고 있습니다. 저는 최선을 다해 노력할 것이고 최선을 다한 후에도 배울 수가 없다면 그때 포기하겠습니다. 그 이전에는 절대 포기할 수 없습니다.[28]

꼭 의사가 되겠다는 에스더의 이런 의지와 열정, 그리고 노력으로 1896년 가을 볼티모어 여자의과대학29)에 입학하여 드디어 꿈에 그리던 의학 공부를 시작한다.30) 그토록 오랫동안 꿈꾸며 준비했던 시간이었기에 학교에서의 모든 시간들이 소중했고 헛되이 보낼 수 없었다. 총 4년의 과정 중 3년의 과정이 끝날 무렵인 1899년 4월 말 에스더가 볼티모어에서 공부하는 동안 그녀의 후견자 역할을 했던 스티븐슨 부인은 에스더를 아래와 같이 평가했다.

에스더는 이제 졸업까지 1년을 남겨두고 있습니다. 학위를 받자마자 조선으로 돌아갈 것입니다. 그녀는 성적도 만족할 만하고 그리스도인으로서 본이 되는 존경받는 학생이면서 우리의 한국 선교에 큰일을 감당할 인물이 될 것입니다.31)

또한 에스더는 그 당시 미국 사람들에게는 낯선 동양 여성으로서 많은 곳에서 초청을 받아 강연회를 했다. 특별히 각 교회의 여성해외선교부가 주최하는 모임에서 신앙 간증을 하며 조선을 알리고 선교의 필요성을 전하기도 했다.32)

하지만 의대 입학 후 순조로울 것만 같았던 미국 생활은 또 다른 비극을 에스더에게 가져다주었다. 이전에 경험했던 두 아이의 죽음보다 윌리엄 홀의 죽음보다 간절히 원했던 펜실베이니아 여자 의과대학으로의 진학 실패보다 더 크고 말로 표현할 수 없는 아픔이 빅에스디를 기다리고 있었으니, 바로 사랑하는 남편 박여선의 죽음이다.

박여선의 투병생활에 대한 기록은 1899년 스티븐슨 부인의 글에 처음으로 언급됐다.

에스더의 남편은 지금 의과대학과 연계된 병원에서 치료받고 있습니다. 그는 폐결핵을 앓고 있습니다.33)

1년이 넘는 박여선의 투병생활과 죽음, 이 모든 과정을 곁에서 지켜보았던 의과대학 교수 루이스 박사는 그 당시 박에스더의 삶을 이렇게 회상했다.

　에스더의 의과대학 과정은 너무나도 슬픈 결말과 함께 끝을 맺었습니다. 낮에는 수업을 듣고 실험을 하는 힘든 학업을 해내면서도 밤에는 남편을 지극히 간호하는 삶을 오랫동안 반복했는데 그녀가 마지막 졸업 시험을 시작하려 할 때쯤 남편이 폐결핵으로 사망했습니다. 하지만 이런 비극적인 상황에도 불구하고 그녀는 매우 훌륭히 시험을 통과했습니다.34)

　박에스더가 의사가 되는 것을 그 누구보다 간절히 원했던 이가 남편 박여선이었다. 조선시대의 전통적인 남성상을 깨고, 박에스더의 의과대학 공부를 위해 자신의 삶을 헌신했던 그리고 든든한 지원자가 되어주었던 박여선. 끝내 사랑하는 아내 에스더가 의사가 되는 것을 보지 못했지만 그렇게 조선 최초의 여성 의사이자 의료선교사를 키우고 짧지만 희생적이었던 이 땅에서의 삶을 마감한다. 그의 나이 33세였다.

　그는 현재 볼티모어 근처 로레인 파크 공동묘지의 스미스(Smith)라는 성을 가진 사람들의 가족 묘지에 제일 첫 번째로 매장된 사람으로 기록되어 있다.35) 박에스더는 조선으로 떠나며 남편의 무덤 앞에서 어떤 기도를 했을까?

여선(汝先)의 묘비에서36)

Esther의 손톱에
봉선화 자욱이 희미해질 무렵
향원정(香遠亭)에
붉은 이화(梨花)가 흩날렸다
제물포항을 떠나올 제

박에스더 남편 박여선의 묘비

많은 눈물을 흘려서인지
가슴에 고인 서러운 한(恨)은
끝내 숨어버리고 만다

Rosetta Hall이 있는
평양(平壤)으로 발걸음을
돌려야 할 때가 다가오자
Esther는 누런 종이를 벗기고
조선의 지도에 청진기(聽診器)를 대어본다
아직 숨을 쉰단다

'익숙해지면 떠나야 한다' 했던가
그 말을 부정(不正)하듯
상투를 튼 요리사의 몸은
떠나기를 거부한다
아무리 추스리고 추스려도
나락(奈落)으로 떨어져가는
육신은 누구도 일으키지 못한다

나그네 되었을 때
손을 잡아 주었던 Smith는
자기가 누울 자리 한켠에
나의 거처(居處)를 양보하는 것으로
눈물을 대신한다
Lorraine Park의 파아란 하늘 아래
울지도 못하는 Esther,

그녀의 마지막 모습이다

이제 조용히 잠든다

33년을 숨쉬게 한 조선(朝鮮)을 가슴에 품고…

묘비(墓碑)여,

너는 어찌 서지도 못하고

돌아누웠느냐

너라도 일어나서 다시 돌아올

Esther를 맞이해야 하지 않겠는가

조선(朝鮮)이 이토록

멀게만 느껴지는 이유는

그저 누워서 하늘만 바라볼 수밖에

없기 때문이겠지

안녕히 가시게나… 점동(點童).

그대는 절대로

울어서는 안 되네

3) 귀국 후의 활동

박에스더는 비록 미국에서 많은 역경과 좌절을 경험했지만 1900년 서양 의학을 공부한 조선 최초의 여성 의사가 된다. 미국에서 의사로 활동할 수 있는 기회가 주어졌지만 조선 여성들에게 희망을 주는 사람이 돼야겠다는 구체적이고 큰 꿈을 실천하기 위해 편안함과 안락함을 포기하고 미감리회 여성해외선교부 파송 의료선교사로 같은 해 11월 귀국한다.

로제타 홀이 남편과 딸의 죽음이라는 절망 속에서도 다시 조선으로 돌아가 의료선교사로서의 사명을 충실히 수행하는 것을 곁에서 지켜보면서 박에스더도 많은 도전을 받았으리라.

귀국 후 박에스더는 1898년 귀국한 로제타 홀과 함께 보구여관과 윌리엄 홀이 개척했던 평양 의료선교에 자신의 열정과 삶을 모두 쏟아 부었다. 이제는 로제타 홀의 조수가 아닌 동료로 말이다.

먼저 보구여관과 광혜여원(廣惠女院)으로도 불리던 평양부인병원 등을 통해 매년 수천 명 이상의 여성과 어린이 환자를 진료했고, 쉬는 날도 없이 더 많은 사람들을 진료하기 위해 수없이 많은 곳을 찾아 의료활동을 펼쳤다. 특별히 자신의 안위보다 환자들의 치료를 우선적으로 생각했기에 전염병이 유행할 때도 환자들의 집을 직접 방문해 치료하고 약을 전하며 그들에게 복음과 평안을 전하려고 노력했다. 박에스더는 환자들의 육신의 질병뿐만 아니라 마음의 상처, 불안감, 두려움까지도 어루만져주었던 예수님을 생각나게 하는 사람이었다.

박에스더는 조선 여성들의 의료 교육에도 기여를 했다. 여성들을 진료하면서 미신적이고 잘못된 건강 상식으로 인해 병이 더 심해져서 오는 경우를 발견하고 그것을 계몽시키는 데 주력했다.

또한 여성 의료 발전과 교육을 위해 보구여관 내에 간호사 양성소를 설립하고 운영하는 데 큰 도움을 주었을 뿐만 아니라 로제타 홀에 의해 설립된 조선 최초의 특수 교육 기관이었던 평양맹아학교 운영과 교육에도 참여하며 활발한 활동을 펼쳤다.[37]

박에스더는 의료선교사로서 의료활동을 통해 복음을 전했을 뿐만 아니라 직접적인 선교활동을 통해서도 조선의 여성들에게 하나님의 말씀을 전했다.

먼저 황해도·평안도 지역의 산간벽지를 가리지 않고 순회하며 여성과 아이들에게 활발하게 복음을 전했다. 또한 1903년부터 1909년까지 전도부인을 양성하는 여자성경학교를 통해 말씀과 위생학[38]을 가르치며 큰 결실을 맺기도 했는데, 수많은 전도부인들이 양성되어 어둠에 갇혀 있던 조선 여성들에게 복음과 희망의 빛을 선물했기 때문이다.

1909년 '해외유학여성환영회'가 열렸다. 해외에서 유학한 후 귀국해 사회에 지대한 영향력을 끼치며 헌신, 봉사하는 여성들의 업적을 치하하고 격려하는 자리였던 이 모임에서 박에스더는 하란사, 윤정원과 함께 훈장을 받았다. 하지만 1905년부터 앓기 시작했던 폐결핵으로 인해 박에스더는 이때 이미 병세가 악화되어 있던 상태였다.

선교사들의 도움으로 치료를 위해 중국 남경에서 요양을 하며[39] 병세가 호전되어 의료선교사로서의 사역을 이어가기도 했지만 또다시 병세가 악화되었다. 안타깝게도 1910년 4월 13일 귀국 후 그렇게 10년을 쉴 새 없이 조선 여성들을 섬기던 박에스더는 남편 박여선과 같은 폐결핵으로 짧았지만 빛났던 삶을 마감한다. 그녀의 나이 34세였다.

5. 짧지만 별처럼 빛난 삶

박에스더의 죽음에 로제타 홀과 에스더를 이모처럼 따르던 셔우드 홀이 받았을 슬픔과 충격은 얼마나 컸을까? 셔우드 홀은 자신의 자서전에서 박에스더의 죽음이 자신의 인생에 얼마나 큰 영향을 끼쳤는지 고백했다.

에스더 이모의 죽음은 저에게 충격으로 다가왔습니다. 저는 한창 귀하게 쓰임 받던 에스더 이모의 생명을 빼앗아갔고 수많은 조선 백성들을 쇠약하게 만드는 결핵을 예방하는 것을 돕는 데, 저의 모든 힘을 다하기로 결심했습니다. 저는 결핵 전문의로 다시 조선으로 돌아와 결핵 요양원을 세우기로 다짐했습니다.[40]

어릴 적 자신을 늘 아껴주며 사랑해 주었던 에스더 이모와 여선 이모부를 폐결핵으로 먼저 보냈던 셔우드 홀은 자신의 결심대로 결핵으로 고통 받는 이들을 위해 삶을 헌신한다. 1928년 10월, 폐결핵 퇴치를 위해 '해주구세요양원'을 최초로 설립하였고, 1932년 12월 결핵퇴치 기금 모금을 위한 '크리스마스 실'(Christmas Seal)을 처음으로 발행한다. 젊은 나이에 안타깝게 세상을 떠난, 박에스더와 박여선의 죽음이 수많은 생명들을 살리는 불씨가 된 것이다.

1894년 남편인 윌리엄 홀과 함께 평양 선교를 떠나며, 에스더에게 동행할 수 있는지를 물었던 로제타 홀에게 에스더가 의연히 대답했다.

하나님이 저를 위해 문을 열어주시는 어느 곳이든지 저는 가겠습니다. 만약 하나님이 평양의 문을 열어주시면, 저는 가겠습니다. 저는 몸과 영혼과 마음을 하나님께 바칩니다. 제 몸과 제 마음과 제 영혼은 모두 하나님의 것이고, 비록 사람들이 저를 죽일지라도 하나님에 대해 조선 사람들에게 가르치는 데 제 삶을 바치겠습니다. 저는 그 어떤 것보다 예수님을 위해 일하고 싶습니다.[41]

에스더의 이 고백이 짧지만 별처럼 빛났던 그녀의 삶을 말해주는 듯하다.
박에스더는 조선 여성들에게 두 가지 선물을 주고 갔다. 첫째는 육신의 질병을 치유하고 회복하게 한 것뿐만 아니라 그녀가 치료하고 만나는 이들이 복음을 깨닫고 예수를 영접해 영혼이 치유되게 한 것이다. 둘째는 비록 10년이라는 짧은 기간의 헌신이었지만 에스더의 삶을 통해 '존재 없음'의 수많은 조선 여성들이 자신들의 가치를 발견하고 도전을 받았다는 것이다.

어둠 속에 있었던, 조선의 작은 소녀 김섬동에게 로세타는 빛이 되었다. 그녀를 꿈꾸게 했고, 하나님을 위해 아름답고 귀하게 쓰임 받는 삶으로 그녀를 이끌었기 때문이다. 그리고 김점동은 박에스더가 되어 조선 여성들에게 또다시 빛이 되었다. 오늘날 그 빛의 빚을 진 우리는 또 누군가에게 빛이 되고 있는가? 길이 되고 있는가? 박에스더가 우리에게 묻는다.

참고문헌

박정희, 「닥터 로제타 홀」, 다산북스, 2015.
이덕주, 「스크랜턴」, 공옥출판사, 2104.
이덕주, 「한국교회 처음 여성들」, 기독교문사, 1990.
Harold J. Abrahams, *The Extinct Medical Schools of Baltimore*, Maryland Historical Society, 1969.
Rosetta S. Hall Ed., *The Life of Rev. William James Hall, M.D.*, Eaton & Mains, 1897.
Sherwood Hall, *With Stethoscope in Asia : Korea*, MCL Associates, 1978.
Baltimore Sun, Feb 1, 1897, Dec 13, 1899.
Gospel in All Lands, June, 1899.
List or Manifest of Alien Immigrants for the Commissioner of Immigration, 1895.
Maryland Medical Journal, 1907.
Pittsburg Christian Advocate, Feb 23, 1899.
Twelfth Census of the United State, Baltimore, 1900.

---

1. 1882년 개교해 1910년 폐교될 때까지 수많은 여성 의사를 배출한 볼티모어 여자 의과대학은 필자가 조사 확인한 결과 기존에 알려진 것처럼 존스홉킨스 의과대학으로 흡수되거나 합병된 것이 아니라, 1910년 폐교 후 사라졌다.(참고: Harold J. Abrahams, *The Extinct Medical Schools of Baltimore, Maryland*, Maryland Historical Society, 1969.) 당시 존스홉킨스 의과대학은 대학교육을 거쳐야 들어갈 수 있는 대학원 과정이었다. 볼티모어 여자대학(후에 가우처대학으로 학교 이름을 변경함)을 졸업한 여학생들에게 존스홉킨스 의과대학 입학 자격을 준 적은 있었다.
2. 박여선의 묘비가 있는 로레인 파크 공동묘지(Lorraine Park Cemetery & Mausoleum)의 주소는 5608 Dogwood Road. Baltimore MD 21207이고, 묘지 번호는 Garden of Prayer Section 3의 #337번이다. 묘비에 새겨진 중간 이름 'Chairu'가 무엇을 의미하는지는 아직 밝혀지지 않았다.
3. 보통 박유산이라는 이름으로 알려졌는데 원래 이름은 박여선(朴汝先)이다. 선교사들이 영어로 발음하기 쉽게 박유산이라고 불렀고, 영문 이름도 그렇게 사용한 듯하다. 1897년 당시 주미공사였던 서광범이 작성해 조선 정부에 보고한 「주미내거안」(駐美來去案)이라는 책을 보면, 그 당시 미국에 유학하고 있는 21명의 유학생 이름이 나온다. 그곳에 '박여선(朴汝先)과 그의 처'라는 기록이 있다. 또한 1900년 11월에 발행된 「신학월보」의 박에스더 환국 소식에도 박여선이라 기록되어 있다.
4. 박정희, 「닥디 로제디 홀」(다산북스, 2015), 283.
5. 박정희, 「닥터 로제타 홀」(다산북스, 2015), 155.
6. 이덕주, 「한국교회 처음 여성들」(기독교문사, 1990), 68.
7. 보구여관의 첫 여의사였던 메타 하워드(Meta Howard, 1862~1930)가 건강 악화로 사임하자 1890년 10월 로제타가 후임으로 파송되었다. 도착한 다음 날부터 혼자 수많은 환자들을 돌보아야 했기에 자신을 도울 보조원과 통역이 필요했다. 이때 영어를 잘하는 이화학당 학생 몇 명이 로제타를 돕기 위해 파견되었고, 그중에 특별히 영어를 잘하며 많은 도움을 주던 학생이 김점동이었다.

8. 박정희, 「닥터 로제타 홀」(다산북스, 2015), 207.
9. 그동안 박에스더 관련 글들에서 1876년생이라 했지만, 1900년 6월 박에스더가 미국 체류 시 작성된 인구조사서에 의하면 1877년이라고 기록되어 있기에 필자는 1877년을 따른다.
10. 언니인 김마리아(1873~1921)는 결혼 후 정신여학당에 입학해 공부했으며, 졸업 후 1896년부터 모교 교사로 활동하며 여성들의 교육과 전도에 힘썼다. 동생 김배세(1886~1944)는 세브란스 간호사 양성 과정을 최초로 이수하고 첫 정식 간호사로 세브란스 병원에서 근무했다.
11. Rosetta S. Hall Ed., *The Life of Rev. William James Hall, M.D.* (Eaton & Mains, 1897), 200.
12. "Pittsburg Christian Advocate" (Feb 23, 1899); *Gospel in All Lands* (June 1899), 268.
13. "Pittsburg Christian Advocate" (Feb 23, 1899); *Gospel in All Lands* (June 1899), 268.
14. "Pittsburg Christian Advocate" (Feb 23, 1899); *Gospel in All Lands* (June 1899), 269. 그 당시 보통의 조선 여성들은 결혼 후에는 그녀들의 원래 이름으로 더 이상 불리지 않다가, 아이를 출산하게 되면 '누구누구의 엄마' 등으로 불렸다. 그런 사정을 잘 알고 있던 선교사들은 조선의 여성들이나 소녀들이 세례를 받으면, 보통의 경우 성경 속 여성들로 이름을 새로 지어 주었다. 김점동은 에스더라는 이름을 마음에 들어 했다고 한다. 그리고 이때부터 김점동은 김에스더로 불리기 시작한다.
15. 이덕주, 「스크랜턴」(공옥출판사, 2104), 282. 이덕주 교수는 "이들 이화학당 학생 교인들은 이름만 바뀐 것이 아니라 가치관과 삶의 목표도 바뀌었다. 봉건시대 집안에서 침묵과 복종을 강요받았던 여성들이 기독교 복음 안에서 '자유와 해방'의 가치를 발견하고 그것을 아직 모르는 여성들에게 전하려는 의지와 열정의 소유자들이 되었다."라고 평가했다.
16. Rosetta S. Hall Ed., *The Life of Rev. William James Hall, M.D.* (Eaton & Mains, 1897), 392~395. 로제타 홀은 윌리엄 홀 순직 후 그를 기념하는 책을 만들면서 박여선에게 추모의 글을 부탁하는데, 이 책에는 박여선이 한글로 쓴 글을 에스더가 영어로 번역한 글이 실려 있다. 이 글은 박여선이 뉴욕 리버티에 머물고 있을 당시인 1897년 8월에 작성됐다. 이 글에 의하면, 박여선은 윌리엄 홀이 1892년 순회전도를 하며 평양을 방문했을 때, 마부로 고용됐던 사람이다. 훈장이었던 아버지의 뜻을 거스르고 서울로 올라와 마부 일을 하고 있었던 박여선은, 평양으로 가는 윌리엄 홀과의 여행을 통해 그가 불편한 중에도 웃음을 잃지 않고, 피곤한 중에도 항상 기도하고 성경을 읽으며, 안식일을 철저히 지키며 예배를 드리는 모습에 많은 감명을 받아 그가 믿는 하나님에 대해 관심을 가지게 되었다고 한다.
17. 박정희, 「닥터 로제타 홀」(다산북스, 2015), 229.
18. 선교사들을 통해 서양의 문화를 접하고 많은 영향을 받았기에, 초기 기독교 여성들도 서양 여성처럼 결혼 후 남편의 성으로 자신의 성을 바꾼 듯하다.
19. *Gospel in All Lands* (June 1899), 271.
20. 박정희, 「닥터 로제타 홀」(다산북스, 2015), 305.
21. 보통 비위생적인 환경에서 발생하는 병으로, 전쟁이나 기근 등 위생에 신경 쓸 수 없을 때 자주 발생했던 질병이다. 갑작스런 두통, 오한, 발열 등을 동반한다.
22. 박정희, 「닥터 로제타 홀」(다산북스, 2015), 315.
23. 1895년 1월 18일, 셔우드 홀의 고향집에서 태어난 둘째, 이디스 마거릿 홀(Edith M. Hall)은 안타깝게도 1898년 5월 23일, 평양에서 이질로 인해 사망했다.
24. "List or Manifest of Alien Immigrants for the Commissioner of immigration" (1895). 미국 국립 문서 기록 관리청(National Archives and Records Administration) 소장. 1894년 12월 21일 일본 요코하마항을 출발해 1895년 1월 6일 미국 샌프란시스코항에 도착한 박에스더 일행이 탔던 S.S. China호의 승객 명단에 의하면, 박에스더는 고용인(Servant)으로, 박여선은 요리사(Cook)로 직업이 적혀 있다.
25. 박정희, 「닥터 로제타 홀」(다산북스, 2015), 320.
26. 박정희, 「닥터 로제타 홀」(다산북스, 2015), 411.
27. 박정희, 「닥터 로제타 홀」(다산북스, 2015), 411. 1895년 9월부터 뉴욕 어린이 병원에서 1년 정도 근무하며 의대 입시를 준비하던 중, 과로 때문이었는지 아니면 원래 자궁에 문제가 있었는지 두 번째 조산을 했다. 그리고 또 다시 아이를 잃었다. "Twelfth Census of the United State, Baltimore" (1900). 미국

국립 문서 기록 관리청(National Archives and Records Administration) 소장. 1900년 6월, 박에스더가 미국 체류 시 작성된, 인구조사서 질문 11번 항목에 '몇 명의 아이들의 어머니'인지 묻는 질문이 있는데, 이곳에 2라고 기록되어 있고, 12번 항목에 '그 아이들 중 현재 살아 있는 아이의 수'를 묻는 질문에는 0으로 기록되어 있다.

28. "Pittsburg Christian Advocate" (Feb 23, 1899); *Gospel in All Lands* (June 1899), 272.
29. Harold J. Abrahams, *The Extinct Medical Schools of Baltimore, Maryland* (Maryland Historical Society, 1969), 73. 볼티모어 여자 의과대학은 1882년 개교 이래 28년가량 운영되었지만, 의학교육 시설 충족 요건 미달로 인해 1910년 폐교되었다. 박에스더는 펜실베니아 여자 의과대학 진학 실패 후, 상대적으로 자격 요건이 낮아 입학이 가능했던 볼티모어 여자 의과대학을 선택한 듯하다.
30. "Pittsburg Christian Advocate" (Feb 23, 1899). 미감리회 피츠버그 연회의 여성해외선교부에서 박에스더의 의과대학 공부를 위해 지원을 아끼지 않았다.
31. *Gospel in All Lands* (June 1899), 272.
32. 현재도 발행되고 있는 볼티모어 지역 신문인 Baltimore Sun지의 1897년 2월 1일, 1899년 12월 13일자 신문에 그 내용이 실려 있다.
33. *Gospel in All Lands* (June 1899), 272.
34. *Maryland Medical Journal* (1907), 388.
35. 공동묘지의 지적도를 확인하는 과정 중에 발견된 사실이다. 필자가 스미스 일가와 연락을 하고 확인해 본 결과, 자신들의 가족묘지에 박여선이 매장되어 있는 것을 잘 알고 있지만, 스미스 일가와 어떤 관계로 인해 매장되었는지는 아무도 모른다는 답변을 받았다. 스미스 일가의 허락 하에, 박여선을 기리는 비석을 세우는 계획을 추진 중이다.
36. 시를 쓴 이는 박송수 목사(하늘비전감리교회)로, 필자와 함께 2015년 5월 17일 로레인 파크 박여선의 묘지를 방문하고, 그날의 회한을 글로써 표현했다.
37. 박정희, 「닥터 로제타 홀」(다산북스, 2015), 416.
38. 특별히 위생학을 가르쳤던 이유는, 그 당시 많은 질병의 원인이 가정에서의 잘못된 위생에서 시작되었기 때문이다. 그래서 전도부인들을 교육시켜 전국 각지로 보내 각 가정을 계몽시키기 위함이었다.
39. *Maryland Medical Journal* (1907), 388.
40. Sherwood Hall, *With Stethoscope in Asia : Korea* (MCL Associates, 1978), 223.
41. *Gospel in All Lands* (June 1899), 270.

손정도

孫貞道

손정도
孫貞道

해석(海石) 손정도(孫貞道, 1882~1931) 목사는 철저한 기독교 신앙운동을 통해 민족의 복음화가 이루어졌을 때 민족의 구원도 가능하다고 믿었고, 이러한 믿음을 위해 평생을 헌신하며 실천의 삶을 살아갔던 목회자이자 대표적인 기독교 민족운동가였다. 한국 근·현대사의 전환기에 목회자로서 민족의 문제를 정면으로 주시하며 신앙과 민족 사랑을 일치하려는 한결같은 모습을 보여주있다. 그는 죽는 날끼지 철저히 국권 회복을 염두에 둔 민족운동가, 교역자, 지시인으로서의 사명을 다하고자 했다.

신앙과 민족 사랑의 일치, 걸레의 철학자
손정도

오영교 박사 _ 연세대학교 교수

　기독교와 교회는 보편적 개념이다. 누구누구를 위한 기독교라는 제한도 없고 있어서도 안 될 것이다. 그러나 역사는 상반된 특수와 보편의 결합을 요구한다. 따라서 기독교, 교회라는 보편성은 한국, 한국민족이라는 실존적 상황에 제한되며 자연스럽게 갈등을 겪을 수밖에 없었다. 여기에서 간과할 수 없는 것이 역사적 상황이다. 역사적 상황은 한국민족과 기독교·교회와의 관계에 있어 결정적인 변수가 된다.
　한말기 개신교의 민족의식은 개화의식과 반봉건의식을 표리관계로 형성되었다. 이후 일제의 지배 아래 한국민족과 교회가 굴종의 과정에 휩싸이게 되자 이 과정에서 한국인 교역자들은 민족이 처한 현실을 깊이 고민하면서 선교본부의 강한 정교분리의 입장에 대해 나름의 고민들을 쏟아내게 된다. 이것은 기독교의 신앙이 개인의 사적인 차원에 머무는 것이 아니라 사회적·역사적 차원의 것이어야 한다는 전제 때문이다. 적지 않은 한국인 교역자들은 전인적인 인간 구원을 향한 선교의 일환으로 민족의 위기를 극복하고 독립과 민족해방을 이루려는 민족운동을 전개하려 했다. 이들은 성직자의 본분을 지키면서도 민족문제를 한시도 놓치지 않고 있었다. 물론 이들은 일제에 합병되기 이전 독립적인 국가의 위상을 알고 있고, 따라서 국권 회복을 염원하는 논리를 지니고 있었다.[1]
　일제의 강제 병합 이후 기독교 세력은 표면상의 항쟁의식을 감추며 다양한 노선으로 분화되어 갔다. 한말기 이래 애국계몽운동을 계승하여 실력양성론을 내세우고 교육과 산업부강을 내세우며 활동하는 그룹, 무장투쟁을 부르짖으며 활동의 공간을 만주로 옮겨간 적극적 민족주의자들, 해외정부 구상을 목표로 미주와 중국에 망명해간 그룹 등이 나타난다.

해석(海石) 손정도(孫貞道, 1882~1931) 목사는 철저한 기독교 신앙운동을 통해 민족의 복음화가 이루어졌을 때 민족의 구원도 가능하다고 믿었고, 이러한 믿음을 위해 평생을 헌신하며 실천의 삶을 살아갔던 목회자이자 대표적인 기독교 민족운동가였다. 한국 근·현대사의 전환기에 목회자로서 민족의 문제를 정면으로 주시하며 신앙과 민족 사랑을 일치하려는 한결같은 모습을 보여주었다. 그는 죽는 날까지 철저히 국권 회복을 염두에 둔 민족운동가, 교역자, 지식인으로서의 사명을 다하고자 했다.

1. 개종과 신앙체험

손정도는 평안북도 강서군 증산면 오흥리에서 출생하였다. 강서군은 평양과 인접한 곳으로 넓은 곡창지대와 풍부한 지하자원, 그리고 일찍이 도입된 외국자본으로 경제적 여유를 가진 지역이었다. 동시에 이 지역은 정치적으로 소외된 지역으로서 새로운 사상을 갈구하는 곳이기도 하였다. 때문에 한말 근대화 시기 이후 강서군은 신교육과 기독교 보급에 있어서 타지역보다 앞선 곳이기도 하였다. 손정도는 전통적 유학자 가문에서 손형준과 오신도 사이의 장남으로 출생히였다. 그는 13세 때 같은 동리에 거주하는 세 살 위인 박신일과 결혼하고 20세 되기까지는 고향에서 한문을 배우는 평범한 생활로 지냈다.

손정도 목사의 기독교로의 회심은 사도 바울의 그것처럼 갑작스럽고도 철저한 것이었다. 1902년 평양으로 관리 시험을 보러 가는 도중 날이 저물자 하루 저녁을 우연히 조(趙)씨 성을 가진 목사 댁에서 유숙하게 되었다. 그날 밤 조 목사로부터 서구의 문화와 기독교 교리를 듣게 되었고, 한학밖에는 배운 것이 없던 소년은 동경하던 신학문의 실체가 무엇인지 직접 접하면서 이를 자신 안에 받아들이는 충격적인 경험을 하게 되었다. 평소 괄괄하고 열정적인 성품이던 청년은 "당장에 몸을 떠는 감동"을 맛보았다. 불과 하룻밤도 안 되는 사이에 청년 손정도는 기독교에 몸을 맡기는 변신을 이룬 것이다. 그는 다음 날 아침 곧바로 조 목사에게 부탁하여 상투를 자른 다음 과거를 포기하고 고향으로 돌아가 집안에서 대대로 모셔온 사당을 부수었다. 이 때문에 '미쳐도 크게 미친' 사람으로 취급되어 집에서 쫓겨나고 말았다. 완고한 유학자 집안에서 중시하는 조상 숭배에 대한 부정행위는 용납할 수 없는 것이었다.[2]

평양으로 돌아간 그는 조 목사의 알선으로 평양 주재 감리교 선교사였던 무어(John Z. Moore, 문요한, 1874~1963) 목사를 만나게 되었다. 무어 목사는 1903년 내한하여 정동교회에서 목사 안수를 받고 곧바로 평양으로 부임하였다. 무어 목사는 손정도를 자신의 비서 겸 한국어 선생으로 삼고 목사관에서 일하게 하는 한편, 숭실학교에 다니도록 주선해 주었다.[3] 손정도가 1903년 숭실중학교에 입학하여 고학을 하며 신학문을 배우는 동안, 그의 부인은 평양기독병원인 기홀병원에서 잡역부 일을 하면서 가정을 돌보았다.

1907년 숭실학교가 위치한 평양에서 대부흥운동이 일어났다. 공개적인 죄의 자복과 윤리적 갱신을 특징으로 하는 대부흥운동을 통해 '숭실학교 학생 열 명 중 아홉이 큰 은혜를 받고 거듭나는'[4] 체험을 했으며, '썩어질 세상에 부패, 정욕과 죄악의 인격을 벗고 고결한 신의 성격을 입는'[5] 친구들의 경험을 보며 손정도 역시 신의 임재를 경험하였다. 그때 손정도는 성 밖의 언덕이나 솔밭에서, 또는 학교 기도실에서 밤새워 기도하는 습관을 갖게 되었는데, 그의 기도는 '종교적 정화의 세계를 찾기 위해서 또는 캄캄한 조선이 구원의 길로 나아갈 살 길을 찾기 위하여 하는 쉼 없는 기도'였다. 그러던 어느 날 기도 중에 환상을 보게 되는데, 이는 손정도의 삶을 이끄는 지표가 되었다.

나 자신 앞에 2천만의 남녀 동포가 하나도 빠짐없이 쭉 늘어선 것이 보였다. 즉 사망에 빠지는 그들, 죄악의 멍에에 착고를 당한 그들을 구원하고 해방함이 나의 책임이라고 보여줌이다. 그들을 보고 나는 또한 통곡하였다. 그러나 기쁘다 미덥다 할 만하다고 생각됨은 만능의 구주께서 나와 같이 하시기 때문이다.6)

환상 중에 '죄악의 멍에를 메고 사망에 빠진' 2천만 동포의 모습을 보았고, 이 체험을 통해 기독교를 통한 민족의 구원과 해방이 자신에게 부여된 사명으로 확신하게 된 것이다. 이후 그의 삶은 민족 구원의 사명을 이루기 위해 열정적으로 복음을 전파하는 부흥목사로서 헌신하는 모습을 보인다. 다음은 당시 손정도의 목회 모습을 증언하는 내용이다.

목사님은 어느 날 새벽기도하시고 성경 사도행전 1:6~8 말씀을7) 보시매 베드로가 주께 요구한 사정에 목사님이 동감하셨다. 국가가 있어야 할 자유 독립과 국민이 가져야 할 민족주의를 부르짖고 신앙자유의 용기로 화평한 복음을 전하며 진리와 정의로 선한 싸움을 싸워볼 것이란 결심으로 하나님께 약속하셨다. 이때부터 목사님은 신앙부흥운동의 성사(聖使)로 출발하시고 가시는 교회마다 오순절 성화가 일어나서 신자마다 중생의 은혜를 받으며 불신자가 회개하고 구원의 길을 찾는 자기 많았다.8)

종교인들이 민족과 이방인들의 영혼 구원과 삶의 갱신이라는 종교적 영역에서 최선을 다하면, 민족의 정치적 독립이란 '신의 은총'이 내릴 것으로 본 것이다. 이처럼 손정도는 우리 민족의 독립운동을 초대 교회 시절 오순절 성령운동과 연결시켰다.9)

2. 초기 국내외 목회 – 만주와 국내활동

　1908년 숭실학교를 졸업한 손정도는 숭실대학에 입학했으나, 부흥운동의 영향으로 목회자로서의 사명을 갖게 된 후 대학을 중퇴하고 진남포 신흥리교회 전도사로 부임하여 목회를 시작하는 한편, '이동식 수업'으로 진행되던 감리회 협성신학교에 입학하여 신학 수업을 받았다.10) 1909년 6월 미감리회 연회에서 진남포·삼화 구역 전도사로 정식 파송받았다. 그리고 1년 뒤인 1910년 5월 손정도는 서울 정동교회에서 개최된 미감리회 연회에서 집사목사 안수를 받고, 모교인 숭실학교의 지원을 받아 만주에 있는 동포 교민들을 위한 '청국 선교사'로 특별 파송을 받아 중국으로 자리를 옮겼다.11) 손정도는 우선 중국어를 익히기 위해 그해 7월 북경으로 갔는데, 그곳에서 비밀 결사 단체였던 신민회의 핵심 인물이자 민족운동 해외기지 구축을 위해 매진하고 있던 조성환, 안창호 등 주요 인맥들과 접촉하게 되었다. 당시 중국에서 선교활동을 하던 손정도는 민족운동가들과의 만남을 통해 단순한 복음 전도만이 아닌 한국인들에게 삶에 대한 용기와 '자신력'을 심어주어야 함을 각인하게 되었다.

　그는 하얼빈에 본거지를 두고 만주 땅에 이주해 온 한국인 실향민뿐만 아니라 중국인들에게까지 복음을 전하기 시작했다. 당시 한국 이주민들은 타향에서 생활하여 경제적 어려움을 겪고 있었고, 일제 강제 병합으로 인해 국권이 상실됨에 따라 커다란 실의에 빠져 있었다. 손정도는 특히 이들 한국인에게 기독교신앙과 민족의식을 심어주기 위해 노력을 다하였다. 단지 복음 전도만이 아니라 그들의 생활 자체를 지도해야 했으며, 무엇보다 삶에 대한 용기와 '자신감'을 심어 주어야 했다. 다음은 당시 중국에서 활동하던 손정도 목사가 한국 감리교회에 써 보낸 글이다.

　하나님께서 더욱 풍성한 은혜를 내리사 전국 교인이 믿음으로 믿음에 들어가 굳게 자신하는 힘이 일어남이라. … 일국의 행복은 일국 국민의 자신력으로 향우하나니 그런즉 우리 교회도 마땅히 하나님의 은혜를 받은 각 교우의 자신력으로 발달할지라. … 만약 우리가 자신력이 없으면 스스로 서는 힘을 얻지 못하리니 … 속히 자신력을 얻어 남을 믿지 말고 스스로 서서 동양에 선교하는 큰 기관교회가 되기를 간절히 믿고 바라나이다. 청국 산해관에서 손정도.12)

광활한 이국 땅에 흩어져 있는 동포들을 위해 홀로 동분서주한 손 목사는 그들을 위해 일할 일꾼을 청하는 다음과 같은 노래 한 수를 지어 본국으로 보내왔다.13)

1. 삼천리 강산 주의 동반도는
　구원얻은 동포 많아졌으니
　그리스도 왕의 명령을 쫓아서
　어서 추수하러 나아갑시다.
2. 이세상 제일 광대한 전답에
　곡식익어 황금빛과 같으니
　농부들은 속히 농기를 메고
　어서 추수하러 나아갑시다.
3. 형제와 자매들 다 모여들어서
　십자가를 달고 달음실 마낭에
　반도 안에 있는 주의 일꾼들은
　어서 추수하러 나아갑시다.
후렴: 나아갑시다 나아갑시다.
　　　어서 추수하러 나아갑시다.

손정도의 호소문에 접한 한국감리교회는 그해 추수감사절을 기하여 중국에 선교사를 더 보내기 위해 특별히 헌금할 것을 결의하고 광고했다.14)

1911년 중국 선교사로 지원해 나가면서부터 손정도는 망국의 상황을 신학과 신앙으로 극복해 보려는, 민족운동가의 모습을 갖춰나가기 시작한 것이다. 이런 기독교 민족운동가로서 손정도 목사의 모습은 같은 시기, 가까운 사이였던 안창호에게 보낸 편지를 통해 살펴볼 수 있다.

저의 어리석은 소견으로 생각할 때에 본국에서 할 일과 만주에서 할 일을 올 봄부터 시작하고자 하는데, '일을 꾀하는 것은 사람이고, 일이 성사되게 하는 것은 하늘'이라 하였던 바, 모든 것은 하늘에 맡겨야 할 것입니다. 본국 각 지역에 설립할 모임은 아직 국민의 의무적인 모임이라 할 수 없고, 교회 내 청년으로 시작하여 이 기도하는 모임을 설립하고 회비를 모집하여, 회비를 사용하는 방법에 있어서는 반은 북(만주)으로 가져다 병기를 준비케 하고 반은 때때로 본 기도모임에서 쓸 터인데, 기도회는 큰 교회 있는 곳마다 두고 가령 평양에서 모이는 모임은 우리 기회(期會)를 만날 때에 평양에 있는 원수만 파멸하고, 경성에 있는 모임은 경성에 있는 원수들을 한날한시에 박멸하게 하야 기도회를 성립할 터인데 작년에 몇 군데에 다소간 시작하였으나 완전한 지경이 못되었습니다. 금년 아무 때나 모일 때가 되면 될 듯합니다.
청국에 대한 일은, 긴요한 지방이 만주인데, 만주 사람은 우리와 같이 일본에게 무한한 고난을 받아 필연 일본인이 자기의 원수 되는 줄 압니다. 우리가 같은 감정을 가지고 운동을 하면 만주인은 우리 동포같이 일할 터인데, 그 일하는 방법은 다음과 같이 연구하는 중입니다. 저의 우견으로는 의사 몇 명을 내어다가 병원을 몇 군데 설립하고 북만주에 토지를 좀 예비하고 어떤 일이든 능히 해낼 만한 사람 십여 명을 지휘하야 교제할 터인데, 그 일은 일이년 내에 성취되지 못하나 저의 우견으로는 5년 내로는 작은 기관이 생기고 십년 내에 운동이 생길 줄 믿고 희망하나이다.15)

위의 편지에서 알 수 있듯이, 손정도 목사는 1911년 이미 한국의 교회에 청년회를 조직해, 그 청년회를 중심으로 항일운동을 펼쳐나갈 것을 계획하고 있었다. 즉, 청년 기도모임을 만들고, 그 청년회를 통해 항일운동을 일으키자는 구도로서, 기독교 신앙의 에너지를 민족구국운동으로 승화시키고자 하였다.

손정도 목사는 1912년 3월 귀국하여 서울 상동교회에서 개최된 미감리회 연회에 참석하여 선교 상황을 보고한 후 청국 봉천, 북방 하얼빈, 남방 선교사로 재차 파송되었고,[16] 그의 노력으로 얼마 지나지 않아 2백여 명의 교인이 생겨 "신자의 자력으로 당지(當地) 공원가(公園街)에 2층 예배당까지 건축하였고 우리 동포의 공동묘지까지 세우게 되었다."[17]

그러나 손정도 목사의 하얼빈 목회는 또다시 1년도 안 되어 막을 내리게 되었다. 1912년에 일본 정부가 날조한 소위 '가쓰라 암살 음모사건'의 주모자로 체포되어 조선 총독부 경무부로 압송되어 가게 된 것이다.[18] 한 해 전인 1911년 국내 기독교계 민족운동가들을 탄압하기 위해 일명 '105인 사건'(데라우치 총독 암살 미수사건)을 날조한 바 있는 일본 정부는 1년 후 또다시 사건을 날조하여 하얼빈 거주 한국인들을 대거 구금하였다. 두 번에 걸쳐 일본 수상을 역임했던 가쓰라 타로(桂太郞)가 일본 정부 특사로 러시아로 가는 길에 하얼빈을 통과했는데, 당시 하얼빈 주변의 한국인들이 가쓰라를 암살하려 했다며 사람들을 구금한 것이다. 이로 인해 손정도도 러시아 유치장에 수감되고, 이어 일본영사관을 거쳐 서울로 압송되어 왔다.[19] 그의 죄목에는 북간도에 무관학교를 세우고 독립운동의 기지를 마련하려고 했다는 것이 첨가되었다. 그러나 증거가 애매해지자 일본 경찰은 그에게 "거주 제한 1년"의 유배형을 내리고 전라남도 진도로 보냈다.

유배지로 내려간 손정도 목사는 귀양살이를 하면서도 지역주민을 위해 복음을 전파하는 것은 물론 나라 사랑과 독립정신을 가르치는 데 불철주야 노력했고,[20] 그곳에서 깊이 묵상하는 생활을 하는 중에 하나님의 은혜를 다시 한 번 체험하는 시간을 보냈다.

1913년 11월 10일 진도 유배생활을 마친 손정도가 서울에 도착하자, 최병헌을 비롯한 교역자들과 협성신학교 신학생들의 따뜻한 환영을 받았다.21) 이때부터 그의 짧은 서울생활이 시작되었다. 1914년 6월 서울에서 개최된 미감리회 연회에서 현순은 정동교회로, 손정도는 동대문교회로 파송을 받아 1년간 시무하였다.22) 이때 흩어졌던 그의 가족들도 서울에 모여 단란하게 살게 되었다.23) 1년 후인 1915년 정동교회의 현순 목사가 주일학교연합회 총무로 파송 받게 되자 손정도가 정동교회로 파송되었다.

손정도 목사는 1915년 4월부터 1918년 5월까지 3년 동안 정동교회를 담임하고 목회를 하였다. 그 기간 정동교회에 전도사로 파송되어 손정도 목사의 목회를 도운 교역자는 김종우(1913~1916), 장낙도(1915), 오익표(1916), 김진호(1917~1919)였다.24)

1916년 미감리회 연회에서 손정도를 비롯한 한국인 목사 4명이 1906

1914년 6월 서울에서 개최된 조선미감리회 연회 시 고 전덕기 목사 추도회 후. 왼쪽부터 장낙도 최병헌 손정도 김유순

년 스크랜턴에 의해 해산되었던 엡윗청년회를 다시 조직하자는 청원서를 제출하였다. 그가 엡윗청년회를 재건하기 위해 앞장선 것은 그가 이미 1911년 안창호에게 보낸 편지에서 보듯이, 기독교 청년회를 통해 민족주의 구국운동을 전개할 방법을 모색한 데에서 기인한 것으로 보인다.

이들 정동교회 청년들을 향한 손정도의 설교는 대체로 두 가지 주제로 나뉠 수 있었다. 첫째는 믿음이 약한 이들에게 교회의 필요성을 강조하여 많은 학생들을 교회로 인도하려 한 것이었다. 둘째는 강한 믿음을 갖는 것만이 남을 도울 수 있는 힘을 갖게 되는 것으로, 학생들이 장차 민족을 구하고 어지러운 사회를 바로잡을 수 있는 주인이 되려면 기독교적 믿음과 생명력이 있어야 함을 강조하였다.

> 믿음은 생명이니 믿음이 확실한 자는 생명이 있고, 믿음이 없는 자는 생명도 없나니 생명있는 자 능히 사람을 살리고 생명이 없는 자는 자기도 살릴 수 없는 것이라.[25]

이는 그리스도의 복음에 대한 믿음을 민족 구원으로 승화시키려는 손정도 목사의 기독교 민족운동 실천방법이었다. 그리고 이런 손정도의 믿음과 사상, 삶의 모습은 정동교회 청년들에게 전가되어 이때 교육받은 배재, 이화의 학생들이 1919년 민족운동에 대거 참여하게 된다.

손정도가 목회한 지 1년이 지난 1916년에는 교인수가 크게 증가하였다. 그해 통계에 따르면 입교인 747명, 학습인 275명, 원입인 930명, 주일학교학생 820명 등 도합 2,772명에 달하는 당시 최대의 교회로 성장했다.[26] 원입인과 주일학교 학생수의 내역은 정동교회가 청년학생들이 많았음을 보여준다.

당시 정동교회는 남녀의 엄격한 내외법에 따라 교회 안에서도 남녀 성도석을 구분해 놓았고 남녀가 서로 바라볼 수 없도록 교회 한가운데 칸막이를 쳐놓고 예배를 드렸다. 1915년까지 강단을 중심으로 어른 키가 넘는 정도(약 2미터)의 칸막이는 나중에 휘장으로 바뀐다. 이러한 휘장이 그의 사역 시기에 제거되었다.[27] 이것은 당시로는 하나의 변혁이었고 휘장 없이 예배드리는 광경을 보기 위해 구경꾼들까지 모여들었다.[28]

손정도가 평생 그의 삶에서 추구하였던 것, 즉 기독교 복음 확장을 통한 민족의 구원은 그의 사상이자 삶의 방향이었다. 따라서 정동교인을 향한 그의 설교에는 항상 이 같은 사상이 자리 잡고 있었다.

> 변천에는 소극적 변천과 적극적 변천이 있나니, 소극적 변천은 망하는 것이오, 적극적 변천은 흥하는 것이다. … 무슨 까닭에 무엇을 얻고자 하여 서로

다투나뇨. … 무슨 까닭인가 자세히 생각하여 보아라. 너희들이 얻고자 하는 것이 너희가 죽이는 사람보다 더 귀하며 … 보배스러운 것이 무엇이 있는가. … 우리는 이같이 악하고 어두운 세계를 철창으로 질그릇 부스러뜨리듯 하고 평화의 세계, 즉 사랑의 세계를 짓고자 하노라.[29]

이렇듯 손정도 목사는 실질적인 변화를 촉구하며 교회와 민족운동을 일치시키고 있었다. 그는 1918년 6월에 있었던 연회에서 장로목사 안수를 받았음에도 불구하고 연회에 휴직원을 제출하고 정동교회를 사임했다. 이제 이러한 그의 사상을 바탕으로 사상운동에서 실천운동 차원으로 옮겨졌다.

3. 상해 임시정부에서의 정치활동과 민족운동

제1차 세계대전이 막을 내리고 국제정세의 변화를 몸소 느낀 손정도는 목사로서 국내 목회활동에만 매진할 수 없었다. "신병을 치료할 겸 몸을 쉬겠다"는 것이 표면적인 사임 이유였으나 실상은 국내외 비밀결사조직과 연결되어 의친왕 이강(李堈) 공과 하란사(河蘭史)를 파리에서 개최되는 만국평화회의에 참석시키기 위하여 상해로 가서 공작하라는 임무를 수행하고자 하였다. 손 목사는 1918년 7월 가족을 이끌고 평양 신창리로 이주하였다.[30] 그는 상주(喪主)로 변장한 채 열차 편으로 안동을 거쳐서 상해로 건너갔다. 이 같은 그의 계획은 일제의 방해로 실현되지 못한 채 상해에서 3·1운동을 맞았다.

1919년 4월 10일 상해 임시정부 의정원이 결성될 때 초대 부의장에 선출되었다. 그해 4월 30일부터 5월 13일까지 개최된 의정원 회의에서 의장에 선출되었으며, 9월 6일 병중에도 의정원 회의를 주재하여 이승만을 대통령으로 하는 최초의 대한민국 임시정부 수립의 산파 역할을 담당하였다. 그리고 임시정부 평정관, 임시정부 의정원법 기초위원으로 활약하며 임시정부 및 의정원 조직 체계를 잡는 데 깊이 참여하였다.

상해 임시정부 수반과 함께 맨 왼쪽 손정도 목사, 가운데 이승만, 안창호

1919년 7월 일제는 상해 불란서 조계에 거주하는 한인독립운동가 중 손정도를 체포 명부에서 제1순위로 꼽고 있었다.31)

이후 상해에 머물면서 독립운동에 적극 참여하였는데 1920년 1월에는 김구, 김철, 김립, 윤현진, 김순애 등과 의용단(義勇團)을 조직하여 단장이 되었다. 의용단은 대한민국 임시정부의 물리력 역할을 하는 기구였다.32) 그해 백영엽, 차이석, 주요한 등과 함께 안창호가 주도하는 흥사단 원동임시위부에 가입하였다.

1921년에는 임시정부 국무원 교통총장을 역임하고, 1922년 10월 22일 군인 양성과 독립전쟁 비용 조달을 위한 노병회(勞兵會)를 창설하여 노공부장(勞工部長)으로 활약하였다.33) 또한 이 기간 중에 북경에서 개최된 감리교 동아신교대회에 백영업과 함께 참석하여 국내에서 온 현순, 신흥우 등 대표들과 회동하고 상해 임시정부에서 발행한 「한국독립운동의 진상」(한·영판)을 회의에 참석한 외국 선교사들에게 나누어 주며 우리의 독립운동을 역설하기도 하였다. 1919년 10월 대한적십자회를 조직하여 상임위원으로 활동하였고, 1922년 2월에 회장에 선출되었다. 당시 손정도는 북만주와 간도지방에 거주하는 한인동포들이 마적과 흉작으로 인해 생활이 곤궁해지자 이들을 구휼하기 위한 의연활동을 전개하였다.34)

한편 1920년 10월 15일에 평양의 기독교 여신자 100여 명이 대한애국부인회를 조직하고 군자금 2,400여 원을 모금하여 임시정부에 송금한 사실이 발각되어 제령 제7호 위반으로 검거된 일이 있다.35) 당시 대한애국부인회 총재인 오신도는 손정도의 모친이며, 평양감리파 지회 서기로 참여한 손진실은 그의 장녀이다.

망명 후 정치운동에 적극 참여하며 독립운동을 몸소 실천하려 했던 손정도는, 목사로서의 직책도 소홀히 하지 않았다. 상해 한인교회의 운영에 참여하였고, 교회 부속학교로 설립된 인성학교 교장으로도 봉직하면서 국어·국문·역사·지리과목을 중점적으로 교육하여 '한국혼'을 심어주는 데 기여하였다.36) 손정도는 1919년 대한야소교연합진정회를 결성하여 회장에 취임하였다. 국내 교회 간, 기관 간 교통망 설치의 중요성을 강조하고 기독교총회와 연회가 기도로써 항일에 나서줄 것을 요청하였다. 아울러 중국, 러시아, 미주와 하와이, 구미 각국의 외국인들과 그곳의 교포들을 대상으로 활동하며 국제연맹과 만국장로교연합회와 감리교백주년기념대회, 그리고 미국 상원의원들에게 "만국예수교우에게"라는 진정서를 발송하였다. 국제사회에 한국의 독립운동을 선전하고 국내에는 국외의 사정을 전달하는 선전사업을 전개하였다.37) 이는 기독교를 통해 외교적인 독립운동을 하는 손정도의 운동 노선을 대변하는 것이었다.

4. 길림에서의 실천적인 목회활동

상해 임시정부가 노선을 둘러싸고 고수파와 창조파 사이에 갈등이 야기되자 손정도는 개조파로서 극단적인 양파의 견해를 중도적 입장에서 해결해보고자 노력하였다. '애국주의'와 '자기 희생'을 강조하며 국민대표회의에 참석하였으나 원하는 결과를 얻지 못하였다. 1922년 말 손정도는 임시정부 관계 일에서 손을 떼고 길림성으로 옮겨 신첩교회를 담임하는 한편, 그 지역

독립운동가들의 무장투쟁을 지원하였다. 이때 무장 독립운동가 현익철, 오동진, 김동삼 등과 긴밀한 관계를 구축하였다.

한편 손정도가 만주로 오게 된 것은 정치적 지향성이 강한 한인들이 집결한 중국 관내 지역과는 달리 만주 지역이 개병(皆兵), 개납(皆納)의 기초가 되는 국민적 기반을 갖고 있으며 이곳에 안정된 독립운동기지를 개척해야 한다는 절실함 때문이었다고 지적되기도 한다. 길림은 한인들의 생계를 해결해 주는 데서 나아가 독립운동의 재정원으로서의 역할, 그리고 산업을 발전시킬 수 있는 가능성을 갖고 있는 곳이었다.38) 그는 이곳에 자급자족할 수 있는 농촌공동체를 건설하여 궁극적으로 독립운동의 기지로 삼고자 하였다. 이는 일찍이 안창호와 함께 신민회 시절 관심을 지녔던 소위 '이상촌'(理想村) 건립방안이었으며 이의 실천을 위해 끊임없이 노력하였다. 손정도는 길림에 온 이래 목릉현 일대와 경박호 일대의 50향의 땅을 매입하여 한인들이 주체가 된 농업공사를 경영하기도 하였다.

당시 그가 「기독신보」에 기고했던 "만주선교의 요구"라는 글에서도 그의 목회자로서의 사명과 만주에 살고 있는 동포들에 대한 사랑과 그 애절함을 절실히 느낄 수 있다.39)

첫째, 상당한 일꾼이 필요합니다. 이 지방 형편에 의해 상당한 일꾼은 큰 모험심이 있어야 하겠습니다. 모험심이 없는 사람은 만주같이 험악한 지방에서 전도하기 불가능합니다. 둘째, 자신력이 있는 일꾼이 필요합니다. 셋째, 간절한 후원이 있어야 할 것입니다. 내지에 계신 교회 형제자매가 간절한 마음으로 주께 기도하고 마음을 합하고 힘을 합하여 후원을 해주어야 하겠습니다. 넷째, 교육기관을 가급적 속히 만들어야 하겠습니다. 우리 교회에서 상당한 교육기관을 만들면 다수의 동포가 교회의 은혜를 입게 되겠습니다. 따라서 예수교로 인도될 것입니다. 다섯째, 금전이 필요합니다. 만주에 있는 조선 사람의 현재 사정은 차마 눈 뜨고 볼 수가 없습니다.

이후 손정도는 1927년 4월 1일 협동조합적 성격을 지닌 농민호조사(農民 互助社)를 창설하여 농촌의 교육, 영농기술 개발, 보건위생사업을 추진하였 다. 손정도는 고향의 재산을 처분하고 만주 일대의 애국지사와 농민들을 상 대로 주식을 발행하고 길림성에 3,000일경(日耕)의 토지를 마련하기 위해 우 선 1백호를 이주시켰다.[40] 그러나 농민호조사 사업은 중국의 심한 정세변동 과 9·18 만주사변 등으로 제대로 실행되지 못했다.

이처럼 독립운동의 일선에서 활약하는 중에도 목사로서의 직분도 충실히 감당하여 그가 담임하는 길림 한인교회 내에 유치원과 공민학교를 설립하여 교포 2세의 교육과 민족정신 고취에 전심하였고 몸을 돌보지 않고 교포사회 발전에 헌신하였다. 손정도는 이와 같은 강도 높은 활동으로 인해 결국 건강 을 해쳐 1929년 교회 목사직을 사임하고 이듬해 신병 치료를 위해 봉천에 있 는 둘째 사위 신국권(당시 동북대 교수)의 집으로 옮겼다. 그러나 손정도가 길 림을 떠나 있는 동안 길림에서 조선인 배척사건이 일어나 교포들이 어려움 을 겪고 있다는 소식을 접하자 다시 길림으로 돌아갔다. 그는 동남성(東南省) 주석인 장학량과 길림성 장인 장작상 등 요인들을 직접 만나 이 문제를 해결 하였다. 교포들은 안정을 되찾았으나 그는 무리한 활동 때문에 건강이 더욱 악화되어 액목현의 한 교포집에서 피를 토하며 쓰러졌다. 손정도는 길림의 동양병원에 입원하였으나 결국 회복되지 못한 채 1931년 2월 19일 가족도 없는 외로운 병상에서 소천하였다.[41]

손정도의 유해는 동포들의 손에 의해 길림성 북산(北山) 동쪽 기슭에 묻혔다가 1996년 9월 11일 국내로 봉환되어 김포공항에서 환영식을 거행하 였고, 12일 정동교회 본당에서 조영준 담임목사 의 집례로 추도예배를 드린 후 국립묘지 임정요 인 묘역에 안장되었다. 대한민국 정부는 1962년 그의 공훈을 기려 건국공로훈장 단장(單章)을 수

손정도의 묘

여하였다. 유족으로는 아들 원일(元一, 전 국방부 장관, 해군참모총장)과 원태(元泰, 재미의사, 고인)와 딸 진실(眞實, 애국부인회 사건 연루자, 재미), 성실(誠實, 신국권의 아내), 인실(仁實, 전 YWCA 이사장, 정동교회 장로) 등이 있는데 그 후손들이 손정도 목사의 신앙의 유훈을 계승하고 있다.

5. 손정도의 민족 구국 신앙의 의의

손정도가 살았던 한말기의 상황은 봉건적 유교사회가 붕괴되고 새로운 근대사회가 도래되었고, 아울러 외세 제국주의 침략에 맞서 자주적인 민족운동이 전개되는 격변의 시기였다. 이때 서구의 문화를 대변하는 기독교는 근대사회 전변과정에서 전통적인 유교 이념을 대체할 수 있는 종교 이념이자 사회사상으로 등장하였다. 손정도는 당시 우리 민족의 역사적 과제를 사회의 변화와 개혁에서 찾았고 진정한 국권 회복을 위해서도 자기 변화와 혁신을 적극 수용해야 될 것으로 보았다.

일제의 침략이 노골화되는 시점에서 손정도는 교회의 목회자로서 충실한 삶을 살아가며 기독교 신자들에게 민족의식과 독립의식을 고취시켰다. 그는 하나님 사랑, 나라 사랑을 외치면서 일제의 부당한 침략을 규탄하였고, 열심 있는 전도와 뜨거운 설교로 담임하던 교회는 크게 부흥하였다.

3·1운동 이후 1920년대 초반에는 임시정부를 중심으로 국내의 비밀결사 조직과의 연계 하에 민족운동을 진행하였다. 그리고 1920년대 중반 이후 손정도는 만주 길림에서 한인사회를 통합하고 이상촌 건설운동을 확산시키는 데 진력하였다. 만주 한인사회를 하나로 통합하며 동포들의 생활을 안정시키고 장기적인 항일투쟁의 기반을 마련하고자 했던 것이다.

손정도가 채용한 설교제목은 '천시가 변화함', '조선의 변천을 논함', '새 마음을 받으라', '양의 피로 옷을 씻음', '먼저 하나님의 나라와 그 의를 가지라', '그리스도인의 자신력' 등에서 보듯 철저한 변화와 개혁과 실천에 최선의 가치를 두었다.42) 그가 체득한 기독교는 사람들을 실질적으로 변화시키는 힘을 가진 변화와 개혁의 종교였다. 개인이 변하면 가정과 사회도 변화하는데, 하나님에 대한 믿음은 개인과 사회를 변화시키는 원동력이다. 이러한 변화는 종교적 변화를 뜻하는데, 그가 희망하던 "평화의 세계", "사랑의 세계"는 곧 기독교를 바탕으로 이루어지는 평화와 공존의 세계였다. 그리고 현실의 암울한 세계를 바라봤을 때, 이를 변화시킬 수 있는 것은 기독교의 복음이자 믿음이었고, 그가 지향하는 세계는 바로 기독교적 평화의 세계였다. 여기서 바로 손정도 목사의 기독교 민족주의 사상이 추구하는 바를 알 수 있다. 그는 기독교를 철저히 실천하는 종교이자 세상을 선하게 변화시킬 수 있는 종교로 인지하고 믿음으로써, 먼저 스스로 예수를 믿고, 변화하고, 나아가 스스로의 실천을 통해 세상을 변화시키고자 하였다. 그리고 그의 사상은 일제라는 시대 상황과 만나면서 민족 구국운동으로 표현되기에 이른 것이었다.

> 하나님을 사랑하는 사람은 나라를 사랑하고,
> 나라를 사랑하는 사람은 하나님을 사랑하느니라.43)

이러한 손정도 목사의 어록은 그에게 하나님 사랑과 나라 사랑은 별개의 사안이 아니라, 하나님을 사랑하면 세상을 바꾸는 실천력이 생기고 이는 결국 나라 사랑으로 이어진다는 것을 보여준다. 그는 마지막 숨을 다할 때까지 기독교 민족주의자의 삶을 살아낸 신실한 목회자이자 실천가였다. 오늘을 살아가는 믿음의 후손들은 아무런 대가도 없이 자신을 희생하며 생명이 다할 때까지 남을 위해 극진히 봉사했던 그의 신앙을 '걸레정신'의 발로라 명명하고 머리를 숙이며 기리고 있다. '걸레정신'은 주님께서 주신 사랑의 계명에서 시작되었고 나를 앞세우기보다는 우리가 함께 해야 할 일이 무엇인지를 알고, 희생정신을 기반으로 함께 목표를 달성하는 것이었다.

참고문헌

국회도서관 편, 「한국민족운동사 삼일운동 편 3」, 1979.
국회도서관 편, 「한국민족운동사 중국편」, 1976.
김창수·김승일, 「해석 손정도의 생애와 사상연구」, 넥서스, 1999.
심광섭, "탁사 최병헌의 비교종교론적 기독교 토착화신학", 「탁사 최병헌 목사의 생애와 사상」, 정동삼문출판사, 2008.
이덕주, "손정도 목사의 생애와 기독교 사상", 「손정도 목사의 생애와 사상」, 감리교신학대학교, 2004.
이덕주, "해석 손정도 목사의 신앙과 민족운동", 「대한민국 임시의정원 의장 해석 손정도의 생애와 사상연구」, 출판기념 국제학술회의록, 해석 손정도의 사상, 1999. 12. 15.
이명화, "항일민족사의 맥락에서 본 손정도 목사", 「손정도 목사의 생애와 사상」, 감리교신학대학교 출판부, 2004.
최봉측, "고 해석 손정도 목사 략전(二)", 「기독교 종교교육」, 1931, 8~9.

---

1. 이는 '충군애국'의 유교적 실천윤리가 아직도 이들의 의식과 사상체계의 심저를 흐르고 있음을 보여주는 것이라는 지적이 있다. 이 전제는 유교적 세계관이 그들에게 아직 녹아 있기 때문이라는 추론이 가능하다. 유교적 세계관이란 삶을 성속(聖俗)의 분리, 현세와 내세의 분리, 영육 분리의 관점에서 보지 않고, 통합적이며 전일적으로 보는 세계관을 말한다. 이는 서양의 세속화 신학, 정치신학과 정치윤리가 이 땅에 소개되기 전에 형성된 것으로, 초기의 신앙인들이 민족의 독립운동에 참여하고 사회의 구조적 문제에 관심을 집중했던 것에 적지 않은 영향을 끼쳤다는 것이다. 바로 한국 기독교민족주의의 독특한 위상도 여기에서 규정됨이 강조되고 있다(심광섭, "탁사 최병헌의 비교종교론적 기독교 토착화신학", 「탁사 최병헌 목사의 생애와 사상」, 정동삼문출판사, 2008, 250~251).
2. 손원일, "나의 이력서", 「한국일보」, 1976. 9. 29.
3. 이성삼, 「한국감리교회사 II- 한국감리교회 1930~1945」(기독교대한감리회본부 교육부, 1980), 342.
4. W.A. Noble, "Report of Pyeng Yang District," *Official Minutes of Annual Session of the Korea Mission of the Methodist Episcopal Church*, 1907, 52~53(이하 OMAS라 표기).
5. 손정도 목회수첩, 이덕주, "해석 손정도 목사의 신앙과 민족운동", 「대한민국 임시의정원 의장 해석 손정도의 생애와 사상연구」, 출판기념 국제학술회의록, 해석 손정도의 사상과 행동 (1999. 12. 15), 11.
6. 최봉측, "고 해석 손정도 목사 략전(二)", 「기독교 종교교육」, 1931. 8~9, 63.
7. 원문은 사도행전 2장 6~8절로 되어 있으나, 전후 문맥으로 보아 1장 6~8절로 사료된다.
8. 배형식, 「고 해석 손정도 목사 소전」(기독교건국전도단사무소, 1949), 2~3; 이덕주, "손정도 목사의 생애와 기독교 사상", 「손정도 목사의 생애와 사상」(감리교신학대학교, 2004), 39에서 재인용.
9. 이덕주, "해석 손정도 목사의 신앙과 민족운동", 40.
10. *OMAS*, 1909, 29.
11. "감리회 (미이미회) 년회뎨1회 일긔", 「그리스도회보」, 1911. 1. 31, 5; "미감리회 특별광고", 「그리스도회보」, 1911. 10. 30, 7.

12. "그리스도인의 자신력", 「그리스도회보」, 1911. 4. 15.
13. "천시가 변천함", 「그리스도회보」, 1911. 11. 15.
14. "미감리회의 특별광고", 「그리스도회보」, 1911. 10. 30.
15. 본 인용문은 손정도 목사의 친필 편지를 현대어로 풀이한 것이다. "손정도 목사가 도산 안창호 선생에게 보낸 편지", 1911년 12월 25일, 「제1회 아펜젤러 학술강좌 자료집」(정동제일교회역사편찬위원회, 1999), 부록.
16. 「조선예수교감리회년회일긔」, 1912, 16; OMAS, 1912, 30.
17. 배형식, 「고 해석 손정도 목사 소전」, 4~5.
18. 일본 수상 가쓰라 타로(桂太郞)와 미육군 장관 태프트(William Taft) 사이에 도쿄 합의 각서가 성립되어 일본은 미국이 필리핀 지배를, 미국은 일본의 대한제국 지배를 상호 인정하였다.
19. 최봉측, "고 해석 손정도 목사 략전(二)", 64~65.
20. 홍은혜 엮음, 「우리들은 이 바다 위해 – 손원일 제독 회고록」(가인기획, 1990), 60(이하 「회고록」이라 표기).
21. "손씨 위로회", 「그리스도회보」, 1913. 12. 1.
22. 「조션미감리교회년회일긔」, 1914, 20.
23. 「회고록」, 61.
24. 유동식, "역대 교역자 명단", 「정동제일교회의 역사 1885~1990」, 31 참고.
25. 손정도, "위대한 사업은 시간과 믿음에 있느니라", 「기독신보」, 1916. 10. 4.
26. Official Minutes of the Korea Conference of M.E.C, 1916, 77. 당시 실제 아침예배에 참석하는 교인은 700명에 달한다는 기록이 있다. "예베인 출석", 「기독신보」, 1916. 9. 27.
27. 송길섭, 「정동제일교회 구십년사」, 117.
28. 손원일, "나의 이력서", 「한국일보」, 1976. 10. 3.
29. "조선의 변천을 논함", 「神學世界」 제1권 제1호, 1916, 111.
30. 「조선미감리교회년회일긔」, 1918, 30; "개인소식", 「기독신보」, 1918. 7. 24.
31. 국회도서관 편, 「한국민족운동사 중국편」, 1976, 85.
32. 국회도서관 편, 「한국민족운동사 삼일운동편3」, 1979, 735.
33. 김희곤, "한국노병회의 결성과 독립전쟁방략", 「중국관내 한국독립운동단체연구」(지식산업사, 1995), 227.
34. 국회도서관 편, 「한국민족운동사 중국편」, 1976, 409.
35. 「동아일보」, 1925. 1. 4(2); 국회도서관 편, 「한국민족운동사 삼일운동편3」, 1979, 629.
36. "上海朝鮮人敎會史", 「기독신보」, 1922. 8. 30.
37. 국회도서관 편, 「한국민족운동사 삼일운동편3」, 1979, 558.
38. 이명화, "항일민족사의 맥락에서 본 손정도 목사", 「손정도 목사의 생애와 사상」(감리교신학대학교 출판부, 2004), 99.
39. "만주선교의 요구", 「기독신보」, 1924. 7. 31, 8. 13.
40. 김창수·김승일, 「해석 손정도의 생애와 사상연구」(넥서스, 1999), 319~320.
41. 북한의 김일성도 손정도의 길림에서의 활동 시 적지 않은 영향을 받은 것으로 보인다. 김일성이 80회 생일을 맞은 1992년 4월에 출간된 「세기와 더불어」라는 저서에서 그는 유년 시절부터 1930년까지의 회고를 하고 있다. 김일성은 자신의 삶에 기독교가 적지 않게 긍정적인 영향을 끼쳤으며, 아버지가 숭실학교 출신으로 평양에 있을 때부터 손정도 집안과 "뜨거운 우정"을 나누었고, 손징도가 임시정부를 떠나 길림에서 예배당을 운영할 때, 김일성은 이 예배당을 대중 교양장소로 널리 이용했고, 손정도를 친아버지처럼 따르고 존경했다고 술회하기도 했다. 이렇듯 손정도는 한국 현대사의 굴곡 속에서 다양한 사람들에게 영향을 끼쳤다(최상순, "손정도 목사는 그리스도교정신을 독립운동으로 승화시킨 애국의 거성", 「손정도 목사의 생애와 사상」, 23~24).
42. 이덕주, "손정도 목사의 생애와 기독교 사상", 「손정도 목사의 생애와 사상」, 87.
43. 「회고록」, 99.

앨리스 아펜젤러

Alice R. Appenzeller

앨리스 아펜젤러
Alice R. Appenzeller

앨리스 아펜젤러는 "하나님이 여성에게 부여한 자리는 남성의 동료이자 배우자로서 남성과 나란히 있는 자리"이며, 이를 위해 여성고등교육이 필요하다고 생각했다. 이에 따라 "한국민족과 여성에게 가치가 있고 의미가 있는 기독교 여자대학"을 세우기를 원했다. 또한 "여학생들은 나라의 희망"이기 때문에 이들이 최고로 발전할 수 있게 교육환경이 개선되어야 한다고 주장했다.

한국 여성교육에 헌신한 교육 선교사
앨리스 아펜젤러

김성은 박사_ 대구한의대학교 교수

앨리스 아펜젤러(Alice R. Appenzeller, 1885~1950)는 조선에서 태어난 최초의 외국인으로, 일생을 한국인을 위한 선교활동에 헌신했다. 그는 한국에서 별세했고 그의 장례는 사회장으로 치러 양화진 외국인 선교사 묘원에 안장되었다.1) 어린 시절 조선에서 성장한 그는 미국에서 대학을 졸업한 뒤 교사로 재직하다가 귀국해 교육선교사로 활동했다. 그의 가장 주요한 업적은 일제식민지 시기 거의 유일한 여성고등교육기관이던 이화여전의 위상을 정립하고 학교 발전의 기반이 된 신촌 캠퍼스를 건설한 것이다. 그가 한국여성교육과 한국사회에 끼친 영향은 매우 컸다. 한국여성고등교육에 대한 그의 신념과 실천적 의지는 오늘날 한국여성에게 대학교육이 보편화되고 교육을 받은 여성들이 사회에 진출해 활발하게 활동하게 하는 토대가 되었다.

그럼에도 앨리스 아펜젤러와 그의 업적은 일반인은 물론이고 학계와 기독교계에도 잘 알려져 있지 않다. 아펜젤러라고 하면 으레 조선에 입국한 최초의 개신교 선교사 중 한 분으로 배재학당을 설립한 헨리 아펜젤러(Henry Gerhard Appenzeller, 1858·1902)를 떠올린다. 앨리스 아펜젤러는 헨리 아펜젤러의 딸이다.

이화가 실시한 여성고등교육과 이화의 졸업생들이 한국사회에 끼친 영향을 고려할 때, 이를 가능하게 한 배경이자 원동력으로 학교를 설립, 운영하고 발전시킨 외국인 여선교사들의 업적이 간과된 측면이 없지 않다. 여선교사들은 한국여성에게 근대교육을 실시하고 해외유학의 기회를 제공해 한국 사회에 여성 지도자가 배출될 수 있는 토대를 조성했다. 앨리스의 교육활동 (근대교육 및 고등교육)은 내외법에 묶여 바깥세상과 격리되어 있던 한국여성이 신여성과 지식인으로 대표되는 근대여성으로 성장할 수 있는 원동력이 되었다.

1. 교육선교사로서의 성장 배경

앨리스 아펜젤러가 교육선교사로서 한국에서 활동한 배경으로 먼저 그가 조선 땅에서 태어나고 자랐다는 점을 들 수 있다. 따라서 다른 외국인에 비해 한국말과 한국음식 등 한국문화에 익숙했다.

그의 부모인 아펜젤러 부부는 조선에 입국한 최초의 개신교 복음 선교사로, 1885년 조선에 도착했다. 이때 앨리스 아펜젤러는 어머니의 태중에 있었다. 이리하여 그는 바로 그해 1885년 조선 땅에서 태어났다. 한국에서 태어난 최초의 서양인 아기였다. 당시 조선에 입국한 이들 선교사들은 기독교 선교를 위해 조선인들에게 다가가고자 애썼지만, 조선인들이 외국인을 경계하며 멀리하는 바람에 여의치 않은 상황이었다. 그런데 앨리스 아펜젤러가 태어난 이후 상황이 완전히 바뀌었다.

아펜젤러는 이 아기가 복음 전도자로서 얼마나 능력이 있는가를 처음에는 알지 못했다. 그러나 한국 여인들의 어머니로서의 긍지, 여성으로서의 공감, 한국인 남녀노소의 호기심과 열성으로 말미암아 예상치 못했던 길이 트이게 되었고, 아펜젤러는 눈앞에서 대립의 벽이 허물어지는 것을 보았다. 이제껏 그의 접근을 완강히 거부해 왔던 사람들이 자력에 끌린 듯 그의 집으로 몰려왔다. "애기를 보아야겠소."라는 말은 원근에서 온 낯선 사람들이 집으로 들어오는 명분으로 작용했다.[2]

아기를 좋아하는 조선인들이 아기를 구경하기 위해 아펜젤러의 집에 몰려들기 시작했고, 이들이 마음문을 열면서 아버지 아펜젤러는 이들을 대상으로 전도를 시작할 수 있었다. 이렇게 앨리스 아펜젤러는 아기 때부터 한국 선교에 큰 역할을 담당하며 아버지로부터 '타고난 선교사'라는 각별한 의미를 부여받았다.

이렇게 출생부터 그 의미가 남달랐던 앨리스 아펜젤러는 아버지가 세운 정동예배당(지금의 정동제일교회)에서 세례를 받고 어린 시절을 서울에서 지냈다. 어머니는 때때로 아이들에게 한복을 입혔고 한국인 아이들과 함께 놀게 했다. 보모도 한국여성이었다. 그녀는 한국인 속에서 자라면서 한국어를 익히고 한국노래를 배웠다. 그리고 이때 알게 된 한국음식을 평생 즐겼다.[3]

앨리스 아펜젤러에게 한국문화가 체화되어 있었던 점은 다음과 같은 일화를 통해서도 알 수 있다. 그는 1902년 펜실베이니아 랭커스터(Lancaster, 612 North Duke Street)에 있는 '미스 스타의 학교'(Miss Stahr's School)에서 학업을 시작했다. 학교에서 동양 선교사의 딸로 알려져 친구들의 요청으로 곧잘 한국어 노래를 불렀다. 그리고 가끔 한국어 영향임이 분명한 콩글리시(한국식 영어)를 썼다. 예를 들어 친구의 이름을 물어보면서 "What was that girl's front name?"이라고 하는 식이었다. 이름을 영어로 first name이라고 하지 않고 front name이라고 한 것이다.[4] 이와 같은 한국식 언어 구사는 한국인 아이가 영어 학습 초기 흔히 하는 실수로, 그가 지니고 있던 한국문화의 배경을 설명하는 대표적인 일화이다.

게다가 조선의 외국인 선교사 구역에서 태어나고 자란 덕분에 한국인과 외국인 공동체 양쪽에 인맥이 있어서 한국사회에 적응할 수 있는 기반이 이미 형성되어 있었다.

둘째로는 아버지와 어머니의 영향을 들 수 있다. 아버지 헨리 아펜젤러는 조선에 입국한 최초의 선교사로서 능숙하게 한국어를 구사하며 성경 번역과 학교 설립 등 활발한 선교활동을 전개하다 한국 땅에서 순직했다. 어머니

(Ella Dodge Appenzeller)는 자녀들이 아버지의 뜻을 이어 선교사로서 봉사하는 삶을 살기를 바랐다. 앨리스 아펜젤러가 아버지의 유업을 이어 선교사가 되고자 한 것은 이러한 가족적 배경에 근거했다. 앨리스 아펜젤러는 다음과 같이 회고했다.

헨리 아펜젤러의 자녀들.
왼쪽부터 앨리스, 헨리 닷지, 아이다, 매리

키플링(Kipling)이 「탐험가(Explorer)」에서 말했듯이 '누구나 그것을 느낄 수 있었을 것이다. 나는 신의 속삭임을 들었다.' 내가 서울에서 태어났고 한국에 예정되어 있던 나의 운명(heritage)으로 돌아갔다는 것은 크나큰 은혜였다.[5]

앨리스 아펜젤러는 자신이 한국에서 가장 역사가 오래되고 가장 규모가 큰(당시 350여 명의 재학생) 여학교인 이화학당에서 교사로 일한다는 사실에 대해 "나의 오랜 희망 - 내가 태어난 땅으로 돌아가서 거기 있는 내 친구들을 위해 일하겠다고 오래 간직해왔던 희망 - 이 마침내 실현되었다."고 기술했다.[6] 실제로 앨리스 아펜젤러는 태어나서 15세까지 거의 15년 동안 이화학당 바로 이웃에 위치한 정동 선교사 거주구역(missionary compound)에서 살았다. 따라서 자신이 한국에 선교사로 가게 된 것을 "고향으로 돌아간다."(Fortunately I am really going back home.)고 생각했다.[7]

셋째로는 미국에서 받은 근대교육과 대학교육의 영향을 들 수 있다. 앨리스 아펜젤러는 미스 스타의 학교를 졸업한 뒤 펜실베이니아 주 랭커스터를 떠나 매사추세츠 주에 있는 웰즐리 대학(Wellesley college)에 진학했다. 웰즐리 대학은 1870년에 설립되었다. 이 대학은 여성의 대학 입학 자체가 거부되었던 19세기에 개설되어 미국여성들에게 고등교육의 기회를 제공했다. 학교의 표어가 "섬김을 받으려 함이 아니라 도리어 섬기려 하노라."(Not to be ministered unto, but to minister. 마 20:28)인 점으로 미루어, 섬기는 여성 지도자 양성을 목표로 했음을 알 수 있다. 웰즐리는 '최고의 여성교육기관'을 추구하며 미국여학생들을 '세상을 바꾸는 여성'으로 교육하고자 했다. 실제로 이러한 교육을 통해 많은 여성 지도자들이 웰즐리에서 배출되었고 사립명문 대학으로 성장해갔다.[8] 이러한 환경에서 교육을 받은 앨리스 아펜젤러는 이화학당 대학과 여학생들도 가능하다면 자신의 모교인 웰즐리와 같이 좋은 교육환경에서 교육받기를 바랐다.[9]

넷째로는 다양한 언어적 배경과 외국어에 대한 유연성이다. 앨리스 아펜젤러는 조선에서 태어나고 자랐기 때문에 한국어를 할 줄 알았다. 또한 웰즐리 대학 시절에 영문학과 함께 독일어와 프랑스어를 배웠다. 그리고 졸업 후인 1910년에는 하버드 대학 여름학교에서 독일어를 공부했다.[10] 이와 같은 다양한 언어적 배경이 외국에 파송되는 선교사의 제일 의무이자 자질인 현지 언어 접근에 유리하게 작용했을 것이다. 서양 선교사가 일본인이 지배하는 한국사회에서 선교활동을 하기 위해서는 한국어는 물론이고 일본어까지 배워야 했기 때문이다. 실제로 앨리스 아펜젤러는 틈나는 대로 한국어와 일본어를 익히기 위해 노력하는 한편 1919년 1월부터 3월까지 일본에 머무르며 일본어 공부에 전념했다.[11]

다섯째는 쉽펀 여학교에서 6년간(1909~1914) 교사를 한 경험이 있었다. 앨리스 아펜젤러는 이 여학교에서 주로 독일어를 가르쳤고 그 외에 영어와 성경을 가르쳤다. 이러한 교육경험을 바탕으로 그는 여학생들이 어디나 비슷하며, 따라서 교육선교사로서 이화학당에서 해야 할 일도 미국에서 교사로 활동하던 때와 크게 다를 바가 없을 것이라고 생각했다. 앨리스 아펜젤러는 쉽펀 여학교 교사로 근무하며 1912년 6월 펜실베이니아 주에서 열린 제1회 YWCA 중등학교 여학생회의(School girls' Conference)에서 성경공부반을 지도했다. 그리고 1913년에 개최한 YWCA 중등학교와 대학교 여학생회의에 서는 '한국을 공부하는 반'(Study class on Korea)을 맡아 운영했다. 또한 교회 일에 관심을 기울이면서 주일학교에서 어린이들을 지도하고 가르치는 것이 흥미로운 일이지만 한편으로 만만치 않은 일이라는 사실을 알게 되었다. 이러한 경험들은 앨리스 아펜젤러가 이화학당에서 교육선교사로서 여학생들을 지도하고 가르치는 밑거름이 되었다.12)

무엇보다도 앨리스 아펜젤러는 단순히 교육가로서 학생들을 가르치는 일에서 더 나아가 교장으로 교육행정가로서 신촌에 이화여자전문학교와 이화보육학교의 새로운 보금자리를 건설했다. 이를 위해 한국여성고등교육에 대한 신념을 피력하며 선교회 본부를 설득하여 지지와 후원을 얻어내고 미국에서 모금운동을 전개했다. 친구들, 후원자들과 방대한 서신 교환으로 지속적으로 친교를 유지하며 학교에 대한 후원을 호소하기도 했다. 노천명은 앨리스 아펜젤러의 마음과 노력이 깃든 편지를 가리켜 "사람을 움직이는 명 편지"라고 높이 평가했다. 앨리스 아펜젤러가 별세하기 한 해 전인, 1949년 무렵 편지 수신자들의 성명을 적어놓은 우편물 리스트가 타자로 찍어서 거의 11쪽 분량이었다는 사실에서도 그 교류의 폭과 열정, 지속성을 짐작할 수 있다.13)

2. 한국여성교육에 대한 인식

1) 한국사회의 급속한 변화 가운데서 여선교사의 역할

선교사가 되어 한국에 귀국한 앨리스 아펜젤러는 한국사회와 여성을 관찰했다. 그리고 이에 대한 소감과 교육 선교 사업에 대한 자신의 생각을 *The Korea Mission Field*에 기고하기 시작했다. 먼저 한국의 수도이며 가장 큰 도시인 서울에서 급속하게 전개되는 새로운 사조의 유입과 변화상에 주목했다. 무엇보다도 서울에 사는 8만 9천여 명의 한국여성들이 급격한 변화와 과도기에 직면하고 있음을 강조했다. 그 사례로 대부분의 여성들이 대낮에 장옷으로 얼굴을 가리지 않은 채 자유롭게 거리를 오가고, 전차나 극장, 기차에서 남자들과 섞여 공공장소에 드나들며, 교회에서도 남녀를 가리던 칸막이가 없어지고 혼성찬양대가 운영되고 있음을 들었다. 앨리스 아펜젤러는 선교사들이 이러한 변화를 따라잡기 힘들 정도로 한국사회가 매우 급속하게 변하고 있음을 지적했다. 그리고 이러한 현실에 대응하여 선교사들이 적극적으로 나서서 이 "새로운 자유가 남용되지 않도록" 지도하고 도와야 한다고 생각했다. 그는 당대 한국사회를 비전과 능력을 가진 강한 지도자가 필요한 때라고 파악하고, 이러한 사명이 선교사들에게 있다고 생각했다. 무엇보다도 서구문화가 줄 수 있는 가장 최선의 것으로 한국사회에 긍정적인 영향을 줄 수 있기를 바랐다.[14]

그는 여선교사들이 한국여성의 친구로서 그들의 영혼구원뿐 아니라 모든 생활에 관심을 기울여왔으며, 이에 따라 그동안 선교사들이 한국여성에 대한 선교를 통해 성경과 함께 한글, 위생, 육아법 등을 가르치는 등 많은 성과를 거두었다고 평가했다. 그러나 아직 할 일이 많다고 전망했다. 예를 들어 기존의 선교회 학교와 교회, 병원은 사람들로 가득 차서 오는 사람도 되돌려 보내고 있으며, 이에 따라 한국여성의 10분의 1도 여전히 도움을 받지 못하고 있는 실정임을 지적했다. 대부분의 도시여성들이 아직 기독교를 접하지 못했고 암울한 상태에 있다고 파악했다. 그는 한국여성의 처지를 다음과 같이 설명했다.

여성들은 태어날 때 환영받지 못하고, 괴로운 어린 시절과 메마른 소녀 시절을 거쳐, 노예와 같은 아내와 어머니로서 일생을 보낸다. 게다가 옛것과 새로운 경제상황의 과도기에 처해 가혹한 가난에 시달린다. 예전에는 충분히 생계비를 벌던 사람들이 지금은 해고되어 실업상태에 있다. 지난 겨울 추위와 굶주림으로 많은 사람들이 죽기까지 했다.[15]

앨리스 아펜젤러가 지적했듯이 한국여성들은 비천한 지위와 비인격적인 대우를 받을 뿐 아니라 가난으로 고통받고 있었다. 이러한 상황에서 앨리스 아펜젤러는 생계를 위해 대규모 담배공장, 인쇄소, 면과 견을 짜는 공장에서 일하는 수많은 여성들의 실태와 열악한 근로환경, 아동노동에 주목하고 문제를 제기했다. 저임금으로 야간작업에까지 내몰리는 여아들, 유독한 공기와 끊임없는 노동에 시달려 몸이 구부러진 여성들에게 관심을 기울이자고 촉구했다. 그는 이러한 도시여공들을 위한 사회사업이 시급한 실정이며, 여성에 대한 선교사업이 학교와 가정을 넘어 공장과 가게에까지 확대되어야 한다고 호소했다.16)

이상은 한국사회와 여성문제에 대한 앨리스 아펜젤러의 인식과 통찰력을 보여주는 일례로, 몇 년 지나지 않아 1920년대 한국사회에 사회주의사상이 확산되고 반기독교운동이 전개되었음을 볼 때 정확하고 시기적절한 문제제기였다고 평가할 수 있다.

2) 한국여성문제의 해결방안 제시

앨리스 아펜젤러를 비롯한 여선교사들은 당대 급격하게 변화하는 시대와 사회상황에서 한국여성들에게 올바른 방향을 제시할 수 있는 기관, 조직, 지도자가 필요하다는 데 공감대를 형성하고 있었다. 선교사들은 YWCA(여자기독교청년회), 여자복지관, 좋은 읽을거리(여성잡지, 책)를 한국여성문제에 대한 접근과 해결 방책으로 제안했다.17) 이러한 제의가 반영되어 1920년대 미감리교 선교회는 각 지역에 여성선교센터, 곧 여성을 위한 사회복지관(서울 태화복지관, 원산 보혜여자관, 개성 고려여자관, 공주와 대전의 센터 등)을 개설하고 사회사업을 전개하기 시작했다. 또한 앨리스 아펜젤러는 1922년 YWCA 설립을 위해 노력하던 정신여학교 교사 김필례와 이화학당 교사 김활란을 연결해 줌으로써 조선YWCA연합회의 창설 논의와 계획이 시작되는 데 일정한 역할을 했다.

또한 앨리스 아펜젤러는 여성잡지가 전무하던 1920년 여성의 힘으로 창간된 최초의 여성잡지 「신여자」 발간에 축하와 격려를 아끼지 않았다. 「신여자」는 1920년에 발간하였는데 편집주간은 김원주(일명 이원주, 김일엽), 발행인은 여선교사 빌링스 부인이었다.[18] 여선교사들은 한국여성의 계몽과 교육을 위해 여성잡지의 발간이 필요하다고 생각하고, 이에 이화학당 출신인 김원주의 여성잡지 발간을 적극 지지하고 후원했다.[19] 좋은 여성잡지를 통해 학교교육을 보완하고, 일반여성들에 대한 계몽과 교육의 효과를 기대했기 때문이다. 앨리스 아펜젤러는 「신여자」 창간호에 다음과 같은 축사를 실었다.

세상 종교 중에 단독히 여자를 동권에 승진케 하는 기독교를 신앙하는 이 여러 특권에서 조선여자들은 거절되었던 것을 실감하여 차 신기업 즉 반도여자의 향상을 유일의 목적으로 주창하는데 찬성하기를 나의 희락이라 합니다. 이 잡지는 항상 독자들에게 최선만 공헌하며 조선여자도 모든 외국자매들의 향수한 모든 권리와 기회를 올들 신시대를 수입하는데 부조가 될진대 (1920. 1. 17)[20]

여기서 앨리스 아펜젤러가 기독교 신앙과 가르침 속에서 남녀동권의식을 가지고 한국여성의 여권 향상에 관심을 기울이고 있었음을 알 수 있다. 또한 그가 전반적인 한국여성문제에도 관심을 가지고 도움이 되고자 했음을 알 수 있다.

3) 여성고등교육의 필요성 역설

지금부터는 한국여성고등교육에 대한 앨리스 아펜젤러의 인식과 실천을 살펴보고자 한다. 그는 1917년부터 이화학당의 부당장을 맡았으며, 1918년부터는 이화여자고등보통학교의 부교장을 겸임했다. 교육행정가의 입장에서 그는 이화학당이 조선총독부 학무국의 승인을 받는 학교가 되기 위해서는 내실을 더욱 다지고 강화해야 한다고 강조했다.21) 또한 고등교육이 상급과정을 공부하고자 하는 필요에

앨리스 아펜젤러 교장과 이화학당 교직원들(1924)

서 비롯되었으며, 초등교육과 중등교육의 단단한 기초 위에 실시되어야 한다고 보았다. 학생들이 더 배우고자 하는 끝지점에 다다르게 되면 결국 고등학교와 대학교 단계의 교육이 불가피하고, 따라서 한국여성을 위한 고등교육기관의 설립은 당연한 수순이라고 강조했다. 이는 같은 해 윤치호가 선교회 여학교 교육에 요리, 바느질, 자수, 양잠, 베짜기 등 실제적인 과목과 실업교육이 강화되어야 한다고 주장한 데 대한 반박의 성격을 띠고 있었다.22) 앨리스 아펜젤러는 윤치호의 기고문에 한국여성의 고등교육을 시기상조라고 생각하는 이들의 여론이 반영되어 있다고 생각했다. 이에 "이렇게 계몽된 시대에도 여전히 여성고등교육의 대의명분"에 대해 설명해야 한다는 사실에 마음의 상처를 받았음에도, 한국여성고등교육의 필요성과 함께 이화학당 대학과에서 실시하는 여성고등교육의 내용에 대해 재차 설명할 필요가 있다고 생각했다.

이리하여 우선 앨리스 아펜젤러는 여선교사들이 여학교를 설립하고 여아들을 모집하며 여성교육을 위해 투쟁한 덕분에, 소녀들이 조혼하지 않고 중등교육과정에 해당하는 고등보통학교를 졸업할 때까지 7~8년간 학교에 머무르며 공부하게 되었다면서 이 성과를 "승리"라고 평가했다. 그리고 당대 국내 한국여성에게 고등교육과정을 제공하는 유일한 학교가 이화학당이라

는 현실을 지적했다. 나아가 그는 당대를 "전문화시대"라고 규정하며, 전문화시대에 대학예과와 대학과정은 일반적인 것이라고 강조했다. 다만 "전문교육"은 일반상식을 토대로 실시되어야 하며, 때문에 많은 과목들을 잠깐 다루는 데 지나지 않을지라도 일반상식이 절대적으로 부족한 한국여학생들에게 가능한 한 다양한 지식을 가르치는 것이 더 낫다는 의견을 피력했다. 기숙사 생활을 하는 여학생들이 매일 자신들이 먹을 음식을 준비하며 한국음식 만드는 법을 배우고 대부분의 여학생들이 옷을 직접 만들어 입는다고 강조하는 한편, 이화학당의 교육목표는 이와 같이 여학생들이 이미 알고 있는 것(요리, 재봉 등)을 가르치는 것이 아니라 학교 밖에서는 배울 수 없는 지식을 가르쳐주는 것이라는 점을 분명히 했다. 또한 여학생들이 교내의 여러 모임을 통해 종교적인 생활을 하고, 기숙사에서는 나이 많은 학생이 어린 학생들을 돌보면서 사회적 책임감을 배우며, 문학회 활동을 통해 대중연설을 연습한다고 설명했다. 무엇보다도 앨리스 아펜젤러는 여학생들의 성품이 이화학당 대학과의 교육을 통해 "겸손과 봉사"라는 진지한 열망으로 발전하게 된다는 데 가장 큰 의의를 부여했다. 그는 졸업생들이 한국사회와 공동체에 유용한 능력 있는 여성들로 성장하여 졸업생 대부분이 일정기간 교사로 활동하고, 사회를 더 살기 좋은 곳으로 만들기 위해 가정생활을 변화시키려고 노력한다는 면에서 여성교육이 성과를 거두고 있다고 평가했다.

이와 같은 논리 속에서 앨리스 아펜젤러는 "교육자는 현재 상태에 대한 명확한 인식도 중요하지만 주어진 상황에서 가능성을 보아야 한다. 선견지명과 통찰력이 있어야 한다."고 강조했다. 그는 당대 대부분의 한국여성이 비참하고 무지한 상태에 있는 현실을 인식하고 있었지만, 그런 중에도 이들을 지도할 소수의 여성 지도자를 양성하기 위한 대학교육이 필요하다는 비전을 가지고 있었다. 여선교사들은 1910년 대학과를 개설하고 고등교육을 실시하면서 한국여성의 발전가능성을 확인할 수 있었다. 이러한 면에서 선교사들은 이화학당 졸업 후 모교에서 교사를 하던 이은라, 김앨리스, 김활란, 서은숙, 김합라, 윤성덕 등 한국여성들에게 미국유학의 길을 열어주었다. 이는 한국인 여교사들이 고등교육을 담당할 만한 전문지식과 실력을 갖출 수 있게 준비시키기 위함이었다.[23]

앨리스 아펜젤러는 "하나님이 여성에게 부여한 자리는 남성의 동료이자 배우자로서 남성과 나란히 있는 자리"이며, 이를 위해 여성고등교육이 필요하다고 생각했다. 이에 따라 "한국민족과 여성에게 가치가 있고 의미가 있는 기독교 여자대학"을 세우기를 원했다.[24] 또한 "여학생들은 나라의 희망"이기 때문에 이들이 최고로 발전할 수 있게 교육환경이 개선되어야 한다고 주장했다. 나아가 한국여성들에게는 아주 잘 교육받은 기독교 지도자가 필요하며, 이를 위해 이화학당 대학과를 여자대학으로 발전시켜 최고의 교육을 실시해야 한다고 주장했다.[25] 이러한 비전에 따라 그는 첫 안식년에 미국에 건너가 이화학당 대학과를 위한 건물을 신축하기 위해 모금활동을 전개했다. 이 덕분에 1923년 정동에 '프라이 홀'이 완공되었다. 앨리스 아펜젤러는 프라이 홀 준공에 다음과 같은 의미를 부여했다.

> 한국여성의 복지에 관심을 가지고 여자종합대학을 목표했던 프라이(Lulu E. Frey) 선교사의 이상, 한국여성을 위해 최고의 대학교육을 확립하고자 한 프라이 선교사의 정신, 한국여성을 위해 27년간 일했던 위대한 선교사의 삶, 그리고 한국여성고등교육 발전에서 중요한 단계를 상징하는 기념물이며 미북감리교회 여성해외선교사회와 선교사들의 37년간의 삶과 재정이 투영된 선교사업의 결성체였다.[26]

나아가 앨리스 아펜젤러는 여성고등교육기관의 설립이라는 프라이의 이상이 대학과와 프라이 홀로 실현될 수 있었던 것은 현실에 안주하지 않았기 때문이라고 지적했다. 따라서 프라이 홀은 자신들의 궁극적 목표가 아니며, 여자대학을 위한 '더 큰 캠퍼스 건설'을 추진하는 과도기 단계라는 데 그 의미를 부여했다. 그리고 대학을 한 선교회가 단독 운영하는 것은 매우 벅찬 일이었기 때문에, 여자대학으로의 발전과 이를 위한 더 큰 학교의 건설을 위해 다른 선교회의 참여와 협력을 촉구했다.[27]

앨리스 아펜젤러는 이화학당 대학과가 여자대학으로 발전하기 위해서는 이전에 이미 물색해 놓았던 신촌의 넓은 학교부지가 꼭 필요하다고 생각했다. 1922년 그가 공개적으로 제기한 신촌 캠퍼스 구상은 1923년 이화학

앨리스 아펜젤러 교장이 신촌 캠퍼스 본관 앞에 도착하여 찬송가를 부르고 있다. 그의 손에는 이화학당 설립자 스크랜턴 대부인의 사진이 들려 있다.(1935)

당을 방문한 그레이 부인에게 기부를 약속받으면서 실현가능한 사업으로 첫 발을 내딛게 되었고, 1930~1931년 미국 강연여행을 통한 모금, 파이퍼 부부의 기부, 미북감리회 여성해외선교회의 지원으로 이어졌다. 그리고 1933년 정초식에 이어 1935년 몇 개의 건물이 완공되면서, 이화여전과 이화보육학교가 지금의 신촌 캠퍼스에 둥지를 틀고 도약의 발판을 마련하였다. 이화학당이 오늘날의 이화여대로 발전할 수 있었던 데는 룰루 프라이의 비전을 계승하여 발전시킨 앨리스 아펜젤러의 선견지명과 추진력에 힘입은 바 크다. 미국동포들은 한국여성고등교육을 위해 작은 여학교를 큰 규모의 여자대학으로 만들고자 고군분투하는 앨리스 아펜젤러를 가리켜 "조선을 남편으로 삼은 조선여성의 어머님이며 조선의 희망"이라고 묘사했다.[28] 한편 미국동포들은 여성교육이 국민의 향상에 큰 영향을 끼친다는 점에서 여성교육을 부국강병의 길이라고 생각했다. 이러한 점에서 한국여성교육에 대한 앨리스 아펜젤러의 헌신과 공헌은 장래 국가건설과 부국강병의 원동력이 된다는 점

에서도 큰 의의가 있었다.

앨리스 아펜젤러는 한국여성을 위한 고등교육의 궁극 목표를 여자종합대학교로 잡았지만, 일제의 교육정책에 따라 여자전문학교로 인가받아야 했다. 이는 일제의 지배와 졸업생의 취업이라는 현실을 고려하여 졸업생들이 공인된 '사립학교 교사자격증'을 가지고 사회에서 활동할 수 있게 하려는 조치였다. 이렇게 하여 이화여전 졸업생들이 정식으로 전국 10개 사립 여자고등보통여학교의 교사가 될 수 있는 길이 열리게 되었다.29) 또한 이화학당 부속 유치원 사범과를 1928년 2년 과정의 이화보육학교로 독립시켜 인가받아, 졸업생들이 총독부가 인정하는 유치원 교사 자격증을 가지고 각지 유치원에 교사로 취업할 수 있게 되었다.

4) 여학생 생활지도 방안

학교가 이화여전의 형태로 정착된 후, 앨리스 아펜젤러는 조선의 유교적 성별분리 문화와 규제가 사라지고 서구식 자유가 확산되는 과도기에 젊은이들, 특히 젊은 여성들의 사회생활을 어떻게 도울지에 대해 고민했다. 1918년에 고민했던 급격한 사회변화는 8년 뒤인 1926년에도 여전히 숙제로 남아 있었다. 앨리스 아펜젤러는 급격한 사회변화에 대처하고 자유를 선용할 수 있도록 학생들의 생활에 일정한 규제가 있어야 한다고 생각했다. 그러나 기숙사가 부족해 자가 통학이나 하숙생들이 많은 상황에서 학생들의 방과 후 일상생활까지 규제하기는 거의 불가능했다. 이러한 현실에 직면해 앨리스 아펜젤러는 학생생활 시도 방안에 대한 자신의 고민을 다음과 같이 말하였다.

우리가 나이 들어갈수록 우리가 10대였던 10년 전, 20년 전, 30년 전의 기준으로 젊은이들을 판단하려는 경향이 있다. 우리는 우리가 양육될 때의 관습과 습관이 적합할 거라고 생각한다. 그러나 후세대 젊은이들이 만든 혁신은 충격적일 정도이다. 우리가 이 시대 젊은이들의 관점과 일상적인 관습을 모른다면, 우리가 서구 젊은이들의 사고를 따를 수 없다면, 우리가 한국사회에서 젊은이들을 어떻게 도와야 할지 알 수 없을 것이다. … 한국인들은 우리(선교회 여학교교육-역자 주)를 너무 자유롭다고 비난하는 동시에 시대에 뒤처져 있다고 비난한다.(번역 인용)30)

앨리스 아펜젤러는 당대 젊은이들이 남녀가 함께하는 사회생활에 점점 많이 노출되는 한편으로, 남녀교제가 종종 잘못된 만남과 후회로 끝나고 여성의 진로를 망치는 쪽으로 작용하는 경우를 목격했다.31) 그리고 그중 가장 위험한 경우가 기혼 남학생과 미혼 여학생의 만남이라고 지적했다. 당시 남학생은 부모가 정해준 결혼을 한 후에 도시와 외국에서 유학하며 공부를 계속하는 경우가 많은 반면, 공부를 계속하는 여학생은 미혼인 경우가 많았기 때문이었다. 비록 이들 간에 서로 연애감정이 생긴다 하더라도, 남자가 부모의 반대를 무릅쓰고 전처를 버리고 결혼까지 가는 경우는 거의 없었다. 또한 결혼이 가능하다 하더라도 다른 여성의 희생과 기존 가정의 파탄을 전제로 한다는 점에서 비윤리적인 것으로 간주되었다. 당시 재학생뿐 아니라 졸업생 중에도 남녀교제에서 실수한 사례가 적지 않았고, 이는 여성들이 학교 다닐 때 사회생활에 대해서는 배우지 못했기 때문이라는 변명과 비난의 원천이 되었다. 이러한 상황에서 앨리스 아펜젤러는 과도기에 있는 이들 젊은이들이 아직 남녀가 함께하는 사회생활을 할 준비가 되어 있지 않다고 파악했고, 자신을 비롯한 선교사들이 건전한 남녀교제의 기회를 제공하는 동시에 기독교 윤리와 절제를 통해 유혹에 대항할 수 있게 여학생들을 준비시켜야 한다고 생각했다. 이에 따라 다음과 같은 방안을 제안했다.32)

첫째, 체계적인 강좌와 강연이다. 학창시절에 미리 졸업 후 사회에서 부딪히게 될 여러 상황에 대처할 수 있는 지식과 경험을 들려주는 자리를 마련하여 학생들에게 면역을 길러줄 수 있다는 것이었다. 실제로 1926년 이화여전에서는 졸업을 앞둔 학생들에게 6주간 6회 과정의 사회적응 프로그램이 운영되고 있었다.

둘째, 여학생들과 터놓고 개인적으로 의논하고 대화하는 방법이다. 이를 위해 말이 잘 통하지 않는 외국인 교사를 대신하여 한국인 여교사를 학생들의 존경과 신뢰를 받는 조언자로 훈련시키는 것이다. 이와 관련하여 앨리스 아펜젤러는 학생들과의 소통부재가 당시 빈발한 동맹휴학의 원인이라고 생각하고, 학교마다 이런 조언자들이 있다면 동맹휴학도 줄어들 것이라고 전망했다.

셋째, 잡지나 짧은 인쇄물, 얇은 책자 등 젊은이들의 읽을거리를 통해 보다 공신력 있고 설득력 있게 훌륭한 처신에 대해 조언할 수 있다고 보았다. 이를 위해 YWCA가 일정 역할을 담당할 것이라고 기대했다.

넷째, 건전한 만남이 될 수 있게 젊은이들에게 적절한 장소를 제공해야 한다고 보았다. 이 경우 침실 겸 응접실로 쓰이는 한국식 방은 만남의 장소로 부적절하며, 대신 선교사들의 개인공간이나 응접실이 만남의 장소로 더 적합하다고 제안했다. 앨리스 아펜젤러는 기숙사의 개방된 공간에서 보호자의 감독 아래 남녀가 건전하게 만나는 것을 이상적이라고 생각하고, 실제로 대학과와 유치원 사범과 여학생들에게 1923년 프라이 홀 개원 이후 1주일에 2회씩 보호자의 감독 아래 남자들을 만나는 것을 허용했다. 그러나 이화여고보 학생들은 아직 때가 되지 않았다고 판단하여 오직 친척들만 면회가 허락되었고, 모든 편지는 교사들의 검열을 거쳐 학생들에게 전달되었다.

다섯째, 학부모들이 자녀들에 대한 책임감을 가지고 그들을 지도하게 해야 한다고 보았다. 왜냐하면 부모들은 자녀늘이 이룬 최고의 학업 성취를 보고 그들이 잘못된 행동을 할 수 있으리라고 생각하지 못하기 때문이었다. 앨리스 아펜젤러는 행복을 위한 공통기반이 전혀 없는 결혼은 덫이라고 보고, 학생들이 결혼 전에 시간을 두고 서로 알아가는 과정을 가지기를 바랐다.

여섯째, 기독교 윤리와 신앙 안에서 젊은이들이 성공하고 행복한 삶을 살 수 있다고 보았다.

이상에서 앨리스 아펜젤러가 기본적으로 기독교 신앙 안에서 한국사회의 실정과 시대 변화를 고려하여 적절한 교육을 실시하고자 했음을 알 수 있다. 여학생 생활지도에 있어 구속보다는 사전교육과 자율이 바람직하다는 생각으로 대비하고자 했고, 1930년대에도 이러한 기조를 유지했다.[33]

앨리스 아펜젤러는 룰루 프라이 선교사의 비전을 계승하여 정동 이화학당 구내에 '대학과' 건물 신축을 위한 모금운동을 성공적으로 수행하여 '프라이 홀' 건립에 결정적 역할을 했다. 또한 이화여자전문학교로 총독부 인가를 받아 문과, 음악과, 가사과를 개설하고, 이에 대한 준비과정으로 각 과의 전공을 담당할 교사의 능력과 자질을 강화하기 위해 이화학당에서 근무하는 현직 한국인 여교사들의 미국유학을 추진했다. 나아가 신촌에 이화전문학교와 이화보육학교를 위한 넓은 부지를 매입하고 건물을 신축하여 오늘날 이화여대 캠퍼스의 기본 골격을 조성하는 업적을 세웠다. 이는 오늘날 이화여대가 세계 최대 여자대학교로 발전할 수 있는 토대가 되었다. 앨리스 아펜젤러는 이를 실현하기 위해 설득과 편지, 강연, 모금운동을 전개하며 국내외 인사들의 호응을 이끌어냈다.

이에 따라 이 글은 앨리스 아펜젤러가 일제강점기 교육선교사로서 한국여성교육 발전에 헌신하고 성공하기까지 성장 배경과 요소, 그가 견지한 한국여성교육에 대한 인식과 전망을 살펴보았다. 그는 전반적으로 한국여성의 지위와 생활에 관심이 있었고, 미래에 대한 비전을 가지고 한국여성고등교육에 특별한 관심을 기울여 교육의 양적, 질적 성장을 위해 끊임없이 노력했다. 이는 앨리스 아펜젤러가 실천적 의지를 가지고 룰루 프라이의 이상을 계승하여 '여자종합대학교 설립을 목표로 한국여성 고등교육을 위한 대학교 캠퍼스 확장'이라는 자신의 꿈을 실현하고 기적과 같은 업적을 이루어낼 수 있었던 원천이자 원동력이었다는 점에서 중요한 의의가 있다고 하겠다. 그는 한국여성이 국내에서도 고등 전문교육을 제대로 받을 수 있게 교육기회,

교육환경, 교육내용을 제공했다. 이를 통해 의식과 실력을 갖춘 한국여성지식인이 배출되었고, 이는 그들이 사회에 진출하여 활발한 사회활동을 전개할 수 있는 모체가 되었다. 앨리스 아펜젤러가 고등교육과 기독교교육을 통해 한국여성에게 기대했던 사회에 유용한 인재, 봉사하는 지도자상, 남녀동등의 정당한 사회를 위한 여권향상의 이상은 조금씩 실현되어 오늘날에 이어지고 있다는 데 그 의의가 있다.34)

이화여자대학교 교정에서 치른 앨리스 아펜젤러의 환갑잔치(1946)

1. "아여사 사회장", 「동아일보」, 1950. 2. 23.
2. 이만열 편, 「아펜젤러」(연세대출판부, 1985), 115.
3. Marion Wallace Reninger, "Alice of Korea", Journal of the Lancaster County Historical Society, 1970, 113.
4. Marion Wallace Reninger, "Alice of Korea", 115.
5. "1950 Record, Class of 1909", 웰즐리 대학 동문 보고시, 2.
6. Alice R. Appenzeller(Ewha Haktang, Seoul, Korea), "The 1909 Record", 1919년 웰즐리 대학 동문 보고서, 7.
7. Alice R. Appenzeller(730 North Lime Street, Lancaster, Pa.), "The 1909 Record", 1914년 웰즐리 대학 동문 보고서, 11.
8. Wellesley College 인터넷 사이트.
9. Alice R. Appenzeller(Ewha Haktang, Seoul, Korea), "The 1909 Record", 1919년 웰즐리 대학 동문 보고서, 8.
10. Courses Taken at Wellesley College by Alice R. Appenzeller, Class of 1909; Alice R. Appenzeller's Wellesley College Alumnae Association Biographical Record, 1935. 1.

11. Alice R. Appenzeller(Ewha Haktang, Seoul, Korea), "The 1909 Record", 1919년 웰즐리 대학 동문 보고서, 8.
12. Alice R. Appenzeller(730 North Lime Street, Lancaster, Pa.), "The 1909 Record", 1914년 웰즐리 대학 동문 보고서, 12.
13. 노천명, 「이화 70년사」, 203~204.
14. Alice R. Appenzeller, "The Need of Social Work Among the Women of Seoul", *The Korea Mission Field*, 1918. 4, 77.
15. Alice R. Appenzeller, "The Need of Social Work Among the Women of Seoul", *The Korea Mission Field*, 1918. 4, 78.
16. Alice R. Appenzeller, "The Need of Social Work Among the Women of Seoul", *The Korea Mission Field*, 1918. 4, 79.
17. 같은 맥락에서 릴리안 딘(Lillian Dean) 선교사는 한국사회의 변화는 서양인 선교사들이 조선에서 활동하면서부터 시작되어, 1903~1908년 한국여성들이 무기력 상태에서 깨어나기 시작한 이후 계속 진행되어 왔다고 보았다. 따라서 선교사의 목표는 한국여성들이 변화하는 상황에 적응할 수 있게 돕는 것이라고 보았다. 그리고 YWCA나 비슷한 일을 하는 기관, 좋은 책이나 여성잡지와 같은 읽을거리를 통해 이런 일들을 수행할 수 있을 것이라고 전망했다. 선교회 여학교에 다니는 소수의 한국여성들을 제외한 나머지 여성들에게도 관심을 기울여야 하며, 특히 여공들을 위해 YWCA가 안식처를 제공해 줄 수 있을 것이라고 강조했다. Lillian Dean, "The Korean Woman and Changing Conditions", *The Korea Mission Field*, 1918. 10.
18. 김원주는 유명한 신여성이자 선구적인 여성문학가였다. 아버지가 목사인 집안에서 태어나고 자란 모태신앙인이요, 1916년 이화학당 대학예과 졸업생으로 잡지 「신여자」의 발간을 계획하고 실행하였다.
19. "A New Magazine – The New Woman", *The Korea Mission Field*, 1920. 10, 203.
20. 아펜셀러, "축 신여자 – 경성 이화학당장 애리시 R. 아펜설라", 「신여자」 창간호, 1920. 3, 10(김미영, "1920년대 신여성과 기독교의 연관성에 관한 고찰", 「현대소설연구」 21, 2004, 81 재인용).
21. Alice R. Appenzeller, "Jottings from the Korea Woman's Conference", *The Korea Mission Field*, 1918. 9, 199.
22. T.H. Yun, "A Korean's Opinion on Female Education in Koreaa", *The Korea Mission Field*, 1918. 6.
23. 김성은, 「1920~30년대 미국유학 여성지식인의 현실인식과 사회활동」, 서강대 사학과 박사학위논문, 2011, 14~16.
24. Alice R. Appenzeller, "Higher Education for Women", *The Korea Mission Field*, 1918. 10, 210~213.
25. Alice R. Appenzeller, "Ewha Haktang : Woman's College of Korea", *The Korea Mission Field*, 1922. 5, 102~104.
26. Alice R. Appenzeller, "The first Women's College Building", *The Korea Mission Field*, 1922. 12, 267~268.
27. Alice R. Appenzeller, "The first Women's College Building", *The Korea Mission Field*, 1922. 12, 267~268.
28. "아펜셀라양과 조선여자대학", 「신한민보」, 1931. 1. 8.
29. 당시 사립 중등여학교로 서울에 숙명여고보, 이화여고보, 진명여고보, 배화여고보, 동덕여고보가 있었고, 지방에 개성 호수돈여고보, 평양 정의여고보, 진주 일신여고보, 원산 누씨여고보, 함흥 영생여고보가 있었다.
30. Alice R. Appenzeller, "How can we Help The Young People in Their Social Life?", *The Korea Mission Field*, 1926. 1, 11~14. 이 글은 기독교교육협회가 발표했던 내용을 잡지에 실은 것임.
31. 기혼여성의 이화학당 입학 금지는 이미 프라이 당장 때 원칙으로 정해졌다. 하란사는 이에 이의를 제기

하며 입학을 간청해 잠시 학교를 다니기도 했다. 학교의 이러한 조처는 여성의 결혼이 공부를 지속하는 데 방해가 되기 때문이기도 하지만, 계속 공부하고자 하는 미혼여성의 면학 분위기를 흐릴 수도 있다고 생각했기 때문이다. 그러나 가장 중요한 이유는 조혼이 성행하던 당시 학교재학을 명분으로 여학생들의 혼기를 늦추고 여성이 교육을 통해 자신의 삶을 준비할 수 있게 하려 한 선교사의 의도가 크게 반영되었기 때문이다.

32. Alice R. Appenzeller, "How can we Help The Young People in Their Social Life?", *The Korea Mission Field*, 1926. 1, 11~14. 이 글은 앨리스 아펜젤러가 기독교교육협회에서 발표했던 내용이다.
33. 아펜설라, "성교육에 관한 각 여학교 당국자의 구체안 : 구속보다 해방", 「신가정」, 1933. 11.
34. 이 글은 "앨리스 아펜젤러(Alice R. Appenzeller)의 선교활동과 한국여성교육"(「역사학연구」 48, 2012)의 내용을 재수록한 것이다.

유관순

柳寬順

유관순
柳寬順

유관순은 초인이 아니었다. 그냥 그 나이의 소녀였다. 그러나 인간됨을 말하고 정의를 외치며 불의를 지적해야 할 때는 담대하였다. 남은 길이 그 길밖에 없었다. 여기서 자신이 굽히면 지금까지 많은 사람들이 치른 희생은 어디서 보상 받을 것인가? 대한독립만세를 이제 그친다면 지금까지의 외침은 거짓이 되고 말 것이 아닌가? 누군가 이 일을 위해서 끝까지 가야 할 사람이 필요했다. 그게 누구인가? 유관순은 자신을 예수님의 십지기에 못 박았다. 그리고 끝까지 하나님이 수신 인간다운 삶을 향해 진정한 자유를 향해 외치고 외쳤다.

대한독립만세 애국소녀

유관순

이종용 목사_ 전 이화교회 담임, 원로목사

유관순은 18년이란 짧은 생애를 살았다. 그중에서 1919년 3월 1일부터 1920년 9월 28일 죽기까지 1년 7개월간 겪은 고난은 꼭 그렇게 살아야 했냐는 질문을 던지게 한다. 무엇이 유관순을 그 처절한 삶으로 이끌어 갔을까? 그 삶을 가능케 하는 정신은 무엇이었을까? 유관순다운 삶은 어디에 뿌리를 내리고 있는지 묻는다.

1. 유관순의 어린 시절

유관순은 1902년 12월 16일(음력 11월 17일) 충청남도 목천군 이동면 지령리(현재 천안시 병천면 용두리) 작은 마을에서 아버지 유중권(柳重權)과 어머니 이소제(李少悌) 사이의 3남 2녀 가운데 둘째 딸로 태어났다. 유관순의 형제관계는 이복언니 계출(癸出)과 동복으로 오빠 우석(愚錫)과 남동생 인석(仁錫), 관석(寬錫)이 있다. 유관순이 1살이던 때에 아버지 유중권은 40세, 어머니 이소세는 28세, 언니 계출은 6세, 오빠 우석은 4세였다.[1]

유관순 집안은 충효를 중시하는 전통적인 유가 가족이었다. 당시 나라의 앞길은 어두웠다. 1894년에 일으킨 청일전쟁과 1904년에 일으킨 러일전쟁을 통해 일제는 한반도에서의 영향력을 독점할 수 있었다. 일제는 1905년 외교권을 박탈하는 을사조약을 강제로 체결하고, 1907년에는 정미

칠조약으로 내정권도 강탈하였다. 고종 황제는 이토 히로부미 등의 강압으로 순종 황제에게 양위하였다. 끝내는 1910년 8월 22일 한일병합조약으로 일제 총독부의 무단식민통치가 시작되었다. 한일병합이 이루어진 해에 유관순은 9세고, 아버지는 48세, 어머니 36세, 14세 언니는 시집을 가고, 오빠는 12세, 7세의 남동생이 있었다.

유관순은 기우는 국운과 일제의 만행을 들으며 자랐다. 또 이 아픔과 어둠에서 자주 독립하기 위한 길에 많은 관심이 있었다. 아버지의 나라 사랑 모습과 지역 조상들의 애국애족 이야기를 늘 들으며 성장하였다. 또 끊임없이 일어나는 의병들의 활동과 죽음을 피부로 느끼면서 자랐다. 그래서인지 어린 시절부터 유관순은 우국창가를 잘 불렀다고 한다.[2]

선교사들은 교통 요로인 천안에 집중적으로 개신교를 전파하였고, 많은 교회가 생겼다. 지령리에도 1901년경 이미 교회가 들어섰다. 1907년 8월 '대지령야소교당'(大芝靈耶蘇教堂)이라는 이름으로 교인 82명이 국채보상운동에 참가한 기록이 있다. 교회에 나오지는 않았지만 유중권도 아들 유우석의 이름으로 참가하였다. 불행히도 지령리교회는 그해 11월 일본군의 방화로 소실되었다.[3]

유관순의 친척으로 할아버지뻘 되는 유빈기(柳斌基)는 1908년 조인원(趙仁元) 등과 함께 불타버린 지령리교회를 다시 세웠다. 당시 교회는 민중의 아픔과 절망을 치료하고 희망을 줄 수 있는 유일한 장이었다. 더구나 기독교 대부흥운동의 여파로 많은 사람들이 기독교인들이 되었다. 성서에 나오는 자유와 해방의 이야기는 나라 잃은 백성들의 마음을 위로하였고 용기와 희망을 주었다. 신앙은 국권 회복과 깊이 연관되었다. 유관순도 어둔 삶에 용기와 희망을 주는 성서의 말씀을 가슴 깊이 새길 수밖에 없었다. 더구나 숙부인 유중무가 전도사로 있는 교회니 유관순은 어렸지만 더욱 친밀감을 가지고 신앙의 길을 갈 수 있었다. 유관순의 생애를 꿰뚫는 흔들리지 않는 삶의 근거가 바로 이 신앙에서 비롯하였다고 말할 수 있다.

어린 시절 유관순은 적극적인 성격에 활동적이며 괄괄하고 고집이 세었다고 오빠인 유우석은 말한다. 아무도 한글을 가르쳐 주지 않았지만 스스로 한글을 익혀서 성서를 읽고 외웠다. 또한 고집스러운 만큼 똑똑한 재능을 가진 아이였다. 후일 이화학당에 추천을 받아 교비생으로 가게 된 것도 유관순에게 남다른 능력이 있었음을 말해 준다.

유관순이 아홉 살 때 열네 살 된 이복언니가 시집을 갔다. 열 살 되던 해에는 막내 동생 관석이가 태어났다. 열한 살 되는 해에는 열다섯 살의 오빠가 진주 유씨와 결혼했다. 그러나 다음해 유씨는 친정 부모를 간호하다가 전염되어 사망했다.

2. 이화학당의 생활

지령리에 살던 유관순은 공주의 사애리시 선교사를 통해 지금의 영명학교를 거쳐 이화학당 보통과 2학년에 13세로 편입하였다. 유관순이 편입할 무렵 이화의 학제는 보통과 4년, 고등과 4년, 중학과 3년, 대학과 5년의 16년제였다. 이때 학당장은 프라이였다.[4] 교비생이었던 그는 기독교 교인으로서의 신앙을 키우면서 교사나 친구들의 세탁을 남몰래 해주는 등 인정 많고 봉사정신이 강한 소녀였다.[5]

이화학당의 교육 목적은 그리스도교 정신에 의한 인간 교육으로서 한국 사회 건설에 이바지할 수 있는 한국적인 여성을 육성하는 데 있었다.[6] 따라서 이화학당에서의 생활은 새로운 신학문을 배우고, 신앙을 통하여 그리스도의 정신을 본받으며, 국권 회복을 이루려는 데 있었다. 어려서부터 성격이 활달하였던 유관순은 이화학당에 와서 모든 일에 쉽게 적응하였다.

이화학당의 생활 속에서 유관순은 특별히 두 사람의 스승으로부터 깊은 영향을 받았다. 관순이 14세 되던 해에 이화 학생들이 주일마다 나갔던 정동교회에 감리회 연회에서 손정도(孫貞道) 목사를 파송하였다. 멋진 인상에 통쾌한 말씀으로 교인들에게 민족혼을 불어넣었다. 손정도 목사는 설교만이 아니라 행동으로 자신이 믿는 바를 실천하는 참된 신앙인으로 각인되었다. 유관순은 손정도 목사의 설교를 들으면서 하나님 사랑이 나라 사랑으로 이어지는 길을 배웠다. 또 한 사람은 박인덕(朴仁德) 선생이었다. 1916년 대학과 졸업생으로 교편을 잡고 있던 박인덕 선생은 당시 말 잘하고 친절하여 학생들에게 인기 있는 선생으로 유명하였다.7)

유관순의 학교생활이나 신앙생활은 직접적인 사료가 거의 남아 있지 않기 때문에 함께 생활했던 인사들로부터 유관순의 성품과 생활에 대한 이야기를 간접적으로 들을 수밖에 없다.

그들에 의하면 그는 굉장히 부지런하여 청소와 빨래하는 것에 열심이었는데, 자기 것은 물론 남의 것까지도 잘 해주었다고 한다. 그렇게 열심히 일한 것은 교비생으로서 등록금을 내지 않고 공부하였기에 학교를 위해 무언가를 도우려는 데 있었다고 한다. 한편, 방학이 되면 고향에 가서 자신이 배운 신학문을 가지고 농촌계몽활동을 했던 것으로 알려져 있다.

이화학당에서는 주 5시간의 성경시간과 주 1시간의 찬송시간이 있었다. 학생들은 어떻게 해서든지 성경이 말하는 내용을 그대로 실천하려고 애썼다. 새벽마다 학내에서 새벽기도회가 열렸다. 또 학내에는 1년에 2번씩 봄 가을에 걸쳐 유명한 강사를 데려다 부흥회를 열었다. 학생들은 공부를 중시하고 부흥회에 참석하여 은혜를 받고 종교적 신앙의 각성과 결의를 새롭게 하였다.

한편 토요일이면 주일예배를 위하여 학교가 쉬는 대신 학생들은 옷을 빨고 다리며 주일을 준비하였다. 그리고 주일이 되면 학장과 교장이 앞에 서고 학생들이 둘씩 짝을 지어 줄 서서 정동제일교회로 가 예배를 드렸다.8)

이러한 분위기 속에서 유관순은 그의 생활을 변화시켜 나갔다. 이화학당 생활 이전보다 나라와 민족을 사랑하는 애국정신을 더욱 구체적으로 키워나갔다. 유관순이 밤중과 새벽에 텅 빈 채플에 들어가 하나님께 매일 기도하였다는 것만 보아도 알 수 있다. 유관순은 이화학당의 신앙 프로그램에 누구보다도 열성적으로 참여하였으며 새벽마다 조국의 광복을 위해 기도하였다.⁹⁾

이화학당 시절의 유관순(뒷줄 맨 오른쪽)

학교에 토론과 사상활동을 활발히 전개하고 있던 이문회(以文會)¹⁰⁾라는 독서회가 있었는데, 유관순은 이 모임에 열심히 참여하여 독립에 대한 애국심을 키웠다.

1918년 16세 되는 해 유관순은 이화학당 보통과를 졸업하고 이화여자고등보통학교 1학년에 진학하였다. 그해 6월에 감리회 연회에서 정동제일교회에 이필주 목사를 파송하였다. 확실한 신앙 체험을 가지고 흔들리지 않는 믿음 위에서 일하는 이필주 목사에게서 유관순은 많은 영향을 받았다. 이필주는 3·1운동 때 천도교 손병희, 장로교 길선주와 함께 감리회를 대표해서 독립선언서에 서명했다. 그리고 목사 사무실을 독립운동 준비 장소로 내놓았다.¹¹⁾

이화학당에서의 유관순은 훌륭한 스승과 선배들 그리고 친구들과 함께 보다 성숙한 신앙 안에서 생명을 내놓을 수 있는 흔들리지 않는 가치관을 갖출 수 있었다.

3. 경성에서의 독립만세운동

1918년 10월부터는 스페인 독감이 유행하여 한국인의 삼분의 일이 환자가 되었고 그중 13만 9,128명이 사망하였다. 쌀값 폭등으로 민중 소요가 일어났는데, 독감으로 가을에 추수할 사람을 찾을 수 없을 정도였다. 민심은 점차 흉흉해졌다. 다행히 기숙사는 철저한 위생 관리로 큰 어려움이 없었다.

1919년 유관순이 17세 되던 해 1월 22일 겨울방학을 마치고 학교에 온 지 얼마 되지 않은 때였다. 광무(고종) 황제가 갑자기 승하하셨다. 일본인에게 독살 당하였다는 풍문이 유포되어 민족의 의분을 자아냈다. 유관순은 국상 기간 내내 마음이 슬펐다. 전국에서 올라온 백성들이 나라 잃고 광무 황제마저 승하하니 덕수궁 대한문 앞에 엎드려 슬픔과 분노의 통곡을 하였다. 그 소리는 이화학당까지 들렸다.

조선의 등불을 다시 살려서 독립국가로 온전히 세우기 위한 고민과 결단은 점차 익어갔다. 일제강점기였지만 일제에 항거하여 독립을 선언하려는 비폭력 독립만세운동이 무르익었다. 조선인은 누구나 기다리던 일이었다.

1919년 3월 1일에 터진 대한독립만세 외침은 프라이 교장과 교사들의 만류에도 불구하고 이화학당 일부 학생들을 만세운동에 동참케 하였다. 이 독립만세운동은 무질서하거나 폭력적이지 않았다. 평화적인 만세운동이었다.

반면에 일경들은 비무장 비폭력운동을 하는 사람들에게 폭력을 행사하였다. 일제의 비인간적인 폭력이 난무하여도 기미독립선언과 대한독립만세운동은 끝날 수 없었다. 전국방방곡곡으로 퍼져 나가서 조선 사람이면 남녀노소 빈부귀천과 관계없이 누구나 독립만세운동에 참여하였다.

이화학당에 일경들이 출동하여 주동자를 색출하였으나, 학교 당국과 학생들은 협조하지 않았다. 경찰은 학생들을 선동했다는 죄로 교사인 박인덕, 신준려를 연행하여 서대문형무소에 투옥하였다.[12]

3월 3일 광무 황제 국장례가 거행되었다. 이날은 시위를 자제하였다.

3월 5일 서울에서 학생단 시위운동이 일어났다. 유관순은 이화학당 친구들과 함께 참여했다가 경무총감부에 붙잡혀 갔지만 선교사들의 항의로 풀려났다.

듣기만 해도 감격스러운 '대한독립만세'를 힘껏 외쳐 불렀다. 유관순은 보기만 해도 행복하고 가슴 뛰는 아름답고 장엄한 태극기의 물결을 보았다. 우리 민족이 진정한 마음을 평화적으로 전하는데 왜 일본 헌병과 기마병들이 폭력을 행사하고 양민들을 살상하는지 유관순의 가슴은 답답하였다. 앞으로 할 수 있는 일이 무엇인지 생각해 보았다.

날이 갈수록 격화되는 만세운동에 일제는 3월 10일 오후 중등학교 이상의 각급 학교에 휴교령을 내렸다. 이 지시에 따라 그해 10월까지 휴교는 계속되었다. 그러나 각 지방으로 내려간 학생들은 그 지방의 만세운동을 주도하거나 합류하였고, 유관순 역시 그러하였다.

4. 지령리 만세운동

유관순은 휴교령으로 3월 13일에 두 살 위인 사촌언니 유예도와 함께 고향 지령리에 귀향하였다. 16일 주일 밤 예배 후에 유중권과 유중무, 조인원 등의 주선으로 이백하 등 20여 명이 남았다. 유관순은 유예도와 함께 어른들에게 경성의 3·1운동 정황을 알렸다. 이를 비롯하여 아우내 지역을 중심으로 한 독립만세운동은 아우내 장날인 음력 3월 1일에 거사할 계획을 세웠다.[13]

만세운동을 위해 마을 청년들과 부녀자들이 밤마다 교회에 모여 태극기를 그렸다. 또 독립선언시를 구히기 위해 유관순은 경성에 다녀왔다고도 한다.[14]

아우내 만세운동은 수신면, 성남면계와 동면의 조인원, 유관순계의 두 흐름이 각기 운동을 준비하는 과정에서 운동의 역량을 하나로 모아서 극대화되었다.

대정 8년 공 제172호 판결 이유문을 통해서 수신면, 성남면계와 동면의 조인원, 유관순계와 합류 과정을 정리할 수 있다.15)

이 자료에 의하면 수신면 성남면계의 운동은 일단 홍일선의 발의로 김교선이 적극적으로 조직화 작업을 추진하였다. 김교선은 한동규와 이순구와 규합하였으며, 한동규가 이백하를 권유하여 운동 조직의 근간을 형성하였다. 이들은 시위 장소인 아우내 장터에 오는 사람들에게 독립만세를 부르도록 권유할 계획이었다.

수신면의 20대 청년 김교선은 운동을 기획하며 학식과 덕망으로 주민의 추앙을 받던 김상훈과 의논하였다. 그때 김상훈은 이미 연결된 조인원, 유중무를 내세워 유관순계와의 연대를 권유하였다. 이로써 수신면 성남면계는 조인원, 유관순계와 합류하여 음력 3월 1일 아우내 장날을 이용한 만세운동을 계획하였다.

천안을 비롯한 충남 지역은 일제가 두 번째로 경계할 지역으로 꼽을 만큼 이미 많은 만세운동이 일어났다. 아우내 만세운동을 학생인 유관순이 처음부터 주도적으로 이끌어 갔다고 보기에는 문제가 있다. 일제가 학생보다는 성인을 주동자로 삼으려 할 터인데 일제의 재판기록을 보면 유관순을 아우내 만세운동의 중심인물로 규정했다.16)

아우내 독립만세운동에서 가장 중요한 일은 아우내 시장을 중심으로 방사형으로 뻗어 있는 여러 마을의 뜻을 모으는 연락과 조직화 작업이었다. 마을 지도자들은 일경의 감시 대상이었다. 더욱 이종성이 아우내 독립만세운동을 계획하다가 발각되어 공주경찰서로 끌려가 고문으로 거의 초주검이 되어 나온 적이 있었다.17)

이에 감시의 눈길을 벗어날 수 있는 유관순과 사촌언니 유예도가 스스로 연락책이 되기를 원했다. 그러나 유예도가 몸이 허약한 탓에 유관순이 혼자 이 일을 감당하게 되었다. 유관순은 천안, 청주, 연기, 진천 일대를 왕복하면서 만세운동에 동참할 뜻을 모으는 일을 담당하였다. 근 20여 일 동안 독립만세운동의 의지를 모으려고 수백리 길을 걸었다. 집에서는 밤 12시, 새벽 3~4시에 개가 짖으면 유관순이가 오나 보다고 했다.[18]

유관순은 연락 및 조직 사업을 전개하면서 향리 어른들에게 정황을 보고하였다. 그냥 단순한 심부름이 아니라 의혹과 질문에 자신이 경성에서 겪고 느낀 바를 가지고 설득하였을 것이다. 유관순은 며칠에 한 번씩 중앙 연락책임자인 김구응을 만나 연락과 동참 조직에 대해 보고를 하였고, 지령리 책임자인 아버지 유중권에게도 매일의 경과를 보고하였다.[19]

거사를 하루 앞둔 2월 그믐날 밤 유관순은 동생 관복과 친척 유제한과 함께 어두운 산길을 더듬어 매봉 꼭대기에 올라가서 봉화를 올렸다. 매봉의 봉화가 타오르자 독립만세운동에 참여하기로 약속한 마을의 각 봉우리마다 봉화가 올랐다. 수백 리 길을 걸을 때면 발은 부르트고, 온 몸은 물에 젖은 솜 같았을 것이다. 밤이면 짐승과 어둠에 따르는 공포가 있었다. 그러나 24곳에서 피어오르는 봉화 불들을 보는 순간 모든 고통이 다 사라지고 내일을 향한 기쁨만이 가득 찼다.

4월 1일(음력 3월 1일)이 밝자 아우내 장터에는 하나 둘 사람들이 모여들기 시작하였다. 수신면과 성남면 주민들이 만세의 분위기를 만들어 갈 무렵 매봉교회 교인들을 중심으로 동면의 조인원, 유관순계가 유관순이 그린 큰 태극기를 앞세우고 병천 장터에 있는 이들과 합류하였다. 작은 태극기를 나누어 주는 일은 여자들이 맡았다. 유관순의 어머니 이소제는 청주 나들이 동남쪽, 유관순의 친구 부덕은 연기 쪽 전의 나들이 아래 뚝 길목, 사촌언니 유예도는 천안 나

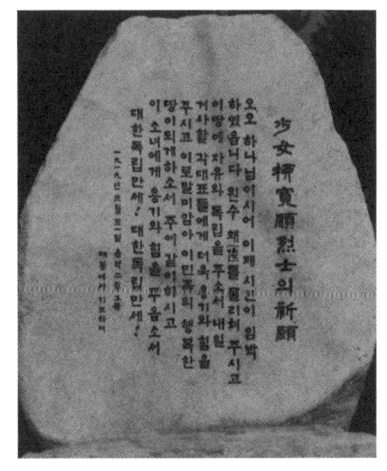

유관순 열사 기도문(독립기념관)

들이 새고개목 서쪽, 그 외 처녀들과 여자들은 치마 귀에 태극기를 감쪽같이 감췄다가 속속들이 모여드는 사람들의 손에 독립의 희망이 가득 담긴 태극기를 나누어 주었다.[20]

오후 1시경 조인원이 군중 앞에서 독립선언서를 낭독하였고, 그 뒤를 이어 유관순이 공약삼장과 대한독립의 필요성을 역설하여 사람들에게 독립의 의지를 다시 한 번 일으켜 세웠다. 간단한 독립선언식을 마친 군중은 대오(隊伍)를 형성하여 행진에 나섰다. 큰 깃발을 든 조인원이 맨 앞에 서고, 바로 뒤 유중권, 김구응, 김상헌, 김교선, 조병호 등이 뒤를 따랐다.

합류한 두 물줄기가 하나의 큰 물줄기가 되어 태극기를 흔들며 만세를 부르자 약 30m 정도 떨어진 헌병 주재소에 있던 헌병들이 나와 해산을 요구하였다. 그래도 해산하지 않자 발포하였고, 그 자리에서 사상자가 발생하였다. 이때 유관순의 아버지인 유중권이 옆구리와 머리에 총상을 입어 죽음 직전에 다다랐으며, 조인원 역시 좌측 흉부에 총탄을 맞았고 왼팔을 칼로 찔리는 부상을 당하였다. 유중권은 출혈로 순국하였고, 이소제는 운동 현장에 쓰러진 남편의 원수를 갚겠다고 달려들다 일 헌병의 칼로 난자당해 순국하였다. 이날 사상자는 즉사자가 19명이고 중상자가 30명이었다고 한다. 이때 유관순의 나이는 17세, 아버지 유중권은 56세, 어머니 이소제는 44세였다. 17세의 소녀가 부모와 십여 명의 참혹한 죽음과 수십 명의 부상자들의 피 흘림을 목도해야 했다.

헌병이 시위현장에 출동하여 군중을 향해 총을 겨누었을 때 유관순은 쌍방을 서지하려 헌병 중에 달려들며 "제 나라를 되찾으려고 정당한 일을 했는데 어찌 군기를 사용해서 내 민족을 죽이느냐?"고 했다. 만세운동에 있어서 인명 피해를 막으려고 일 헌병의 총구를 막거나 주재소장의 옷에 피가 묻은 것을 보고 "내 아버지를 죽인 놈이 너구나." 하며 소장의 멱살을 쥐고 흔들며 격렬히 항의하였다.

아우내 만세운동은 대체로 3단계로 진행되었다. 1단계는 바로 오후 1시경

독립선언식을 마친 3천여 군중의 만세시위와 곧 출동한 헌병, 수비대와 충돌하여 많은 사상자가 발생한 단계이다. 이후 오후 4시경 일제의 폭압적인 진압에 격분한 군중이 순국자의 시신을 주재소로 운반하여, 일제에 항의하였고, 주재소를 향하여 돌을 던지는 무력적 항의로 발전하게 되는데 이것이 2단계이다. 3단계는 투석전이 전개되고 있는 가운데 일부 군중이 천안과 병천 사이의 전선을 절단하는 한편, 면사무소 우편소 등을 점거하여 만세시위의 타당성을 천명하는 단계이다.[21]

유관순은 평화적인 시위가 일군경의 무차별 총격과 칼부림으로 죽음과 피흘림의 아비규환이 되었음을 분명히 보았다. 부모의 시신도 보았다. 그는 현장을 떠나 독립운동을 계속하다가 체포되었다.[22]

유관순은 결국 아우내 만세운동의 주모자 가운데 한 사람으로 체포되어 천안 헌병부대 유치장에 10여 일 동안 갇힌 다음 공주법원 검사국으로 송치되었다.

5. 옥중 투쟁

유관순의 독립만세운동은 학생운동 시기와 아우내운동 시기 그리고 옥중투쟁 시기 등 크게 세 시기로 나누어 볼 수 있다. 다 의미 있는 시기지만 가장 큰 의미를 주는 것은 옥중투쟁 시기라고 할 수 있다.

유관순은 부모의 순국으로 더 잃을 것이 없다고 생각했는지도 모르겠다. 천안 헌병대에서 공주감옥에 이르기까지 그는 계속 만세를 불러 투쟁하였다. 투쟁에는 꼭 비인간적인 폭력이 따랐다. 공주감옥 미결수의 생활은 지옥과 같았다.

1심 판결은 5월 9일 아우내 만세운동 후, 한 달 아흐레 만에 공주지방 법원에서 있었다.

"제 나라를 되찾으려고 정당한 일을 했는데 어째서 군기(軍器, 무기)를 사용하여 내 민족을 죽이느냐?"

"왜 평화적으로 아무런 무기를 갖지 않고 만세를 부르며 시가를 행진하는 사람들에게 무차별 총질을 해대어 아버지, 어머니를 비롯하여 무고한 수많은 목숨을 저리도 무참하게 빼앗을 수 있느냐?"

"죄가 있다면 불법적으로 남의 나라를 빼앗은 일본에 있는 것이 아니냐?"

"자유는 하늘이 내려준 것이며, 누구도 이것을 빼앗을 순 없다. 무슨 권리로 신성한 인간의 권리를 빼앗으려느냐?"

다 옳은 발언이었다. 그러나 재판장은 유관순, 유중무, 조인원 세 사람에게 징역 7년을 언도하였다. 만세운동의 주동자인데다 재판정에서 굽힘없이 독립의 정당성을 주장하여 소위 괘씸죄가 더 붙었던 것이다.[23] 시위대가 인명을 살상하지 않은 경우에 7년 언도 받은 예가 없었다. 여성으로서 더구나 어린 학생으로서 7년형은 유례를 찾아볼 수 없는 최고형이었다.

유관순은 공주 법정에서 포승에 묶여 들어오는 오빠 유우석과 스치며 부모님의 순국을 알렸다. 공주에서 잡혀온 이화학당의 학생들도 만났다.

이후 상고하여 서울에서 재판을 받아 3년형을 언도받았다. 그리고 서대문감옥에 있으면서 3·1운동 1주년이 되는 날 또다시 만세운동을 벌여 모진 고문 끝에 옥사했는데 이것 역시 유례를 찾아볼 수 없는 일이었다. 그는 어린 여학생이기 때문에 조금만 후회하는 빛을 보였어도 감형을 받거나 중간에 출옥할 수 있었다.

부모님이 이미 희생을 당하고 오빠마저 투옥되었으며 동생들도 죽었다고 생각하였고 자신조차 고문으로 만신창이가 되었다. 대한독립만세를 외칠 때마다 닥치는 비인간적인 폭력은 이미 안고 있는 육신의 고통에 더 말할 수 없는 아픔을 안겨주는 일이었다.

그는 의연하지만은 않았다. 고름이 흐르는 옆구리 상처로 몸부림치고,

고문 받는 고통으로 이를 악물다 정신을 잃었다. 배고픔으로 기진해서 허덕이고, 부모님을 잃은 슬픔에 울부짖으며, 애처로운 동생들로 인해 통곡하였다. 유관순은 초인이 아니었다. 그냥 그 나이의 소녀였다.[24]

그러나 인간됨을 말하고 정의를 외치며 불의를 지적해야 할 때는 담대하였다. 남은 길이 그 길밖에 없었다. 여기서 자신이 굽히면 지금까지 많은 사람들이 치른 희생은 어디서 보상 받을 것인가? 대한독립만세를 이제 그친다면 지금까지의 외침은 거짓이 되고 말 것이 아닌가? 누군가 이 일을 위해서 끝까지 가야 할 사람이 필요했다. 그게 누구인가? 유관순은 자신을 예수님의 십자가에 못 박았다. 그리고 끝까지 하나님이 주신 인간다운 삶을 향해 진정한 자유를 향해 외치고 외쳤다.

결국 유관순을 제외한 나머지 9명은 공주감옥으로 내려가고, 유관순만이 서대문감옥에서 복역하게 되었다. 이뿐 아니라 유관순의 형량이 워낙 무거워, 보통 죄수가 입는 푸른색의 옷을 입지 않고 누런 빛깔의 옷을 입었다.

유관순은 서대문감옥 여감방 8호에 수감되었다. 그곳에서 유관순은 이화학당 시절 자신에게 가장 큰 영향을 주었고 사후에도 깊은 관계를 맺은 스승 박인덕을 만났다. 감방 만세 투쟁에 이은 간수의 구타와 고문은 유관순을 극도로 쇠약하게 했다.

결국 유관순은 이곳 서대문감옥에서도 어윤희, 박인덕 등과 함께 옥중만세운동을 전개하였고, 1920년 3·1운동 1주년 만세운동을 벌일 것을 계획하였다. 밥을 나르는 여죄수를 통하여 '우리나라 독립이 관철되도록 끝까지 싸우자'는 결의의 쪽지를 돌렸다. 그리고 3월 1일 사무실 괘종시계의 소리를 신호로 독립만세운동을 시작하기로 했다.

유관순 열사의 수형자 기록표 중 옥중 사진

이 3·1운동 1주년 옥중만세운동에는 절도, 강도, 파렴치범, 사기범 등으로 수감되어 있던 이들까지 합세하는 등 상당한 반향을 일으켰다. 이 만세소리가 감방을 지나 거리까지 흘러나와 모화관, 냉천동, 애오개, 서소문 일대로까지 번져 전차가 불통되고 경찰서 기마대가 출동하는 등 일대 혼란이 일어났다.[25] 이 사건으로 인하여 다시 많은 우국지사들이 심한 고문을 당하였으며, 그로 말미암아 유관순은 매를 맞아 방광이 터지고 이신애는 유방이 파열되기까지 하였다. 유관순은 그 후에도 계속 매일 아침, 저녁으로 만세를 불렀다. 그리고 그만큼의 고문을 받았다.

유관순은 이러한 옥중 투쟁을 통해 민족의 독립 의지를 실천으로 보여주었고, 신앙인으로 타자를 위한 모습을 함께 보여주었다. 같은 감방 안에 있던 구세군 사관 부인 엄명애가 출산으로 1919년 10월 보석으로 나갔다가 아이를 낳아 안고 11월에 다시 돌아왔다. 동짓달 엄동설한에 기저귀가 얼른 마르지 않자 유관순은 기저귀를 자신의 몸에 감아 말려주었다. 유관순은 모든 사람을 순전한 마음으로 대하고, 감옥 내에서도 충직스럽게 일했다고 어윤희 전도사는 말했다.[26] 유관순은 자신을 버리고 자유를 잃은 민족을 위해 타자를 위한 존재로서의 삶을 살았다고 말할 수 있다.

유관순은 결국 형기도 마치지 못한 채 1920년 9월 28일 오전 8시 20분 경 기도 경성부 서대문감옥에서 사망하였다.

그의 시신을 인수할 사람이 없었다. 연락처가 천안군 동면 용두리 사촌오빠 유경석으로 되어 있었으나 유경석은 동생 유예도를 홍성의 한태유 목사 동생에게 맡기고 일본으로 피신해 10년간 있었다. 가족을 찾기 힘들어 결국 10월 12일에야 이화학당에서 시신을 인수하였다.[27] 이화학당장 서리 월터가 시신을 인수하였고, 친척으로 유빈기와 아들 유중영을 찾을 수 있었다. 다음날 오빠 유우석도 연락을 받고 왔다. 이미 병으로 썩고 있던 유관순은 죽은 지 10여 일이 지나서 심하게 부패한 냄새가 났다. 최후의 일각까지 저항하다가 갔다.

학교에서는 의논하여 유관순을 진정한 영웅으로 여겨 비단 수의를 입혔다. 장례식은 10월 14일 가족과 일경의 허락을 받은 같은 반 학생 대표 몇 명만 참석하였다. 정동제일교회에서 김종우 목사가 집례했다. 수레에 태운 유관순의 유해는 이태원의 공동묘지에 도착했다. 배재학당을 다니던 오빠 유우석과 그의 친구들이 유관순을 운구했고 김종우 목사의 인도로 묻었다. 비석도 무덤 표시도 없었다.28)

이후 이태원 공동묘지가 일제의 군용 기지로 전환됨에 따라 미아리 공동묘지로 이장하는 과정에서 연고자가 없어서 18세 소녀 유관순의 묘는 찾을 수 없게 되었다. 무덤마저 사라져 유관순은 아무 흔적이 없지만 본이 되는 그의 삶과 정신은 오늘도 늘 우리와 함께 있다.

참고문헌

김기창, "유관순의 기독교적 리더십 연구", 「유관순연구」 제4호, 천안대학교 유관순연구소, 2005.
박충순, "유관순과 3·1운동", 「유관순연구」 창간호, 천안대학교 유관순연구소, 2002.
어윤희 증언, 「거울」, 이화여자고등학교, 1956.
이정은, 「유관순」, 사단법인 유관순열사기념사업회, 2005.
이화 100년사 편찬위원회, 「이화백년사」, 이화여자고등학교, 1994.
장희영, "유관순의 삶에 미친 이화학당 교육의 영향", 「유관순연구」 제15호, 백석대학교 유관순연구소, 2010.
최은희, 「조국을 찾기까지」 중, 탐구당, 1973.
홍석창, 「애국소녀 유관순 양과 매봉교회」, 한국 감리교회사학회, 1996.

---

1. 아버지 유중권 씨가 이소제와의 결혼에 앞서 한씨와의 사이에 계출(癸出)이라는 딸이 있었다. 홍석창, 「애국소녀 유관순 양과 매봉교회」(한국감리교회사학회, 1996), 75.
2. 이정은, 「유관순」(사단법인 유관순열사기념사업회, 2005), 85.
3. 이정은, 「유관순」(사단법인 유관순열사기념사업회, 2005), 126~128.
4. 이화 100년사 편찬위원회, 「이화백년사」(이화여자고등학교, 1994), 158.

5. 이화 100년사 편찬위원회, 「이화백년사」(이화여자고등학교, 1994), 162~163.
6. "우리의 목표는 여인들로 하여금 우리 외국인들의 생활양식, 의복 및 환경에 맞추어 바꾸어지기를 바라는 데 있지 않다. 우리는 다만 한국인을 보다 나은 한국인이 되게 하는 것으로 만족한다. 우리는 한국이 한국적인 것에 대하여 긍지를 갖기 바라며 나아가서는 그리스도와 그의 교훈을 통하여 완전한 한국인이 될 것을 바라마지 않는 바이다." 이화 100년사 편찬위원회, 「이화백년사」(이화여자고등학교, 1994), 73.
7. 학교 채플과 부흥회 그리고 주일 정동제일교회가 신앙의 결단에 아주 중요한 역할을 했다. 신앙의 결단은 곧 민족의식으로 이어졌다. 김종우 목사의 교내부흥회로 유관순은 신앙의 체험을 가진다. 그는 모세와 같은 민족의 고난을 책임지는 십자가를 깨닫는다. 정동제일교회에서의 신앙은 손정도 목사와 이필주 목사 등을 통해 민족 체험과 성령 체험이 결합된 가운데 구국적 민족운동으로 이어졌다. 이것은 정동교회 신앙노선의 기본축이 되었다. 김기창, "유관순의 기독교적 리더십 연구", 「유관순연구」 제4호 (천안대학교 유관순연구소, 2005), 25~27.
8. 장희영, "유관순의 삶에 미친 이화학당 교육의 영향", 「유관순연구」 제15호 (백석대학교 유관순연구소, 2010), 229.
9. 김기창, "유관순의 기독교적 리더십 연구", 「유관순연구」 제4호 (백석대학교 유관순연구소, 2005), 23~24.
10. 이화 100년사 편찬위원회, 「이화백년사」(이화여자고등학교, 1994), 90~91, 159.
11. 이정은, 「유관순」(사단법인 유관순열사기념사업회, 2005), 214~217.
12. 이화 100년사 편찬위원회, 「이화백년사」(이화여자고등학교, 1994), 160.
13. 이정은, 「유관순」(사단법인 유관순열사기념사업회, 2005), 302~306.
14. 이정은, 「유관순」(사단법인 유관순열사기념사업회, 2005), 306(조병호·김교선, "유관순 양과 병천 장날", 「신동아」, 1965. 3. 86).
15. 이정은, 「유관순」(사단법인 유관순열사기념사업회, 2005), 476~484.
16. 아우내 만세운동 이전에 이 지역에서 벌어진 만세 시위운동 가운데 대표적인 것으로 목천면 보통학교 학생 의거(3월 14일), 전화선 방해 시위(3월 16일), 입장면 양대, 입장 시장 만세 시위(3월 20일, 28일), 천안면(3월 29일), 풍세면 횃불 시위(3월 30일), 성환면 만세 시위(3월 31일) 등이 있었다. 이 가운데 3월 28일 입장의 만세 시위는 직산금광회사 광산 노동자 2백 명이 참여한 운동으로 주목할 만하며, 3월 29일 만세운동은 3천여 명의 군중이 참여하였고, 30일 만세운동에는 수천 명의 농민들이 봉기하였다. 그러나 '유관순 운동'으로 알려진 아우내 만세운동은 충청남도에서 가장 규모가 크고 격렬한 운동이었을 뿐만 아니라, 전국적으로도 가장 격렬한 독립만세 시위운동의 하나로 평가된다. 수신면 성남면계는 홍일선의 발의 아래 김교선, 한동규, 이순구, 이백하, 김상철 등 20대 청년들이 뜻을 결집하여 운동을 펼쳤다. 동면의 조인원, 유관순계는 조병호(조인원의 아들), 유중권, 유중무(유관순의 숙부), 조만형과 수신면의 김상훈, 김용이 그리고 갈전면의 박제석, 박봉래 등이 뜻을 모아 운동을 펼쳤다.
17. 이정은, 「유관순」(사단법인 유관순열사기념사업회, 2005), 298~302.
18. 최은희, "조국을 찾기까지" 중 (탐구당, 1973), 212.
19. 유관순은 진명학교 교사 김구응을 만나 아우내 독립만세운동의 주역으로 나서게 했다. 천안읍에서 안창호 목사 내외를 만났고, 송정의 유림 대표 김상훈, 왜마루의 안동 김씨, 청주군 방하울의 유씨, 자포실 신씨, 백헌의 유씨, 싱재동의 유림 대표 박씨, 드무실의 백천 조씨, 무들이 경주 김씨를 방문하여 독립만세운동에 참여할 응낙을 받았다. 이어 연기 방면의 남산동리의 박씨, 속새말의 이씨, 발이미의 김씨와 송씨, 한신의 이씨, 연기 상로정의 권씨, 조치원에서는 임씨를 방문하여 승낙을 받았다. 진천 방면으로는 보평의 이씨, 반계의 윤씨, 화산의 전주 이씨, 삽다리의 청주 이씨, 모산의 주씨, 벌터의 박씨, 진천 읍내 등 근 20여 일 동안 독립만세운동의 의지를 모으려고 수백 리 길을 걸었다. 최은희, 「조국을 찾기까지」 중 (탐구당, 1973), 212.
20. 박충순, "유관순과 3·1운동", 「유관순연구」 창간호 (천안대학교 유관순연구소, 2002), 85~86.
21. 박충순, "유관순과 3·1운동", 「유관순연구」 창간호 (천안대학교 유관순연구소, 2002), 86~89.
22. 「신한일보」, 1920. 9. 2.
23. 이정은, 「유관순」(사단법인 유관순열사기념사업회, 2005), 367~368.

24. 어윤희 증언, 「거울」 (이화여자고등학교, 1956), 3.
25. 박충순, "유관순과 3·1운동", 「유관순연구」 창간호 (천안대학교 유관순연구소, 2002), 86~89.
26. 어윤희 증언, 「거울」 (이화여자고등학교, 1956), 3.
27. 이정은, 「유관순」 (사단법인 유관순열사기념사업회, 2005), 427.
28. 이정은, 「유관순」 (사단법인 유관순열사기념사업회, 2005), 430~431.

최용신
崔容信

최용신
崔容信

최용신이 샘골에 와서 있었던 기간은 3년 4개월(1931. 10~1935. 1)이다. 이 짧은 기간 동안 헌신하였고 큰 일을 이루었다. 별세 후 그의 숭고한 삶이 신문에 보도되자 최용신의 사업이 농촌계몽운동의 모범사례가 된다고 판단하여, 심훈의 「상록수」(常綠樹)를 동아일보 창간 15주년 기념 문예 감상모집에 당선작으로 선정하였다. 최용신의 요절은 브나로드 운동과 심훈의 「상록수」와 함께 최용신을 유명인으로 만들었다.

"샘골 여러 형제를 두고 이찌 가나. 애서로운 우리 학생늘의 전로를 어찌 하나. 어머님을 두고 가매 몹시 죄송하다. 내가 위독하다고 각처에 전보 하지 마라. 유골을 천곡강습소 부근에 묻어주오." - 최용신 유언 중에서

농촌사업가
최용신

홍석창 목사_ 역사학자, 원로목사

1. 어린 시절

최용신(崔容信, 1909~1935)은 1909년 8월 12일에 함경남도 덕원군 현면 두남리 64번지에서 3녀 2남 중 차녀로 태어났다.

그녀가 출생한 덕원군은 원산의 모체이며 현면 두남리는 원산시 경계에서 10리 떨어진 곳이다. 그래서 일제 말에는 원산시로 편입되기도 했다. 그녀가 여기에 태어나게 된 것은 그녀의 선조가 경주에서 살다가 12대조 때에 나라의 변으로 인하여 원산 섭섬으로 귀양을 오게 되었기 때문이다. 원산은 동해안의 중요한 항구도시이며 또한 동해의 푸른 물결이 있고, 저 유명한 명사십리의 푸른 숲과 흰모래 그리고 붉게 핀 해당화가 있는 곳으로 선교사들이 휴양소를 지으리만큼 경치가 빼어난 곳이다.

그녀가 태어난 두남리에는 그녀의 할아버지인 최효준(崔孝濬)이 사재를 들여 윤치호가 원산 감리로 부임한 1889년에 세운 취성(聚星)학교가 있었고 그녀의 큰아버지 최준희(崔重熙), 아버지 최창희(崔昌熙)가 교사로 일하였다. 그녀의 집안에서 학교를 세우고 가족들이 교사로 일했다는 것은 그녀의 가문이 당시 이름 있는 교육가의 가문임을 말해 주며, 또한 사재를 들여 학교를 세울 만큼 재정을 가지고 있었다는 것은 그의 가문이 부자였음을 말해 준다.

아버지 최창희는 교육계에 헌신하는 한편 1920년 제2의 원산 독립운동이라 부르는 미국의원단 환영회, 1926년에 덕원청년동맹 소위 원산리 소요사건, 1927년에 신간회 덕원지회, 1921년에 흥농회 참가 등 문화 계몽운동과 대중운동가로 활동하였다.

그리고 두남리에 감리교회가 세워졌다. 두남리교회가 1916년 총독부 관보에 기설(旣設)포교소로 보고된 것을 보면, 그 이전에 세워진 것인데 확실한 연대는 알 수 없다. 1939년 감리교회에 속한 재산목록에 보면, 당시 원산지방은 원산시·덕원군·통천군·고성군·양양군·안변군·회양군 등 7개 시군에 50개 교회가 있었다. 두남리는 붉은 벽돌로 지은 세 번째 교회당(43평)을 가지고 있었고, 이것은 원산중앙교회당(33평)보다도 큰 교회당이었다. 그리고 한때 덕원군을 한 구역으로 삼아 덕원구역이라 했는데, 그 구역 소재지가 두남리인 것을 보면, 교세를 짐작케 한다. 두남리교회는 역사도 오래되었고 큰 교회였다. 일제 말(1944) 일제의 지시를 받는 일본기독교 조선교단에 의해서 원산중앙교회와 합병되었다.

"우리에게 가장 중요한 것은 가장 어렸던 시절이다."라는 영국의 시인 쿠퍼(William Cooper, 1731~1800)의 말과 같이 최용신이야말로 어린 시절이 그의 일생을 위대하게 살게 한 가장 큰 힘이라 말할 수 있다. 훌륭한 가문, 기독교적 분위기, 쾌적한 경치는 최용신을 기르기 위한 하나님의 요람이었다.

2. 학창 시절

1) 루씨여학교

최용신은 10살 되던 해인 1918년 봄 두남리에 있던 할아버지가 세운 취성학교에 다니다가 선교사가 운영하던 루씨여자보통학교로 전학을 하였고, 그 학교를 마친 다음에 같은 계열의 루씨여자고등보통학교를 입학하여 1928년 봄에 최우등으로 졸업하였다.

1912년까지만 해도 관공립의 여학교가 한 곳도 없었다. 이러한 곳에 감리교회가 들어갔고 1903년 11월 19일 여선교사 캐롤(Miss A, Carroll)과 노울즈(Knowles, Miss Mary)는 원산 산재동의 초가집을 얻어 15명을 데리고 학교를 시작하였다. 1907년에는 학생이 70명이 되었고, 1909년에는 제1회 졸업생을 내었다. 1913년에는 미국의 독지가 루씨 컨닝김의 후원으로 4층 양옥교사를 신축하고, 1921년에는 4년제의 고등학교를 설립하였으며, 1923년에는 사립 루씨여학교로 이름을 바꾸었다. 1927년 봄에는 고등학교 1회 졸업생을 내었다. 이때 졸업생은 15명이었는데, 12명은 교사가 되었고, 1명은 이화전문학교, 1명은 이화 유치원사범, 1명은 경성여자고등보통학교 사범과에 진학하였다.

최용신은 1928년 봄에 제2회로 졸업하였다. 그때 졸업생은 앨범에서 보면 18명이었다. 「조선일보」 1928년 4월 1일자 기사에서는 20명이라 했다. 이화음악과 1인, 이화유치사범 1인, 경성사범연습과 1인, 조선농학교 1인, 협성여자신학교 2인, 기타 상급학교 6인, 미정 10인이라 했다. 이 기사가 정확하지는 않지만 졸업생의 흐름은 파악할 수 있다. 1회에서는 15명 중 12명이 교사가 되었는데, 「조선일보」에서는 대부분 대학 진학으로 나타나 있다.

최용신은 처음에는 간호원이 되려고 생각했었다. 그녀가 루씨에 다닐 때 전희균(田犧均, 1890~1950, 전희균 목사의 손주 중 12명이 감리회 목사가 되었고, 제27대 감독회장 전용재 목사가 그의 손주이다.) 목사의 집에서 잠도 자고 죽을 먹은 적도 있다는 딸 전진(田鎭, 1912~1996)의 증언을 들어보면, 몸이 건강치 못했던 것 같다. 그런 이유에서인지, 오빠의 반대로 그만두고 전희균 목사의 인도로 협성여자신학교에 입학히였다. 가문의 분위기로 보아 교사가 되기 위한 학교에 진학할 것 같은데 그렇지 아니한 데는 전희균 목사의 권유도 있었지만 아직 여 목사 제도가 생기지 않아 여 목사가 되려는 생각에서는 아니었다. 아마도 일본에 약혼자도 있고 오빠도 있어서 고베에 가서, 선배들이 많이 다녔던 사회사업과가 있는 고베여자신학교를 생각했던 것으로 추정된다. 이 학교에서 만난 전희균 목사는 최용신의 건강도 챙겨주고, 신앙도 지도하고, 또한 한글 사랑 즉 나라 사랑을 가르쳐 주었다. 루씨학교에서 20년 동안 학생들의 신앙을 지도한 전희균 목사의 말을 들으면 최용신은 루씨학교 재학 중에 성경 시험에서 한 번의 예외 없이 만점을 받았는데, 자기 평생에 이 같은 예를 보지 못하였다고 한다. 그녀는 이 학교에서 공부하던 중 농촌운동에 대한 꿈을 가지게 되었다.

2) 협성여자신학교

이때의 감리교 협성신학은 남자신학을 1907년 6월에 세우고 여자신학은 1920년 9월에 세워, 남자신학은 냉천동의 교사를 사용했고 여자신학은 충정로 교사를 사용했다. 최용신이 여자신학교에 입학할 시기는 남학교 학제가 변경되어 3년제가 4년제로, 남녀가 각각 공부하던 것이 남녀공학으로 바뀌던 때였다. 그래서 최용신은 1928년 봄 여자협성신학교 본과에 마지막으로 입학했으나 1년 만에 남녀학교가 합해지는 바람에 1929년 남학교가 새로이 뽑은 남학생 15명과 이미 입학했던 여자신학생 5명이 합해져 남녀공학이 되었다.

여기에서 그녀는 농촌사업에 대한 염원을 이루는 데 도움을 준 두 사람을 만났는데, 그 첫째가 황에스더(黃愛施德, 1892~1970) 교수이다.

한국 이름으로 황애덕(黃愛德)이라는 황에스더는 1892년 4월 19일 평양외성에서 출생했다. 1907년 정진소학교를 졸업하고 이화학당 대학예과인 중등과를 졸업한 후 평양 숭의중학 교원이 되었다. 1914년 이화학당 대학과에 입학하여 1년 동안 공부하고 평양으로 내려와 기홀병원에서 의학공부를 1년, 총독부 의학교에서 1년 청강한 후 또다시 평양으로 내려와 4년 동안 교원생활을 하였다. 1917년 일본으로 건너가 동경여자 의학전문학교에서 유학 2년 만에 3·1운동을 만났다. 2·8학생독립운동에 참가한 후 귀국하여 3월 19일 검거되어 2·8독립 주동자의 한 사람으로 옥중생활을 하다가 그해 8월 5일

예심면소로 석방되었다. 또다시 비밀결사 애국부인회에 가담한 이유로 1919년 12월 28일 검거되어 5년 구형 3년 언도를 받고 형기 1년을 앞두고 1922년 가출옥되었다. 출옥 후 이화학당 3학년에 편입하여 공부를 마친 후 1925년 미국 유학의 길을 떠나 1928년 콜럼비아 대학 교육학 석사를 마쳤다. 이어서 몇 개월 동안 펜실베이니아 주립대학에서 농촌사업을 연구하다가 1929년 1월 귀국하였다. 곧 협성여자신학교 교장 채핀(Mrs. Chaffin. Rev. Anna Bair, 蔡富仁, 1883~1977)의 초청으로 교수가 되어 농촌사업 지도교육과를 신설한 후 1929년부터 2년 동안 가르쳤다. 가르치는 동안 방학 때면 학생들을 교회로 파견하는 중 황해도 수안에 김로득과 최용신을 보내게 되었다. 1935년 만주로 가 경성현에서 한인농장을 건설하다가 2차 대전이 발발하여 귀국하였고, 일제 말 모든 공직을 사퇴하고 시골에 머물다가 해방을 맞았다. 그로 인해서 친일을 피했다. 해방 후 문교부 성인 교육과 과장, 절제회 총무, 여성단체 총연맹의 위원장 등 교육과 여성운동에 헌신하다가 1970년 향년 78세로 생을 마쳤다.

두 번째가 협성신학교 교장 케이블(Cable. Rev. 奇怡富, 1875~1945)이다. 그는 최용신을 빨리 농촌사업에 뛰어들게 했을 뿐 아니라 영원히 신학교에 돌아오지 못하게 한 부정적인 면에서 공로자(?)이다.

최용신이 샘골로 온 것은 자의로 학업을 중단하고 실습하러 나온 것이 아니다. 사실은 그때 사정이 더 빨리 평소의 꿈이었던 농촌운동에 뛰어들게 하였다. 최용신을 지도한 목사 전희균의 딸인 전진의 증언에 의하면, 최용신이 1931년 봄, 교장이었던 케이블이 기도시간에 늦게 들어오는 학생을 파악하기 위해 눈을 뜨고 기도한 것 때문에 스트라이크가 일어나, 그 일로 교장은 연희대학으로 옮겨가고, 최용신이 그 주모자 가운데 한 사람으로 지목되어 처벌을 받게 되었다는 것이다.

최용신은 이 학교에 다니면서 첫 번째 해(1929)와 두 번째 해(1930)에는 황해도 수안군 용현리로, 세 번째 해(1931)에는 강원도 통천군 포항리와 경기도 수원군 천곡으로 농촌사업을 하러 나섰다.

3. 약혼자 김학준

최용신에 대한 글을 잠시 멈추고 약혼자 김학준(金學俊, 1912~1975)에 대해서 쓰는 것은 기혼자였던 김학준의 묘가 현재 최용신의 무덤 곁에 나란히 묻혀 있기 때문이다. 최용신이 죽기 10년 전에 약혼만 하고 결혼의 뜻을 이루지 못한 김학준에 대한 설명이 필요하다는 생각에서이다.

김학준은 1912년 5월 13일, 함경남도 원산읍 신(新)두남리에서 아버지 김춘택과 어머니 조씨 사이에서 맏아들로 태어났다. 보광학교를 졸업한 후, 1926년 최용신과 약혼하고 최용신의 권유로 바로 일본으로 건너가, 1931년 3월 2일, 동경에 있는 명고중학교를 졸업하고, 1934년 3월 2일, 일본 동경 예과를 졸업한 후, 1936년 동경 전수대학 경제학부를 졸업하였다.

귀국하여 함경남도 영생고등여학교에서 교편을 잡고 3년간 가르치면서 최용신과 굳게 약속한 농촌운동을 계속하던 중, 조선어학회 사건으로 3년 6개월 형을 받아 살다가 1945년 6월에 출옥하였다.

출옥 직후 해방을 맞아 월남하여 서울 이태원에 정착하여 살면서, 문교부 편수관(1946~1949) · 성균관대 법정대 교수(1954~1960) · 동국대 교수(1957~1959) · 조선대 교수(1960~) · 조선대 사대학장(1963~1968) · 교학처장(1961~1974) · 부총장까지 역임한 후, 1975년 3월 11일 향년 64세로 별세하였다.

최용신과 김학준의 집은 세 집 거리에 있었다. 자연히 같은 교회를 다녔고, 마을과 교회에서 많은 사람들에게 칭송을 받았다. 그러다가 믿음과 이상이 맞아 결혼할 뜻을 갖게 되었다. 양가의 반대가 심하였음에도 불구하고 1926년 약혼을 하고, 김학준이 먼저 일본으로 떠났다.

2014년 미국에서 별세한 김학준의 부인 길금복은 1937년 김학준이 동경에서 귀국하여 함흥에서 선생으로 있을 때, 어머니의 적극적인 주선으로 만나 결혼하였다. 김학준은 1962년 4월 2일, 부인 길금복의 노력으로 최용신이 떠난 이후 처음으로 샘골을 방문하였다. 그리고 그 후 천곡 고등농민학원의 이사장이 되어 1970년까지 일하였다.

김학준은 샘골 사람들과 교회에서 대단한 존경을 받았다. 샘골 사람들은, 그가 존경했던 선생 최용신의 약혼자였다는 점 외에 함께 지낸 일도 없는데, 몇 십 년 알고 지내던 사람 모양으로 가까웠다. 그가 존경을 받은 이유를 생각해 보면 다음과 같다.

준수한 외모와 인격, 감리교회 장로, 독립운동가 – 한글학회 사건으로 투옥된 자, 조선대학교 교수 및 학장, 샘골에다 돈을 내 땅(1,664평)을 사서 최용신 사업을 하려는 점, 학원을 계속하려는 계획, 은퇴 후 샘골에 와서 샘골 사람들과 함께 살겠다는 마음.

김학준이 죽을 때 유언이 "내가 죽거든 최용신 옆에 묻어 달라."였다. 그 유언에 따라 공동묘지(일리 51·52번지)에 있던 최용신 묘를 개발 1년 전 교회 옆으로 옮길 때 김학준 묘도 그 옆으로 옮겼다. 그때도 "처녀로 죽은 최용신 묘 옆에 부인이 있는 김학준이 왜 가느냐?"는 이의가 있었지만, 그의 유언과 또 부인인 길금복의 적극 후원과 샘골 동리 사람들이 그들의 뜻을 이해하는 따뜻한 정서로 인한 묵인으로 그냥 모시게 되어 오늘에 이르고 있다. 길금복이 그녀의 생애 마지막 때 한 증언에 의하면, 김학준과 최용신 사이에 10년 동안 주고받은 러브레터가 두 궤짝이나 되었다고 한다.

4. 최용신의 일터

1) 용현리학원(황해도 수안군 천곡면 용현리)

최용신을 길러낸 감리교 협성여자신학교 교수 황에스더는 그동안 동지를 얻지 못해 본격적인 사업에 착수하지 못하던 터에 김로득, 최용신과 같은 유망한 학생을 얻게 되자 더 이상 지체할 수 없었다. 그래서 미국에서 나올 때 그곳의 한 여성이 유익한 사업이 있으면 써달라고 준 100달러를 가지고 첫 후보지를 물색하기 시작하였다. 그때 마침 연회가 열렸던 때라 회의 차 참가한 안경록(安慶祿, 1882~1945) 목사에게 농촌사업 겸 교회를 세울 만한 곳이 없느냐고 하였더니 얼마 후에 황해도 수안과 신원·곡산이 서로 연접한 지역인 용현리(龍峴里)를 물색해 주었다. 이곳은 사면 30리에 교회도 학교도 없는 두메산골이었다. 황에스더는 이곳을 우선 적임지라 생각하고 땅과 집을 산 다음 여름방학부터 일을 시작하였다.

1929년 여름방학이 되자 황에스더는 최용신과 김로득(金路得, 1903~1968)을 데리고 임지로 떠났다. 여기서 최용신은 3개월 있는 동안 많은 것을 배웠다. 그동안 탁상에서 이상화하고 배우던 것을 실제로 나가 실험해 본다는 의미도 있고, 앞으로 어떻게 농촌운동을 이끌어 나갈 것인가에 대한 방향을 찾았고 농촌사업이 얼마나 힘들고 어려운가를 체험하고 돌아왔다. 실로 돈 주고 살 수 없는 값진 교훈이었다.

2) 옥명학원(강원도 통천군 답전면 포항리)

1931년 여름 최용신은 학업을 중단하고 옥명학원에 부임한 것으로 추정된다. 옥명학원은 최용신이 천곡으로 오기 직전 1년 안 되게 일했던 곳으로 추정된다. 이 학원은 강원도 통천군 답전면 포항리에 있으며, 1921년경에 세워 1936년경에 문을 닫은 것으로 추정된다.

신문기사에 의하면 다음과 같다.

崔容信孃 美擧

통천군 답전면 포항리(江原道 通川郡 踏錢面 浦項里)에 잇는 옥명학원(玉明學院)은 창설된 후 십여년 간을 긔독교 여선교회(基督敎 女宣敎會)의 도움을 받은 바, 당 학원선생으로 계신 원산시 외 두남리(元山市 外 斗南里)의 본적을 둔 최용신양(崔容信孃)이 자기의 풍금, 시가 백원 자리를 기증하고 갓슴으로 일반의 칭송이 자자하다.

옥명학원은 포항감리교회 안에 있는 교육기관이다. 서당인지 초등학교인지는 미상이다. 강원도 통천군은 함경남도 원산과 접경을 이루고 있고, 원산 바로 밑에서부터 동해안을 따라 토시(추울 때 팔에 끼었던 긴 소매) 모양으로 길게 뻗어 내려온 지역이다. 그러니 함경남도 일부 지역과 강원도 북부지역이 남감리회 구역이기 때문에 통천군도 자연히 남감리회 구역에 속해 있었다.

포항교회가 1921년경 옥명학원으로 시작하여 1928년에 세워졌다는 것은 감리교회의 전형적인 선교방침으로, 학교나 병원을 먼저 세우고 그다음 교회를 세우는 방법이었다. 김로득이 용현리 강습소를 세우고 후에 용현교회를 세우고, 또 윤홍림이 야목 강습소를 세우고 후에 야목교회를 세우는 것과 같은 방법이었다.

3) 천곡학원(경기도 수원군 반월면 사리 천곡)
(1) 장명덕 전도사 시대(1929~1930)

장명덕(張明德, 1901~1990) 전도사가 천곡교회로 온 것은 1929년 가을이었다. 이때는 순전히 글을 모르는 아이들을 가르치러 온 선생이었고 전도사로 정식 파송된 것은 1931년 가을이었다.

장명덕 전도사는 1901년 9월 19일 경기도 부천군 소래면 무지리에서 출생하여 1925년 3월 협성여자신학교를 졸업하였다. 당시 상동교회의 담임자 홍순탁(洪淳倬, 1880~?) 목사기 시간강사로 신학교에 나와 강의한 것이 인연이 되어서 상동교회 전도사로 가게 되어, 1925년부터 1927년까지 2년간 일하였다. 그리고 수원 삼일여학교 교장 밀러(Miller, Miss Lula A, 美羅, 1870~?) 여선교사의 초빙으로 수원에 내려가 1년간 여학교에서 성경을 가르치다가, 밀러에 의해서 다시 안산 지역 일대 교회들의 문맹아동들을 가르치기 위해 파송되었다. 1928년에는 안산구역에서 가장 큰 교회였던 무지리에 가서 30여 명의 어린이를 가르쳤다. 그리고 그 후 옮긴 곳이 천곡(泉谷)이었다.

천곡에 가보니 김홍제(金弘濟, 1889~?) 목사가 주재하고 있으면서 작지만 교회당도 있었다. 그래서 교회당에서 어린이들을 가르치게 되었다. 우선 교회에서 광고해 교인 가정의 어린이를 모았더니 30여 명이 되었다. 몇 달이 지나니 이웃 동리에 소문이 나서 너도나도 모여들기 시작하였고, 급기야 50여 명으로 불어났다. 주로 가르친 과목은 국어와 산수였고 노래로는 찬송이었다. 1년을 가르치니 어느 정도 국문을 깨우치게 되었다.

밀러 여선교사는 이제 천곡은 그만해도 되니 한 10리 떨어진 둔대교회로 가라고 하였다. 그 후 1년을 애를 써가며 가르치니 거기에서도 그만하고 또 다시 천곡으로 가라고 하였다. 이제는 선생으로서가 아니라 안산구역 여전도사였다. 그래서 천곡에 가보니 최용신이 막 부임해 있었다.

(2) 최용신 시대(1931~1935)
① 천곡을 찾아서

최용신은 1929년 1930년 두 해에 걸쳐 김로득과 여름방학을 이용하여 용현리로 갔다. 그러나 몸이 약한 최용신은 산골인데다 물길이 멀어서 감당하기 어려워 그만가고, 1931년 여름 감리교 원산지방 소속이면서 고향 가까운 포항리 옥명학원으로 갔다가, 1931년 10월 졸업을 1년 앞둔 시점에 학업을 중단하고 천곡으로 오게 되었다. 천곡으로 오게 된 동기는 장명덕 전도사의 성과와 계속해 달라는 주민들의 요청을 받아들여, 밀러 선교사가 당시 여자기독청년회(YWCA)에 선생을 요청하게 된 것이다.

그때 여자기독청년회는 1928년부터 정식으로 농촌사업부를 두고 황에스더·은경을 농촌부 위원으로 위촉하여 많은 예산을 들여가며 일하던 때였다. 그때 여자기독청년회에서 일하던 이들 가운데 역대 회장이었던 홍에스더를 비롯한 김활란, 황에스더 등이 감리교 여성들이라 잘 알아 여자기독청년회에 요청하게 된 것이다. 여자기독청년회에서는 즉시로 사업관계자들을 현지에 보내어 시찰케 한 후, 1929년 협성여자신학교 재학생으로서 Y연합회 제7회 총회에 협성여자기독청년회 대표로 참석하여 알게 된 최용신을 적임자로 내려 보냈다. 여자기독청년회는 이때부터 미국 여자기독청년회 농촌부 간사인 에디(Sherwood Eddy)의 후원으로 매달 30원의 보조금을 지급하였다.

천곡은 지리적으로 서울에서 군포까지 기차로 와서 서쪽으로 20여 리 되는 길이 멀기는 해도 산길이 아니요 평지라 좀 수월하였다. 또 교회적으로는 황해도 용현리와 강원도 포항리와는 달리 20여 년의 역사에 목사까지 주재하리만큼 안정된 교회였고, 그 교회 안에 신앙이 두터운 교인들이 있어 모두가 최용신에게는 예전과 달리 든든하였다. 이때의 천곡은 1918년 협성신학 출신인 김순봉 전도사 일가가 천곡으로 이주해 온 이래 교회는 점점 부흥되었다. 1924년에는 안산구역 순회목사를 위해 9칸 주택을 짓고, 1928년에는 천곡에 농촌사업에 기초를 놓은 김홍제(金弘濟, 1889~?) 목사가 부임하여 열심히 일하고 있었다. 1930년 4월에는 안산구역 순회전도사 장명덕 씨가 학원 교사로 일했고, 1931년에는 여전도사를 위해 4칸짜리 주택을 지었다. 1934년에는 전재풍(全在豊, 1887~1966) 목사의 부임으로 안산동구역이 되었고, 이때 교인은 8칸 교회당에 꽉 찼고 전도사 1명에 권사 3명이 있었다.

한편 사회적으로는 온 동리가 20여 호 더 되었는데, 농사인·상인·운수업자·서당 선생·신학교 출신·구한말 관료 또는 후손·부자가 살았다. 한두 가정만 뺀 소위 교촌을 이루었고 그로 인해 어느 동리보다 먼저 깨었고, 모든 일에 단결해서 일도 잘하므로 소문이 나 있었다. 그래서 남자기독청년회의 농촌사업부 서울지방 책임자 홍병선(洪秉璇)과 클라크(F.O. Clark)가 몇몇 외국인들과 찾아와 토질검사를 하면서 이미 남자기독청년회와 관계를 가지고 있었다. 또 수원군에서는 가정마다 달걀을 거저 주어 거기서 병아리를 깨게 하고 그 병아리를 길러 송아지를 사는 구우계(求牛契)를 조직케 하여 농촌경제 부흥을 시도해 보기도 하였다.

② 교사(校舍) 신축

최용신이 유명인사가 된 것은, 그녀가 짧은 기간 내에 이룩한 업적 때문이었다. 그녀가 샘골에 와서 있었던 기간은 모두 3년 4개월(1931. 10~1935. 1)이고 거기서 1932년부터 그해 가을까지 일시적 재정곤란으로 중지했던 기간 몇 개월과 일본 유학 기간(1934. 4~1934. 9) 6개월을 빼면 2년 6개월(?) 정도다. 이 짧은 기간 동안 염석주라는 당시의 지주요, 신간회 수원군 부회장이며, 독립운동가인 그를 협조자로 끌어들였다. 또 10리가 넘는 둔대리에 사는 박용덕에게서 땅 1,052평을 희사 받았으며, 1933년에 그 터 위에 학원건물을, 부임한 지 1년 만에 657원을 들여, 추워지기 시작하는 늦가을(10. 27)에 시작하여 겨울 내내 공사하여 한겨울(1. 15)에 마쳤다. 낙성식을 마치고 찍은 사진에 보면, 여학생 21명 남학생 38명 모두 59명이었다.

이 교사는 학원 때문에 지은 것이기에 최용신이 누구보다 앞장서 추진하였다. 어린 학생들까지 동원되어 자갈과 모래를 날랐다. 이사장 염석주는 나무를 대고 동리사람들은 밤이면 와서 수숫대를 가지고 외를 엮었다. 모자라는 건축비는 교회 여선교회원들이 담당했다.

③ 야목학원 개원

최용신은 천곡학원에서 가르치는 한편 밤이면 십여 리 되는 야목리를 다니면서 학원을 개실하고 아이들을 가르쳤다.

야목학원(野牧學院)은 당시 수원군 매송면 야목리 510번지에 세웠던 강습소이다. 이 학원의 시작은 1933년으로 추정된다. 최용신이 천곡학원을 성공적으로 이끌어가자 그 소문이 인근 각처에 자자했다. 그 소문을 들은 천곡에서 10여 리 떨어진 야목리에서 청년들이 최용신을 찾아왔다. 야목리에서도 학원을 열어달라는 것이었다. 그들의 뜻이 얼마나 간절했던지 애걸하였다고 한다. 이때는 YWCA에서 최용신에게 주던 원조가 반으로 삭감되어 최용신도 매우 어려운 처지에 있었다. 천곡의 사업도 할 것인가, 말 것인가를 고민중에 있었다. 그렇지만 최용신은 그들의 요청이 너무도 간절해서 정식으로 선생을 초빙하기까지 도와주기로 마음먹고 천곡에서 밤으로 넘어 다니면서 학원 문을 열었다. 그리고 야목리를 위해 1933년 초가을 수원 서호에서 수원 고농학생(高農學生)들을 만나 사정을 말하고 한 달에 10원씩의 원조를 받게 되었다.

최용신이 1934년 봄, 일본 유학을 가게 되자 친구인 협성여자신학 출신 윤홍림(尹洪林)을 데려왔다. 윤홍림은 포천 용상동교회에서 전도사로 일하고 있었다. 그는 부임하자 학원에서 일하는 한편 주민들을 모아 교회를 시작하였다. 윤홍림은 야목리 유지인 박홍로의 전적인 협조를 얻어 1935년 가을에 교회당 겸 강습소 건물을 세웠다.

5. 최용신의 죽음과 그 후

1) 고베여자신학교 유학

1934년 봄 최용신이 가르치는 일을 잠시 중단하고 일본으로 유학 갔다가 6개월 만에 병을 얻어 돌아왔는데 그가 일본 가서 잠시 다닌 학교는 고베여자신학교다.

현재 니즈노미아(西宮市)에 있는 이 학교는 2차 대전까지는 선교사가 직접 운영하는 기독교계 학교였으나 2차 대전 발발로 선교사가 추방된 다음부터는 여러 변천을 거쳐 성화대학(聖和大學)이라는 이름을 갖고 있었다. 선교사들의 손에서 떠났지만 아직도 기독교의 정신을 이어가는 기독교학교로 발전을 거듭하고 있다. 요 근래는 세화대학도 또 다른 대학과 합병이 되기 위해 문을 닫았다.

이 학교는 명치 13년(1880) 11월, 타르카트·다또레이·바로스 세 명의 여성 선교사가 일본 교회를 위한 여성 전도사를 양성하기 위하여 여성 6명을 모집하고 성서강의로 시작하였다. 창립 60주년을 맞이한 1940년의 현황은 졸업생 총수 212명, 현재 전도인으로 종사하는 이 32명, 목사부인 28명, 생도 수 30명, 교사 3명, 강사 6명이다. 특히 이 학교에는 한국인 여성 유학생들이 많이 다녔는데, "이 신학교는 이미 나에게 깊은 관계가 있는 것처럼 생각되었고 늘 이 학교를 동경하고 있었기 때문에 공부할 수 있다는 것이 기뻤다." 라는 최용신의 말과 같이, 조선의 여성 신학생이라면 누구나 그렇게 생각하는 학교다.

2) 그녀의 마지막

최용신은 1934년 봄 일본 고베여자신학교 사회사업과에 한 학기 동안 청강생으로 공부하다가 폐결핵으로 돌아와 1935년 1월 23일 26세로 별세했다. 사회장으로 장례를 치른 다음 그의 숭고한 삶이 신문에 보도되자 「동아일보」에서는 최용신의 사업이 비록 기독교 농촌사업이지만, 그들이 소개한 브나로드운동, 즉 농촌계몽운동의 모범 사례도 된다고 판단하였다. 그래서 심훈의 「상록수」(常綠樹)를 창간 15주년 기념 문예 감상모집에 당선작으로 선정하였다. 최용신의 요절은 브나로드 운동과 심훈의 「상록수」와 함께 최용신을 유명인으로 만들었다.

일생을 용현리에 몸 바친 김로득을 가리켜 용현리의 천사라고까지 불렀다. 그러

최용신 사후 1935.3.20 제2회 천곡강습소 졸업생

최용신의 묘 앞에 모인 제자들, 1935년

나 유감스럽게도 최용신만큼 널리 알려지지 않았다. 그것은 최용신은 요절했고 김로득은 한껏 살았기 때문이기도 하다.

3) 해방 이후의 기념사업
최용신의 기념사업은 다음과 같다.

1960. 12	샘골 고등농민학원 개원
1962	천곡교회 성전봉헌식과 고 최용신 추도예배
1962	YWCA와 자매결연
1963	샘골 웨슬레 농민학원 개원
1964	용신 봉사상 제정
1970	상록 재건중학교 개교
1974	최용신 기념비 제막
1975	최용신과 김학준 묘 교회 옆으로 이장
1976	안산 신도시 개발 발표
1976	루씨 상록회관 건립
1978	해당화 유치원 개원
1982	루씨 새마을유아원 개원
1994	철거 예정이었던 샘골교회와 묘소를 보전키로 함.
2007	최용신 기념관 개관

4) 명예졸업장 수여
2001년 2월 20일, 1928년부터 1931년까지 감리교신학대학에서 수학하면서 일제하 농촌 계몽활동과 민족운동에 적극적으로 참여하는 등 한국교회와 사회에 큰 공헌을 세웠기에 그 공을 인정하여 감리교신학대학교로부터 명예졸업증서를 수여받았다.

5) 독립유공자 애족장 추서

1995년 8월 15일에 최용신은 대통령 김영삼으로부터 우리나라 자주독립과 국가 발전에 이바지한 바 크므로 대한민국 헌법의 규정에 의하여 건국훈장 애족장을 추서 받고, 1995년 12월 1일에 안산시청에서 최용신 선생 건국훈장 애족장 전수 기념식을 행하였다. 이때의 참석자는 송진석 안산시장·샘골교회 목사 기수철·장로 홍석필·장로 김우경·문화원장 유천형·의회 의장 심장보·문화체육국장 이순찬, 그 외 신문기자와 공무원 등이었다.

이 일의 수훈자들은 홍석필·김우경·김명옥 등이다.

6) 최용신 유적

최용신 기념교회 : 1996년 7월 5일 340평을 환수받고 1997년 3월 16일 기공식하고 건평 530평 성전을 지어 1998년 11월 1일 봉헌한 현재의 샘골교회.

기념비 : 루씨동창회에서 14만 원의 기금을 모금하고 교회는 비석을 세울 수 있도록 기초 작업과 제막식 손님 접대를 맡아 1974년 11월 29일 기념비 제막식을 한 교회 앞에 세워진 기념비.

최용신 기념관 : 2004년 최용신 선생의 제자였던 고 홍석필 장로가 기념관 건립을 위해 1억 5천만 원을 기탁하여 안산시가 2007년 11월 20일 개관한 최용신 기념관.

묘소 : 1975년 6월 10일, 공동묘지에 있던 최용신의 묘와 본오동에 있던 약혼자 김학준의 묘가 김학준의 유언과 부인 길금복의 동의에 따라, 샘골교인이며 동리사람 20여 명과 김학준의 부인인 길금복이 지켜보는 가운데, 김학준이 사놓은 땅에 나란히 묻히어 오늘에 이르고 있다.

참고문헌

홍석창, 「상록수 농촌사랑」, 기독교문사, 1991.
홍석창, 「최용신과 샘골마을 사람들」, 한국 감리교사학회, 2010.
홍석창, 「최용신과 샘골마을 사람들 Ⅱ 못다한 이야기들」, 영음사, 2016.
西村綠也, 「朝鮮教育大觀」, 朝鮮教育新聞社, 昭和五年.

대한민국을 세운 위대한 감리교인

초판 1쇄 2016년 8월 1일
　 2쇄 2017년 6월 12일

전용재 엮음

발 행 인 전명구
편 집 인 한만철

펴 낸 곳 도서출판 kmc
등록번호 제2-1607호
등록일자 1993년 9월 4일

03186 서울특별시 종로구 세종대로 149 감리회관 16층
(재)기독교대한감리회 도서출판 kmc
TEL. 02-399-2008 FAX. 02-399-4365
http://www.kmcmall.co.kr

인　쇄 리더스커뮤니케이션

ISBN 978-89-8430-716-2 03230

값 18,000원

이 도서의 국립중앙도서관 출판예정도서목록(CIP)은 서지정보유통지원시스템 홈페이지(http://seoji.nl.go.kr)와
국가자료공동목록시스템(http://www.nl.go.kr/kolisnet)에서 이용하실 수 있습니다.(CIP제어번호: CIP2016017059)